第二次世界大战回忆录

09 战胜意大利

DI-ER CI SHIJIE DAZHAN HUIYILU 09:
ZHANSHENG YIDALI

[英]温斯顿·丘吉尔 著
寿韶峰 译

青岛出版社
QINGDAO PUBLISHING HOUSE

图书在版编目（CIP）数据

第二次世界大战回忆录.9，战胜意大利 /（英）丘吉尔（Churchill,W.L.S.）著；寿韶峰译. —青岛：青岛出版社，2015.4
ISBN 978-7-5436-8323-5

Ⅰ.①第… Ⅱ.①丘… ②寿… Ⅲ.①丘吉尔，W.L.S.（1874～1965）—回忆录②第二次世界大战—史料 Ⅳ.①K835.167=5②K152

中国版本图书馆 CIP 数据核字（2014）第 011382 号

书　　名	第二次世界大战回忆录 09：战胜意大利
著　　者	[英]温斯顿·丘吉尔
译　　者	寿韶峰
出版发行	青岛出版社
社　　址	青岛市崂山区海尔路 182 号（266061）
本社网址	http://www.qdpub.com
邮购电话	0532-68068091
策划编辑	刘　咏
责任编辑	王　伟
封面设计	光合时代
出版日期	2021 年 10 月第 2 版　2021 年 10 月第 2 次印刷
照　　排	青岛佳文文化传播有限公司
印　　刷	青岛国彩印刷股份有限公司
开　　本	16 开（710 mm×1000 mm）
印　　张	28
字　　数	377 千
书　　号	ISBN 978-7-5436-8323-5
定　　价	58.00 元

编校印装质量、盗版监督服务电话 4006532017　（0532）68068050
建议陈列类别：二战 / 军事 / 历史

战争时：坚毅
失败时：不屈
胜利时：宽容
和平时：友善

致　谢

我应再次向协助我完成前几本的各位好友致谢，他们是：陆军中将亨利·波纳尔爵士、艾伦海军准将、迪金上校、丹尼斯·凯利先生和伍德先生。对于审阅过原稿并提出意见的许多其他人士，我也表示谢意。

我很感激空军元帅盖伊·加罗德爵士在提供有关空军方面的资料时提供的帮助。

伊斯梅勋爵以及我的其他朋友曾持续给予我帮助。

承蒙英王陛下政府准予复制某些官方文件的本文，此类文件的王家版权法定属于英王陛下政府文书局局长所有，特此致谢。遵照英王陛下政府的要求，为了保密起见，本书中所刊载的某些电文，曾由我根据原意加以改写。这些更动，并未改变其原有的含义或实质。

罗斯福财物保管事会允许在本书中引用总统的一些电文，还有其他好友同意发表其私人信件，均一并致谢。

温斯顿·斯宾塞·丘吉尔

序　言

在第四卷《命运的关键》①中，我叙述了在1942年冬及1943年春，我们的命运有了决定性的好转。第五卷《紧缩包围圈》②记载了自1943年6月至1944年6月这一年的斗争。由于我们掌握了制海权，制服了德国潜艇，并日益加强了空中优势，西方盟国终于攻克了西西里岛，对意大利发动了进攻，结果墨索里尼被推翻了，意大利倒向我们一边。希特勒和他所占领的周围国家被孤立起来，加之苏联又从东方大举进攻，这就更使他们完全陷入包围之中。与此同时，日本也被迫采取守势，再也无法保住它所侵占的大片领土了。

现在，联合国家面临的危险已不再是失败，而是僵持的局面。摆在它们面前的艰巨任务是攻入这两个侵略国家的本土，从它们的魔爪下解放被征服的人民。英国和美国于夏季在魁北克和华盛顿开会，11月，三个主要盟国在德黑兰开会，毅然面对这个世界性的问题。我们的目标、我们为共同事业贡献一切的决心是一致的，但在方法和侧重点方面，难免存在严重分歧。因为这三个伙伴在考虑需要做出的决定时，很自然地站在了不同的角度。我现在要叙述的，就是在所有重大问题上，我们是如何达成协议的。这就一直要讲到罗马的解放和英美两国横跨英吉利海峡攻入诺曼底半岛的前夕。

我还是采用前几本中所用的方法。我的打算不过是从英国的首相兼国防大臣的角度为历史提供史料。我在当时而不是事后写的指

---

①② 英文版的原著名。——译注

令、电报和备忘录，就是使我得以实现上述目的的踏脚石。有人建议，对上述大部分文件所做的答复，也应该收集进来，但我感觉这一本更加需要紧凑和精选。现在已经可以看出，要写完全部历史，还需要撰写最后的一卷。所以，对于那些感到他们的见解没有在本书中充分表现出来的人士，我只好表示歉意了。

  本书记载的事件自发生至今已七年有余。国际关系有了许多变化。过去的同伴之间产生了深刻的裂痕。新的，或许是更加浓密的乌云又在聚拢中。昔日的敌人成了朋友，甚至盟友。在这种情况下，本书引用的电文、备忘录和会议报告中所包含的某些情绪和词句，可能会使其他国家的读者感到不快。对此，我只能提醒他们：这些文件具有历史的价值，而且我们当时是进行着一场残酷的、可怕的战争。人们在生死攸关的战斗中，对于想把自己置于死地的敌人，总不会婉言相待吧。另一方面，如果把对当时的敌国使用的一切刺耳的话改得柔和一些，那就不能表现真实的图景了。时间和事实将治愈一切伤痛。

温斯顿·斯宾塞·丘吉尔
于肯特郡韦斯特勒姆
查特韦尔庄园
1951年9月1日

纳粹德国是如何陷入孤立无援和
被围困的境地的

目　录

第一章　在瓜达尔卡纳尔岛和新几内亚的制海权……………… 1
第二章　占领西西里岛……………………………………… 23
第三章　垮台的墨索里尼…………………………………… 42
第四章　向西去啊！人造港………………………………… 67
第五章　魁北克会议："四分仪"…………………………… 79
第六章　意大利要停止战争………………………………… 98
第七章　向意大利发起攻击　再一次来到白宫…………… 119
第八章　萨莱诺战役　返航………………………………… 146
第九章　为国内事务的奔波………………………………… 165
第十章　与戴高乐将军的对立关系………………………… 185
第十一章　四分五裂的轴心国……………………………… 201
第十二章　与胜利失之交臂的岛屿………………………… 218
第十三章　希特勒的"神秘武器"………………………… 245
第十四章　相持不下的第三战场…………………………… 260
第十五章　北极运输船队恢复航行………………………… 277
第十六章　莫斯科举行的外长会议………………………… 299
第十七章　三国会议的实现　最高统帅的抉择…………… 322

附　录
　一　略语表……………………………………………… 345
　二　密码代号表………………………………………… 347

三 首相以个人名义发出的备忘录和电报
　　1943年6月—1944年5月 ………………………………… 349

四 英国、盟国和中立国因遭受敌人袭击
　　每月损失的船舶数量 ……………………………………… 424

五 德国和意大利部队部署简况（1943年9月8日）………… 425

六 各部大臣名单（1943年6月—1944年5月）……………… 430

第一章　在瓜达尔卡纳尔岛和新几内亚的制海权

制海权——解放地中海——与德国潜艇一战到底——大西洋战役在战争中的重要作用——召开大西洋护航会议——针对德国潜艇关键性的作战和胜利——空中掩护对我们商船队的保护作用——高潮发生在1943年4月——让人高兴的间歇——新武器——装有通气管的潜艇——回过头来看太平洋战争——争夺新几内亚的战役——所罗门群岛——瓜达尔卡纳尔岛——战功显赫——我们帮助美国所做的努力——终结日本的进攻——在新几内亚日本战败——局面发生了改变

在欧洲和亚洲的入侵者，不得已都采取了防守的策略，这是我们在前几卷结尾时说的。由于1943年2月的斯大林格勒战役，苏联形势出现了转变。同年的5月间，我们杀死或者虏获了所有在非洲大陆上的德国和意大利的官兵。1942年，美国在珊瑚海和中途岛取得了胜利，阻止了日本在太平洋上的继续侵占。入侵的危机再也不会影响到澳大利亚和新西兰了。自此以后，英美经过长时间谋划的进攻，将会成为在欧洲的轴心国唯一的等待。美国拥有一支庞大的陆军，每过一个月，他们的力量和素质就会增长一次。如果没有一个有利于西方盟国的重要转折点，那么西方盟国将不可能直接摧毁希特勒占领的欧洲，决定战争的结局。1943年，英美拥有很大的优势，因为英美拥有海洋水面和水下的"制海权"。"制海权"——这是个新词——指海军和空军适时地交错在一起的联合兵力。1943年5月以后,我们将横跨大西洋的生命线掌握在自己手中,德国的潜艇也被我们击退。这都是因为有了制海权,我们才可以实行大规模的水上和陆地作战计划,解放欧洲。当希特勒控制欧洲大部分地区的时候,苏联只能靠自己的力量对抗他的残余兵力。

  在地中海这个地方,德国的潜艇也被控制住。即将参加西西里岛战役和意大利战役的军队正在会师,现在,他们可以横跨海域向希特勒在欧洲的下腹部发起进攻。另外,英国的主要航道也是地中海。我们的护航队可以直接到达埃及、印度和澳大利亚,因为北非地区已经彻底摆脱了轴心国的掌控。直布罗陀海峡到苏伊士运河这条河道,被我们沿途占领基地上的海军和空军保护着。这样就不用航行绕过好望角的曲折路线,那么我们不管是在时间、力量上,还是在吨位上都会受到严重损失的局面,终于要结束了。每一批去往中东的运输船队,平均下来,都节省了45天的时间,这样,我们海上运输的能力得到了很大的提高。

*   *   *

  我已经讲过了,战争开始的前两年,英国独自面对德国潜艇、磁性水雷以及海上袭击舰如何进行战斗。由于日本偷袭了美国的珍珠港,美国选择了和我们共同作战,这是很重大的事情,也是我们日夜期盼的。但是,刚开始合作时,这好像使我们在海上的损失变大了。在1940年我们损失了400万吨的商船,而1944年我们损失的比400万吨还要多。盟国船只的数量有所增加是在1942年美国成为我们的盟国之后,虽然在数量上增加了,但是被击沉的船只却高达800万吨。1942年年底的时候,我们建造船只的数量远远赶不上被德军击毁的数量。那时,美国数量巨大的造船计划是我们所有期盼和规划的依托。据1943年的统计数显示,新建造船只数的统计曲线在快速上升,损失船只数的统计

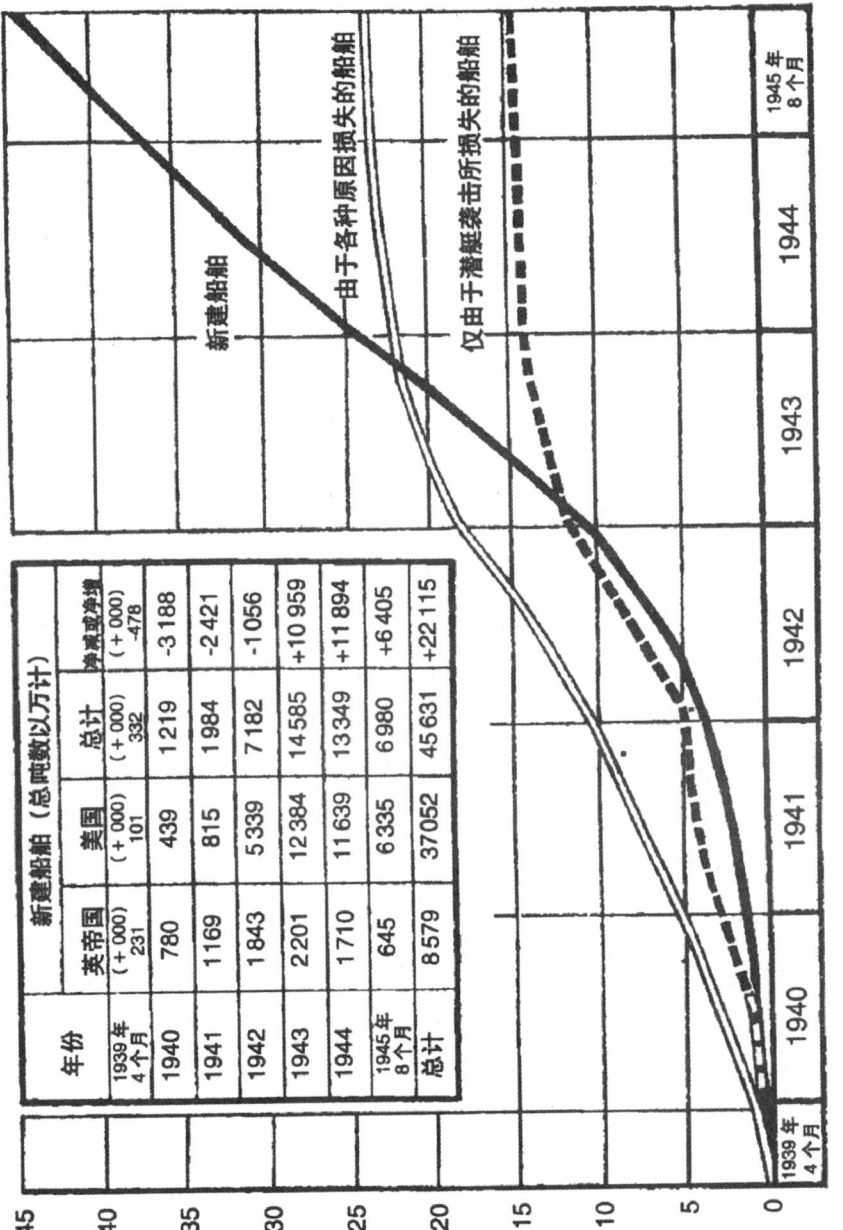

1939—1945年同盟国商船增加和损失的数量
（1600吨以上）

曲线在慢慢下降。同年年底前,我们新造的船只数已经超过在各种情况下损失的船只数,而在这一年的第二季度,德军潜艇的补给速度已经赶不上它的损毁速度。大西洋上被击沉的德军潜艇数量将远远超过盟军商船被击沉的数量,这样的局面在不久之后就会出现。然而,发生这样的事情,需要经历长时间的艰苦奋战。

* * *

在整个战役中,大西洋战役一直起着至关重要的作用。我们会时时刻刻牢记,大西洋战争的结果会对发生在其他地方的海上、陆上或者空中的所有状况,产生决定性的影响。就算我们忙于其他事情时,我们也会观察着大西洋战局的变化,心情随着它的变化时而充满希望时而焦躁不安。通常人们在非常烦闷、经常遭受挫折、总发生意外和长时间的劳苦工作的情况下,遇上一些出乎意料或者带有一些戏剧性的事情时,就会有一种精神一振的感觉。但是,那些参加反潜艇战斗的水兵和空军的生活,总是一成不变而又充满焦虑。他们的生活是枯燥的,没有激动人心的时刻可以为之添彩。他们面对的情况变幻无常、危机四伏,即将出现的危机也许会为他们带来荣耀,也许会为他们带来死亡。对于他们来说,一点也不能放松戒备。遇难者的功业永远被掩埋掉,但是他们许多勇敢的行为和那些无法想象的意志顽强的丰功伟绩都被记载下来。我们商船上的海员们也表现了他们高贵的品行,尤其是在以打败德国潜艇为目标的战争中展现了他们的手足之情。

* * *

我们对作战指挥部的内部进行了重要的调动。1942年10月,海军上将安德鲁·坎宁安爵士接到命令返回国家,他以前是我国驻华盛顿海军代表团团长，他将指挥参加"火炬"作战计划的盟国海军。海军上将帕西·诺布尔爵士带着关于德国潜艇的问题和丰富的知识去了华盛顿，他的职位由海军上将马克斯·霍顿爵士接替，马克斯·霍顿爵士以前在英国潜艇的作战活动中展现过他的才能。德比大厦是利物浦西部海口的总部，1941年初以来，帕西·诺布尔爵士一直都在德比大厦，他在那里指挥着大西洋的战役。空军中将斯莱塞于1943年2月被任命为空军海防总队的总司令。事实表明，这些任命都是正确的。

我们的第一个重要目标就是打败德国潜艇，这已经在卡萨布兰卡会议上宣布了。1943年3月，海军上将金恩在华盛顿召开大西洋护航会议，其目的是将盟军所有的力量都投入到大西洋的战斗中。不过这样的制度并不意味着在指挥方面是完全一致的。我们和美国各个阶层之间有着密切的联系，虽然两个国家对这个问题会运用不同的方法去解决，但是最高阶层之间是和谐的。我们有空军海防总队这样的机构，但是美国没有。在英国或者说是在整个大西洋上都需要帮助的地区，有一个单独的司令部，它可以通过空军海防总队对空军的行动进行指挥。这样的话，灵活性就被发挥到极致。空军编队可以快速从一个安全的区域转移到一个危险的区域，而且美国也常常支援司令部。而在华盛顿，是由一些叫作"沿海前哨站"的附属司令部发出指令，这些附属司令部可以自己做主，比较独立，并且每个司令部都装备了一定数量的飞机。

* * *

冬季风暴的来临，虽然使德国潜艇暂停了对我们的攻击，但也使我们的护航船损失严重。当冬季风暴平息之后，也就是1943年的2月，敌人潜艇在北大西洋聚集，而且数量越来越多。尽管德国将军邓尼茨上将所拥有的作战潜艇损失惨重，但是在1943年刚开始的时候，他拥有的潜艇数居然达到了212艘。同年的3月，100多艘潜艇经常在海上时隐时现，由于这样的情况出现，我们面对三五成群的德国潜艇时，再也不能运用以前那个改变航线的巧妙办法来甩掉它们。护航队只有运用自身海军和空军的联合力量，才能解决这个问题。在世界各个地区被击毁的船只的重量，在那个月里差不多达到70万吨。

迫于这些压力，我们在华盛顿进行了讨论，之后，达成一项新的协议，英国和加拿大要对沿北大西洋驶往英国的运输船队进行全面保护。分别设在利物浦和哈利法克斯的两个海空司令部，联合指挥了我们与德国潜艇的决战，并且最终打赢了。利物浦的司令部由一名英国海军上将负责，哈利法克斯的司令部由一名加拿大海军上将负责。从此之后，美国还是负责驰往地中海的商船队和他们自己的运兵船只的保护工作，大西洋上的所有保护工作，就由英国和加拿大的舰队负责。在空军方面，英国、加拿大和美国的空军全部遵照在利物浦和哈利法克斯的联合司令部的常规要求。

目前，驻扎在芬兰和冰岛基地的远程"解放者"空中中队，填补了格陵兰东南面的北大西洋航空领域的空缺。在4月时候，飞机沿着整条航线穿行，因为它要在白天实行掩护计划。结伴而行的德国潜艇被逼无奈下只好潜伏在海底，但是藏在海底的它们还会经常性地受到攻击。我们用来对付德国袭击舰的，是运输船队中的护航机和护航舰。目前，我们不需要得到任何的保护，因为我们的力量足够强盛，可以组成一群群单独的小舰队，就像骑兵师那样的行动。我盼望这件事很久了。

* * *

"硫化氢"盲目轰炸器在这段时间起了很大的作用，这种武器我们在第四卷①讲到过。我们轰炸机司令部拿出一些盲目轰炸器，交给空

---

① 参照第四卷。——原注（在原书的第251页——译注）

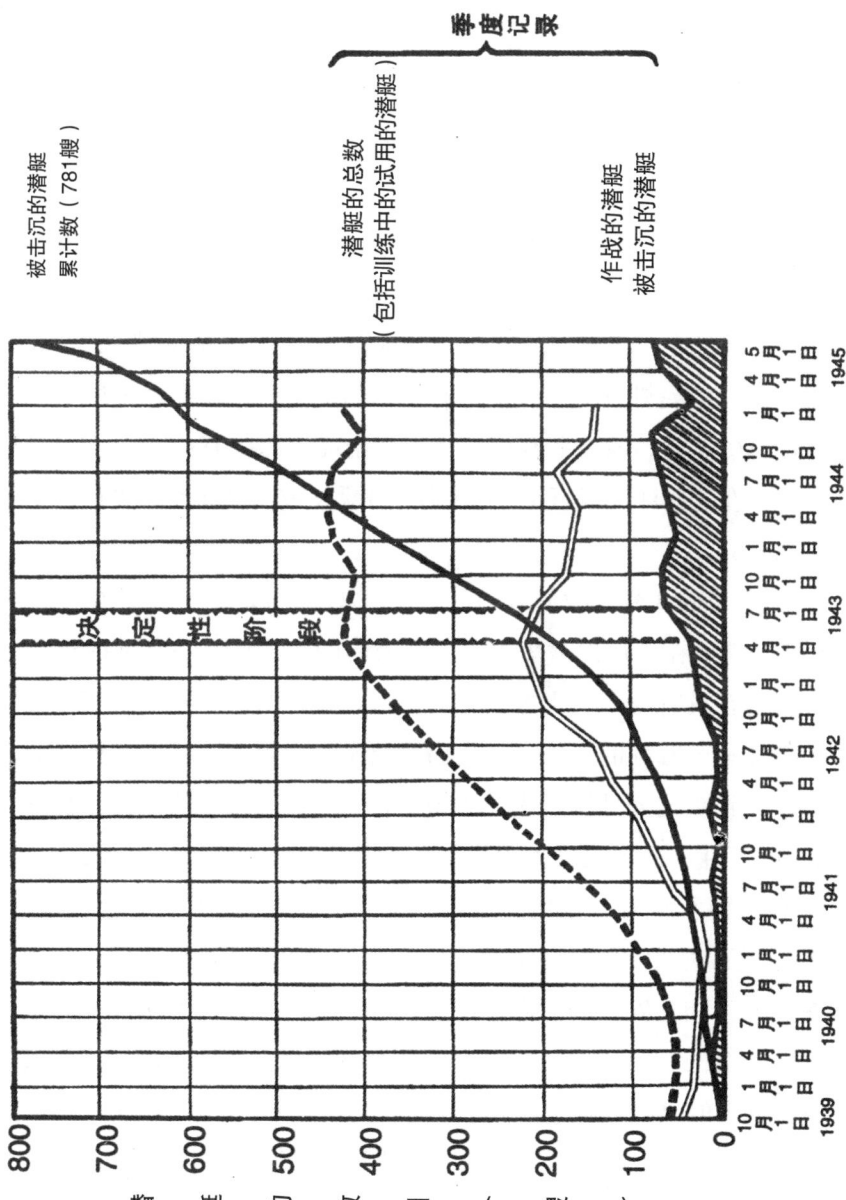

1939—1945，由盛转衰的德国潜艇队

军海防总队使用，不过心里并不是很乐意。以前，德国的潜艇在我们的飞机去轰炸它时，就已经沉入了海底，那是因为我们使用的雷达，它的电波很长，而且德国也掌握了侦测它的技术。现在，我们有了新的方法，能发出很短的电波。德国窥探到它，那都在几个月以后了。希特勒常埋怨这个发明，他说就是因为它，德国潜艇才遭到毁灭。这样说其实有些夸大了。

英国和美国在比斯开湾上空发动的攻击，使路过的德国潜艇整天魂不守舍、六神无主。在那个时候，德国的潜艇之所以要三五成群地驶过水面，并且在白天行驶的时候，它们要配合大炮来击退那些飞机，那是因为我们的飞机发射的火箭都有极强的摧毁力。然而这个用尽所有力量进行的冒险，没有起到任何作用。据统计，在1943年3月和4月期间，仅在大西洋就毁灭了27艘德国潜艇，被飞机炸毁的数量占到了一半以上。

在1943年的4月，我们看到双方相对实力的改变。虽然德国把235艘潜艇都用在了这次战争中，这些潜艇的数量比以往任何时候的都多，但是在没有安全感支撑下的德国海军，开始摇摆不定。就算现在他们处在一个有利的条件下，他们的攻击也不可能对我们造成致命的伤害，并且在这个月里，我们的船队在大西洋战役中的损失，减少了将近30万吨。而单是在5月里，德国在大西洋被摧毁的潜艇就有40艘。德国海军部看着他们的报表，心情一点也不轻松。在5月底，海军上将邓尼茨把残存的潜艇部队从北大西洋撤回来进行整顿，或者是指挥它们到相对安全的海面作战。同年的6月，我们船队的损失数终于降到了美国成为我们同盟国时的最小值。运输船队可以平平安安地驶过大西洋的供应线，这条线不存在任何的危险。

在这些月份里，情况最为危急。战斗的情况可以在这份"大西洋"的表格中体现出来：

船只沉没情况[1]

1943	沉没的盟国船舶（吨）		沉没的德国潜艇（吨）				
	被潜艇击沉	由于各种原因沉没的总数	被海军击沉	被空军击沉	被海空力量联合击沉	其他原因	总计
3月	514 744	538 695	4	7	—	1	12
4月	241 687	252 533	6	8[2]	1	—	15
5月	199 409	205 598	12[3]	18[4]	7	3	40
6月	21 759	28 269	6	9[5]	2	—	17

* * *

对于德国潜艇战败这件事，我们要在这里多讲一些，因为它对后来发生的所有事情产生了影响。现在，空中武器的作用开始充分展现出来。英国和美国不再是单单站在海军作战的角度去想问题，或者是站在海上的空军的作战角度去想问题了。他们正一心一意地思考着建立一所规模宏大的海上机构。那样的话，英美两个国家和海空两个军种在这个机构里就会通力合作，越来越善于发现对方的不足和长处。为了战争的胜利，我们各个层级中不仅要有高训练要求和技术要求，还要有熟知谋略和意志坚定的指挥人员。

在1943年的6月，我们在北大西洋的商船队不再受到失败以后剩余的德国潜艇舰队的袭击。正因如此，我们有了短暂的休息机会，这个机会值得让人欢呼。有一段时间，敌人在南大西洋和印度洋这片广阔的海域上非常活跃，虽然我们在那片海域没有牢固的防御措施，但是我们在那里目标也很少显露出来。我们不断增强对比斯开湾德国潜

---

[1] 在地中海，有7艘德国潜艇和3艘意大利潜艇也是在这个时间段里被击沉——原注

[2] 包括1艘意大利的潜艇。——原注

[3] 包括1艘意大利的潜艇。——原注

[4] 包括1艘意大利的潜艇。——原注

[5] 包括1艘意大利的潜艇。——原注

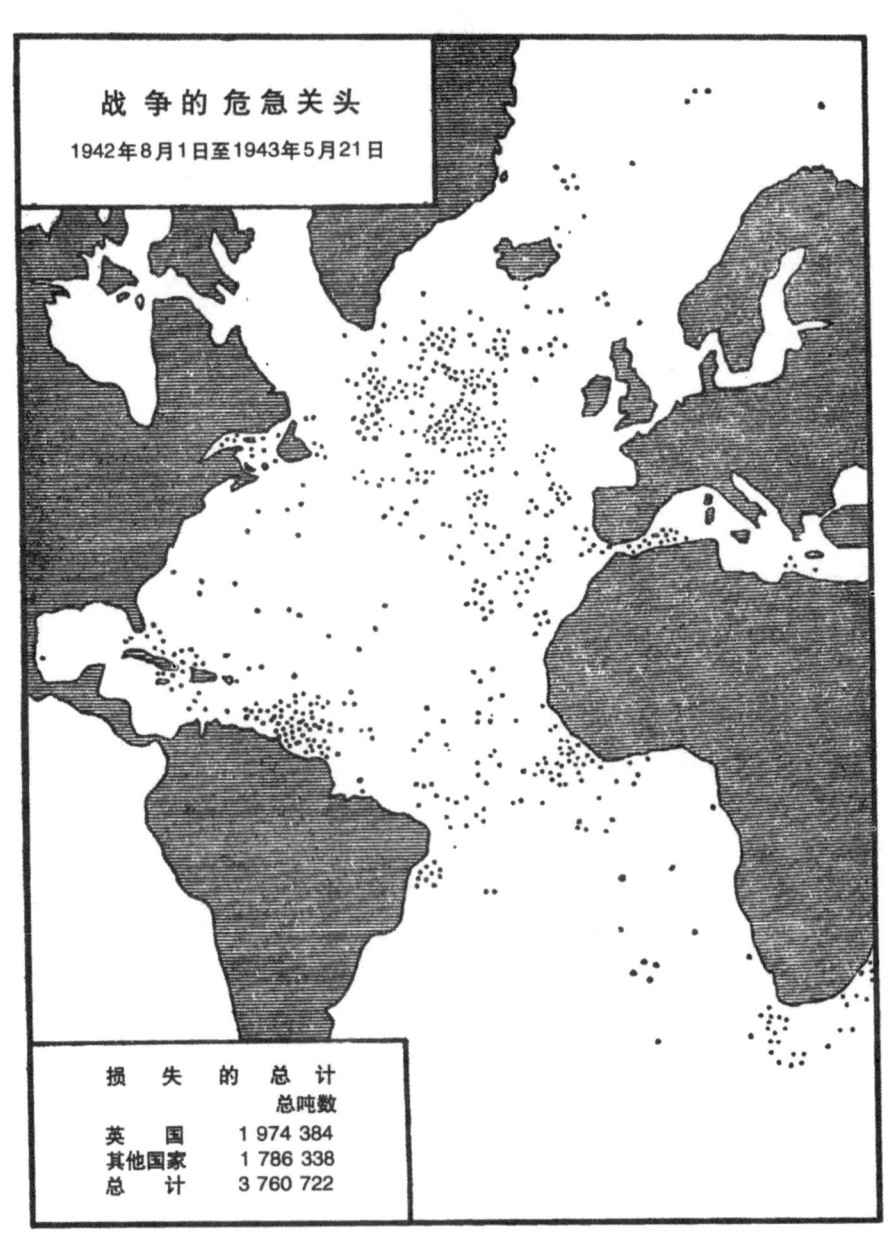

大西洋战役：在大西洋被德国潜艇击沉的商船

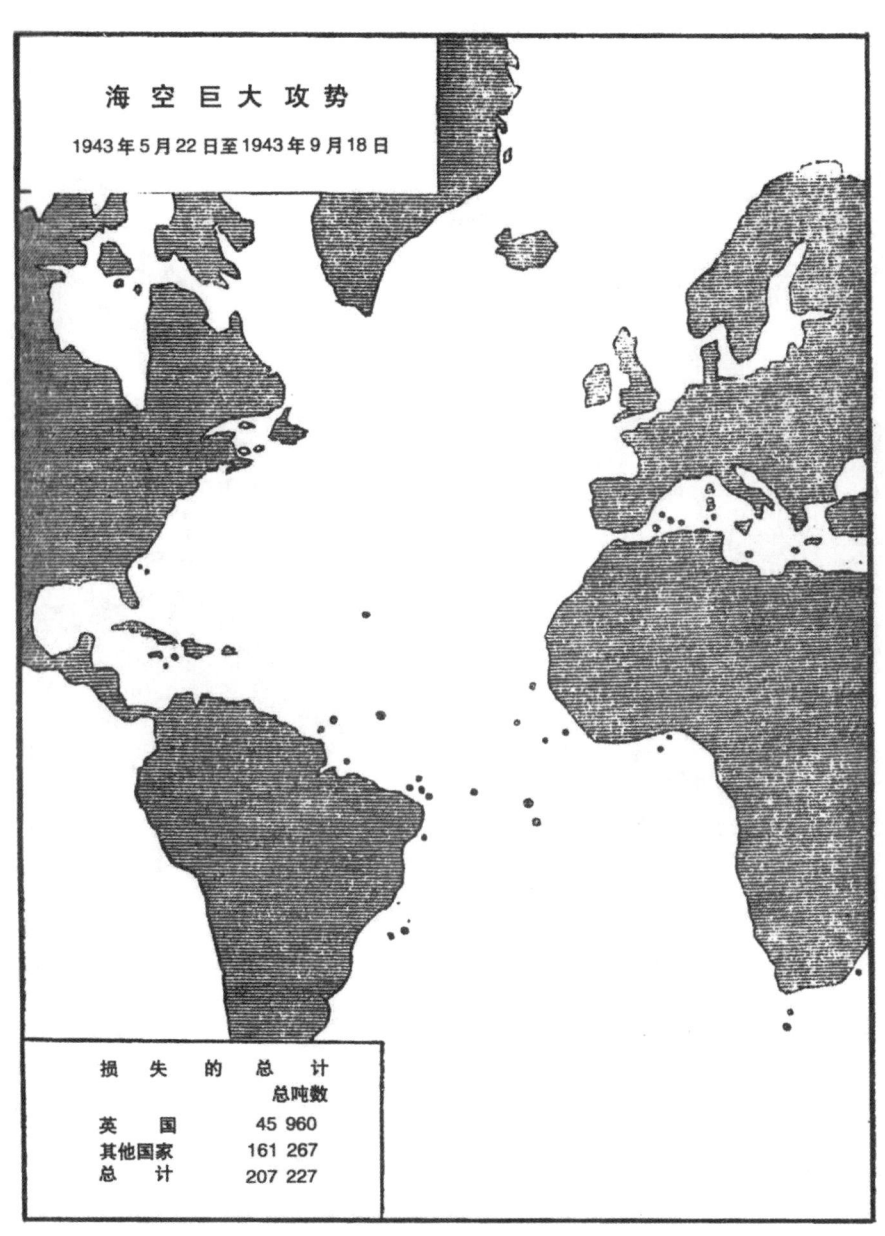

大西洋战役：在大西洋被德国潜艇击沉的商船

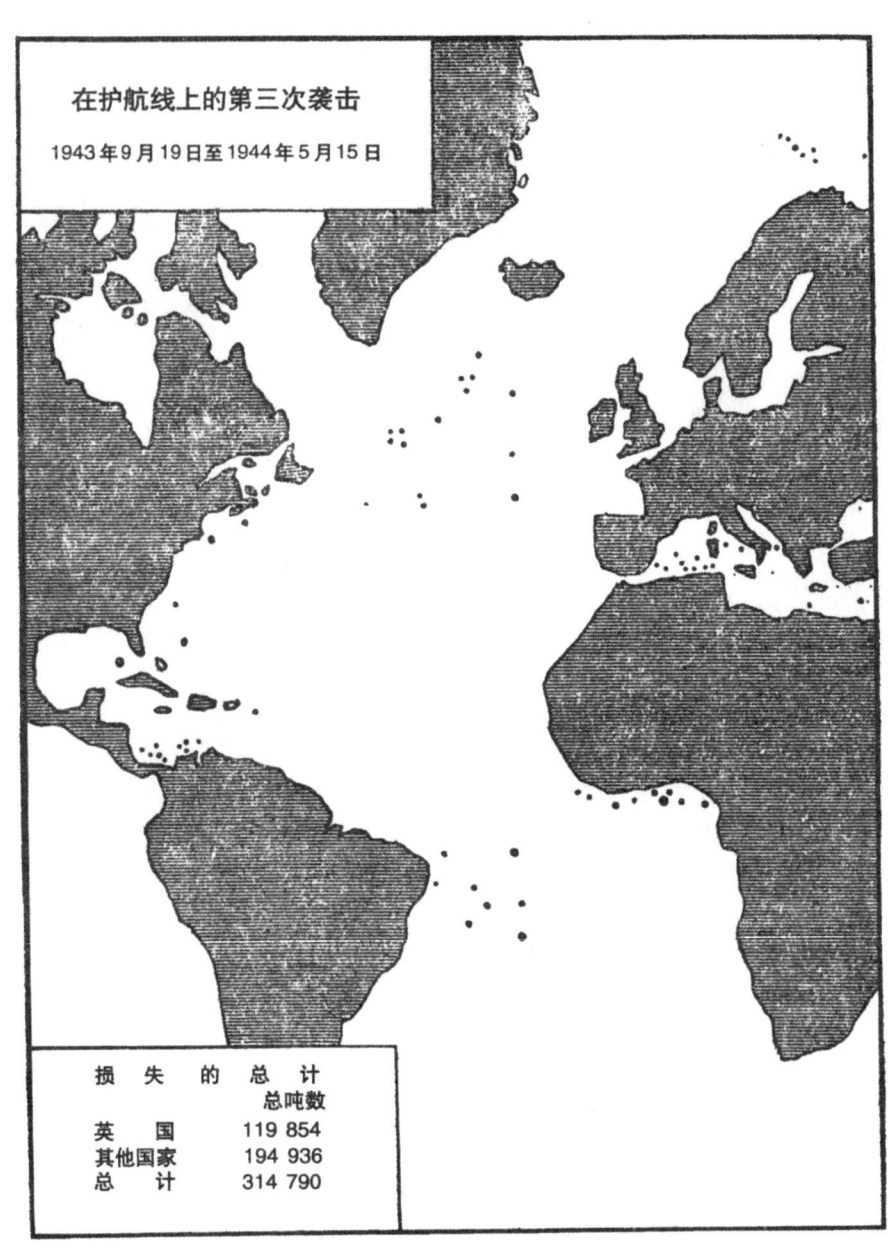

大西洋战役：在大西洋被德国潜艇击沉的商船

艇基地出入口进行的空中袭击。在7月，总共击毁了37艘潜艇，受到空袭而被摧毁的有31艘潜艇，其中一半以上是在比斯开湾这个地方击毁的。在1943年，我们在最后三个月里只亏损了47艘商船，而德国却损坏了53艘潜艇。

在这个风暴频繁的秋天，德国潜艇努力恢复在北大西洋的优势，但是最终没有成功。德国潜艇和商船进行的每一次战斗，都会有很大的耗损，而成效很小，因为我们在这个时候早已有了强大的海空联合防卫力量。在反潜艇战中，空中的武器和水面的舰艇两种力量已经不分高下。和以前相对比，我们的护航舰现在能为运输船队提供更多的、更有力的援助，而可以提供近程或者远程的航空保护的航空母舰能为护航舰队提供更多的援助。除了这些，我们还掌握了搜索潜艇的要领，只要潜艇一出现，我们就会有消灭它的计策。护送队由航空母舰和护航舰构成，事实证明其作用是非常关键的，当然，这也离不开美国空军中队的空军海防总队远程飞机的援助。在一次巡航中，我们最出色的潜艇歼灭专家英国皇家海军沃克上校指挥了一个这样的护送队，结果捣毁了6艘潜艇。

商船航空母舰在这个时候涌现出来。商船航空母舰是在普通的货船上或者油船上面装置上能让海军飞机起飞用的甲板，这些都是由英国人想出来的。这样的船不仅可以保护它所在的那个商船队，而且还可以利用商船的身份运输货物。这样的船共计19艘，在北大西洋航行的有2艘，它们是挂着荷兰国旗的商船航空母舰。还有一种技术装备不同的商船，这种商船装置着需要弹射才能起飞的飞机，它出现的时间比商船航空母舰早。正是这样两种商船的出现，使得海上战争进入了一个新的局面。运输船现在也改变了自己的态度，遇上袭击时，它们不再是一味的防护，而是发起了攻击。战斗舰与非战斗舰那种模糊的界线，差不多已经消失了。

在这个时候，美国规模宏大的战时生产到达顶峰时刻。美国的造船厂和飞机厂正在络绎不绝地为我们输送战争需要的远程飞机和多样化的船舰，当然其中也有我们迫切需要的护航航空母舰。美国为我们的工业提供了帮助，给了我们很多产品以及很多独特的装备，尤其是雷达，以供我们使用。与此同时，美国的海军和空军还在许多地方加入了战争。

这样残酷的真相摆在海军上将邓尼茨的面前，尽管他不得不撤退，但还是保持与先前同等数量的潜艇在海上。然而他们很少尝试去突破我们的防线，并且他们潜艇的进攻力量也在削弱。虽然面对的是这样的局势，但他依旧没有灰心。在1944年1月20日那天，他这样讲道："在防守方面敌人占上风。但是我会在未来的某一天，让丘吉尔看到什么才是顶级的潜艇战。1943年的波折并没有把潜艇这种武器彻底摧毁掉，反而会使它们变得更加强大。在1944年里，我们会用全新的潜艇武器将英国的供应线击溃。这一年是我们取得胜利的一年，也是我们最艰难的一年。"

这种信心的产生，并不是完全没有依据。在1944年刚开始的时候，德国就尽全力地去研发一种新式的潜艇。这种新式潜艇不仅能航行很远的距离，还能在水里更加快速地游动。德国为了方便潜艇在英国沿海一带进行活动，他们把许多旧式的潜艇在这个时候召回，为其装备上"可以通气的管子"。这是一种全新的装备，使潜进水里的潜艇通过这个管子呼吸到水面上的空气，让他们可以在水底重新装备上即将发射的炮弹。这样的话，潜艇要逃避空军的窥探，会变得更容易。我们日后将会看到，只要盟国进行攻击，这种装备上"可以通气的管子"的潜艇就会准备出动，袭扰英吉利海峡的通道。

* * *

我们在这里回顾的目的是为了让读者想起，发生在1942年那些触目惊心的远处的作战行动，它让远东的战争局面发生扭转。

美中两国承担着对抗日本的责任，因为英国海军都集中在了大西洋和地中海这两片海域上。从美国的西海岸到印度的这块地区拥有非常广阔的海域，我们仅能动用的力量就是澳大利亚和新西兰单薄的兵力，除此之外没有任何部队可以支援。这时，我们驻扎在东非的东方舰队，有一段时间只能做我们商船队的保护工作，因为相当一部分已经被调离了。太平洋的局面发生转变之后，美国再一次建立起了海军优势。日本在这个时候也无暇顾及印度洋，因为他们正在极其努力地维护着自己在印度东部的势力。在1942年的夏天，珊瑚海和中途岛的战役发生后，很多事情在太平洋上演。海军上将尼米兹为了更好地掌控太平洋的北部、中部和南部，把总部建在了珍珠港上。1942年3月，麦克阿瑟将军从菲律宾到达澳大利亚，太平洋的西南部的部队——从中国沿海一直到澳大利亚，菲律宾群岛、俾斯麦群岛、新几内亚、澳大利亚整个东部沿海一带以及所罗门群岛等都包括在内，全部归他指挥。

  日本皇家海军重新转移到太平洋的西南部作战，因为他们深刻地认识到，在太平洋的中部的战争已经失败了。因为美国海军的主力部队离这里很远，所以日本希望能在这里获得转机，走向胜利。珊瑚海战役让敌人对新几内亚的莫尔斯比港的进攻遭遇了失败，所以他们决定从欧文斯坦利山脉跨过，从陆地上发起攻击。新几内亚战役就这样开始了。与此同时，他们还下定决心要攻破受英国保护的所罗门群岛[①]。一个叫作图拉吉的小岛已经被他们攻占了，随后他们要在这个岛周围的一个叫作瓜达尔卡纳尔的岛上建造一个空军基地。他们是这样想的：占领莫尔斯比港和瓜达尔卡纳尔岛后，珊瑚海就是日本的附属湖泊，而湖泊的分界线就是澳大利亚的东北部。如果想要扰乱美国和新西兰的那条重要的海上交通线，那么日本的飞行员就必须从瓜达

---

  ① 在整个作战时期，一直都在所罗门群岛驻守的是英国驻当地的行政长官和地方官员以及少数英国居民。他们得到了当地忠诚的土著的掩护。他们设立了一个海岸观察哨，取得了很明显的效果。这些非常忠心的人们用无线电发送出来的情报，很大程度上帮助了美国司令部。——原注

尔卡纳尔岛起飞，这样的话才可以到达更远的岛屿。在这两次的反击战争中，美国和澳大利亚主要运用了海军的力量，奉献出了精彩的海空联合作战，这一点很值得颂扬。

所罗门群岛是双方的必争之地。华盛顿海军上将金恩很早就有占领这些海岛的计划。在1942年7月4日，敌人在瓜达尔卡纳尔岛上建造的空军基地被空中的侦察窥探到。在1942年8月7日，那时南太平洋地区的指挥官是戈姆利海军上将，他还没有等计划完成，就命令到达新西兰的海军陆战队的第一师发动攻击。他们成功占领了日本还未建成的空中基地，瓜达尔卡纳尔岛战役打响了。这场战役经历了六个月才结束。

* * *

日本为了让自己的海军和空军在这些海域占有有利条件，他们决定从加罗林群岛和拉包尔这两个重要舰队基地出发。拉包尔的日本指挥员命令一支有实力的舰队去瓜达尔卡纳尔岛，这支舰队是由巡洋舰和驱逐舰组成的。在8月9日这一天的早上，日本军队在狂风和暴雨的掩饰下，突然发动攻击，几乎把在码头附近守卫海域的盟国海军全部消灭掉。他们只用了40分钟，就击沉了三艘美国重巡洋舰和澳大利亚"堪培拉号"巡洋舰，而他们损失程度比较小。这次战役的日本指挥官如其他的指挥官一样，没有选择"一而再，再而三"的攻击，而是选择了撤回军队，要不然的话他们就能一直打到海峡的东面，就能捣毁正在倾卸物资和军队的美国运输舰，可惜他们错失了这么好的机会。

然而，美国司令官中断了这次登陆的援助。他卸完所有的东西就走了，而把势单力薄的17000名海军陆战队战士留在了已经被敌人占领的岛屿的岸上。他们很可能受到地面上的猛烈攻击，而且空军也无法为他们打掩护。美国的海军陆战队对这次严峻的局面不感到害怕。他们在不断地受到空中袭击的情况下，仍然坚守并且稳固自己的阵地，他们不仅占领机场供他们使用，而且还在海上开辟了一条供应线。那么从瓜达尔卡纳尔岛开出的由海军陆战队员操纵的战斗机和俯冲轰炸机，从这时起就能立刻提供支援。

这时候，日本打算在海面上决一胜负。在8月24日，一场不分高下的战斗在所罗门群岛的北面打响了。我们的空军击退了离瓜达尔纳尔岛距离较近的敌人的运输舰。8月31日的那一天，一艘潜艇击伤了一艘名叫"萨拉托加号"的美国航空母舰，过了两个星期，英国"黄蜂号"航空母舰被击沉，这艘航空母舰在地中海一直拥有很多崇高的荣誉。敌人和我们都在集结军力。刚进入10月，我们在另一次夜战中把日本一支强大的巡洋舰队打败了，我们还击沉了一艘舰艇。但是飞机场却被日本的两艘战舰用大炮击中了，而且随后敌军4500名的增援部队迅速登陆。另一次危机迫在眉睫。

* * *

尼米兹海军上将和麦克阿瑟将军认为应该先考虑太平洋的战场，减少欧洲的行动，这是理所当然的事情。华盛顿的海军上将金恩非常赞成他们的提议。但是现在最重要的事情是"火炬"作战计划——向西北非发起进攻，主要的战略胜过一切。陆地上的战争在这个时候也进入关键时刻。从1942年10月19日起，日本军队一连十来天都无法行动，因为和他们在丛林中作战的海军陆战队，一直坚守着全部阵地。在所罗门群岛北面发生了一次舰队战斗，主要战斗力量是空军。代替"黄蜂号"的"大黄蜂"航空母舰被击中后沉入海里，美国的"企业号"航空母舰和"南达科他号"战列舰还有其他两艘巡洋舰都受了伤。在日本那边，两艘航空母舰也无法继续战斗。

海军上将哈尔西接替了海军上将戈姆利的位置，他希望通过海军上将尼米兹调度几艘英国的航空母舰，哪怕只有一艘也可以，因为在这个时候他发觉自己已经没有航空母舰了。虽然我们对美国在太平洋的计划不甚了解，但是我们知道现在最危急的是所罗门群岛的战役。航空母舰要驶到开战的地方需要几个星期的时间。我非常想在这场英勇的战斗中帮上一点忙，但是因为英美陆军即将登陆西北非，而我们承担起了海军的任务，所以在这里我们无法马上给出意见。"火炬"作战计划带来的压力和高潮，在12月份的时候才慢慢地退下来。我给罗斯福总统发了电报，详细讲述了我们航空母舰的情况，并且尽我们所能，提出了合理化意见。

前海军人员致罗斯福总统　　　　　　　　1942年12月2日

当我们知道了你们需要航空母舰来支援太平洋舰队时，我们正想尽一切办法去实现你们的要求。为了执行"火炬"这个战略计划，我们的航空母舰行驶在那些指定的和充满危机的海平面上，我们很难运用这几艘重要的航空母舰，在这片我们还不是很了解情况的水域，做出一个计划。"火炬"战略计划的危机还一直存在，就算建立了以海岸作为基地的飞行大队，我们一时间也无法将正在参加"火炬"战略计划的两艘航空母舰调出来。当我们知道你们在太平洋急切需要航空母舰去支援的时候，我们以我们现在能够提供的舰只做出一个决定，这是一次冒险的计划。

我们的航空母舰力量包括四艘舰队航空母舰，它们的续航能力很强，而且都配有装甲。我们准备让萨默维尔海军上将指挥"独角兽号"和一艘辅助航空母舰，并且把"光辉号"从东方舰队调出来。同时,我们还准备把"胜利号"从本土舰队调出来；如果想"胜利号"和"光辉号"都由你们调遣，那（你们的）"突击者号"（一艘小型航空母舰）就需要进入我们的本土舰队。因为考虑到大西洋航运线非常重要、苏联北部商船队需要支援，以及"齐柏林伯爵号"年底可能才会出现和"无畏号""可畏号"现在的情形，所以在"突击者号"没有进入本土舰队的前提下，我们是无法把"胜利号"和"光辉号"都交给你们的。

我非常乐意调派两艘而不是一艘航空母舰供你们指挥，这样不但可以增强你们的实力，而且你们也可以利用这两艘航空母舰实行战术小组计划，当然这件事情是要在我们能够安排开的情况下才会发生。这似乎很有必要，因为没有配备足够的飞机的航空母舰是不可能独自进行活动的。因为你麾下的许多军官都和利斯特海军上将认识，所以我提议由他当指挥官。大约在12月份，我们说的两艘航空母舰将会到达珍珠港，那样的话，就可以方便它们添补飞机。假如你同意这种做法，细节问题将会交由庞德和金恩进行探讨。

不过，海军上将金恩并不愿意调离"突击者号"，所以我们只能派出"胜利号"。在12月的时候，"胜利号"与本土舰队分开，驶向了珍珠港。

* * *

与这同时发生的是11月份在所罗门群岛的周围发生的战争，接二连三的海战和空战，使双方都有巨大的亏损。事后发现这些战斗都起到了决定性的作用。在11月13日的夜晚，发生了一场激烈的战斗，这场激战不仅使美国的两名海军为国捐躯，而且还摧毁了美国两艘巡洋舰和四艘驱逐舰，而日本只有一艘战列舰和两艘驱逐舰被击中并沉入海底。装载了日本强有力的增援部队的11艘运输舰也是在这个时候驶入瓜达尔卡纳尔岛内。在接下来持续了36个小时的战斗中，日本的1艘战列舰、1艘巡洋舰、3艘驱逐舰都被摧毁了，更为重要的是，那七艘载满军队的运输船也被摧毁了。而美国这一边，只有一艘驱逐舰被日本摧毁。到了此时此刻，日本已经对这场带有风险性的行动丧失了信心。因为美国增援部队接二连三地开始到达，所以在陆军的帮助下，这支值得尊敬的海军陆战队脱离了包围圈。敌人面对这样一场持续的战役,能够取得胜利的想法在他们心中荡然无存。日本在 1943 年 1 月 4 日撤离了瓜达尔卡纳尔岛。他们撤出战场时,没有任何严重的亏损。在 2 月 9 日,哈尔西海军上将终于能作出这样的声明:我们攻占了瓜达尔卡纳尔岛。

这个插曲最终结束了日本进攻的高潮。美国的两艘航空母舰、7 艘巡洋舰和 14 艘驱逐舰以及澳大利亚巡洋舰"堪培拉号",日本的航空母舰、两艘战列舰、4 艘巡洋舰和 11 艘驱逐舰,都是在这六次重要的战役和多次规模不是很大的遭遇战中被摧毁的。对战双方在海陆空三个领域死伤无数。我读了美国目击者写的一篇激动人心的报道,这篇报道展现了真实的情况,里面是这样写的:"我们亲身经历了那场战争,瓜达尔卡纳尔岛对于我们来说不再是个单纯的地名,而是一种感情的寄托。这种感情就会让我们想起在空中的生死较量、夜晚在海边的激烈打斗、为供应和修建所做的疯狂的努力以及在湿气凝重的丛林里进行的残忍严酷的战斗,还有那萦绕在耳边的军舰的轰炸声和足以撕破天空的凄厉的炸弹声。"①希望生活在伟大的美利坚合众国国内的人们,能将这个英勇的故事流传下去。

* * *

战争局势在新几内亚这里发生了改变②。从中东回来的第七澳大利亚师的两个旅,被我们派去坚守莫尔斯比港,在 1942 年 7 月 22 日,日本军队从北部海岸向该港进攻。欧文斯坦利山脉有 13000 英尺高,是整个新几内亚岛的脊梁,山脉中有一条狭窄而曲折的小路,串联起了各个关口和原始森林。澳大利亚的一个民兵营独自对日军进行了阻击,所以到了 9 月的第二个星期,日本的五个营才挺进了莫尔斯比港。不过在这个时候,敌人的进攻被阻挡在依米塔山脊。

---

① 参照 S.E. 莫里森所著《瓜达尔卡纳尔岛的战役》。——原注
② 参照第五卷第 491 页的插图。——原注

在这些战争都在进行的时候，8月26日，从海上登陆的2000名日本海军陆战队想去占领三个小型机场，这几个机场正在大岛南端米尔恩湾周围进行建造。经过两个礼拜的激烈战斗，在沿海区域的侵略者一半以上被消灭，剩余的兵力再也无法组成一支军队。自此之后，在新几内亚的日本人不得不采取了防守策略。他们本想同时占领新几内亚和瓜达尔卡纳尔岛，但最后把占领哪怕其中一个的机会也丢掉了。这个时候，他们在澳大利亚空军和陆军猛烈追击下，被逼无奈下只好选择了沿山路撤退，他们很多人都因为疾病和饥饿丢掉了性命。美国和澳大利亚的空军力量正在不断地增强。美国空中运输的第三十二师到达了目的地，日本运输舰受到了严重损失，运输舰上运载着他们的增援部队。10000名士兵经过生死较量终于在背海作战中，守住了布纳这最后一道的屏障。1943年1月这最后的抗争也被瓦解了。日本军队只有几百人活了下来。有的人是因为疾病和饥饿而死的，有的人是被直接杀死的，死亡总人数是15000多人。盟军在2月间，已经牢牢地将新几内亚的东南面和瓜达尔卡纳尔岛掌控在自己手里。我们在俾斯麦海处发现了行驶的日本护航队，它是由12艘运输舰组成的，由10艘军舰保护，它们的目的是去增援莱城的重要的前哨阵地。在3月2日和3日这两天，这运载着15000人的运输舰和护航舰遭到了空军的袭击，它们全部被摧毁。

* * *

1943年6月，太平洋的局势是令人兴奋的，这在本卷的开始处我们就说到过。当日本最后的突然袭击被我们成功瓦解之后，在各个区域内他们采取防御策略。如果他们想援助在新几内亚占据的区域，特别是萨拉马瓦和莱城的军队，就必须付出更多的代价，并且还要沿着海岸线修建增援用的飞机场。美国已经很明显地表现出向菲律宾进攻的意向。麦克阿瑟将军的部队正沿着新几内亚北岸向西挺进，而哈尔西海军上将的部队则沿着所罗门群岛向拉包尔挺进。在这里我们看到了，美国军队的力量在快速地强大起来。日本统治者利用在珍珠港事件发生到现在的 18 个月的时间，突然清楚地看到了他们那些忽略的事情和力量的变化。

第二章　占领西西里岛

做好进攻西西里岛的准备——亚历山大将军最后的策划——作战的顺序——分布在各地的军队的集合——希特勒在5月20日举行会议——潘泰莱里亚岛被我们占领——掩护计划有效果——7月10日开始进攻——天气的变幻无常——损失惨重的空军——海上登陆成功——英美军队稳定地前进——我们下一步的战略行动——我在7月16日向史末资将军发的电报——向前发展的战役——艾森豪威尔宣告向意大利发起进攻——英美三军参谋长进行了讨论——巴顿将军高明的进军——琴图里佩、卡塔尼亚和墨西拿——亚历山大的汇报——在三十八天内解放西西里岛

在1月份召开了卡萨布兰卡会议，会上决定先攻占突尼斯，然后向西西里岛发起进攻。新的重大的问题在这个以"哈斯基"为密码代号的伟大计划中被提出来。事情还没有发生以前，我们没有估计到在北非的登陆战役中，会出现强烈的反抗。目前，人数依旧众多的意大利陆军很可能为了保护他们的国家，而非常拼命地战斗。不管怎样，他们的力量会因为强而有力的德国地面部队和空军而加强。意大利有可能参战，因为有6艘装备优良的现代化战列舰依旧在意大利舰队中。

艾森豪威尔将军是这样想的，我们之所以对西西里岛发起进攻，是因为我们的宗旨是把地中海的航路清扫干净。我们之所以把撒丁岛和科西嘉岛作为最初阶段的目标，是因为我们真实的方针是占领意大

利、打败意大利。"意大利长筒靴形的半岛的侧面是这些海岛的位置，相对于半岛趾形山区对面的西西里岛来说，占领这些海岛可以逼迫敌人分散在意大利的兵力。"①虽然我不同意这个军事观点，但不用怀疑，这是一个有高度有权威的观点。但是，攻克西西里岛和对意大利直接发起进攻，在所有的政治力量发挥了作用时，将会更迅速地获取影响深远的结果。

攻占西西里岛是有首要价值的行动。它虽然比不上攻克诺曼底的计划，但它的重要性和艰难性也不容小觑。登陆的根据是北非战役中所获得的经验，人们又吸取了许多"哈斯基"作战计划中的教训，拟定出了"霸王"作战计划。将近3000艘的船舰和登陆艇参加了刚开始的突击阶段，运载了16万部队、14000辆车、600辆坦克以及1800门大炮。这些部队集结、训练并装备的地方必须是在地中海、英国和美国，它们的基地分布比较广，到最后，这些部队将和所有两栖作战中巨大的辎重一起被用船运往前线。彼此的总部相隔数千英里的各个下级司令官拟定周详的计划。而驻扎在阿尔及尔的最高统帅必须把这些计划组合起来。在这里，所有准备工作都由一个专门的盟军参谋部负责审查和安排。在计划实施过程中会出现很多问题，只有联合三军参谋长委员会才能处理这些问题。到了最后，船队要集合在一起，在军舰护送下渡过海洋，穿越狭窄的海域，然后挑选最合适的时机，汇集在作战区域。

* * *

现在，艾森海威尔将军的总部必须要对他从2月份就开始拟定的计划作主要的人事安排。

在与盟军有密切配合的所有战争中，通常是这样的情况：谁的兵

---

① 参照《欧洲十字军》第176页。——原注

力强大，谁就握着战略上的指挥权。出于政治上的顾虑或者其他有关的作战行动，这一点会发生改变，但是实力雄厚的军队必须将指挥权握在手中，这一准则是正确的。曾经因为策略上的缘故，所以我们把西北非的指挥权交到了美国手中。最初的时候，不管是数量上还是势力上，他们都占上风。开始执行"火炬"计划后的几个月的时间里，因为在突尼斯组建了英国第一集团军，在沙漠地区取得胜利的第八集团军也来了，所以，我们的比重发生了改变，在那里英国有11个师，美国有4个师。不管从哪个方面来说，我之所以赞成艾森豪威尔将军担任最高统帅，是因为我一直恪守这个方针——"火炬"作战计划是美国的一次长途征程。亚历山大将军作为艾森豪威尔的副帅，他的作战指挥权也很充足，对于这种情况来说，实际上是种谅解的行为。基于这样的形势，我们攻占突尼斯，并取得了胜利，然而在美国公众和全世界的印象里，这是一场以美国为首的军事行动。

如今，我们已经跨入了一个新的进程，那就是要对西西里岛发动攻势，此外，也要面临着后续的深入行动。我们赞同这一点——根据西西里岛的战争局面来决定在意大利的动作。我之所以认为这件事是有必要的，即英国人和我们的盟国成为在地位上相等的伙伴，一方面是因为美国对进攻西西里岛这次规模宏大的冒险行动，产生了浓厚的兴趣，而且今年想要他们老实地待在撒丁岛是不可能的，另一方面是因为还有一场联合作战即将展开。我们的现有军队在7月份的比例是英国8个师对美国6个师。美国和英国在空军方面的比重分别为55%和45%，在海军方面英国占80%。除了上面说到的，英国大部分的部队驻扎在中东和地中海东部，其中包括利比亚在内。这些部队隶属于开罗的英军总部，而且是由梅特兰·威尔逊将军一个人指挥。基于这样的形势，我们要求在最高指挥权上得到同等的对待，好像并不是什么过分的行为。这个心愿得到了我们坚定的盟友的同意，他们不仅欣然接受，而且还让我们直接指挥这次战斗。美国第七集团军和英国的第八集团军包含在第十五集团军群里面，由亚历山大将军指挥，盟国的空军由特德空军上将指挥，盟国的海军是由坎宁安海军上将指挥的。而艾森豪威尔将军是海陆空三军的总指挥官。

由蒙哥马利将军指挥的第八集团军，负责英方的突击任务；而美国的第七集团军则委任巴顿将军指挥。拉姆齐海军上将之前是"火炬"战役中英军登陆的策划者，休伊特海军上将与巴顿将军一起完成过卡萨布兰卡登陆任务。现在，他们两个人将联合起来指挥海军作战。指挥空军作战的司令官除了特德空军上将外，还有他下属的斯帕茨将军、科宁厄姆空军中将以及布罗德赫斯特空军少将，前面的两个人是美国陆军的空军部队的司令官，后者是配合第八集团执行空中作战计划的司令官。最近布罗德赫斯特空军上将为西部沙漠空军带来了荣誉。

关于计划和军队的布置，都是在设想的基础上进行考虑的，主要原因是司令官和参谋的注意力仍然被突尼斯的战斗情况吸引着。在4月的时候我们才判断出哪些部队适合战斗。为了方便支援登陆后的部队，我们最应该做的是以最快的速度占领港口和机场。墨西拿是我们最理想的港口，而在我们的力量还不够雄厚的情况下，巴勒莫、卡塔尼亚和锡拉库萨是我们最合适的选择。在西西里岛的东南部、西部和卡塔尼亚平原，一共有三组主飞机场。

特德空军上将的计划是先攻占在东南部的一组飞机场，然后再攻占卡塔尼亚和巴勒莫，这样可以使进攻的范围缩小。如果是这样的话，在短时间内能够利用的就只有锡拉库萨、奥古斯塔和利卡塔这几个小港口，而且还要对滩头上没有掩护的陆军进行援助。在新的两栖载运车辆（美国的水陆两用车）和许多的登陆艇的帮助下，这个计划到最后取得了成功。1940年，这种船的研发和改造都是在英国。后来美国在英国的基础上，他们设计了一种新的型号，并且大批制造，第一次就用在了攻克西西里岛上。它不仅是我们两栖作战的基础，同时也是影响两栖作战的因素。

* * *

攻克西西里岛

27

为了使敌人的海军和空军发挥不了作用，亚历山大将军最后决定，先进行时长为一个星期的轰炸。蒙哥马利将军指挥着英国集团军，他们的任务是攻击木罗·迪·波尔科角和波扎洛之间的区域，占领锡拉库萨和帕基诺的飞机场。他们和美军的左翼取得联系，建立一个牢固的桥头堡之后，向北前进，以奥古斯塔、卡塔尼亚以及杰尔比尼的飞机场为目标。巴顿将军指挥下的第七集团军的目标，是占领利卡塔港和杰拉东面和北面的一组飞机场，他们的登陆地点是斯卡拉米亚角和利卡塔之间的区域。这样做是为了使在拉古萨向前攻击的第八集团的侧翼得到保护，力量雄厚的英美空军越过了滩头堡，他们为了方便攻占据点，支援登陆，采用了降落伞或者滑翔机的方式着陆。

七个步兵师、一个马耳他要塞的步兵旅、两个装甲旅和若干突击队组成了第八集团军。一共有六个师在美国的第七集团军旗下的军队里[①]。一个意大利的将军指挥着敌人在西西里岛的防御军，这支军队由四个意大利步兵师、六个质量低劣的意大利海防部队和德国的两个师（有一个是装甲师）联合在一起。为了使他们的同盟军更强大，同时还能够反击，德国把他的军队又分为若干个战斗小组。对于我们的想法，敌人可能会错了意，所以他们在这个岛的西海岸上部署了实力强大的军队，用于防守。在空军上，我们的优势很显著。我们有4000架作战飞机（120个空军中队是英国的，146个空军中队是美国的），而敌人只有1850架，他们分别集中在西西里岛、撒丁岛、意大利和

---

① 作战序列：

英国第八集团军，第十三军和第三十军总部。

参加第一次袭击的：第一加拿大师，第五师，第五十师，第五十一师，第一空降师的一部分，第二三一步兵旅，第四和第二十三装甲旅以及三支突击队。

在北非的预备队：第七十八师，第四十六师，第一空降师的其余部队。

美国第七集团军，第二军总部。

参加第一次袭击的：第一师，第三师，第四十五师，第二装甲师；第八十二空降师的一部分，突击队第一营。

在北非的预备队：第九师，第八十二空降师的其余部队。——原注

法国南部。

如果我们能顺利地实现军队的集结，并顺利登陆，那么前景还是非常光明的。然而，海军和陆军的力量是分散的。从英国那边，驶来了加拿大的第一师。从美国那边，驶来了美国的一个师，他们休整的地点都是奥兰。早已到达地中海地区的军队，分别驻守在北非境内各个地区。登普西将军指挥着第十三军，其中有一些军队在埃及操练，另外一些军队在叙利亚操练。他们的船只和登陆艇要在运河区、亚历山大港、贝鲁特和的黎波里之间的各个小港口装载运输。将来，在战场上要首次集合在一起的军队是利斯将军统领的第三十军，它是由英国的加拿大第一师、突尼斯的第五十一师和马耳他岛的第二三一独立旅组成的。同样，美国的军队分散在突尼斯、阿尔及利亚全境以及大西洋的彼岸。

为了亲自观察计划的发展情况以及要监督部队的训练，下级司令官和参谋员不得不去只有乘坐飞机才能到达的偏远地区。这些拟定计划的人之所以有了新的负担，那是因为他们对于这类任务，每次都不能亲自执行。联合王国以及地中海和红海各个地区进行了水上训练。已经抵达中东的重要飞机、船艇和武器装备的数量很少，没有实际意义，只是象征性的。在准备阶段，那些物资是在假设合格的情况下把它们纳入计划内的，至于可行不可行，我们没有试验过。最后，所有的承诺，供应部差不多都把它们兑现了。这次联合参谋的工作做得不错，都能当作典范。虽然在计划上让人不放心，但是却顺利地执行了。

* * *

5月20日，凯特尔、隆美尔、外交部部长纽赖特等人参加了希特勒召开的会议。宾夕法尼亚大学图书馆中收藏了这次会议的原稿，其他德国会议的秘密记录也在里面，这些文件都被美国译成了英文的格式，费利克斯·吉尔伯特先生给它做了注释。对于第二次世界大战的史实，这些译文做出了宝贵的贡献。①

希特勒：西西里岛，你到过那里吗？

纽赖特：嗯，元首，我去过。我和罗阿塔将军［意大利第六集团军司令，驻扎在西西里岛］在那里进行了讨论。他告诉我许多事情，除了这些，他还对我说，他没有信心做好西西里岛的防御工作。他说他的军队不仅没有合适的装备，而且力量不够。最为重要的是他的部队除了一个摩托化师，其余的军队都不是机动性的。英国人知道运输材料用来修理和装备这些机车的可能性很小，或者说根本没有这个可能性，所以他们每天集中所有的力量，袭击在西西里岛各条铁路上的机车。在我的印象里，从圣乔瓦尼渡海到墨西拿这短短的路程中，几乎全部的交通工具都已经瘫痪了。我想在那里的渡船，先前是有六艘的，如今，也只有一艘了。保留下这一艘船，把它当博物馆的陈列品一样看待，做这些事情，据说都是为了更好的目的。

希特勒："更好的目的"是什么？

纽赖特：哦，元首，"到终结战争时……"这是一些意大利人的解释。有的人还说："下一步会发生什么事你永远也不会知道。"德国的军队在西西里岛已经不受青睐了。其实这很容易想明白，在西西里岛的人的眼中，是我们给他们的国家带来战争的。我们不仅吃光了他们所有能吃的东西，而且还把英国人招惹到这里。在这里我要强调一下，虽然西西里岛的农民对于英国人到不到这里并不在意，但是他们知道他们的苦难将会结束。意大利南部的所有人都是这样认为的：英国的军队来到这里是为了结束战争，而德国军队驻扎在这里，就是为了将战争延续下去。

希特勒：对于这样的态度，意大利那边有没有采取什么措施？

---

① 发表在费利克斯·吉尔伯特写的《希特勒指挥他的战争》中。——原注

纽赖特：元首，据我了解到的，现在在当地留守的地方官员面对这样的情况，并没有采取多少措施。每次我对他们提及德国的士兵在大街上遭受到辱骂的这件事，他们就对我说，对于这点他们也不知道怎么解决，因为这是民心。他们还说："你们就是因为做了这样的事情——征用了各种东西而且还把鸡吃光了，就是这样才失去民心的，才会使人民产生这样的情绪。"但是我认为，那些地区的执政者处理那些情节比较严重的事件时应该更努力，最好能有杀一儆百的效果。

希特勒：难道他们就不会采取一些行动吗？

纽赖特：这太困难了。采取一些行动？对他们来说是不可能的。西西里岛人与意大利北部的人气质存在着一些差异。但就目前的状况来说，他们一直是采取顺其自然的态度来解决这件事情，这样弄得人们的心情不是很愉快。西西里岛受到敌方空军的严重威胁。

后来对罗阿塔将军和其他意大利领导人物是否忠心耿耿和处在困境的墨索里尼这两个问题进行了讨论。面对这种种情况，一幅不太平静的景象展现在了这位德国元首的眼前。

* * *

敌人把潘泰莱里亚岛当作飞机和快速鱼雷的基地，这座岛的面积很小，夹在突尼斯和西西里岛的海峡中间。1941年1月的时候，我们曾策划袭击和占领这座岛屿，但是却错失了良机。在后来马耳他岛受到包围和袭击的艰难岁月，该岛一直都是我们的阻碍。现在，我们不仅要把它给征服，还要用它来做战斗机的基地。海空两路在占领了突尼斯后，随即开始进攻西西里岛。直到6月8日，轰炸和炮击才结束，我们在这个时候要求对方无条件投降，却被回绝了。在6月11日施行的海上登陆，是在海空两军猛烈轰击的帮助下完成的。我们对于这次具有冒险意义的行动的庞大规模和存在的重重危机，给予了相当高的重视。这次登陆很成功，没有任何的伤亡（除了水兵传说的一匹骡子咬伤了一个士兵）。我们俘虏了11000多名敌军。两天过后，周边的岛屿——兰佩杜萨和利诺萨，也被降服了。此时此刻，敌人的前哨阵地在西西里岛南面消失不见了。

我们在7月3日的这一天对西西里岛开始空中打击，它和撒丁岛的飞机场都遭到袭击，结果导致很多飞机场都不能工作。被逼无奈下，他们只能把远程轰炸机的基地，撤到了意大利本土境内，而他们的战斗机也只能采取防守措施。墨西拿海峡的五艘火车渡轮，已经被摧毁了四艘。空中的优势在我们船队进入西西里岛的时候已经建立，然而轴心国的军舰和飞机在对付来自海面上的攻击时，却没有尽全力。直到最后关头，敌人还是不清楚我们要从哪里开始进行攻击，出现这样的情况，这全都归功于我们采取了声东击西的战斗方略。我们在埃及的海军变动和军事准备，好像表示我们要征讨希腊。自从突尼斯被占领后，他们就派遣更多的飞机飞往地中海，然而新增加的空军中队都驻扎在地中海东部、意大利西北部和撒丁岛，并没有去西西里岛。船队离它们的目标越来越近，艾森豪威尔将军在这个关键的时刻，选择了在交通便利的马耳他岛建立司令部。亚历山大将军和坎宁安海军上将与他在这里见面。特德将军依旧是联合空军作战的指挥官，他被留在迦太基附近的地区。

进攻的日子被定在7月10日。7月9日的早上，大舰队在马耳他岛的南面集合，他们当中有从东面赶来的，也有从西面赶来的。对西西里岛海滩发起进攻的时间到了，所有的舰队开足了马力向西西里岛奔驰。在坎宁安海军上将的电报中是这样说的："这种少见的船队大集合，虽然显现了高度的准确性，但是仍有不足的地方，那就是船队有三艘船被潜艇击中并且沉了下去[①]。大部分船之所以没被敌人察觉到，

[①] 从埃及驶来的船队，当中的一艘船被击沉了。——原注

那是因为船队航线获得的掩护十分有效。"

我将在郊外官邸契克斯等待着战争的结果，在去往那里的途中，我有一个小时的时间都在海军部的作战室内待着。整个墙壁上都挂满了地图，上面标注了一些部队，有庞大船队、护航舰队以及支援的分遣队，它们朝着将要攻击的海滩驶去。历史上的两栖战役，没有一次比这次的规模还大。但是，天时能使这一切发生变化。

* * *

9日的上午，天气很好，晴空万里。但是到了午时，一股强劲的、一反常态的西北风袭来。到了下午，风势没有减退，反而更加凶猛。傍晚时刻，波涛汹涌，但是在这个时刻登陆是非常危险的，尤其是在西海岸登陆的美军，他们存在的风险更大。登陆艇船队需要航行过一片路况不是很好的区域，才能从马耳他岛和比塞大与班加西之间的许多非洲口岸向北面发起进攻。

有一个紧急情况下延迟登陆的计划，这是以前制定的。但是要执行这个计划就必须在中午之前做出决定。第一海务大臣在海军部焦躁难安地等待着，用电讯窥探着天气的改变。坎宁安海军上将在晚上八点给了他回答，说："天气虽然恶劣，但是作战计划还是如期执行。"他说："现在要延期登陆，为时已晚。面对这样的状况，我们也是忧心忡忡，但最令人担心的还是在波涛汹涌中挺进的小型船队。"事实证明，他们受到的阻碍很大，而且他们的队形被打散了。虽然大部分的船没有按时到达，但是值得庆幸的是，他们的损失很小。坎宁安说："晚上的时候，风已经柔和了许多，这一点是值得欣慰的。在10日的早晨，风已经停止了，只是那让人厌恶的海浪还在西海滩上拍打着。"

我们利用这恶劣的天气取得了意想不到的胜利。坎宁安海军上将继续说道："我们有效的掩护计划和用来迷惑敌人的船队航线，都起了作用。当然，正因为这样恶劣的天气，敌人的警觉也放松了。当最后一阵大风刮起时，我们差一点有一部分登陆任务（虽然不是全部登陆任务）完成不了。对于那些因为在夜晚也不放松警惕而感到疲累到极点的意大利人来说，这样恶劣的环境，对他们有了影响。在床上翻身的他们会怀着感激的心说出这段话：'他们无论如何都不会在今天夜里出现。'然而，他们却出现了。"

但是，命运并没有照顾我们，不幸发生在了空降部队身上。我们第一空降旅的滑翔机由美国的托航机载运着，但是其中有三分之一的滑翔机被他们过早甩脱，导致在机上的许多士兵掉进海里淹死。只有12架滑翔机到达目标中的那座重要的桥梁，其余的军队都散落在西西里岛的东南部。8名军官和65名士兵占领了这座桥梁，他们在这里一直战斗到只剩下19名战士为止，在援军到来之前，他们在这里坚守了12个小时。这些功绩都是空降部队不顾性命换来的。虽然美国的先遣部队空降的地点太过分散，但是意大利防守海岸的师团陷入了窘境，因为内地被着陆后的小分队搅得一片狼藉。

因为战斗机一直保护着这次登陆，所以在各个地方都成功登陆了。占领了英国和美国前线的锡拉库萨、帕基诺、利卡塔和杰拉。奥古斯塔在12日被第八集团军占领了。一部分德国装甲师狠狠地反击了美军前线的美国第一师。虽然当时的情况非常危急，但是在与敌人经过了一场激烈的战斗后，我们取得了胜利。我们的盟军之所以一直前进，就是为了夺取杰拉东面的那个重要的飞机场。

在卡塔尼亚和杰尔比尼的飞机场聚集了第八集团军的主要兵力。就在这时，许多伞兵通过空降着陆了，突击队也从海上登陆了。重要的桥梁被他们占领。他们帮助陆军渡过了西梅托河。但是陆军渡河以后就没有继续前进，而是等待着从西方千里迢迢赶来支援的德国军队。第八集团军的左翼在16日抵达卡尔塔吉罗内，他们与一支美国军队时刻保持联系，这支美国军队已经攻占了恩佩多克莱港，他们现在正沿着海岸线向西前进。

如今有12个机场是我们的，到7月18日，在岛上只有25架德国飞机可以使用。机场上一共有1100架飞机因为损毁或受伤而被遗留在那里，其中德国的飞机占了一半以上。我们的空军想尽办法阻击从意大利本土飞往墨西拿的敌机。它们获得了部分成功——在对付高射炮火的猛烈进攻方面。

7月16日这一天，第八集团军在收到亚历山大将军的命令后，对埃特纳火山的西侧发动了进攻，第七集团军也一样，收到命令后，对恩纳周围的公路进行了袭击，佩特拉利亚的东西通道被他们摧毁了。英国第五十师还是没有什么大的起色，德国的军队从意大利本土调来了支援部队，其中相当凶悍的第一伞兵师的六个营也在这支支援部队中。虽然现在它的左面的区域被我们占领了，但是以目前的形势来看，我们需要制定新的策略，并且增加军队的数量。英军前线在第七十八师赶到突尼斯之前，是没有什么危险的。

* * *

我们依旧没有决定下一步的战略行动该怎么做。我们是渡过墨西拿海峡对意大利的趾形地带发起攻击，还是对踵形地带的塔兰托发起攻击？还是沿着意大利西部海岸，在萨莱诺湾登陆，然后夺取那不勒斯？又或者只对撒丁岛发起进攻？我们对于这个问题，在6月的时候曾经向艾森豪威尔将军征询过建议。这个问题实在是太困难了。我们在5月举行华盛顿会议（"三叉戟"会议）上决定，在8月份左右，把派去西西里岛作战的部分袭击舰艇和一部分空军，改派去印度，我们也事先告诉了艾森豪威尔将军，美国的四个师和英国的三个师必须在11月1日以后向英国前进，这样才能实现1944年横渡英吉利海峡的进攻。6月30日，他提出了建议，当我们占领西西里岛之后，假如不去进攻意大利趾形地带的话，就去进攻撒丁岛。如果要攻打撒丁岛，他估计在10月之前就能准备妥当，不过他猜测到在11月以前的这段时间，是不能对意大利发起进攻的，因为那时的意大利会受到气候的影响，不适合进行两栖登陆。如果非要认为这是进攻意大利的最佳时机，那么必须有一个良好局面，能够保持军队快速地前进。

这种状况随着西西里岛状况的进展逐渐明朗起来。我们所谈论的整个形势和现在的这个状况有所不同，这一点在我7月16日致电史末资的电文中可以看得到。

1943年 7月16日

1. 我们在5月份举行了华盛顿会议，在会议上我们发现美国有许多的疑虑，他怕我们在地中海的战事上无法自拔，所以他们希望我们在占领了撒丁岛后，结束这次战役。对于这一点，我们正好持相反的意见：我们在地中海的兵力比美国投入的多，所以我们完全可以在攻占西西里岛以后，来解决这个问题。但是我并没有止步于此，我要求罗斯福总统派遣马歇尔将军陪同我去北非，去那里说服艾森豪威尔等人占领罗马，只有这样做才能使今年的作战计划圆满完成。我们都这样认为——在西西里岛的战争形势变得清晰之后再做决定。如果那里的战事还是那么激烈，而且还要花费很长的时间，那么我们就只能对撒丁岛发起进攻。如果要我们立即对意大利发起进攻，那么必须在我们的军事行动顺利完成以后，并且在意大利的抵抗也不是那么强硬的情况下。

2. 现在已经到了必须要做出抉择的时刻了。这一点不用我多说，我会把它当作一个重要的问题来看待。我坚信我的建议罗斯福总统会同意的，艾森豪威尔也会在心里认同。不管怎么样，我不会让实力雄厚的驻扎在地中海的英国部队和接受英国指挥的军队无所事事。我正从波斯把那些非常优秀的波兰军队调去叙利亚，这样的话，他们要参加战斗，也可以从那里参加。

3. 巴尔干半岛的局势让我们看到了希望。我寄给你一份中军统帅部的报告，那个报告上已经说明，意大利的军队即将崩溃。我们不仅要攻占罗马，并且还要尽自己最大的努力向意大利的北面进攻。与此同时,在巴尔干半岛的爱国者,也需要我们伸出右手,帮助他们。如果我们在适当的时候采取行动,那么上面所谈到这些行动都存在着很大的希望。我坚信这个结果是乐观的,我也会在争取盟国的同意上奉献出我的全部力量,即使没能达成观点上的一致,我们的兵力也足以独自行动。

4. 你打算什么时候来这里?你来这里将会受到热烈的欢迎,这一点你是知道的,而且我们在战争的想法上,有很多的共通点。上面说的,请不要向外人泄露,这是作战机密。

* * *

与此同时,在意大利南部的交通线和机场以及那不勒斯港口上的敌军,正在受到我们盟国空军的袭击。在7月19日那天,罗马火车站的停车场和罗马的飞机场受到了实力雄厚的美国轰炸机队的袭击。这次轰炸不仅有强大的破坏力,而且还引起了严重的恐慌。英勇的巴顿将军指挥着美军,一步步向西西里岛行进。他们的第三步兵师和第二装甲师,正在执行西西里岛西部的扫荡任务,现在那里只有意大利的军队在驻守。第二军是由第一师和第四十五师组成的,他们接到了占领北面海岸的命令,攻下之后,他们将沿着墨西拿的两条主要公路向东快速挺进。7月22日,巴勒莫被攻占,7月底,美军抵达尼科西亚到圣斯特凡诺的一线。他们的第三师在完成了西西里岛西部的任务之后,将会被派遣到沿海岸,去支援那里的追击,第九师也会在这个时间从非洲调来这里。这支军队是被留在北非的后备部队,和我们的第七十八师是一样的。

这时,已经部署好最后的决战战场。这次战争一定很激烈,因为除了原有的意大利防守部队参加这次战役之外,还有由胡贝将军指挥的三个师以上的德军,他们也参加这次战斗,胡贝将军是这支军队的司令官,并且他并不缺乏这样的作战经验。但是意大利非常有可能要走到崩溃的边缘。我们在白厅的人员情绪发生了明显的变化。我们要执行一个更冒险的计划，直接进攻意大利的西海岸，然后利用其便夺取那不勒斯。华盛顿持同意的态度，前提条件是：兵力必须是在"三叉戟"会议上商议的，不能再派遣其他兵力。美国认为，虽然其他地区的战争没有地中海的战争激烈，但是也不能因为地中海的军事行动，而使其他地区的战争受到伤害，尤其是那个叫作"霸王"的作战计划。萨莱诺登陆的时候，这种保留条件让我们很不安宁。

艾森豪威尔将军和他的主要司令官一致认为下一个进攻目标是意大利，并且可以立刻发起进攻。因为他们缺少飞机和登陆艇，所以想先在趾形地区登陆。他们也同意了直接攻击那不勒斯，这是他们第一次同意这个提议。战斗机在登陆时起到的掩护作用会因为那不勒斯而大打折扣，因为它离我们在西西里岛最近占领的空军基地的距离太远了。尽管这样，攻下那不勒斯还是目前大家集中考虑的。尽早击败意大利似乎可以作为推迟对缅甸开战的理由。从地中海调往印度的进攻的潜艇，海军部已经下令停止输送。

7月22日，英国的参谋长委员会催促他们的美国同僚，如果获得了额外的船舶和航空母舰，那就制定直接进攻那不勒斯的计划。美国提出了不同的观点。发起进攻这一点他们是同意的，但是他们不能再派任何军队来支援艾森豪威尔将军，哪怕是为了这次进攻或者是其他的任何目的，他们也不会改变这个决定。现在，他应该在这些部队的基础上，尽他最大的努力。除此之外，在他们的坚持下，三大重轰炸机大队被撤到英国。就这样，矛盾显现出来。美国的三军参谋长不相信占领了意大利会对德国造成威胁，而且他们还担心德军会撤离，会使我们无功而返。他们还认为从意大利的南部飞机场去进攻德国的南部的话，并不会有大收获。虽然十个月以内，在英吉利海峡这里不会发生什么战争，但他们还是在横渡英吉利海峡的最短路线上集结了所有能集结的力量，用来攻打德国。

在战争中消灭意大利是盟国最重要的一个目标，这是在华盛顿会议上决定出来的，也是英国的参谋长委员会提到的。一个密码代号为"雪崩"的作战计划——攻击那不勒斯，是这个目标能够完成的最佳方案。意大利的崩溃，在很大程度上增加了横渡英吉利海峡进攻的机会，不仅能保证它成功，而且还能起到决定性的作用。只有在意大利飞机场的支援下，我们对生产战斗机的工厂进行规模较大的攻击，才会产生效果，这一点是空军参谋长波特尔三令五申的。因此，对法国的行动要想顺利进行，很大程度上都要依靠那些被占领的机场。美国对此毫无反应。可是，英国部队在"雪崩"计划中占有大多数，所以为了计划成功，我们要尽全力。为了登陆，海军部安排了四艘护航航空母舰和一艘轻型舰队航空母舰去支援远程战斗机，帮助远程战斗机克服自身的弱点，而空军部也派给艾森豪威尔将军三个轰炸中队。原本这三个中队是要提前离开的，现在由他指挥。

正在讨论这些有点尖锐的问题时，墨索里尼却在7月25日下台了，政治局面发生了变化。目前来看具有压倒性的优势的是对意大利发起进攻的这个论点。正如下文中我们即将要了解到，德国人快速地做出了应对。一些事情并没有变得更容易一些，如攻进意大利，尤其是进攻那不勒斯等军事行动。正因为我们提供了英国海军和空军力量上的帮助，这个"雪崩"计划才成功完成。我们认为多余的船舶在我们登陆后，可以使整个安排的速度加快，这些船如果能够使用的话，可以把危险系数降低。在这方面，美国没有接受我们的建议，早在战争开始时，美国的很多船就被召回，还有一些用来进攻的英国船只也被派遣到印度。

* * *

如今，我们再一次回到西西里战场。8月3日亚历山大在电报中这样说：

> 顺利地展开了攻势……我拜访了那位英勇而且豪气的巴顿将

军，刚刚回来。美国第七集团军把工作干得非常出色，仗也打得漂亮。加拿大也令人很满意，虽然这是他们第一次展现自己的身手，但打得不错。进展可能会慢一些，若不是亲眼看见的话，当地的情况很难让人相信。在这座岛上可以穿越峡谷和绕行悬崖的山道只有几条。它们易守，也易遭到破坏。

第七十八师的表现很好，刚到达目的地，就占领了琴图里佩。这是战斗到达最后阶段的标志。5日占领了卡塔尼亚，自此，所有的英军战线向埃特纳火山的南面和西面的山坡展开。8月6日，美军第一师经过激烈的战斗后，攻克了特罗伊纳。第九师越过第一师，在8月8日挺进切萨罗。在8月10日，美国的第四十五师和紧接着到来的第三师，抵达了奥兰多角，途中他们沿着北面海岸行进，得到了两路两栖包围行动的援助，这次的包围行动规模较小，而且运用得极其巧妙。13日，攻占兰达佐，敌人停止了所有战线上的战斗，几天后的夜里，在墨西拿海峡强大的防空炮火的援助下，他们逃回本国。我们的部队快速向墨西拿挺进。敌军把从卡塔尼亚开始的海岸公路摧毁了，使得第八军的进程慢了下来，就差了这么一点，战利品就被美国军队得到了。8月16日，他们进入墨西拿。

亚历山大将军致首相　　　　　　　　1943年8月17日

下面是非常有趣的事：

对西西里岛的进攻是在7月10日。挺进并驻守在墨西拿是在8月16日。攻占整个岛屿只用了38天。西西里岛海岸线的长度是600英里，面积有1万平方英里。混凝土建造的碉堡和铁丝网遍布整个岛屿。轴心国有13个师驻守在这里，其中德军有4个师，意军有9个师。总共有405000名士兵，其中意军有315000名，德军有9万名。盟国也有13个师驻守在这里，其中有第七集团军的6个师，包含空降师，第八集团军的7个师，包含空降旅和装甲旅。

我们猜测是这样的情况，7月10日驻守在西西里岛的意大利军队，已经被全部歼灭，有部分溃兵可能逃回本国。缴获的战利品和军用物资现在还无法用具体的数字统计出来。整个西西里岛上，遍地都是大炮、坦克、步枪和机关枪。

在整个战争中，制空权一直掌握在空军手中，他们的战术空军部队能聚集起空前的力量，陆军在战场上得到了这些战术空军部队的援助。1000多架飞机在飞机场上被缴获。海路被皇家海军保护着，一直畅通无阻，他们还援助了我们所需要的物资。

后来，他又在电报里提道：

亚历山大将军致首相　　　　　　　　　　　1943年 8月 17日

1943年8月17日上午10时，西西里岛上的最后一名德军也被赶走了。我们掌控了整个岛。

* * *

这次既成功又运用精巧的战役，在持续了38天以后，终于收尾了。敌人从最初的震惊，到后来醒悟过来，也曾进行了顽强的抵抗。地形造成了很大的困难。要想穿过田野，只能徒步前进，因为那里的道路狭窄。埃特纳火山的高峰阻挡了第八集团军进击的步伐，敌人却能监视我们的一举一动。第八集团军的士兵得了疟疾，因为他们驻扎的地点在卡塔尼亚平原的洼地。不过只要我们平安地登陆，我们的空军利用攻占的飞机场开始行动，这个胜负的问题就毋庸置疑了。马歇尔将军做了报告：敌军损失了167000人，其中德国士兵有37000人；我们失去了31158人，这个数字是死、伤、失踪人数的总和。

第三章　垮台的墨索里尼

掉进陷阱里的墨索里尼——对意大利人民的联合宣言——在里米尼附近会谈的墨索里尼和希特勒——格兰迪登上舞台——法西斯大委员会在7月24日召开——格兰迪提议罢免墨索里尼的要求得到通过——7月25日逮捕墨索里尼——结束了21年的独裁统治——愚蠢的希特勒把兵力分散了——从意大利传来的消息被他知道了——在1942年11月我做出了预测——我致电罗斯福总统谈论意大利求和这件事——我对墨索里尼下台的感想——英国战俘在意大利的命运——关于停战条件，英美所进行的讨论

多年以来，意大利的统治者一直是墨索里尼，到最后，他却给国家带来战争的不幸，对此，他要负主要责任。这一切都是他的错，因为他近乎独权，所以他不能将这个责任推到王室、议会、法西斯党或总参谋部的头上。目前，一种已经战败的情绪在意大利国内能够即时掌握消息的人中蔓延，于是那个人自然要受到责备，是他强横地把国家带入歧途和失败的一方。在1943年，这些信念在最初的几个月中慢慢被建立，而且传播范围也极广。孤单的独裁者坐在了权利的至高点上。而在苏联、突尼斯和西西里岛杀害意大利人以及在军事上的失败等等这些事情，都是直接向意大利发起进攻的前奏。

他在政治方面和军事方面调换了一些人，可惜这一切都白费心思。2月份，安布罗西奥将军接替卡瓦勒罗担任总参谋长。安布罗西奥和宫廷大臣阿奎罗纳公爵，他们不仅获得了王室的信任，而且只有国王

可以向他们咨询意见。这几个月,他们希望打倒法西斯党的领导人,并且使法西斯政权终结。但是,欧洲的政治舞台上依旧有墨索里尼的身影,似乎他也是这里面的一个主角。他之所以感觉自己受到了侮辱,那是因为他新任命的军事长官提出,要从巴尔干半岛撤回意大利的军队。他的这些队伍是德国在欧洲的后续力量,有利于他们在欧洲占有优越的位置。然而他还没弄明白,在国外战争失败和国内民心不稳的情况下,希特勒已经不把意大利当作一个同盟国看待。当现实情况已经消失不见时,他对权势和个人影响仍然存在着幻想,甚至非常贪慕这些。所以,他对安布罗西奥的重要要求表示拒绝。他的权威和他个人的极端行为,深深地烙印在人们的脑海里,人民害怕他,所以,意大利的社会力量不知怎么把他赶下政治舞台,而且他们对待这件事的态度一直都是犹犹豫豫的。"在猫的脖子上挂上铃铛",谁愿意去冒这个危险呢?强大的敌人打算在春天过去之后,向意大利发起进攻,拥有海陆空三军的他们离意大利越来越近了。

7月,出现了转机。立宪国王——那个不爱说话、总是保持着小心翼翼的国王,从2月以来,一直跟巴多格利奥元帅——那个在希腊因为惨败而被罢免的将军——保持着联系。他终于发现这个将军是可以托付、掌管国家政务的人。于是在7月26日制定了明确的计划,决定将墨索里尼逮捕。安布罗西奥将军同意派遣一个可以执行计划的人,并制造一些声势来配合完成这一行动。一些法西斯老战士无意中帮助了安布罗西奥将军的计划,复兴法西斯党是这些人的目的,而且他们当中的许多人不会成为复兴运动中的失败者。他们准备开法西斯大委员会,那是法西斯党的组织从1939年以来一直没有举行的,他们的目的就是向他们的领导人提出最后的通牒。7月13日,墨索里尼会见了他们,他们诱导、劝说墨索里尼在7月24日召开大委员会的正式会议。上面说到的这两个运动,虽然看上去互不相干,甚至是完全独立的,但它们在时间上是完全契合的。这些运动的意义非凡。

＊　＊　＊

我当时对意大利政局内部是否存在紧张的气氛，了解得还不是很透彻，但是盟国总部有时会接到报告，上面写着士气低落和局势动荡的情况越来越严重。自从意大利北部所有的城市被我们的空军袭击之后，罢工和骚乱就在这座城市里上演。我们得到消息，意大利由于铁路运输瘫痪，那里的粮食供应情况一天不如一天。登陆西西里岛的时候，就是我们向意大利人民发出呼吁的时候。罗斯福总统以前讲过一个宣言稿，在这个宣言稿中，他给予了美国一定的地位，但以我们的观点来看，这个宣言对参加意大利战争的英国来说存在着不公平。因此，在7月5日我致电罗斯福总统，写道：

1. 战时内阁考虑到要对意大利发表一个联合宣言，当然，是要以我们两国的名义发表。根据双方协议，"火炬"作战计划是一次美国的远征行动，其中有英国的一个分遣队参加，我一直都是你的副手。所以，我们才觉得我们一起执行"哈斯基"作战计划[西西里]和它以后的计划时，我们应该拥有平等的地位。根据参加战争的陆军、海军，船舶和飞机的比重来看，这样的说法，合情合理。"不需要大伙伴"——你的这句名言，我完全接受。

2. 然而，你们与意大利发生争执和战争的时间没有我们的时间长，而单纯地就这种文件的完整性来讲，这种性质的文件由一人来写要比两个人来写好得多，所以在这个关键的时刻，请你代表我们两个国家，对意大利人发表宣言，这是为了我们共同的事业，我们共同的利益。

3. 我们之间的友谊坦白而率真，正是因为这样的友谊，我将提出几个需要修正的问题，这对你来说可能有些冒昧。如果不这样做，会在英国人民和英国部队中间产生不快情绪，所以这些修改是有重要意义的。因为在贡献这方面，他们将会以为自己没有享有相匹配的或足够的评价。实际上，在所有的地方，他们只有一次被提到过，其他地方提到的都是美国或盟国。

4. 建议修改的地方如下：(1) 请把"我也代表英国国王政府并且以他们的名义讲话"这句话，加在"1941年12月11日，你们的政府向它们宣战"后面。(2) 请把"和他的副总司令亚历山大将军"，夹在"艾森豪威尔将军指挥着"这句话中。(3) "意大利的天空是在盟国庞大的空中机队的控制下"需要改动一下，应该改为"处于美国和英国庞大的空中机队的控制之中。英国和盟国聚集在地中海的空前强大的海军力量威胁着意大利的海岸"。(因为美国和英国实际上从事了全部战争活动，所以我坚信这些修改是妥善的，你也会同意的。)

5. 最后，我们认为，向意大利发布宣言公告时，最好的时间段是在西西里岛取得初步胜利以后。假如我们失败了，这样做就不在情理之中。不管怎么样，在这种硝烟四起的局面下，它不会引起人民的注意，也不会第一时间传到轴心国的作战部队里，促使他们解散。

我们的意见罗斯福总统认为合情合理。于是，一份我们认为比较合适的修订稿，送到了罗斯福总统手上。

这个文告是美利坚合众国总统和英国首相给意大利人民的。

在目前的这个形势下，由艾森豪威尔将军和他的副总司令亚历山大将军指挥的美国和英国的联合武装部队，正在使战争深入你们的国家。在墨索里尼及法西斯政权下，你们不得不接受这个后果，这是你们可恶的领袖为你们带来的。墨索里尼引导你们参加这场战争，他认为你们是野蛮国家的仆从，可以杀害各国的人民，可以使人民的自由毁灭。墨索里尼认为希特勒已经稳操胜券，所以他让你们参加战争。在这样容易受到空军和海军威胁的情况下，墨索里尼还把你们的军队，不管是军舰还是士兵都派到遥远的战场，用来帮助德国，帮他征服英国、苏联以及全世界。意大利有着历史悠久的传统，在自由和文化这两个方面，这个传统和英美两国的人们有着很深厚的渊源关系，这些传统和纳粹德国的阴谋勾当格格不入。你们的士兵不是从意大利的利益出发，而是为德国拿起武器。他们英勇作战，但德国在苏联的前线以及在阿拉曼到邦角的非洲战场上，把他们抛弃、出卖。

在今天，在各个战场上，德国征服世界的希望破灭了。意大利的天空处于美国和英国庞大的空中机队的控制之中。英国和盟国聚集在地中海的空前强大的海军力量威胁着意大利的海岸。你们所对抗的力量，如今，要拼死去摧毁纳粹德国的势力，那些不服从德国的人都遭到这种势力迫害，有的被奴役，有的已经死亡。

意大利要想生存，唯一的希望就是实行体面的投降，不反抗盟国的武装部队。如果你们继续为纳粹党的法西斯政权服务，你们要自己承担后果，这种痛苦的后果是你们的选择造成的。我们不想进攻意大利，我们不想意大利人民因为战争而死亡。但是，那些虚伪的领袖和使意大利沦陷到如此处境的主义，我们必须要毁灭，你们所流的每一滴血，抵抗盟国军队的每一分钟，都只能达到一个这样的目的：法西斯和纳粹领导用更多的时间来解脱他们的罪行，逃避他们造成的无法避免的后果。德国和你们虚伪而且迂腐的领袖，背弃了你们的所有利益、你们的所有传统。一个新的意大利只有在推翻这两者后，才能建立起来，才会受到欧洲国家的尊重。

如今，能够恢复国家尊严、安全与和平的时刻到来了，出于对你们意大利人的尊严和利益两方面的考虑，你们要想清楚。在这个关键的时刻，你们要做出决定：意大利是服务于墨索里尼和希特勒,还是为意大利的生存和文明服务?

罗斯福
丘吉尔

在7月17日,意大利的罗马和其他城市的空中出现了盟国的飞机,散发写着文告的传单。

* * *

两天过后,在罗西奥将军的陪伴下,墨索里尼会见了希特勒,他是乘坐飞机到达那里的,会面地点在位于里米尼附近的费尔特雷的一个别墅里。墨索里尼在他的《回忆录》中是这样写的:"那里有一个非常漂亮的公园,那里的树,苍劲浓郁,遮挡着阳光,带给人清凉。一个给人带来神秘感的建筑物,很像迷宫,似乎是一个用横竖的字谜拼成的房子。"做好了准备来迎接德国元首,本以为他会在这里待两天,没想到他见完面,当天下午就走了。墨索里尼说:"我们的见面跟以前一样,很诚恳,那些随从的文员和高级空军军官以及部队与我们相比较之下,他们的态度冷淡。"①

德国元首的意见不停表达出来,他提出必须要尽最大的努力。他讲,新的秘密武器大约在冬季的时候,就可以用来攻击英国。一定要保住意大利。"这样,对于敌人而言,西西里岛就可能有类似于斯大林格勒对于我们的地位。"②人力和组织这两方面,意大利必须要自给。德国在苏联前线是有压力的,没有办法提供意大利所要求的援助和装备。

安布罗西奥督促他的首领,要坦诚地把意大利不能继续参加战斗这个消息,告诉希特勒。这种表现,将会带来什么好处,并没有很明

---

① 参照墨索里尼的《回忆录》,第50页。——原注
② 参照《希特勒和墨索里尼:通信与文件》,佐利著,第173页。——原注

显地表现出来。出于墨索里尼那呆傻的表现，安布罗西奥和其他意大利将领对这个首领，再也不抱有希望了。

  一个情绪比较激动的意大利军官，在希特勒正在讨论形势的时候，走了进来，他报告了这样的消息："敌人正在猛烈地攻击罗马。"墨索里尼在回罗马的时候，除了带回德国会支援西西里岛的这个消息之外，再也没有带回可以炫耀的东西。在利特里奥火车站，数百辆客车正在焚烧，它们产生了大量浓郁的黑烟。墨索里尼将要抵达罗马的飞机，正好驶进了这片黑烟。他觐见了国王，看到国王眉头紧锁，表情焦虑。国王说："面对这么紧张的局势，我们不会支持多久。西方国家已经掌控了西西里岛，我们会被德国出卖。军队的纪律已不复存在……"据记载，墨索里尼是这样回答的，他希望，意大利和轴心国脱离关系可以在9月15日那一天。这个日期说明，他已经严重地脱离现实。

  在这个时刻，压轴戏的主角上场了。迪诺·格兰迪，他是法西斯党的元勋、前外交部部长和驻英大使，他是意志坚强的一个人，他厌恶意大利向英国开战。如今面对这样的形势，他也屈服了。目前，在罗马召开的法西斯大委员会上，他准备坐上一个领导人物的位置。7月22日，他看望了他以前的领导，并一点情面也不讲地说，他将提议建立一个联合政府，而且武装部队的最高指挥权会重新掌握在国王的手中。

* * *

  24日下午五点召开了法西斯大委员会。为了防止会议遭到暴力袭击，警察总监已经做好了防卫措施。枪兵团是墨索里尼的私人卫队，他们保护威尼斯宫的任务被取消了，而且让军事警察取代了他们的位置。当领袖把目前的情况说出来之后，底下的全体出席者就开始讨论这个情况，他们都穿着黑色的法西斯制服。最后，墨索里尼说："因为战争是希望开战的那个党发动起来的，所以战争往往是一个党的战争。

同理，战争也是宣战的那个人发动起来的，所以战争往往也是一个人的战争。如果发生在 1859 年的战事就被叫作加富尔战事，那么今日的战事被叫作墨索里尼的战事。所以统治权的加强和承担责任是现在必须要做的。在今天，有人在侵犯我们的领土，它的完整性正遭到破坏。正因为这样，我凭借着国家的名义，可以在人事上进行变动，可以在控制权上进行加强，可以调动一切没有使用的力量。"

接下来，格兰迪提出了自己的议案，他请求把更大的权利交给国王，并且要求国王承担责任，而且还要过问国事。格兰迪发表了一篇演说，这篇演说被墨索里尼称之为"猛烈批判的演说"，"一个终于发泄出自己怨恨的演说"。大委员会成员和宫廷已经很明显地表现出他们亲密的关系。格兰迪受到了墨索里尼女婿的支持。现在每个出席者都有所察觉，政治上的大变动蓄势待发。辩论一直持续着，直到午夜，斯科尔扎这个法西斯党的秘书，在这时提出了休会，希望第二天再进行会议。但是，这个提议遭到格兰迪的反对，他跳起来并且大声喊道："不可以，我反对。既然辩论已经开始，在今晚我们一定要把这个会议开完。"直到凌晨两点多，才开始投票表决。墨索里尼是这样写的："在投票之前，就已经可以看清楚每个大委员会成员的态度，有的是跟国王勾结在一起的叛徒，有的是合谋者，还有的是不明真相的人，他们都投了票，也许他们对投票表决的严重性并不知道。"格兰迪这次提议投票的结果是：赞成 19 票，反对 7 票，弃权 2 票。墨索里尼站起来说道："政权的危机已经被你们挑起。这简直糟糕透顶了。现在会议结束。"墨索里尼用手势制止了法西斯党的秘书，因为他要向自己致敬，墨索里尼随后说道："不用了，你可以被原谅。"大家默默地走了。在那天晚上回到家中，没有一个人能安然入睡。

抓捕墨索里尼的计划正在暗地里安排。安布罗西奥接到宫廷大臣阿奎罗纳公爵的指示，他的心腹和代表立即展开行动，这些人是警察或者是军事警察。他们暗中并且顺利地接手了警察局和内政部的办公机构，还有主要的电话线站。在国王别墅周围不易发现的地方，一小队军事警察在那里布置了岗哨。

7月25日是星期日，墨索里尼除了巡查了罗马几个受到袭击的地区，整个上午都待在办公室里。他请求见国王，下午五点钟，国王和他见面了。"我以为自己指挥武装部队的权利，会被撤掉，这个权利是1940年6月10日国王授予我的，有一段时间，我也考虑过放弃这个权利。所以，现在想想，在我走进别墅的时候，我没有任何不祥的感觉，而且我也没有怀疑过我当时的感觉。"到达国王的住所时，他看见所有地方都增加了军事警察。门口站着身穿大元帅制服的国王。他们两人走进客厅。国王说道："我亲爱的领袖，情况不容乐观。意大利行走在一条四分五裂的道路上。军队的士气低落，他们不想打仗了……法西斯大委员会上有19票赞同格兰迪的计划，这个表决太可怕了，在这些投票的人选中，拥有天使报喜勋章的人就有四个人！……此时此刻，你是大家在意大利最厌恶的人。你顶多有一个朋友是可靠的。如今，你现在只有我这么一个朋友了。所以我可以告诉你，关于你的人身安全问题，我会保护你，这一点你没有必要担心。我现在想让巴多格利奥元帅来接替你的职位。"

墨索里尼是这样回答的："你做出的决定，会产生极其严重的后果。人们面对目前的危机都是这样认为的：只要那个挑起战争的人被解职，就会带来和平。军队的士气会因此而受到严重的打击。这次危机会让丘吉尔和斯大林看成是他们两个人的胜利，特别是斯大林会觉得这就是胜利表现。人们的抱怨和恨意我已经感受到了。在昨天晚上的法西斯大委员会上，我很容易看出这一点来。一个人如果在位很久了，而且还使人民遭受到这么多牺牲，怎么会不激起怨恨和怨言呢？不管怎么说，我都希望那个掌控局面的人是个幸运儿。"国王把墨索里尼送到门口。墨索里尼是这样写的："他像极了侏儒，他不仅脸色苍白，而且还比平时看上去更加矮小。在和我握手道别后，他就进去了。我下了几级台阶，朝我的汽车走过去。在这时，一个国家警察上尉突然把我拦住，对我说：'我是国王陛下派来保护您人身安全的。'我朝我的汽车继续前进，一辆救护车停在附近，这时这个上尉又给我指了指这辆救护车，他对我说：'不，我们一定要乘坐这样的车。'我和我的秘书长，还有那个上尉、一个中尉和三个国家警察、两个便衣警察，我们一同乘坐了这辆救护车，他们手上拿着机关枪，坐在车门口。救护车在车门关上后，快速地奔驰。我依旧这样认为：这样做是因为国王他说过要保护我的人身安全。"

在那天下午，时间稍晚一些，巴多格利奥收到了国王的命令，他要建立一个新内阁，由军事领导和文官组成。到了晚上，全世界都收到了巴多格利奥组建内阁的消息。两天过后，法西斯领袖被这个巴多格利奥将军，囚禁在蓬察岛上。

* * *

墨索里尼对意大利的独裁统治就这样终结了，历时 21 年。1919 年，他解救了差点卷入布尔什维克主义的意大利人们，使得意大利在欧洲的位置上升了，这是以前没有过的。新的生机在民族的生命中出现。北非建立了意大利帝国。许多重大工程在意大利内建成。1935 年，这位法西斯领袖凭借着自己的毅力，征服了阿比西尼亚。阿比西尼亚是一个国家领导五十个国家的国际联盟。虽然意大利无法承担他的政权费用，因为他真的很浪费钱财。但是单从他获得成功的这方面来看，他还是符合大多数意大利人民意愿的。"意大利的立法者"说的就是他，对于这个称呼，我只在法国崩溃时称呼过他。如果他没有统治意大利，那么另外一个人可能会把意大利体制改为共产主义，在这样的情况下，另一种性质的危机和灾难会充斥着意大利和欧洲。1940 年 6 月在希特勒取得胜利后，他向法、英两国开战，这是他犯的最大的一个错误。如果这种行动被他制止了，那么意大利还会保持在举足轻重的位置上，双方都会奉承他，甚至给他好处，他也会从互相争斗的国家中取得利益。就算战争的结局已经表露出来，盟国还是欢迎墨索里尼。在缩短战争的过程中，他还有很多东西可以奉献出来。他可以利用他的智慧和谨慎，选择一个合适的时间向希特勒宣战。但是他没有，他走上了一条错误的道路。英国的实力，岛国抵御外来侵略者的持久性以及海军的实力，这些他永远无法理解，所以他走向了毁灭。不过，这份伟大的经历，仍然可以看作是他的极权和长期统治的铭刻。

* * *

希特勒在这个时刻犯了一个大错误，这个错误体现在他的战略和作战指挥这两方面。意大利的倒戈、苏联的乘胜追击和英美两国联合起来即将横渡英吉利海峡发动攻击，面对这些，德国应该集结所有的强大的力量，组成一个中央后备军。而德国指挥部和作战部队的高超素质，也只有利用这种方法，才能体现出来。也只有这个方法，他才能完全利用他所拥有的中心位置，还有优越的内线作战条件，以及便利的交通。冯·托马将军被我军俘虏，当时他是这样说的："创造一种能使我们陆军充分发挥作用的形势，是我们唯一获胜的机会。"在本书的前面我已经说过，希特勒已经编织好一个蜘蛛网，可惜他忘了蜘蛛。赢得他占有的一切是他的目的。巴尔干半岛和意大利对战局并没有起到任何作用，但他却在那里浪费掉了大量的兵力。如果他利用一个中央后备队——由最高素质和机动性的 30 个师或者是 40 个师组成，那么任何一个向他攻击的敌人，他都能够回击，并且还能进行一次重大的战役，前提是有赢得胜利的希望。比如，一年之后，他完全可以利用生力军，对抗在诺曼底登陆了 45 天的英美军队，那时，他将占有很大的优势。他没有必要在意大利和巴尔干半岛上耗费自己的力量，他在别人的规劝下还是这么做了，现在来看他失去了最后的机会。

我明白，他有可供选择的途径，我也希冀他能有这样一些选择：从意大利右边进行攻击，或者是从左边横渡过英吉利海峡，或者这两个选择都做。他错误的安排，使我们具有美好的前景和获得胜利的机会。因为在这样的前提下，有利于我们直接展开攻击。

* * *

希特勒在参加费尔特雷会议回来以后，觉得只有清洗法西斯党，并且通过德国增加法西斯党的领袖们的压力，才能使意大利继续参加战斗。在 7 月 29 日这一天，也就是墨索里尼 60 岁生日的这一天，戈林经选派乘这个机会对墨索里尼进行了一次访问，这次访问很正式。7 月 25 日，希特勒总部收到一个震撼的消息，这个消息是从罗马那边传来的。晚上，事实已经很明显地摆在那，巴多格利奥在意大利国王的授意下，接任墨索里尼的职位，墨索里尼辞职或者被罢免。最后决定，如果要攻打意大利新政府，而且还是规模巨大的军事行动，就要在苏联发动进攻之前，把东线的军队撤出，要比可能撤出的军队还多。与此同时还制定了营救墨索里尼、攻占罗马以及用尽全部力量支援意大利法西斯主义的计划。假如巴多格利奥和盟国签了停战条约，就必须要制定下一步的计划，方便用来夺取意大利舰队，攻占意大利全国的要害地点以及威慑住在巴尔干半岛和爱琴海的意大利军队。

7 月 26 日，希特勒对他的顾问说："我们必须行动起来。不然的话，盎格鲁撒克逊人会比我们抢先占领飞机场。现在的意大利法西斯党头脑已经不清楚，当它出现在我们战线后方时，他们才会醒悟过来。因为法西斯党是唯一愿意加入我们的战争的，所以我们必须使它恢复起来，不能拖延下去，所有拖延的理由都是错误的。如果那样做的话，我们就会有危险——眼睁睁看着盎格鲁撒克逊人攻占意大利。关于这些事，一个军人是不能够了解的。要想认清前途，就要有一个拥有政治眼光的人。"

* * *

对于意大利崩溃的后果,我们曾长久地思考。我曾经在八个月以前这样写道:

意大利的局面
首相提交战时内阁的备忘录

1942年11月25日

1. 我是这样的意见,如果认为意大利在任何内部动乱下都不能产生一个政府,一个可以单独缔结合约的政府,这个结论显然下得太早。假使我们将更严重的压力施加在意大利身上……全体意大利人(包括法西斯党),会深切地感受到,他们希望从战争中解脱出来,而且事实上也表明,他们要从战争中解脱出来。在不久的将来,我们会通过两栖作战的方式对意大利进行连续的攻击,那样的话,摆在意大利人民面前的有两条路。如果他们无法适应我们空军的袭击,那么他们必须对其中一条做出选择,两条路分别是:一、建立由格兰迪这类人领导下的政府,以求和平;二、任由德国人攻占,这样的话战争的严重性会增加。

2. 德国攻占和管理意大利,符合我们的利益,这个观点我不赞同。这种局面的产生也许我们不能阻止,但是我希望意大利人民自己起来阻止这种局面的产生,我们的确应该尽自己的全部力量促成这种行动。如果意大利发生革命,而且执政的是一个缔结停战条约的政府,那么,至少可以说,在违背意大利人民(而且可能是一个临时政府)的意愿下,承担意大利的全部防御任务所获得的利益,与德国人防守勃伦纳山所获得的利益是相同的。

3. 一个国家在战争中面临着彻底失败的时候,他们采取的所有行动，都是人们意想不到的。保加利亚在1918年崩溃，政府、军队和人民，那种突然、悲惨、全国同时瓦解的情景，在我印象里就像刚发生过的一样。军队对他们的前途和安全漠不关心，他们只求能撤出前线，返回家中，费迪南德国王也逃离了。剩下的是等待胜利者判决的政府，一个以农民领袖为首的政府。

4. 因此，我对意大利的突然求和并不排斥，而且我对美国把意大利人民和意大利政府区别开来的政策，也表示赞成。墨索里尼垮台这件事，即使它事先做好防备，也有可能会对意大利的舆论造成决定性的影响。从此宣布，终结了法西斯的统治。一段历史结束，另一段历史就会开始。我认为这样是最好的——在遭受轰炸的所有城市的上空都发布传单，上面的内容这样写：墨索里尼，他是让你们遭受苦难的罪魁祸首。

5. 值得注意的是，因为不在我们义务范围内，所以我们不会向被征服者提出任何条件。即使他们向我们请求，我们也不会提出任何条件。如果他们这个时候向我们投降，我们才会做这种决定。美国一些进行宣传的传单已经做了这样的事，我们目前是肯定不会做出这样的承诺的。

因为从罗马来的消息引起了这些问题，所以罗斯福总统接到我的电报：

前海军人员致罗斯福总统　　　　　　　　1943年7月26日

意大利变动的宣布，预示着意大利可能会倡议缔结合约。为了能联合行动，我们应该协商一下。这个时期在现阶段可能只是一个过渡。但是，不管怎么样，墨索里尼的下台会让希特勒感到自己人少马微。这种情况下，没有人能断定不会发生进一步的变化。

在这份电报发出的同一个时间段，罗斯福总统也给我发来一份电报：

罗斯福总统致首相　　　　　　　　　　1943 年 7 月 26 日

　　真是太巧了，今天下午，当我重回到香格里拉的时候，罗马传来消息，这次消息的真实度很大。当我们收到任何求和的提议时，一定要有把握地将意大利全部领土、运输条件以及各种飞机场利用起来，用来对付北面的敌人和整个巴尔干半岛的敌人①。我认为，我们应该尽量使意大利无条件投降，妥善地对待意大利的人民。对于这一点我也有过思考，那就是一定要把那个首领和他的主要同犯交出来。在任何状况下，因为没有你和我的授意，我们在战场上的军事人员，对任何一般性的条件都不会确定。所以请把你的意见告诉我。

* * *

　　我们联合行动的结果，会对未来战争的发展有决定性的影响。当天，我花费了一些时间，写了一份书面文件，上面写了我对意大利戏剧性事件的看法。战时内阁在这天下午，开会研讨新的局面，并对我草拟的文件进行审核。到了晚上，我把文件寄给罗斯福总统一份，询问他的意见。

前海军人员致罗斯福总统　　　　　　　1943 年 7 月 26 日

　　我将一份意见书寄给你，这是我提交战时内阁并取得他们认可的意见书。

　　我自认为，我们不应该过于苛刻地对待任何非法西斯政府，哪怕我们对那个政府一点也不喜欢。如今墨索里尼已经垮台了，

---

① 着重号是作者加的。——原注

我要同他们（任何能履行条约的非法西斯的意大利政府）联系。所附的备忘录中列出了将要提出的条款。我的同僚赞同这些条款。

关于墨索里尼下台，首相的一些思考

1. 法西斯政权的瓦解，看来极有可能是墨索里尼下台引起的。意大利国王和巴多格利奥的新政府请求和盟国进行谈判，方便单独签订停战协议。如果正是这样的情况，首先我们一定要确定我们的要求，然后再确定一些必要的措施与条件，以便达到这些要求。

2. 目前我们最应该考虑的是如何粉碎希特勒、希特勒主义以及纳粹德国。如果意大利投降，那么随之而来的军事利益，必须想尽一切办法使它符合这个目标。

3. 按照罗斯福总统的说法，说其中的第一点，就是："把意大利全部领土、运输条件以及各种飞机场都利用起来，用它们来对付北面的敌人和整个巴尔干半岛的敌人。"这必须把撒丁岛、多德卡尼斯群岛和科孚岛移交到我军手上。如果在条件允许的情况下，意大利本国的所有海军基地应当即可交接。

4. 第二点也很重要，就是意大利舰队交接到盟国手中，或者实行有效的复员并且使活动完全停止。与此同时还要削减意大利海军和地面武装力量，减到我们认为的水平方可，达到这个水平是很必要的，也会很有用的。实力雄厚的英国海军由于意大利舰队的投降，他们的力量再也不会被禁锢住，那样的话他们会前往印度洋，对付日本。这样的话，美国会感到非常满意。

5. 意大利在科西嘉岛、里维埃拉（包含土伦），以及巴尔干半岛内的南斯拉夫、阿尔巴尼亚和希腊的部队都应该撤退或者投降，这具有同等重要的意义。

6 在英国，人们最强烈的感情都体现在这个上面——即刻释放被意大利人控制的英国全部的战俘，这也是另一个具有头等重要性的目标，并且还要防止他们被送到北方的德国。在刚开始的时候，只有意大利人才能做到。我觉得，应该用最快的速度接回我们的亲人，避免他们处于战争的最后阶段，在德国的监狱里遭受极其可怕的折磨。这既关乎荣誉，也与人道主义相符。

7. 在意大利，尤其是在罗马南部，德国人是否会和意大利军民展开斗争，关键在于德国军队的动向。我们要求他们投降是理所应当的，而且，我们能够和任何意大利政府达成协议，对于这个任务要尽力完成。然而，不管意大利的武装部队怎么安排他们的行动，德国各支部队都会选择突围北上，我们要尽可能挑起他们之间的冲突，而且在派遣部队和空军时要毫不犹豫。如果意大利得到援助，那么在罗马南面地区的德国人会迫于压力选择投降。

8. 在观察着这一方面进展的同时，我们对是否在罗马北面采取进一步的行动进行了思考。对于意大利东西海岸的铁路上的据点，我们要想方设法占领，并且我们尽量地勇敢地向北前进。现在正是发起行动的最佳时机。

9. 在与希特勒和德国陆军的战争中，对于那些可以给德军造成伤亡的支援力量，我们不能拒绝他们。德国的入侵者，是意大利人民现在最为愤恨的。意大利人民感觉到正是因为这些入侵者，所以他们才遭遇苦难。而这些入侵者给予的帮助，却是少得可怜。我们要尽快促使一个新的、被解放的、反法西斯的意大利建立，那样这个意大利就能尽快为我们提供安全和友好的地区。这些地区将会成为我们的基地，为我们在德国南部和中部进行的空中袭击提供帮助。

10. 一个具有同等意义的新的有利条件就是这种空中袭击，地中海的所有空军都是从这样一个方位进行攻击，整个西线的防空战线也因为这个方位改变了，也使空袭德国为了躲避来自英国的空袭而不断向外扩张的战时生产中心更加容易。目前紧急的任务就是把从海上派来的特工人员、突击队以及输送供给物资,越过亚得里亚海送入希腊、阿尔巴尼亚和南斯拉夫。我们必须要记住,德国有15个师驻扎在巴尔干半岛,其中有10个机动师。但是,意大利半岛和亚得里亚海一旦掌握在我们手中,并且驻扎在巴尔干半岛的意大利军队一旦撤退或者放下武器,那么出于形势的压迫,德国就会撤退到北面的萨瓦河和多瑙河防线,希腊还有其他受到压迫的国家就因此获得了自由。

11. 墨索里尼下台和意大利的投降,对于保加利亚、罗马尼亚和匈牙利造成的影响,我们无法估计。可能有深远的影响。我们应该利用意大利的瓦解,对土耳其施加压力,让它按照同盟条约的精神行事,这点是与当前局面有关联的。不论英国和美国采取联合行动或者其他个别行动,如果在条件允许的情况下,都应当与苏联联合起来,最次也要得到它的支持。

12. 罗斯福总统提到的"那个首领以及他的主要同犯",是我们的主要目标,我们也在想尽一切办法去实现这个目标。但我们不能因为这个目标,而把我们前面说的远大前景破坏掉。也许,德国或者瑞士已经收留了这些罪犯。也有可能,他们亲自投降,或者是在意大利的政府的引渡下投降。他们如果被我们抓获,怎么样处置他们,我们需要先和美国商量,取得相同的意见后,再与苏联商量。在知道其他罪犯的目的情况下,有的人主张,把他们直接处决,不需要经过审判;有的人可能这样主张,把他们监禁起来,直到欧战结束,然后和其他战犯一样,一起被判决。依我个人来看,只要不影响到具体的军事利益,是否立即处决,我不太重视这个问题。

罗斯福总统在7月30日,给了我答复:"关于处理意大利形势的前景和方法,在电文上,你大致把我现在的想法表达出来了。"他提出了一些改动,但无关紧要。文件的实质没有被改变,这些改动我欣然接受。31日，我回电说："我没有空余时间跟我的同僚商量这些问题，但是联合草案经过修正后，我们在即将遵循的广泛政策上的一致看法，十分准确地表达出来，这一点毋庸置疑。这好像是'双方同心同德'的一个例子。"

8月2日，我将修正后的文件交给战时内阁，他们同意了，把它作为两国政府对联合三军参谋长委员会的共同指示草案。为了和罗斯福总统做最后的讨论，这份草案被我带去魁北克。它的意义是：关于墨索里尼下台的这件事，我们表达了共同的意愿。

* * *

如今，一些复杂的问题摆在我们的眼前。面对意大利的迅速瓦解，我们必须详细地拟定投降条件，而且我们不仅要记住意大利本身的反应，德国内部的反应也要记住。我们一定要对事变的战略意义进行考虑，制定了除意大利以外的计划，也就是对现在仍由意大利军队掌控的爱琴海和巴尔干半岛等地做下一步的行动计划。

7月27日，罗斯福总统寄给我一篇对意大利人民的广播稿，这是他为艾森豪威尔将军拟写的。美国参谋长联席会议已经认同这篇广播稿，其中有这样一段话："你们的士兵将回归正常的生活，他们将从事原来的生产工作。我们俘虏了数十万的意大利士兵，他们将回到各自的家庭，那里有他们家人的期盼。历史悠久的自由和传统，在你们的国家将会得到恢复。"

我很在意联合公告的草稿，也在意那些意大利控制下的战俘的命运。

前海军人员致罗斯福总统　　　　　　　　　　1943年7月28日

1. 意大利手里有74000个英国俘虏，另外还有约30000个南斯拉夫人和希腊人。在我们的人和盟国人员已经摆脱被德国囚禁的恐惧，并经意大利之手交给我们之后，我们才能做出释放"我们俘虏的数十万意大利士兵"的承诺。

2.而且，除了在突尼斯和西西里岛俘虏的意大利战俘外，我们手中有25万意大利俘虏，这些人有的是安放在世界各地的俘虏，有的是被韦维尔将军两年前虏获的。我觉得，一时间提出释放这么多意大利战俘，还是在战争初期虏获的战俘，是否有些过分，而且没有这个必要。我同意释放在突尼斯俘虏的战俘，以及在西西里岛俘虏的战俘，但是作为交换，要释放上面提到的英国和盟国的战俘。

3.在艾森豪威尔的文告上，有一点需要这样修正："你们的士兵将回归正常的生活中去，他们将从事原来的生产工作。如果英国和盟国的战俘能够安全地交回，而不是被带到德国，那么我们将释放在突尼斯和西西里岛的数十万战俘，他们将回到各自的家庭，那里有他们家人的期盼。"

第二天，我致电艾森豪威尔将军。

首相致阿尔及尔的艾森豪威尔将军　　　　　　1943年7月29日

试图用诱人的、获得民心的形式，对敌国讲述停战的条件，显然会存在很多危险。按照惯例提出要求，使我们的充分要求和他们期望的最大值都让他们的政府知晓，这才是最好的办法。另一个草案，我们已经向你们的政府提出。毋庸置疑，在时间充裕的情况下，我们可以进行任何谈判，我们和他们之间将会达成协议，这个谈判有可能是你主持，或许是我们主持。你是亚历山大的最高指挥官，西西里岛的东部即将开始一场大战。如今，我们把所有的心思都放在了这场战争中。现在，第十五集团军和三个德国师相互争斗，如果正好在这个时候被毁灭，就会影响到各个方面。

我还给罗斯福总统发了电报。

前海军人员致罗斯福总统　　　　　　　　1943年7月29日

1. 我非常高兴再一次听到你愉快的声音[在电话里]。

2. 我已经致电艾森豪威尔了，对于发布修正的公告（插入了关于英国和盟国战俘的这段话），他表示同意，毫无异议。

3. 我没有按套路出牌。我直接通过瑞士向意大利国王致意，强调了我们对待这个问题的态度：极度关切、极度重视。我非常感谢，你答应了通过教皇或者是其他比较便捷的方式来施加压力。如果意大利国王和巴多格利奥任由德国把我们的战俘以及一些重要的人物掳走，他们也不尽最大的力量（我是说，未用武力）来阻止这件事情发生，那么人们的反应将会很强烈，这样和那个政府进行的所有谈判，在公众舆论面前是不会通过的。

4. 停战的条件。向敌人广播停战条件，是我们不应该做的，战时内阁对于这一点也很清楚。在无条件投降的前提下，他们的执政政府应该向我们提出停战。我觉得，到那个时候，才适合派人和谈及选择和谈地点。你的手里已经有我的建议书。建议的事情正是你看到的那样，不仅遵循了艾森豪威尔的草案的主旨，而且表达更加清晰明朗，并且表达的方式不再是赢得民心呼吁，而是一种全权代表能够讨论的形式。给病人吃添加了果酱的药，这种做法是危险的。

5. 我们觉得，包含了民事和军事这两方面的条件也加进去，这些条件最好是我们两国政府派遣的代表制定，不能交由战地指挥将领制定。不过，对于战地指挥将领直接管辖地区的敌军所提出的局部投降条件，将领们是有权力自由解决的。

6. 最后，我们把所有的心思都花费在了这次战争上。这次战争，将由英国第八集团军和美国第七集团军打响第一炮，然后攻打西西里岛，歼灭在西西里岛东部的德国65000人的精锐军队。对意大利，对全世界，对现在的形势来讲，今天是歼灭这支军队的最好时机。我们的士兵满怀着胜利的希望，肩并着肩，如亲兄弟般前进，一想到这里，就会兴奋。

我们的建议罗斯福总统同意了，艾森豪威尔将军不需要向敌人广播停战的条件，但是罗斯福总统极力主张，当意大利政府要求停战时，艾森豪威尔将军有权受理，这样可以避免对意大利展开不必要的和代价高的军事行动。我弄不清楚，意大利政府为什么会向艾森豪威尔将军提出停战的要求，因为他们的军队在西西里岛，和敌军并没有直接接触，而且就算在西西里岛，他们也只和德军有交集。我的观点是：通过梵蒂冈、土耳其或者瑞士进行谈判，这件事是意大利最有可能做的。可是，我赞同了下面的办法，就是如果有代表向艾森豪威尔将军提出停战的要求，为了能够立即停战，艾森豪威尔将军要向他们明确无条件投降的条件。经过多次商议，我们的意见一致，条款如下：

1. 意大利武装部队立即停止所有敌对活动。
2. 对于任何可能有利于德国反对盟国的条件，意大利都应尽全力拒绝提供。
3. 盟国的所有战俘或者是被拘禁人员，请立即送还给盟军总司令部，并且在谈判开始的时候，他们中的任何一个都不能押解到德国。
4. 在盟国总司令指定的地点上，即刻办理意大利舰队和意大利空军的交接手续，在解除武装时，要按照他制定的详细规则办理。
5. 为了盟军在海陆方面的军事计划可以顺利进行，盟军可以征用意大利商船，这一点意大利应该同意。
6. 科西嘉岛以及全部意大利领土（包括岛屿和本土），立即由盟国接管。这样方便盟国在合适的时机，把他们作为作战基地，或者是用在其他地方。

7. 意大利要保证，自己领土内的所有机场和军港，盟军可以随意使用，不管德军在意大利的撤退速度是快是慢。这些都由意大利的武装部队保护，直到盟军接管机场和军港。

8. 意大利的武装部队，不管现在在什么地方，即刻从参战地区撤回意大利。

9. 意大利政府保证在必要的时刻，用它保留的武装力量快速和严格地履行停战协议的所有条款。

10. 盟军可以采取一些措施，用来保障盟军的利益或者是进行战争，上面提到的这项权利，盟国总司令部可以保留。意大利政府实行的行政措施或者是其他行动，都要遵循总司令部的要求。为了盟国的军事需要，盟国将会在意大利的某些地方建立军政府。

11. 盟国总司令的权利是：解除武装、遣散军队和废除军队，这些权利，盟国总司令可以强制执行。

7月31日，我致电罗斯福总统。

……上面说的是如今最紧要的。为了在这方面我们能完全达成协议，我希望"关于投降问题的文件"①你能尽快审核。这个文件里，有很多地方是用精准的、正式的、法律上的术语来描述的，没有使用紧急用语，关于这一点，我们是经过仔细考虑的。在我们看来，这份文件在紧急停战条款中，需要更慎重、更全面，所以我很纳闷，这份文件你为什么从来没有提起过。我们非常乐意倾听你对这个文件的看法。这个文件，还有和它类似的文件，我们要尽快准备妥当。

罗斯福总统对此表示同意，但是他需要和美国三军参谋长和国务

---

① 这个文件没有交付出版社排印。——原注

院商议，以便提出进一步的意见。我的意见是：在意大利人们发表的所有声明，不能由在阿尔及尔的盟军总部发表，而应该是英国和美国正式达成协议发表，这件事是现在最重要的。不管怎么样，将领们还是应该把心思放在继续进行的军事行动上。关于停战条件这个问题，只要没有要求他们提出，就不必过问，这样不是很好吗？

* * *

我们对巴多格利奥建立的新政府采取什么态度，决定了意大利什么时候要求我们提出和平条件。

这个问题我们反复思考过，这一点也引起了大西洋两岸报纸的注意。

罗斯福总统致首相　　　　　　　　　　　　1943 年 7 月 30 日

有一些善于评论的人，会在我们是否表露出对萨沃依王室或是巴多格利奥政府的认可上大做文章。在北非问题上，也是这帮人无事生非。

今天，我已经向新闻记者明确，只要意大利有人或者是有些人能够认真地答应这两点，我就同意和意大利的某个人或者是某些人交谈，这两点分别是解除武装和保障社会秩序。关于意大利的民族自决这个问题，我想在缔结停战条约以后，我和你选择一个合适的时机，发表一些意见。

前海军人员致罗斯福总统　　　　　　　　　1943 年 7 月 31 日

在墨索里尼和法西斯党垮台以后，不管是哪个政府上台，只要它能够履行契约，我都打算和它谈判。为了实现这个目标，我根本不怕被人认为自己承认了萨沃依王室或者是巴多格利奥政府，我觉得，只要有人能促使意大利遵照我们战争的目的行动就可以。

混乱、布尔什维克化或者内战都会阻碍这些目标的实现。形势的发展过程可能是这样的：意大利国王和巴多格利奥将军在接受停战条件后，讨厌投降的人会损毁这两个人的名誉，意大利可能会选择新的国王和新的首相来管理国家。

现在发出有关自决问题的声明，将会逾越包含在大西洋宪章的内容，关于这一点，我不认同。我同意你的看法，现在我们要谨慎小心，不要一锅煮。

首相致外交大臣　　　　　　　　　　　　1943 年 7 月 31 日

解决生活上的许多事情，都是分为两个阶段的，例如，一个人想要结婚，在没有把他的家庭律师为他草拟的婚约纸藏在他的衣袋里的情况下，他就会说："亲爱的，你愿意跟我结婚吗？"所以，以我的观点来看，现在，艾森豪威尔将军能够提出的条件，更容易被接受，比我们起草的"关于投降问题的文件"中大篇的法律词句，效果要好得多，更能使对方接受。再者，这个文件宣布的话，会显得太过严肃。如果他们接受了紧急条款，那么标志着意大利选择投降，他们的全套武器，包括枪机、枪托和枪筒，都会上交。如果以后我们要求他们把擦枪布和其他清洁用具都交出来，就不会有异议了。

罗斯福总统致首相　　　　　　　　　　　1943 年 8 月 3 日

"关于投降问题的文件"我已经读过了。文件里面的用词，大致看上去很好，但是，我对它的实用价值表示怀疑。总之，这份获得双方肯定的文件，已经寄给了艾森豪威尔将军，这样做最恰当。为什么要用那些要么繁琐要么欠缺的文件去束缚他的手脚呢？为什么他就不能根据目前的形势，见机行事呢？

所有的一切都是为了等待我们即将召开的魁北克会议。

第四章　向西去啊！人造港

在"玛丽皇后号"船上——温盖特准将——"霸王"作战计划——联合作战机构——"科萨克"的工作——从哪里开始进攻——港口和码头的重要性——拟定了"桑葚"计划——实施计划——这个设计比较宏大——防波堤是浮动的——有关浮动机场的主意——"霸王"计划中最主要的三个假设——蒙巴顿将军成为缅甸的最高统帅——我在8月7日为远东战场的军事行动写了一个备忘录

西西里岛即将取得胜利，并且这时意大利的形势和战争也有了进一步的发展。在这种状况下，我觉得我很有必要在7月的时候和罗斯福总统再见一次面，并且还应该举行一次英美会议。罗斯福总统建议会议地点选在魁北克。麦肯齐·金先生同意选择这个地点，而对于我们来说，那里也是最佳的会议地点。魁北克城堡位于加拿大的门口，可以俯视圣劳伦斯河。在如此重要的时刻，它是最为理想最为合适的开会地点，那些主导着西方战争策略的人们都将集聚在这里。罗斯福总统接受加拿大的这番好意，但是要加拿大正式成为这次会议的一员，是不可能的，因为盟国中的巴西和其他美洲成员也会向他提出这样的要求。澳大利亚和其他自治领域提出的要求，我们必须考虑一下。在加拿大总理和政府强大的气势下，这个深奥复杂、难以捉摸的问题，得到了解决。就我个人来讲，我可以肯定地说，这次会议还是仅限于英国和美国，因为所有的重大事情都与这两个国家有关。以后的会议，希望三个首脑一起参加三巨头会议，但现在的会议就仅仅是美国和英国参加。"四分仪"是这个会议的名字。

我在8月4日的晚上，乘坐了从伦敦到克莱德湾的火车，这列火车载满了人，都是我们需要的工作人员。等候我们的"玛丽皇后号"，停靠在克莱德湾。我估计，我们的人数都超过了200人，这还不包括皇家海军陆战队的勤务兵在内，大约有50名。这次会议讨论的议题是：进入到第一高潮的地中海战役，计划1944年横渡英吉利海峡的各项准备工作，印度战场的各项指挥事宜，以及我们对日战争中多承担的任务。我们带着三位军官来解决横渡海峡这个问题，这三位军官是摩根中将派来的，而摩根中将是最高统帅的参谋长，只是盟国的最高统帅还没有确定。我们的联合计划大纲，已经被他和他的英美联合参谋人员制定完成。审查印度战场和远东战场，是我们现在的工作，所以韦维尔将军的军事作战处长被我带在身边，他专门从印度飞过来。

此外，有一个名叫温盖特的年轻准将，我也打算把他带在身边。他指挥着非正规军，在阿比西尼亚的时候他就有很高的名望，他曾在缅甸的丛林战役中立过功。就是因为这些伟大的功勋，他在陆军部队里被称为"缅甸克莱夫"。我已经听说了关于他的很多事，而且还知道他被犹太复国主义者看重，他们希望他日后能成为以色列军队的总司令。为了在魁北克会议之前与他见面，我召他回国。在8月4日的晚上，我正在唐宁街准备享用自己的晚餐，有人报告说他乘坐飞机到了，而且正在来唐宁街官邸的路上。我请他和我一起吃晚餐。虽然我和他谈话还没有超过半个小时，但我马上意识到在我对面坐着的是一个非常优秀的将领。见面之后，他滔滔不绝地为我讲述，他们在丛林中是如何使用从敌人的后方远程空降突击部队这个策略打败日本人。对于他谈论的这一些，我都很有兴趣。关于故事，我想听到更多。我也想与三军参谋长们一起分享他的故事。

在这次航行中，我要有他陪伴。当时，时间已经快到九点了。我告诉他，火车十点后就会出发。温盖特刚从前线飞回来，他飞行了三天，没有其他衣物，当然他身上穿的那件除外。他放弃了和妻子见面的机会，因为他要和我一起去。虽然有些遗憾，但是他还是愿意同行。他的妻子在英格兰，她并没有得到他要回来的消息。这种情况对于我的私人办公厅简直是小菜一碟。待在家中的温盖特夫人被警察叫走了，他们把她送往爱丁堡。她将在我们的火车路过时，跟我们一起上车去往魁北克。清晨以前，她都不知道这究竟是怎么一回事，直到她与丈夫在韦弗利车站见面时，她才明白过来。这次航行，因为能一起度过，他们很快乐。

因为我知道罗斯福总统很喜欢与这些青年英雄人物见面，所以我也邀请了盖伊·吉布森空军中校跟我们一起去。最近，默讷和埃德尔水坝因为空袭而被破坏，这件事是吉布森的杰作。鲁尔区的工业用水就是这个水坝供应的，而且许多农田、河流以及运河都要靠它供给。为了炸毁这座水坝，他们研制了一种特殊的水雷。而这种水雷的投掷环境必须在夜晚，并且它的投掷高度不宜超过 60 英尺。经过几个月不间断的集中实习，5 月 16 日，第六一七中队的皇家空军开着 16 架"兰开斯特"式轰炸机，对水坝进行了轰炸。虽然损失了近一半的飞机，但是吉布森没有放弃，一直坚持。他指挥着他的军队，穿过猛烈的炮火，盘旋在目的地的上空。如今，他胸前挂着一串勋章(维多利亚十字勋章、殊勋勋章和功勋线以及特殊功勋飞行十字勋章和功勋线)，这些没有绶带的勋章，是那样地惹人注目。这里没人能比得上。

我的妻子和我一起去，我的侍从官是我女儿玛丽，她现在是高射炮连的尉官。我们将在 8 月 5 日出发，这次航行不去纽约，我们的目的地是诺瓦斯科夏的哈利法克斯港。

* * *

"玛丽皇后号"起航了，乘风破浪般前进。我们在船上的生活很安适，伙食按照战前的标准。我们每天都在忙工作，这一点和以前的航行没有区别。我们之所以能知道外界的重大事件，这都多亏了我们随时随地都给我们传递消息的密码电务人员以及对外拍发电报的护送巡洋舰。对于我们即将和美国讨论的问题，每天我都和我的三军参谋长进行全方面的研究。"霸王"计划是重中之重。

在这五天内，我有些空闲时间。我决定利用这些时间来思考横渡海峡这个大作战计划，这个计划已经执行了很长时间。1940年，自从挪威和法国沿海一带卷入战争，我们的研究工作一直进行，而且规模越做越大。关于两栖作战的知识，我们学习了很多。我的朋友罗杰·凯斯爵士负责我们建立的联合作战机构，他是海军元帅。联合作战机构起到了很大的作用，它们还研发出一种新技术。突击队小范围的袭击，给大举进攻做好了铺垫。这不仅让我们拥有了经验和信心，而且还向全世界宣布：虽然我们四面受敌，但我们并没有消极防御。当时，美国人一直持中立的态度。当他们看到这种局势的变化时，他们按照自己的方式大规模地发展。

1941年10月，海军上校路易斯·蒙巴顿勋爵接替了凯斯海军元帅的职务。我们依旧被敌人打压着，而我们唯一可以依靠的盟国（苏联），现在也濒临失败的边缘。我决定，只要局面发生转变，我就对欧洲大陆进行攻击。我们首先要做的是：把袭击的强度和规模增大，利用这些经验进行下一次大规模的作战计划。要从联合王国出发进行一次成功的进攻我们就必须研发出新的作战武器，而且要训练三军队伍，使他们在实际战斗中的表现能够和作战方案中的一样。同时，为了开展史无前例的大规模海上作战，整个英伦三岛需要变成一个武装的兵营，这一点需要全国工业的配合。

为了看我，蒙巴顿来到契克斯，那时他还没有担任他的新职务，根据他的记录，我对他说："你要有进攻的计划。'防御'这两个字决不能出现在你的总部里。"这句话对他的行动起了作用。我让他担任三军参谋长委员会委员的职位，并给予他海军中将的临时军阶和同等名誉的其他军种的军衔，这都是方便他在执行任务的时候能够充分使用他的权力。在事态紧急的情况下，他直接向我报告，因为我作为国防大臣，依旧有责任管理他的总部。在挪威的瓦格索、布伦埃瓦、圣纳泽尔等地作战的突击队，在战争中发挥了他们的作用。1942年8月，迪埃普的战役把我们的突袭推向顶峰，但是我们在这场战斗中付出了惨痛的代价。后来，当局面转到英美大规模进攻时，北非的登陆战役和地中海的两栖战役，都应用了我们的经验教训。这些军事行动很需要蒙巴顿的机构，并且它也起到了明显的作用。

关于这个问题，我们决定由"联合司令部"研究，这是1942年5月新建立的机构。该机构包括本土总司令和蒙巴顿，后来艾森豪威尔将军也加入这个机构，他是驻英美军部队的指挥官。为了"霸王"计划的准备工作，在1943年1月的卡萨布兰卡会议上，我们决定建立一个盟军联络参谋部，这个机构要以英国军官为首，名为"科萨克"[①]，工作地点设在伦敦，由担任最高盟军司令部参谋长的摩根中将负责。

选择一个适合大规模登陆的地点，是现在最需要解决的问题。荷兰或比利时的海岸、加来海峡、松姆河口与塞纳河之间的地带以及诺曼底、布列塔尼半岛，这些地点都可以选择。这些地点都有各自的优势和劣势。要衡量这些优势和劣势，需要根据各个不同的项目和多变的因素来决定，有时候，这些因素让人不好捉摸。其中海滩、天气和潮汐、机场的修建地点、航程的距离和可以夺取的周围港口、登陆后是否可以继续作战的内地海岸以及能够为飞机提供掩护的本地基地、敌人安排的雷区地点和防御工事，这些都是我们需要考虑的。

地点选择的范围缩小了，可供选择的只有加来海峡和诺曼底。虽然加来海峡有利于我们的空中掩护，但是敌人在加来海峡的防御系统做得比较好，坚不可破。它的海上航行距离比较短，但这只是表面现象。从多佛和福克斯通到加来和布洛涅的距离，比从威特岛到诺曼底

[①] "科萨克"是最高盟军统帅的参谋长英文名字的第一个字母拼音。——译注

的距离短，但是多佛和福克斯通这些港口太小，无法满足一次进攻行动的需要。对于我们的大多数舰艇来说，不管到哪里，都是一次路途遥远的航行，因为我们的舰艇都是从英国南部沿海一带的港口出发。一开始巴顿将军就支持登陆诺曼底这个提议，而这个建议是摩根将军和他的顾问提出来的。毫无疑问，这个提议是正确的。我们在诺曼底，看到了希望。敌人在诺曼底的防御工事没有像加来海峡那样坚固。有适合登陆的波涛和海滩，从西面而来的海风也被科汤坦半岛挡住。内地海岸不仅远离敌人的主力，而且还适合疏散大量的军队。在作战初期，可以先把瑟堡陷入孤立的地步，然后再进行攻占，接着就可以用它做包围和占领布雷斯特的基地。

用于防守的要塞和城堡全是用混凝土建造而成，它们在勒阿弗尔和瑟堡之间。虽然这个地方有50英里的半月形海滩，但是却没有一个港口可以支持数量众多的军队登陆。根据以上的情况，我是这样认为的：德国不会集结大量的兵力，去支援海岸前线。毫无疑问，他们的最高司令官也是这样想的："这个地方，最多一两万人就可以拿下。当然，这需要我们攻占了瑟堡。因为那样的话，入侵部队就可以得到补给或者登陆。这个海岸只适合袭击，大规模的战役不能在这里开展。"只要我们有足够大的港口来容纳我们的军队，我们会把这里作为进攻的前线。

* * *

当然，我时时刻刻都在关注着所有关于登陆艇和坦克登陆艇的设想，读者可以看到这一点。我们将要设计一个码头，它面向海的那端浮在水上。对于这个设计，我持肯定的态度。我在1942年5月30日发了一份备忘录，当时是在讨论的过程中发出的，就是从那时候开始，我就在做这方面的工作，而且还做了很多。

首相致联合作战部司令官

它们的上下浮动，必须是随着潮水的涨落。船舷的侧面必须有一个吊门，用来系船的吊桥设备，它越过码头的长度必须足够。必须要解决锚的问题。关于这件事，不用争论。在困难面前，所有的一切都是无可争议的。

人们又想到制造一个有保护和隐蔽作用，而且面积比较大的水域。他们先把船驶进水域，然后船依靠自己的动力到达目的地，接着把船凿沉，这样就铸成一道能够保护这片水域的防堤波。在摩根将军的机构中担任海军参谋长的休斯·哈利特准将，最先想到了这个办法，这个方法是他在1943年6月的时候想出来的。后来，经过人们不断的想象、设计和实验，到了1943年的8月，一整套关于制造两个规模完整的临时港的计划便产生了。在刚刚登陆的几天里，这种人造港就可以拖航到现场使用。"桑葚"计划是这些人造港的密码代号，这样它们的性质和功用就不会暴露。

* * *

在我们航行中的某一天早晨，我正躺在船舱的床上，船舱很宽敞，麦克莱恩准将和摩根将军手下的其他两名军官接到邀请，他们来看我。他们在一张摆好的地图上，为我说明了横渡海峡攻入法国的准备计划，计划紧凑而具有信服力。对于这个紧急问题，读者可能对1941年和1942年各个争论点已经非常熟悉了，但是，这么完整而且条理性很强的计划，我还是头一次听到，就连人数和吨位都很详细、很精确。而研究出这个结果的人正是英美两个国家的军官们。

比较有技术性的细节，在以后几天的讨论中都会涉及。在英法海峡处产生的潮汐打出了20英尺多高的浪，就算是沿着海滩，它的冲刷力也不容小觑。天气易变，狂涛巨浪可以被这些小风和大风在数小时内制造出来，人工制造的器械根本无法和这些力量相抗衡，因为它们在这些巨浪面前太脆弱。那些用粉笔在我们墙上写下"马上开辟第二战场"这几个字样的糊涂虫和无赖，这些问题他们是不会遇上了。关于这些问题，我一直认真地思考，从未间断过。

我们应该牢记"桑葚"港计划中的问题，是复杂多变的。用100万吨的混凝土和钢铁在英国制好大量的特殊设备，也被纳入整个计划中。这些装备要以海运的方式，运到作战现场，在敌人突袭和天气变化的情况下以最快的速度组装起来。这些工作要优先处理，不过这样一来，压力本来就很大的机械工业和船舶修理工业，负担将会更重。

整个计划很宏大。海滩上安放着巨大的码头，它被掩护着，码头向海的一端浮在海面上。不管潮汐是涨是退，不管沿岸航行的是海船还是登陆艇，这样的码头都能让它们完成卸载。防波堤呈巨大的弧形向海上延伸，大面积的水域被它圈起来。这样就能起到掩护的作用，让这些码头不受狂风巨浪的袭击。自从有了这样的掩护，吃水较深的船舶也可以停靠和卸载，各种类型的登陆艇，也能够没有限制地往返于海滩。代号为"不死鸟"的混凝土结构和代号为"醋栗"的沉船，建成了这种防波堤。与它相类似的结构，在我这本书的前几册，我已经说过了。在第一次世界大战中，这种结构的人造港，可以筑造在赫尔戈兰湾①。如今，它们将会是我们伟大计划的主要构成部分。

这就是"桑葚"港的计划。虽然是这种情况，计划还是存在着不足之处，那就是我们需要的船艇，没有一个地方能够全部接纳。许多船艇只能在港湾完成卸载。提出建造"浮动"防波堤，就是为了保护这些船只和多数海军舰队（用于战斗）。为了实现这个目标，我们设计出几种方案，目前正在审核。其中一个办法是用气泡来阻挡海浪，例如在海底放置许多管子，让管内喷出气泡，形成一个绵延不绝的屏障。正如我们希望的那样，这道屏障就可以把波涛一起一伏的运动规律给

---

① 参照《法国的沦陷》这本书的第十二章。——原注

打断或者是扰乱。另一个办法是用气袋的帘幕圈起一片更大面积的水域，例如把膨胀的气袋固定在"不死鸟"的防堤波向海延伸的一面上，这样就会出现一条直线，再在气袋的下面拴上用混凝土制成的帘幕，帘幕进入水中会沉下去，这样就能圈住一大片水域。这两种设想都没有实现，不过我们采用了另一个设计——"低音大号"，这个设计含有"利洛"的一些特点。这是用钢铁制造的十字架，高度大约有25英尺，长度大约有200英尺。除了十字架最上面的部分，其他部分都要沉入水中。我们以后能够看到，这个设计的价值是有疑问的。

上面的计划我都大力支持，我会把它们交到罗斯福总统的手中。面对这样的情况，我很满意。至少美国当局会看到我们在"霸王"作战计划中表露出来的诚意，看到我们在它的准备工作上费时费力的思考。对于这类问题的专业人员，我想把他们从华盛顿、伦敦请到魁北克来。在这里，有关许多技术性的问题，他们可以互相听取意见，然后找到最好的解决方案。

现在我敢确定，攻占了勒阿弗尔至瑟堡这片区域，就会有许多便利条件。如果一开始就出其不意占领了这些海港，那么装备大量现代武器和辎重的120万大军，就能够登陆，而且还能继续向前进击。

* * *

我在心里思考着与这个相关的另一个问题，那就是怎么样保持战斗地区的空中优势。如果在紧要关头我们的空军想要增加它的威力，最好的办法就是飞机能在可以袭击登陆地点的距离内加油，要实现这样的目标，就需要建造一个漂浮的飞机场。这次的航行中我们讨论了许多设计，其中有一个叫"哈巴卡克"的计划也在我们的讨论中。这个设计是派克先生提议的，他是蒙巴顿的部下。他的构想是这样的：用冰制成一个面积比较大的结构物，用它当作飞机的跑道。这种结构的体型跟船比较相似，为了可以自己行进，它的排水量是100万吨，它还有自己的防空设备、车间和修理设备，还有一个小型散热工厂，用来维持自己的存续。人们发现了一种混合物，是普通海冰和一定数量的各式各样的木浆混合而成，它相当坚硬，不像普通冰块一样易碎。这种混合物叫作"派克里特"，是发明者的名字，我们在欧洲西北和其他地方的需求，似乎可以依靠它来提供，这种可能性还是很大的。另外，我们还发现了一种现象：冰在融化的时候，其中的纤维质部分会变成一层毛茸茸的外表。这层外衣可以起到隔热的作用，很大程度上延缓了冰的融化。我们把这种设想的研究工作集中在加拿大，但由于各种原因，研究始终没有成功。

* * *

计划的制定者和英国三个参谋长提出了三个具有重要影响的设想，我对此持肯定的态度。以后，我们会看到美国和苏联也赞同和接受这个设想。

1. 在开始袭击之前，必须削弱德国在欧洲西北的战斗机的力量，这一点要落到实处。

2. 作战初期，使法国北部的德国机动师不超过12个；作战两个月后，使德国的兵力不能组成15个师。以上所述，必须做到。

3. 必须解决大量军队的供应问题，因为他们要长时间地驻扎在暗潮涌动的英吉利海峡的岸边。这一点必须保证做到。还有更重要的事，那就是建造有效的人造港，而且数量要在两个以上。

* * *

我同三军参谋长对印度洋战场和远东战场的战事，进行了多番讨论。在这方面没有什么可说的，因为没有几个令人感到欣慰的地方。

1942年底，派遣了一个师的兵力去夺回阿恰布港口，他们沿着缅甸的阿拉干海岸前进。这次作战以失败而告终。虽然增加了一个军的兵力，而且还是在欧文将军的指挥下，但还是失败了。我们的部队只好退到印度边境。

虽然有很多理由可以用来解释，但我是这样认为的，我们应该好好检查一下英军最高司令部对日作战计划中存在的所有问题。不管是方法还是人选，我们都需要全新的。在很早以前，我就觉得，印度战场的总司令不仅要承担起自己的那部分责任，而且还要指挥缅甸作战，这个安排不是很好。在我看来，必须在东南亚这里设立一个独立的最高盟军总司令部，这样才方便对日实施大规模的军事活动。我的这个看法，参谋长委员会表示同意，并且根据我的看法做了一份备忘录，这样做是为了方便我和美国在魁北克会议上进行讨论。新战场的司令官还没有定下来，但我们觉得，这个司令官的位置，毫无疑问是英国军官来担任。我一直认为，在众多人选中，蒙巴顿海军中将更有资格来负责这么重要的指挥，因此我决定在适当的时机，向罗斯福总统提出这个要求。这种任命非比寻常——把一个主要战场的最高司令官，委任给一个军阶只是皇家海军上校的军官。但是，我对这么做的理由已经有了充分的准备。如果罗斯福总统欣然接受，我认为那是理所当然的。

* * *

关于计划和政策的方针，我为参谋长委员会拟就了一份备忘录，其中一段内容如下：

1943年8月7日

我们在与美国见面以前，有两点必须确定：一是东南亚司令部及其最高司令官的总计划，二是攻击敌人以及表明我们在这个战场上将发挥作用的明确表示。以前在这个战场上，由于我们指挥不力和作战失败，在一定程度上备受指责。

我认为，温盖特准将应该叙述一下他的故事，并且美国参谋长手中都应该有几份他的报告。那样的话，他们才会相信我们对东南亚地区战争的态度是非常认真的。很明显，沿阿拉干海岸的军队在与敌人作战时，应该采取防守政策，这样就可以消耗敌人的力量。攻打阿恰布的两栖战役是一个有缺点的和不健全的军事行动，应该立刻停止，这样对居于首位的地中海战役有帮助。这个军事行动是要在敌人准备充分的地点开战。如果这样做，敌人会反击，我们会伤亡惨重。这样就不可能实现战略目的。

如果在航行中有这么一个人，只要他一醒来，就会拼命工作，那么他一定会有这样的感受，怎么这么快就过去了。本来希望这次航行，会给我带来休息的时间，用来缓解战争带来的烦恼，使自己的生活有些变化。没想到，当我们的船离目的地越来越近时，我才发觉假期还没有开始就已经结束了。

第五章 魁北克会议："四分仪"

抵达哈利法克斯港——我在8月11日给国王发了份电报——去往海德公园——8月17日我提出了备忘录——8月19日举行"四分仪"会议的开幕式——英美联合参谋委员会对"霸王"作战计划作了报告——我建议任命一个美国人为司令官——有关意大利的战略——东南亚的最高司令官——关于日本的主要战略——提议英军向苏门答腊岛发起进攻——我在8月22日给艾德礼先生发了份电报——对日本的主要攻击，英国要求分担一些——这个插曲有意思——任命蒙巴顿为东南亚的司令官——我在8月25日给艾德礼先生发了份电报——我派了联络官分别去往麦克阿瑟总部和蒋介石那里——艾森豪威尔准备向意大利发起进攻——那不勒斯一定要攻克——我对英国援军的估计感到不安——我命令大量增加援军

我们在8月9日到达了哈利法克斯港。巨大的轮船停靠在码头，登陆以后，我们直接去了火车站乘坐火车。虽然对这次行动做了很多保密措施，但仍有很多人聚集在那里。这最后一节车厢是餐车，人们聚集在周围欢迎着我和我的妻子。火车开动之前，我让他们唱了两首歌：一首是"枫叶"，一首是"哦，加拿大"。"不列颠统治颂"不晓得他们知不知道，但是我相信，只要乐队被我带来，一定会为他们演奏这首歌。我们和他们握手、照相，并为他们签名，大约20分钟过后，开往魁北克的火车启动了。

两天过后,我向国王发了电报:

首相谨呈国王陛下　　　　　　　　　　1943年8月11日

1. 魁北克城在各个方面,都会让人露出笑容,我们为什么要到这里来,就是因为它是一个最理想的地方。一切都为罗斯福总统安排妥当。上面一层是他的住所,而且为了他的方便,这里到处设有坡道。对于陛下的这种安排,我由衷表示感谢。我已经向总督发了电报,谢谢他不辞辛苦、盛情款款地接待我们。

2. 这个时间在加拿大,特别是在魁北克举行会议,最合适不过了。焦虑,在这里每个人的脸上都能看到,我相信不久以后这种情绪就没有了。我准备在上午接见加拿大内阁,然后在下午接见魁北克市政府领导,接着再去海德公园。

3. 我想陛下已经看到了,我把有关蒙巴顿的问题交给了副首相和外交大臣解决。然而我却一直没有得到他们给我的回信。但是,关于这个问题的解决方案,我想尽快交给罗斯福总统。在这次航行中,温盖特准将给人们印象很深刻。一个新的转机出现在缅甸战役中,这是我非常期待的。

4. "大熊"给我来信了,陛下想必也看到了。我们又成了朋友,那种可以开口说话的朋友,再不济,也是可以相互倾诉抱怨的朋友。

我也向罗斯福总统发了电报:

前海军人员致电罗斯福总统　　　　　　1943年8月11日

这次航行的速度不仅快,而且让人感觉很舒服。我刚刚到达这里,航行的时候我还继续做着工作。海德公园一直是沃登①一家最想去的地方,他们想要去参观。我们将在12日下午的时候过

---

① "沃登上校"是我的密码代号。——原注

去。我们只想带一件单衫过去，不知道可不可以。

虽然我的妻子不得已留在城堡里休息。但是玛丽和我在第二天去了海德公园。在途中，我们还看了尼亚加拉大瀑布。面对这个大瀑布，新闻记者问我有什么感想，并记录下了我们的谈话："'我第一次看到这个瀑布的时候，是1900年，那时你们还没有出世。''它现在看上去还和以前一样吗？''嗯。'我说道，'跟以前的原理一样，水还是往下流。'"8月14日以前，我们一直待在罗斯福总统的家里。有天夜里，天气很热，我睡不好，甚至连呼吸都感觉到困难，我只好下床走到外面，坐在悬崖上。在那里可以看到下面的赫德森河。我一直待在那儿，直到天快亮了。

* * *

我利用8月的这几天，准备了一份关于我们整个战争政策的概括性说明。这里面大部分内容是和发生在缅甸和印度洋上的战役，以及和日本开战后引起一系列反应有关系。这些内容以后会说到。这份文件的日期是8月17日。我们的思想要集中考虑的是进攻意大利，它是我们在西西里岛取得胜利和墨索里尼下台这两件事直接导致的结果和下一步的发展。

如果实施了["雪崩"作战计划]，那么在不久的将来我们会攻占那不勒斯。那样的话，在意大利这个地区，我们就会有一个一流的港口，像布林迪西和塔兰托那样的其他港口，也会在我们的掌控之中。11月份的时候，如果我们的战线能向北延伸到里窝那——安科纳一带，并且保持住这个稳定的状态，那么在地中海的登陆艇就会发挥他们的作用。所以，我们必须要成立一个分遣队，人员要从登陆舰队中挑选，这样就可以用他们执行两栖作战的迂回战术,就像以前攻占西西里岛那样。同时还要进行以下军事行动:越过亚得里亚海,进行规模较小的袭击,以及执行"武士爵位授予式"作战计划[攻占爱琴海中的罗得岛和其他岛屿]。我们之所以能把地中海上的海军力量大面积地削弱,这都是因为我们把意大利的舰队解决掉了。这就像有了一流的港口,就不需要登陆艇一样。既然是这样的话,我们就能够在秋天刚开始的时候,把那些登陆艇和突击舰调回来,用来执行"霸王"作战计划,也能够派遣一支有实力的分遣队,越过苏伊士运河,去印度作战。在这里,我要重复一下,一批登陆艇只能承载三万人,这是它的极限了。

我常常提到要在今年占领意大利的波河战线或者阿尔卑斯战线,但是以现在的形势来看,是没有一点可能性的。如果想要获取利益,我们就必须驻扎在里窝那至安科纳的这条线上,而且还不能前进。因为威尔逊将军指出,只要越过里窝那至安科纳这条线,前线阵地就过于分散,这样会有危险,只要不超越这条线,就可以远离危险处境。要想扩大前线阵地,需要22个师,然而这个数字是根据我得到的数字估计出来的。需要多少兵力,才能把里窝那至安科纳的这条线守住呢?如果最好的目标我们得不到,那么我们总能得到比较好的目标吧。如果出发地是这样的一个阵地,那么我们在萨瓦和法国阿尔卑斯山区准备的起义就能够得到飞机的支援,法国青年也会争先恐后地参加这种起义。同样也可以从右边出发,跨过亚得里亚海去挑起巴尔干半岛的爱国活动。也许我们要接受这些限制,以便于保证"霸王"作战计划的完整性,不让它受到破坏。

* * *

8月17日,罗斯福总统、哈利·霍普金斯、艾登和布伦丹·布拉肯都来到了魁北克,其中艾登和布伦丹·布拉肯是从英国坐飞机过来的。

我们在代表团聚集到一起的时候，得到了关于意大利的进一步媾和运动的消息。我们觉得，过不了多久，意大利就会投降。在整个会议中，我们一直带着这样的印象去交谈。从8月14日开始，英国三军参谋长和他们的美国同僚，一直都在城堡里工作。他们草拟了一份报告，是关于战争在1943年和1944的未来战略问题的报告，里面详尽地记述了战争的进展。事实表明，"四分仪"会议是一次有系统性技术的参谋会议。这两次会议的结果都是由罗斯福总统和我以及我们的三军领袖们核查的。

8月19日，第一次全体会议召开。最高战略优先权是"'霸王'作战计划的必要条件"，我们将其给予了对德国进行联合轰炸机轰炸。我们对"霸王"计划进行了长时间研究，摩根将军在伦敦制定了联合计划，然后我们根据这个计划为它做了总结。三军参谋长提出了一份报告，内容如下：

"霸王"作战计划

（1）这次战役在1944年5月1日发起，目标是欧洲的轴心国，主要战斗兵力是美英的陆军和空军。在海峡港口占领的足够多的情况下，下一个目标就是攻占一些方便陆军和空军向敌人发动攻势的地区。在法国稳住阵脚的盟军，他们实力雄厚。这时的他们应该谋划一下，如何攻击到德国的致命处，使其军事力量毁灭。

（2）为"霸王"计划建立起来的空军和陆军，他们的力量应该是相当的。而且还应该给那些联合王国境内的现有部队不断制定一些计划，并给予帮助，使他们在有利的时机下，可以随时渡过海峡，进攻法国。

（3）因为现在没有充足的人力和物力，所以"霸王"战役和地中海战役存在着如何分配和使用现有的人力和物力的问题，由于这种情况出现，如今最重要的是保障"霸王"作战计划的成功实行。在地中海战争中使用的兵力，除非联合参谋长委员会决定增加或减少兵力，一律参考"三叉戟"[5月在华盛顿举行的会议]的分配数字。

对于摩根将军制定的"霸王"战役的计划纲要，我们表示赞同，并给予他继续进行周详计划和进行充分准备的权利。

我们在会议上对这几节的内容进行了讨论。我提出，有关力量的某些条件完成，有助于"霸王"作战计划的成功。我强调，虽然1942年的"痛击"作战计划，我没有同意，1943年的"围歼"作战计划，我也没有同意，但是，1944年的"霸王"作战计划，我举双手赞成。过去，我反对横渡海峡作战有诸多理由，现在我把它们全部收回。我认为，要把最开始作战的兵力，在原有的基础上增加25%，这已经是最少的兵力了，而且我们还要不惜一切代价，为这些做努力。这个事实表明，我们需要更多的登陆艇。九个月之后，就要开始实行计划，在这期间，我们有许多工作要做。选定的海滩很合适，如果能在科汤坦半岛的内陆海滩和这个选定的海滩同时登陆，那是最好不过的了。我说："最初的据点必须牢固，这才是最重要的。"

罗斯福总统和我商议好了，由英国人担任"霸王"计划的司令官，这是因为非洲的指挥官是美国军官担任的。出于这个目的，我遵循罗斯福总统的建议，决定这个职位由帝国总参谋长布鲁克将军担任。读者也许记得，布鲁克将军和他的副手亚历山大和蒙哥马利，曾经指挥军队在退往敦刻尔克途中进行了决战。1943年以前，布鲁克将军就已经知道我有这样的意愿。这样的安排很合理，因为这次战役是以英国作为基地，所以美英的兵力是要相等的。不过1943年过去了几个月之后，开始确定这个巨大的进攻计划的时候，我越发地感觉到，如果两国用相同的兵力完成了最初的登陆，那么美国将在战斗中取得巨大的优势。对此，在魁北克的会议中，我主动向总统提出，由一个美国司令官来担任法国战役中的总指挥。我敢断定，在他的心里也是这样认为的，所以他才会赞同这个提议。因此，我们达成一致的意见，美国军官负责指挥"霸王"作战计划，而英国的军官负责指挥地中海战役，至于具体移交日期，应以战争的发展情况而定。这个变动通知，我在1943年8月告诉了布鲁克将军，因为我对他很信任，所以我把变动的理由也一并告诉了他。他对此感到很失望，但他是一个军人，他有军人的尊严，所以他必须忍受。

* * *

参谋长委员会提出，在我们将来的战役中，对于意大利应该分为三部分。第一，我们的战争，意大利不应该参与，但是我们要在罗马附近，或者是在更北面的地方建造飞机场。我要在这里指出，也让大家明确一下，我对跨越安科纳—比萨的这条线，并且要向前攻击这件事情上，没有做出任何承诺。第二，我们应该攻占撒丁岛和科西嘉岛，如果要使半岛北部的德军不与"霸王"计划相对抗，就要给他们施加压力。第三，还要做好在法国南部土伦和马赛附近登陆的"铁砧"作战计划，以及沿罗纳河谷向北进军的计划。后来的很多争论都是这个计划引起的。巴尔干半岛和法国游击队怎样进行空中支援、怎样加强反潜艇战的以及在亚速尔岛上是否频繁利用海军和空军，对于这些问题，有很多的建议。

* * *

英国三军参谋长的最初提议，即东南亚司令部的重要问题，会议对它也进行了审核。会议对最高司令官的计划表示赞同，而且还提出了一些意见。内容如下：

(1) 关于在东南亚场战场实行什么战略，在中国战场与东南亚司令部之间如何分配英美所有的人力和物力这些问题，英美联合参谋长有绝对的权利去处理。

（2）英美三军参谋长委员会可以行使关于作战问题的一切权利，所有命令必须经过这个机构，才能向最高司令官发出。

* * *

在第一次全体会议上，我们对远东战略的所有问题，展开了激烈的讨论。三军参谋长在随后的几天内，把工作的重点都放在了这个问题上。只有动用了海军力量，才能打垮这个岛上的帝国——日本。要使我们的陆军参战，首先就要把日本的海域掌控在自己手里。怎样才能使用空中武器？在这个意见上存在很大的分歧。罗斯福总统身边的人认为，从缅甸开始，进攻中国境内。他们竭力建议，一定要使用中国的港口和空军基地，这样方便对日本这个国家进行激烈的和连续的空中袭击。这种政治主张吸引着美国人的眼球，但是许多事实他们却忘了考虑：数量众多的军队不可能全部驻扎在缅甸丛林，而且这些军队大多数是英军；实力雄厚的日本军在中国境内，交通线是他们的主要作战区域；更为重要的是，美国的海军力量日益分散，这种作战行动根本不能对敌人造成本质性的伤害。

我们从海上直接对日本在太平洋中部和南部的岛屿堡垒进行攻击，这是第二种方案。海军和海岸空军来执行这个任务。菲律宾吸引着所有美国人的视线，所以把它设为第一个突击的目标，再合适不过了。只要菲律宾由美军掌控，日本就失去了主要供应地，而驻守在荷属东印度的边远岛屿上的防守军将，与日本的联系将被切断，他们将得不到任何援助。那样的话，我们不必在战争中投入太多的兵力，他们就会渐渐地走向灭亡。

要对日本本土实行包围政策，就要以菲律宾作为基地。在中国海岸、台湾地区和日本南面的各个小岛上建立新基地很有必要，因为只有这些基地建成了,我们才能大范围对日本进行攻击。做出这个大胆计划的前提,是有强大的美国海军力量做我们坚强的后盾。因此,这个计划有很大的吸引力。在战争的前期需要强大的海军力量,到了后期,就要靠陆军的力量。到那时,希特勒将战败,美国和英国的主力将联合起来,对日本进行猛烈的攻击。

我迫不及待地想要在最后几次的参谋长会议上,把有关这个问题的意见讲解一番。英国的作战计划人员提出,在今年的冬天,温盖特将军所带领的部队的作战活动范围就要铺展到缅甸北部。我是这样的观点:为了配合这种行动,苏门答腊岛的尖头地带也应该被占领。我坚信,"1944年对苏门答腊岛发起的进攻,是一次巨大的战略性袭击。这个叫作'长炮'的战役,将成为印度洋上的'火炬'战役。我认为,这并没有超出我们的能力范围。攻击并且占领一个尖头地带是我们必须要做的,相对于日本而言,如果想缓解他们船舶受到的严重阻力,就必须要制止我们对苏门答腊岛的进攻,到最后,他们也会与我们争夺这个尖头地带。"以上是我在会议上说的。这样的军事行动,会脱离我们向日本进攻的主要方向,罗斯福总统好像也是这样认为的。我提出,如果要用另一个办法替代,我们会浪费掉一年的时间,也许我们会获得次要的阿恰布港,以及在将来有可能会在缅甸的沼泽和丛林中拼命地奔走。但是除了这些,我们将一无所得,而且关于收回阿恰布港的这个问题,我存有疑虑。对于苏门答腊计划的价值,它可以媲美1915年进攻达达尼尔海峡的战役,我坚信它产生的后果,很有可能具有决定性作用。在1943年至1944年这段时间,为了能够收回阿恰布港,就把所有的两栖力量都集中在印度洋,这样的想法我认为是错误的。

在第二天,我写了一份备忘录:

首相致伊斯梅将军,转参谋长委员会　　　　　1943年8月20日
　　我们对于阿恰布港、"长炮"作战计划等该采取什么样的政策,还没有达成统一。在我看来,这个问题还没有研究透彻。我自己

也在探究这个问题。现在，我不可能和美国在这个问题上达成统一意见。如果非得让我遵照他们的标准做出决定，那么我希望参谋委员会最好小心行事，不要造就一种局势让我承担任何责任，那时候我会毅然决然地拒绝。如果那种情况真的发生，那么，我们回国以后，战时内阁将会收到我们提交的全部问题。我们认为，沿着伊洛瓦底江到仰光这条路向曼德勒和曼德勒以北地区发动进攻，这些对我们来说没有好处。这个观点我不会改变，这是我上次会议中提到的立场，也是我们大家的立场。不经历这样一次战役就占领阿恰布港，就是一种没有用处而且很不聪明的行动。

我希望明年的局势会变成这样：我们获得了"长炮"计划的胜利，在云南，温盖特和中国军队有了来往，我们能够随意地选择下一个作战地点，因为缅甸的交通线在它的能力范围内有了最大的改进，而且那时敌方的反应也比较明显了。

过了两天，我向国内致电：

在魁北克的首相致副首相　　　　　　　　　1943年8月22日

1. 蒙巴顿将军的任命是罗斯福总统和马歇尔将军非常关心的。对于这个任命，美国政府没有异议，他们表现出了极大的热情，他们同意这个任命。我们的三军参谋长对此也表示同意。印度战场目前给人一种沉闷、停滞不前的感觉，我们需要一个年轻力壮而且富有朝气的人来打破这种局面。而把蒙巴顿将军的名字正式提报给国王，我想这是我应负的责任。蒙巴顿和温盖特联手抗战已经为未来的计划增添了最大的光彩。有一件很重要的事情要做，那就是在这次会议结束的几天内，发表一个公告。我希望我的同事们，会觉得这是一个很好的办法。

2. 关于东南亚司令部的难题我们已经解决了，这个结果我们很满意。美英联合参谋长委员会先要对具有概括性的战略计划，对兵力和补给的主要分配工作作出决定，随后再把这些交给各自的政府进行审核。英国参谋长委员会，由国王陛下的政府领导，他们拥有作战的所有指挥权。所有的命令只有经过他们才能下达。

3. 由于受到洪水的影响，在缅甸北部的作战计划要推迟到什么时候才能执行，现在我们还不能作出决定。我们对"长炮"作战计划的第一阶段的研究还有些不足，这就导致了我们不能在1944年的两栖作战中决定是否优先实行这个计划。这个计划如果要深入研究，至少需要一个月的时间。但是，所有的研究都是向美好的一面发展的。1944年对日作战计划，美国三军参谋长对此产生了极大的兴趣，毫无疑问，他们对这个计划很满意。星期一宋子文将会到达这里。从原则上，我能告诉他的情况，不会超出我将要发表的内容。

4. 我将派遣一名英国联络官，他是位将军，也是我的代表。他会带着这个身份入驻麦克阿瑟将军的参谋处，对于我的这个做法，马歇尔将军表示赞同。与过去做比较，这样的做法会让我们详细地了解到战场所发生的一切情况。以前在伦敦的时候，我和伊瓦特博士就谈论过这件事，他完全同意。现在我向柯廷发出电报，告诉他这会让我们与太平洋战争的联系更加紧密。

5. 艾登和赫尔在讨论问题，已经过去了很长时间。在法兰西民族解放委员会的这件事情上，赫尔拒绝使用"承认"这个词，态度强硬。因此，我们达成协议，在苏联和其他有关方面得到通知以后，各自发表各自的文件。此事，艾登在处理。我已经很坦白地跟罗斯福总统说，他们一定会受到舆论的谴责。但是，他说他要留一手，这样就可以在紧急情况下对付戴高乐的阴谋诡计。因为按照我们的方案，我们提供给法兰西民族解放委员会的援助，并没有比我们在戴高乐孤立和不受其他人控制时给予的多，所以我们的见解不一样。

* * *

在对日本的主要进攻，我们应该承担什么责任，就这个问题，我们在参谋会议上展开了激烈的讨论，并且还引发了一件有意思的事情。有这么一群参谋人员，最少不能少于 12 个，最多不超过 20 个，他们坐在英美联合参谋长委员会的后面，显得很不安，没有一点声响，但是眼中却闪烁着光芒。过了不久，主席发话了："我觉得，我们讨论这个问题的时候，参谋人员最好不在场。"于是，这些高级参谋，就退到一间会客厅里，井然有序。和平常一样，争论很快就解决了。蒙巴顿将军也在英国的三军参谋会里，他现在的身份是联合作战的司令官，他趁着这个机会向主席询问，可不可以当面测试一下他的科学家发明的"派克里特"（一种特种混合冰）。在获得允许以后，他的一名参谋，推进来一个大型食品车，上面放着两块冰，大约三英尺高，其中一块是普通的冰，一块是"派克里特"。阿诺德将军是现场"臂力最强的人"，所有在场的人也是这样认为的。他接受这位参谋的邀请，将要用特殊的砍刀，把每块冰都劈成两半。阿诺德将军，先把他的上衣脱掉，然后把他的衬衫袖子挽起，接着抡起砍刀，普通的冰块一下子就被他劈成两半。他转身走向那块"派克里特"，脸上挂着笑容，双手拿着砍刀，十指交叉。他抡起刀，砍了下去。突然，我们听到一声惨叫，只见阿诺德丢了刀，痛苦的表情挂在他的脸上，因为他的双臂被震得生疼，而"派克里特"却没有损伤。

最精彩的表演到了，只见蒙巴顿将军从衣袋里掏出了他的手枪，现在他要证明"派克里特"抵抗枪炮的力量。他向普通冰块开枪，普通冰块被击碎了。他又举枪指向"派克里特"，子弹飞了出去，然而"派克里特"并没有被摧毁，反而将子弹弹回，波特尔空军元帅差点被打中。

听到了砍击声和阿诺德将军的惨叫声，在外面等候的军官们都很害怕。当枪声再度传来，他们更是战战兢兢。其中有一个军官还大声地喊道:"天哪,他们开枪了!"

但是,在这个经常面临死亡的世界,谁不想有一个开怀大笑的机会。在这里就有一个例子。

* * *

英美三军参谋长正在争论的是这个问题:英国要求在打败德国之后,在对日战争的地位不仅要充分而且还要公正。英国觉得自己应该享有一部分飞机场,皇家海军也应该享有一部分基地,而且在希特勒垮台之后,应该分配一些适当的任务给派遣到远东的各支部队。到了最后,美国退让了。在这个问题上,我告诉三军参谋委员会尽量不要使用武力进行斗争,我们要尽自己最大努力坚持到底,因为战争到了这个地步,我害怕美国的评论家会这样说:"我们帮英国打败了希特勒,他从我们这里取回了一切,如今,在对日战争方面,他却置身事外,让我们陷入危险的境地。"然而,这种印象在魁北克会议上已经清除了。

* * *

第二次全体会议在8月23日傍晚举行,会议上讨论了英美联合参谋委员会的最后报告草案。第一次报告中就有提出而且还是经过我们讨论修改的几个要点,在这个文件中反复讲述,远东战役中的详细安排也在这里面列举出来。报告中对于准备着手执行的实际作战行动没有达成统一意见,却要在进攻性的作战活动中尽最大努力,这样做的目的是"建造与中国相接的陆上交通线,同时保护和改进航空线"。在对日战争的"全面战略概念"中,需要制定的计划,就是在德国崩溃后,必须在12个月内击败日本。看到这个目标,我很开心,制定计划再也不是在长期消耗战的基础上。

我向罗斯福总统提出关于单独建立一个东南亚司令部的总原则,

在开会之前,他终于接纳了这个建议。我说,关于建立这个机构我希望尽快发表一个声明,这是我目前最想解决的一件事。这个声明是一个理由,对于为什么苏联不在讨论的范围内的这个问题可以做个充分的解释,因为"四分仪"会议大部分讨论的是关于对日作战的问题。我的这个做法,大部分参加会议的人员都同意了。

* * *

如今,关于成立东南亚司令部和任命蒙巴顿为最高司令官的决议,我会通知印度总督。

首相致印度总督　　　　　　　　　　　　　　1943年8月24日

现在,我们已经成立了东南亚司令部,它不统辖印度司令部,印度司令部也不隶属于它。在韦维尔陆军元帅担任总督的那个时候,我就有过暗示。这是有利可图的,成立的这个联合司令部与北非的联合司令部的性质都一样,这个联合司令的指挥官是英国的司令官。我们和美国在选谁当司令官的这个问题上,讨论了好几周。选举路易斯·蒙巴顿勋爵为司令官,是我们经过反复考虑后决定的。他对海陆空三军的工作比较熟悉,而且他对两栖作战行动也了解,这就是为什么选他的原因。因为他以前在三军参谋长委员会待了一年半的时间,所以他可以通过中央部知道我们的战争全局。面对东南亚陆海前线复杂多变的地域特征,我认为这一点是很重要的。蒙巴顿不仅是一个组织能力很强的人,他还是一个有精力、有胆识的人。罗斯福总统和美国三军参谋长对他的任命表示同意,而代表蒋介石的宋子文也同意这个任命。我把这件事报告给国王,是获得了内阁的同意的,也是按照手续来执行的。同时也给你打了这份电报,作为参考。在8月25日召开的会议上,应该宣布这个任命书,因为这是目前最重要的事。

第二天，我发电报给我国内的同事，内容是这样的：

首相致副首相和战时内阁专电　　　　　　1943年8月25日

1. 在这里发生的一切都很好。对于东南亚司令部、"合金管"，以及承认法兰西民族解放委员会的这些很难处理的问题，现在都解决了。在谈判过程中，赫尔和我们弄得很不愉快，特别是跟那些处在首要位置的外交官闹得更僵，事情发展到最后，他就直接甩手走人了。对于美英联合参谋长委员会起草的一份报告，我和罗斯福总统都很满意，因为这份报告很巧妙地表达了双方的一致性。除了我们在孟加拉湾的两栖作战活动究竟要采取什么样的方式，我们需要好好研究一下，其他有异议的问题都解决了。然而对于这个问题，我认为它会像我们希望的那样——靠自己解决掉这个问题。当然，麦肯齐·金和加拿大政府，对于这种"受到重视"的待遇，表现得非常高兴。

2. 目前苏联态度越来越不好，这让人不是很满意。关于意大利提案的电报，我想斯大林已经给你发过去了，你也一定看到了吧。我们交给意大利代表的协议里，也提到了苏联政府对此表示同意，而且还发出了要你们无条件投降的命令。除此之外，我们没有采取其他任何行动，而且我们把所有的问题都及时地告诉他，他没有理由对我产生抱怨。

3. 这份电报使用的口吻，让罗斯福总统大为震怒。有关人员收到他这样的指示：如果新来的苏联代办来了，就说他到乡下去了，一时半刻回不来。我们为了促成三大国会议，再做一次长途的危险旅行也是愿意的，正因为抓住了这一点，斯大林就故意无视我们的提议。尽管发生了许多的状况，他的坏脾气和他无礼的态度，就是他单独和德国签订合约的原因，对于这一点我认为不可信，因为他们之间存在着一条防疫线——他们的两个民族之间有深仇大恨。同这些人交往没有多大的进展，这一点让人很不高兴，但我在心里笃定，我的同事不会认为我本人和我的政府在哪些地方没有表达出我们的诚意和耐心。

4. 我感觉自己有些劳累，因为有很多繁杂的会议工作要做，我们身上担负着很多艰巨的任务。在星期日发表广播演说和去华盛顿以前，我希望自己能在山中露营地休息两三天，我想我的同事也会让我这么做的。在9月3日，我将要在哈佛大学接受学位的时候发表广播演说，然后就能回国。我不打算长时间停留在这儿，除非意大利或者其他地方发生了某些状况，让我和罗斯福总统必须在一起讨论。不管怎么样，我尽量在议会开始前赶回去。星期六外交大臣将乘坐飞机返回国内，而他派了一个叫卡多根的人给我，让他陪着我去华盛顿。

我决定派遣两名联络官分别去往麦克阿瑟总部和蒋介石那里。我回国后，对拉姆斯登将军和卡顿·德·维亚尔将军提出了任命，他们是接到我的召唤，才来到契克斯的。他们都很开心。我们有许多既有才华又优秀的军官，他们都是一流的，而拉姆斯登将军就是他们中的一个。在最初的战斗中，也是在第一次与敌人战斗的时候，我们的装甲车就重新获得了荣誉，这一切都是他的功劳。不久之后，麦克阿瑟将军就非常信任他，任命他为联络官，他很被器重。然而在1945年1月，他就死了。日本的一架自杀式飞机，在轰炸林加延湾的时候，袭击了"新墨西哥号"战列舰。当时，站在舰桥上的是英国的司令官弗雷泽海军上将和拉姆斯登将军。事出偶然，弗雷泽海军上将为了更好地视察，就走到了舰桥的另一端。一分钟过后，自杀式飞机撞上了舰桥。所有和拉姆斯登站在一起的人，都被炸死了。对于国家和我个人而言，他的牺牲是一个损失。

* * *

现在，我们要回到意大利战场。大部分德军渡过了墨西拿海峡，成功地撤退了，这和我们预期的不一样。艾森豪威尔将军和他的司令官准备在8月10日举行一次会议，他们要在各式各样的提议中选出一种办法，能够把战争打进意大利境内的办法。敌军当时的部署，是他们特别需要考虑的。在意大利驻扎的德军，有16个师。驻扎在北部的，有8个师，他们的指挥官是隆美尔。驻扎在罗马附近，有两个师。驻扎在北部的，有6个师，他们的指挥官是凯塞林。除了这些强大的兵力，还有从苏联前线撤出的20个师为他们提供支援，而这20个师将在法国重新装备。很长的一段时间里，我们集结的兵力不能跟德军用在战场上的兵力相抗衡，但是英美两国不仅取得了制海权和制空权，而且还取得了主动权。现在大家的心思都集中在怎样进攻意大利，不过我们的胆子真的很大，敢发起这样的军事行动。我希望占领那不勒斯和塔兰托，因为我们的兵力和这两个港口的设备的规模是相互对应的。我们的主要目标，是尽快占领飞机场。目前，我们还没有能力去攻击罗马附近的飞机场，但是福贾的一些机场适合使用重轰炸机。同时，在意大利的踵形地区和萨莱诺附近的蒙特科维诺的其他飞机场，我们的空军也正在寻找。

9月初，艾森豪威尔将军将渡过墨西拿海峡发起攻击，同时也在卡拉布里亚海岸上进行了一些辅助性的袭击。战争刚被这场战役拉开帷幕，紧接着，在萨莱诺海湾，一个适合登陆的海滩上，出现了一支英国军和一支美国军，他们在执行"雪崩"计划——攻打那不勒斯。西西里岛虽然被我占领，但是从那里起飞的飞机能够掩护的区域，不能超过萨莱诺湾一带。盟军在登陆后，向北前进，快速地去占领那不勒斯。

对于这个计划，英美联合参谋委员会建议我和罗斯福总统接受。

同时还批准了攻占撒丁岛和科西嘉岛这个军事行动，这是下一步计划。随后我们表明了态度——同意。实际上，这个目标我希望能够实现，我也为之而努力。他们在后来又建议，在罗马南面的一些飞机场，应该派遣一支空运师去占领。我们接受了这个建议。最后这个计划没有执行，至于是什么原因，在以后的章节里我们会讲到。

* * *

就这样，我们作出了决定。对于这些决定，我很满意。所有的工作都进行得很顺利。接近8月底的时候，一个英国军官到达魁北克，他是从艾森豪威尔将军的总部赶来的。他带来一个消息，让人心神不安。他说在12月1日，会有6个师渡过墨西拿海峡，并且他们还要跨越卡拉布里亚，其余6个师将会在萨莱诺登陆。我对低估了我们的人力和物力的这件事，感到太不可思议。接着，我就发出了抗议。

首相致亚历山大将军　　　　　　　　　　1943年8月26日

1. 怀特利将军已经到达这里，关于实行"湾城"和"雪崩"①这两个作战计划的日期和规模，他都已经告诉我了。我很关注这个消息，希望你能使我的心神安定下来。假设我们成功登陆了，而且在以后战争中也不会失败这样的前提条件下，有一点我没弄明白，那就是：上岸的时间为什么是两个月以后或者需要更多的时间呢？然而我们在"雪崩"计划中明确指出，在占领了一个可用的港口和桥头堡后，要由海路送一些军队到达目的地，并不是把作战计划中所有的部队，都经过卡拉布里亚，然后再送到前方。

2. 按照计划，在意大利境内集结12个师的时间是12月1日。

---

① "湾城"作战计划是渡过墨西拿海峡进行攻击。"雪崩"作战计划是对那不勒斯（萨莱诺）进行攻击——原注

依我看，这种速度会带来非常严重的险情。第一，在罗马军队对抗德国军队的时候，无法提供有效的援助，如果这样做，危险还会加深加大，会出现这样的情况：要么是亲德国的吉斯林式的政府成立，要么是长期处于无政府状态。如果是那样的话，场面会极度混乱。第二，如果你们集结的军队，在12月1日还没有超过12个师，这些军队只能在那不勒斯地区。那么你们用什么来保证，你们能抵抗德国人在同一时期派来的部队？据说，德军有16个师在意大利半岛驻扎。对于这个事情，我本人持怀疑的态度，我觉得它们都不是完整的师。相对来讲，按照一些实际情况，它们有可能是领导机构和总部。但是，如果要延迟三个月才能解放罗马，并取得在政治和军事上可能获得的重大利益，那么谁也不能预料到会产生怎样的后果。

3. 在离开之前，我迫切地想知道关于你的消息。对于上面提到的日期，罗斯福总统也心神不宁。我们商量讨论过，我们宁愿做最坏的打算，也不愿意执行这个时间表。但我还是希望你不要被这些云雾遮挡住自己的眼睛。

因为后勤方面存在缺陷，所以回国以后，我就开始处理这件事。我在8月2日就要求过，不管用什么办法，都要对装甲师进行改编，而布鲁克将军是这件事情的负责人。目前，这件事情已经有些起色了。不久的将来，怀特利将军传播的那种不乐观的估计也会被纠正过来。英国第一装甲师经过重新装备，成为一支精良的战斗部队。两个波兰师、一个新西兰师和第四英印师，都被运往意大利，他们的战斗力已经达到极限了。那不勒斯港从一片废墟变成一个装备精良的港口，这都归功于美国的工程师，他们的本事确实是常人无法预料的。10月初，有十万人加入亚历山大将军的队伍。实力雄厚的德国军队，他们正扑面而来，而且还是接连不断扑过来。如果没有完成这个步骤，真有可能发生一场灾难。

第六章　意大利要停止战争

有关意大利的媾和提议——我在8月5日给罗斯福总统发了份电报——德意两国领袖最后的谈话——巴多格利奥的问题——我在8月7日和9日给艾登发了电报——他回复我的电报——意大利的全权代表巴多格利奥来到西班牙——我在8月16日向罗斯福总统报告了情况——我们联名向艾森豪威尔将军发了电报——卡斯特拉诺将军和比德尔·史密斯将军在里斯本的谈话——我发电报祝贺亚历山大将军——扎努西将军过来了——最后通牒，给意大利特使——我和罗斯福联名向斯大林报告了情况——在锡拉库萨附近卡斯特拉诺将军签署了停战协议——英国第八集团军在9月3日渡过了墨西拿海峡——德军占领罗马是意大利最担心的——按照计划，艾森豪威尔将军决定执行"雪崩"计划——9月8日下午宣布停战——罗马被德国包围——逃去布林迪西的意大利王室——急切需要占领东地中海的意大利基地——经历一场激烈的战斗，意大利舰队前往马耳他岛投降——9月12日，在希特勒的指挥下救出了墨索里尼——"百日丑剧"——意大利成了主要战场

英美两国对于意大利有可能投降的问题，已经拟定了周详的计划。关于停战条件，在7月底以前就已经开始准备了。如果"意大利向我们提出倡议"，我们就有所准备，为了方便这一点，8月3日，战时内阁传阅了我的文件。在时间充足的情况下，我希望能够通过政治和外

交的途径谈判，而不是通过盟军总部。罗马也在那天，首次提出媾和倡议。我们驻里斯本的大使向外交部说，刚刚从罗马到达那里的意大利驻里斯本大使的参赞希望与他见面。他暗示过，巴多格利奥政府给了他一项重要的任务。这个意大利外交官是达叶塔侯爵，他以前是齐亚诺的私人秘书，有亲戚在美国，他还是萨姆纳·韦尔斯的朋友。在巴多格利奥政府的古阿里格利亚为他安排此次前来的任务，古阿里格利亚是意大利新上任的外交大臣。第二天，接到邀请的达叶塔，去往英国大使馆。关于为什么不提停战要求，他是这样解释的：意大利国王和巴多格利奥要求媾和，但是他们要假装继续作战，防止德国人在意大利实行军事政变。我们从他的言谈中可以察觉到，向盟国解释，才是古阿里格利亚最在意的，他将在意大利北部同里宾特洛甫举行会议，目的就是为了消除德国人的猜疑。

意大利前来交涉的这件事，我立马通知了罗斯福总统。

前海军人员致罗斯福总统　　　　　　　　1943年8月5日

意大利公使馆新任参赞向英国驻里斯本大使坎贝尔谈了一些情况……这些情况正是我们要谈的。因为它有实质性的内容，所以我把这些情况告诉你。我已经跟坎贝尔大使交代过，不要发表任何意见。现在看来，确实有一些内幕消息被传出去了。如今，我要动身前往魁北克，不过没关系，艾登将军还留在那里。你和我联系时，也可以和他联系。

意大利国王和陆军首脑们一直都谋划着军事政变。如果法西斯大委员会有所行动，那么这场政变有可能提前几天发动。法西斯主义在意大利荡然无存，没有留下任何痕迹。一夜之间，红色沾染了意大利。共产党在都灵和米兰举行了示威游行，为了镇压他们，只好动用了武装力量。中产阶级被长达二十年的法西斯主义消灭掉。能有什么东西存在于国王和猖狂的布尔什维克主义之间？爱国人士集结在国王身边，他们控制着整个局面。如果有任何不稳定的形势，在罗马郊外驻扎的德国装甲师，就会开进意大利。有一万多名德国士兵驻扎在罗马市区内，大多数都装备了机关枪。如果罗马再受到攻击，人民势必就会起义反抗，那么德军就会开进去，杀光所有人。事实上，他们已经以使用毒气相要挟了。虽然意大利尽可能地在罗马周围集结军队，但是他们根本不想打仗。事实上，他们已经没有武器了，而且连一个装备完整的德国师都打不过。

在这种情况下，要求媾和的意大利国王和巴多格利奥，也没有任何的办法，只能假装继续战斗。明天，古阿里格利亚可能接见里宾特洛甫，他们交谈后将会发表公报，公报的内容会说，意大利仍然是德国的盟国，依旧表现积极，这些内容比以前说的更加清晰。但是，这只是一个虚假的现象。全国上下，他们最痛恨的就是德国人，他们希望摆脱德国人的束缚，从而得到和平。

如果我们不能通过巴尔干半岛去攻击德国，从而迫使德军撤出意大利，那么我们在意大利登陆，要越快越好。不管怎么样，德军都会处心积虑地把这块地方保护好。如果我们在意大利登陆，意大利人们不仅不会反抗我们，还有可能会配合我们。

从一开始到现在，达叶塔一直没有提及媾和的条件。根据他的说辞，你会察觉出，他希望我们尽快地从德国人手中和他们自己人手中把意大利解救出来。

他希望，我们对意大利国王和巴多格利奥有一些轻微的为难，这样就可以蒙骗住德国。但是做得太过分了的话，就有可能出现血腥的大屠杀。

* * *

与盟国媾和是现在意大利各方面人士的共同愿望，而且他们的意大利最高统帅非常渴望与德国一较高下。为了在不引起德国人的愤怒和报复的情况下扭转局面,古阿里格利亚和意大利外交部建议利用好时机,谨慎行事。就这样,在估摸不到哪些力量会产生作用的情况下,我们和意大利的两个代表进行了接触。德国的情形,和我们的一样。古阿里格利亚和安布罗西奥将军于8月6日,在边境上接见了里宾特洛甫和凯特尔。只要是和军事有关的内容,讨论的时候都非常激烈。安布罗西奥想把驻扎在法国和巴尔干半岛的意大利师团调回意大利,而凯特尔恰恰持相反的意见。在边境待命的德国军队,在会议期间驶进了意大利。为了拖延德军的行进,古阿里格利亚也在这时跟里宾特洛甫进行了谈判。这次谈判内容空泛,没有实际意义。

＊　＊　＊

伯里奥先生于8月6日同我们驻丹吉尔的外交代表进行了交谈,他是意大利的另一个外交官。他的指示,都是巴多格利奥直接下达的。时间上的要求被他再一次提及,与以往不同的是,他希望这一次可以认真谈判,而且他被授予可以开始谈判的权利。

在去往魁北克的航程中,我得到了这个消息,艾登先生的意见也是在那时收到的。外交大臣是这样写的:"巴多格利奥政府提议进行谈判,我们完全可以把它看成是一次有条件的谈判。我们对于这种情况,能不能这样回答:正如大家都知道的那样,如若我们坚持无条件投降,首先巴多格利奥政府必须通知我们,意大利将无条件向我们投降。然后,我们就应该将条件告诉他们。根据这些条件,我们将会停止一切对意大利不利的行为,但是这个阶段,必须是巴多格利奥政府已经做到这一点之后,才会出现。"

当我看完这份电报,我在它的旁边用红笔做了批注——不要错过时机。然后又写道:"只要他们投降,我们就会向他们提出条件,这是一个恩典,不容许讨价还价。"随后,我在8月7日对外交大臣做了这样的答复:

首相致外交大臣　　　　　　　　　　1943年8月7日

　　你执行的方案，我同意。从巴多格利奥自己的利益和意大利人民的心情来考虑，他打算出卖一个人，这个人就是希特勒。他的处境，困难重重，应该得到谅解。与此同时，征求了美国在各个方面的同意，应该继续对意大利发起攻击。

　　到达意大利的那一天，我又发出了一份电报：

首相致外交大臣　　　　　　　　　　1943年8月9日

　　1. 巴多格利奥会听从盟国政府处理，绝不隐藏，关于这一点，他必须声明。盟国政府希望意大利在新欧洲能够受人尊敬，关于这一点，他们已经表明过。

　　这个意见也应该指出来，艾森豪威尔将军已经提到过只要尽快放了盟国战俘，那么在突尼斯和西西里岛的意大利战俘也将得到释放。

　　2. 上面说的这些是为了向意大利表达一种意图，这意图是：只要他们正式做出投降的行为，如果当时军事允许的话，我们对他们的态度会慎重些。反复强调"无条件投降"这一点，是为了防止他们死活不投降。不让他们产生这种念想——这是一种可以得到宽大处理的恩典。"体面地投降"这几个字，罗斯福在正式场合也用过，我认为，在我们现在将要使用的词汇中，不应该把这几个字省略掉。

　　3. 我们才到[哈利法克斯港]。我们愉悦地度过了这次航行，并且在旅途的讨论中，我们收获颇丰。

　　我向罗斯福总统转达了艾登先生的回复。

在魁北克的前海军人员致罗斯福总统　　　　1943年8月12日

　　艾登建议我们驻丹吉尔的代表这样答复巴多格利奥的特使伯里奥：

　　我们只要求无条件投降，不实行谈判。巴多格利奥，你必须明白这一点。换句话说，就是只有到了意大利政府全凭盟国政府处置的时候，盟国政府才会提出条件，而这种条件会让你们体面地投降。

　　这项指示接着说道：

　　首相和总统曾经发出这样的声明：当意大利重新恢复和平的时候，我们希望在一个适当的时机，使它在新欧洲重新得到尊重。关于这一点，也一并向巴多格利奥的特使强调一下。艾森豪威尔将军曾经这样说过，只要意大利释放了在你们手中所有英国和盟国的战俘，那么我们也会放回在突尼斯和西西里岛俘虏的意大利战俘。

　　这些都是我们参考我们以前的宣言，挑出来的词语。由于我的行踪飘忽，所以只要你同意这些答复，你就直接致电外交部的艾登。如果这个答复你不满意，那么请等我到那儿以后，再跟你商讨。我觉得，应该尽快地给意大利使节答复。

　　罗斯福总统致电艾登先生，他对这份电报中的内容表示同意，随后他按照这份电报，给了丹吉尔的意大利使节答复。目前在西班牙的最高统帅部出现了一个人，他是意大利全权代表，关于意大利那些试探性的接触，他照单全收。在8月15日，英国驻马德里大使塞缪尔·霍尔爵士接见了安布罗西奥将军的参谋长卡斯特拉诺将军。卡斯特拉诺是奉巴多格利奥元帅的命令来通知我们，他说只要盟军在意大利境内登陆，我们即刻加入盟军，与德国成对立形势。只要这个提议盟军同意，那么关于德军部署的详细情报，卡斯特拉诺将军就会立马奉上。我立刻向罗斯福总统述说这个好消息。

在魁北克的前海军人员致电罗斯福总统　　1943年8月16日

我发出五份电报，在伦敦发出的四份电报，我也给你发过去了，在这些电报中都提到了巴多格利奥的新建议。我建议这样回答，内容如下：

"意大利使节的声明，我们看到了。'我们没有处在那样的位置，可以提出任何的条件。如果以同盟国的身份加入对德战争，我乐意无条件投降。'至于意大利要成为我们的盟国这方面，目前，我们还不能下结论，而且以现在的形势来看，我们还没有在一起制定好计划。如果在意大利的陆军和德国的军队之间产生一些激烈的战斗，那么一定会有新的局面出现。英国政府和美国政府是不会阻挠意大利在欧洲重新获得尊重的，关于这一点，意大利人民是知道的。因此，在英美军队还没到来的时候，意大利政府应该尽早对付德国军队，并竭尽全力。为了阻止意大利受到德军的侵犯，他们应该切断意大利南部的德军交通线，尽快地把北部的桥梁和涵洞炸毁，把铁路和公路摧毁。这种行动带来的效果很显著，胜利的盟国认为这是一种有价值的贡献，他们有可能会进一步采取行动，一起对抗敌人。事实显示，意大利政府和人民破坏和切断德军的交通线，是力所能及的，并且这些行动，也可以代表他们的诚意。另一种证明的方式是保护英国和盟国的战俘，避免把他们押往德国。如果德国想这样做，意大利政府没有能力制止，那么请释放这些俘虏，让意大利人民来解救他们。还有一个有巨大贡献的任务就是把意大利的舰船驶进盟军占领的各个港口，希望这一点意大利政府能够做到。

"第四，关于德军部署的所有情报，意大利都要提供。而且正在登陆的盟军应得到意大利军队和人民的支援，尤其是那些在意大利人和德国人之间进行战斗的登陆军队。以上这些行动将会获得很好的评价。第五，还有驻扎在巴尔干半岛的意大利军队和当地的各种爱国部队之间的任何合作，也会获得盟国的称赞，他们应采取一同抵抗德国并且视死如归的合作方式。

"如果意大利的政府、陆军和人民采用这种方式来共同对抗敌人的行动，那么就会使意大利和联合国家的关系更加亲密，根本不需要进行任何谈判。我在这里特别强调一下，只要在盟国军队附近，发现意大利与德国对抗，我们会不惜一切代价来支援意大利。"

明天，艾登将军将会到达这里，对于目前的局面，我们可以一起商议。我希望你知道我的思路，这就是我寄信给你的目的。

为了使意大利倒戈相向，三军参谋长正在思考一些有实际意义的步骤和时机。

* * *

罗斯福和我一直都是这样认为：艾森豪威尔派遣去里斯本与意大利特使开始谈判的人选，应该是比德尔·史密斯将军和他的情报参谋处长英国斯特朗将军。他们将带去一份军事条件，而这份军事文件是我们在魁北克"四分仪"会议上经过彻底讨论之后决定出来的。

总统和首相致艾森豪威尔将军　　　　　　　1943 年 8 月 18 日

1. 英美联合参谋长委员会命令你马上派遣两名参谋官，美国和英国各一名，前往里斯本。关于这一点，总统和首相已经同意了。只要他们到达目的地，就要向英国大使报到。我们商议的停战条件已经交到你的手中，你让他们带上。英国驻里斯本大使会遵照训令，安排一次与卡斯特拉诺将军的会谈。这次会谈你的参谋官要参加。

2. 这次会谈，要按照下列方针执行，还要递交一份通牒给卡斯特拉诺将军：

　　我们接受意大利的无条件投降，是遵照递交给他的文件中所规定的条件。（我们应该在此时交给他停战条件，这些都是我们已经商定并预先准备好的。告诉他在政治方面、经济方面或财政方面的条件都不包含在内，至于以什么样的方式通知，这都是以后的事了。）

　　意大利在同德国人作战中所能提供的援助，在这些条件里并没有具体地制定出来。如果意大利想让这些条约对自己有益，那么在将来修改时，修改到什么程度，这就得看意大利政府和人民在今后的战争中给联合国家多大的援助。然而，联合国家毫不保留地声明，只要意大利军队或人民和德军作战，或者是在破坏德国的财产，或者是在阻碍德军的行动，总之，不管在什么地方，联合国家都会竭尽全力地支援他们。如果能直接和定期地提供给我们有关敌人的情报，那么盟军会针对那些能够影响到德军活动和作战目标的地方进行轰炸。

　　从艾森豪威尔将军宣告了日期和时间的那个时候起，联合国家和意大利之间的敌对关系就会结束。

　　艾森豪威尔将军宣布停战后，意大利政府也必须马上宣布停战，而且他的军队和人民，要立即接受与盟军合作和向德宣战的命令。

　　停战时，意大利政府要马上释放所有联合国家的战俘，因为被德军逮捕危险还存在。

　　停战时，意大利政府必须下令，让意大利舰队和尽可能多的商船驶进盟军港口。盟军的飞机基地也要飞入大量意大利的军用飞机。只要舰只或飞机存在被德军捕获的危险，就必须毁掉。

　　3. 目前，德军还没有发现正在行动的计划，还有很多工作需要做，关于这一点，应该告诉卡斯特拉诺将军。巴多格利奥必须自己判断这个行动是否确切可行，他的范围是多少，但是这个总方针是要跟他说的，内容如下：

通知全国实行消极抵抗政策，但是只能让地方当局知道，不能让德国人获悉。

意大利的沿海防务不能由德国管理。

在合适的时机，安排驻守在巴尔干的意大利部队驶入沿海一带，这样做为联合国家将他们遣送回意大利提供了方便。

双方于8月19日，在葡萄牙首都的英国大使馆进行了会面。我跟卡斯特拉诺说，艾森豪威尔将军接受意大利政府的无条件投降，是按照我们交给他的条件执行的。军事谈判的气氛比较严峻，外交比较灵活，要使他们相互适应是很困难的。里斯本让这位背负着使命的意大利将军感到自己身处绝境。他强调他来的目的，是怎么样才能让意大利摆脱德国的控制，才能兴兵反抗。比德尔·史密斯则必须这样回答他，你只能说无条件投降的事情。

这些谈判和发动对西西里岛的最后进攻都是在同一时间内发生的。就在同一天，我向亚历山大将军发了电报：

在魁北克的首相致在中东地区的亚历山大将军

1943年8月19日

1. 我非常高兴听到这个再创佳绩的消息，热烈祝贺你完成了这一切。我想马上打个电报祝贺你，让你向第十五集团军群的部队宣布。如今，我又觉得我该提出这样的建议，先让罗斯福总统和国王向艾森豪威尔提出祝贺后，我再来祝贺你。

2. 卡斯特拉诺将军过来和我们交谈，还有我们在此期间给的回答，我想这些你都已经知道了。德国人占领罗马，然后建立一个吉斯林式的法西斯政权。打个比方，如果这个政权的领导人是法里纳西，那将会对我们构成很大的危险。意大利局面慢慢地陷入混乱，这让人很不高兴。从确定开始执行"雪崩"作战计划一直到结束,巴多格利奥政府能不能维持他们的"两面派"地位,我对此产生疑问。所以,任何方法能把这段时间缩短,而对军事的成功没有影响,那它就是最有用的办法。

亚历山大将军致在魁北克首相　　　　　　1943年8月20日

我很感谢而且很重视你发来的电报。为了"雪崩"计划的成功,我们要不惜一切代价。我们清楚地知道,每浪费一个小时,都是给敌人更多时间,让他们来准备和组织攻打我们。

* * *

8月19日在里斯本,整夜都与卡斯特拉诺将军在谈话。这位意大利将军已经知晓,不管向比德尔·史密斯提出什么条件,他都不会退让一分。所以,他在一幅地图上把意大利境内德意两军的分布地区给标示出来。为了掩饰他来葡萄牙的行动,卡斯特拉诺在来的时候还耽搁了一会儿,随后他便带着投降的军事条件、一部无线电发报机以及盟军电码(用来与阿尔及尔盟军总部保持联系),回罗马去了。

8月26日,还有另一名意大利特使在里斯本出现,他就是扎努西将军。卡顿·德·维亚尔将军陪同扎努西将军来到里斯本,而扎努西将军是意大利总参谋长的得力助手,他曾获维多利亚十字勋章。维亚尔是这次使命的中间人,他是英国的战俘,刚被释放出来。这位刚到的来访者,却没有明确的访问目的。卡斯特拉诺在干什么是巴多格利奥最想知道的,也许是因为他怕卡斯特拉诺放弃了过多的利益。"因为以前放出去的鸽子没有回来,所以又一只鸽子被放了出去。"他们是这样跟卡顿·德·维亚尔说的。巴多格利奥命令扎努西,不管用什么办法,都要到达伦敦,要求盟军在罗马北面登陆,这件事要尽快执行。

扎努西将会被送到艾森豪威尔将军的总部,因为我们已经开始和卡斯特拉诺谈判了。在他动身出发之前,他做了一件侠义的事情。这位意大利将军没有完成他的使命，他想回罗马，报告这件事情。这件事情经过商议，结果是他的英国伙伴决定陪他回去，没有任何的不情愿。"我的身份是一个战俘。我被释放的原因，是要与你去伦敦完成一项任务。你要回意大利去，是因为这项任务没有完成，所以我也要重新回到那里，和我的战友们在一起。"卡顿·德·维亚尔是这样讲的，只不过是用他自己的话把它表达出来。扎努西答道，这个计划他不会赞成。他知道，为了让维亚尔回到英国的一切事情都已经准备妥当。依照建议他应该去与艾森豪威尔将军见面。卡顿·德·维亚尔已经获得了自由，他自己也是这样认为的。这个插曲，值得英意两个民族永远铭记。

这位意大利特使，刚刚到达，就被送往阿尔及尔。在那里，关于德军在意大利境内的动向，他提供了很多的情报。

遵照事先的安排，8月31日，扎努西将军陪同比德尔·史密斯将军，在西西里岛与卡斯特拉诺见面。卡斯特拉诺声明，只要意大利政府能够拥有自由行动的权利，那么他们会像盟国说的那样，接受和宣告停战条件。然而，德国统治着他们。在里斯本谈判以后，更多的德国军队驶进了意大利境内，目前，全国上下，差不多都驻扎着德军。因此，盟军在意大利大规模登陆以前就宣布停战的这件事，是不可能按照盟国要求的时间办到了。而卡斯特拉诺对登陆的具体情况，也想知道。为了保障意大利国王和政府（在罗马）的安全，意大利希望登陆的力量要十分强大，而且要保持住这个实力。

很明显，我们选择在罗马北面登陆，是意大利政府特别希望看见的，因为这样做可以使他们不遭到罗马附近德军的袭击，对他们起到保护的作用。卡斯特拉诺在谈话中说到，要想进行这样的一次战斗，盟军必须要有15个师参与进来。比德尔·史密斯的态度很明确，如果盟军的主力部队在登陆以后才宣告停止战争，那么他不打算继续谈下去。而且，凡是关于在即将展开的战争中的作战能力的信息，盟军都拒绝提供。卡斯特拉诺想重新请示他的政府，他希望这个要求可以被允许。我们告知他，期限已经满了，这是最后的条件，但是从目前的形势来看，我们也非常乐意等到 9 月 1 日至 2 日之间的晚上 12 点，到时就会宣布接受或者拒绝的声明。于是当天晚上，卡斯特拉诺就回到了罗马。

盟军最高统帅部意识到，意大利政府的勇气正在快速削减。而且，意大利要是还没有确定英美在进攻自己本土的时候，能占绝对性的优势，那么它肯定不敢在停战条件上签字。所以，艾森豪威尔将军对卡斯特拉诺将军建议说，他会调遣一支空降部队，降落于罗马周围。这样的话就必须先取得巴多格利奥政府的承诺——要像盟国所期望的那样在停战条件上签字，并发表出来。意大利不仅要占领主要的飞机场，还要坚守住这些飞机场，并且停止发射所有的高射炮火。驻扎在罗马地区的以师为单位的意大利军队，都必须与德军进行战斗。

这个时候，我和罗斯福总统都待在白宫里，我们致电给艾森豪威尔将军，内容如下："继续执行'雪崩'作战计划，并且根据当时的局面，在罗马周边空降一个师，这些做法我们都同意。在这个重要的时刻，我们已经完全意识到，军事方面的考虑要放在首要位置。"在同一天，战时内阁在伦敦举行了会议，核实了这个建议。

* * *

意大利的形势发展，我们向斯大林做了汇报：

首相和罗斯福总统致斯大林总理　　　　　　1943 年 9 月 2 日

1. 卡斯特拉诺将军的声明，我们已经收到了。内容如下：停止战争的条件，意大利已经接纳了。过不了多久，他就会来签署协议。但是，我们不确定他要签署哪个条件，是你已经看到的那种短时间的军事协议，还是你指明要签署的那种更全面、更完整的协议？

2. 这一地区的军事情势看似紧迫，却也是满含希望的。我们马上要对意大利境内发起进攻，大约在下周的时候，还要开始执行一个叫作"雪崩"的作战计划,这个计划会给意大利带来严重的打击。因为意大利政府和人民很难依靠自身的力量摆脱希特勒的掌控,所以要进行一次很有必要而且比较大胆、比较冒险的行动,在这次行动中,意大利人民要提供更多的帮助给艾森豪威尔将军。意大利为什么接受条件?因为存在这样的事实:我们派遣了一个空军部队,降落于罗马,目的是让他们阻止和扰乱德军,然而在罗马郊区驻扎了德国的装甲兵力,他们可能要成立一个政府来替代巴多格利奥政府,这个政府或许是由法里纳西领导下的吉斯林执政。因为那里的局势多有变化,我们认为艾森豪威尔将军在做事情的时候要慎重一些,不要因为短期条件或长期条件之间的差异而影响了自己的决断,把时间拖长。显而易见,在无条件投降的基础上产生了短期条件和长期条件,所以长期条件是包含短期条件的,而且盟军总司令的手中一直掌控着它们的解释权。

3. 故此,我们猜得出,你想在必要之时有人代替你签订那些为期短暂的和约,而你看重的人正是艾森豪威尔将军。这样一来,就可以使卡斯特拉诺将军不必再回一趟罗马了,另外,也可以借此防范将军离开后可能出现的一系列军事问题,不用担心延迟行动,或是出现什么动荡之局。因而,你这么做,确实是有必要的。当然,我们有一个强烈的愿望,就是意大利要像向英国和美国无条件投降那样,向苏联无条件投降。什么时候进行军事袭击,就是什么时候宣布意大利无条件投降。

* * *

回到西西里岛以后,卡斯特拉诺将军的政府正式授予他签署关于投降的军事条件的权利。签字仪式在9月3日举行,地点是一个橄榄树林里,这片树林临近锡拉库萨。在亚历山大的电报中,我获得了这样一个消息。

亚历山大将军致首相　　　　　　　　　1943年9月3日

　　经过正式授权，艾森豪威尔将军和卡斯特拉诺将军于今天下午，分别代表他们的上级比德尔·史密斯将军和巴多格利奥元帅签订那些为期短暂的和约。同时今天也是战争爆发的四周年纪念日。

　　因为今晚我们要开始进行有关军事方面的谈话，所以卡斯特拉诺被留下来，还是待在离我总部的不远处，这样方便我们共同商讨意大利部队如何为此次战役供以最有利的军事援助。

　　在9月3日天还没有亮的时候，意大利境内出现了英国第八集团军的身影，他们是越过墨西拿海峡来到这里的。

首相致斯大林总理　　　　　　　　　　1943年9月5日

　　经历了长久的战役，卡斯特拉诺将军在9月3日签订那些为期短暂的和约，如今他正在与艾森豪威尔将军和亚历山大将军制定一些比较周详的计策，一些怎样实行这些条件的计策。导致德国和意大利发生一些直接冲突是必然的，但是只要我们驻扎的地方有意大利军队，我们都会尽最大的努力给予他们帮助，这样的帮助一定是最有效的和最迅捷的。下个礼拜，将会有惊人的进展发生。我们已经成功地向意大利的趾形地区发起进攻，并保持着持续向前进军的趋势。最重要的事是在这个战场上尽可能把德国人消灭，并且也使意大利消灭德国人。

　　直到这件事有了结果，我才会从大西洋这边离开，否则我会一直在这里。另一方面，我恭喜你们在主要战线上获得了一些新的胜利和突破。

　　目前，把意大利的投降条件和我们的军事战略联系在一起是我最需要做的。9月7日，去罗马的任务将派遣第八十二空降师的美国泰勒将军去执行。因为他要与意大利的总参谋部协商怎样在 9 日晚上占领首都附近的机场,这个也是他的秘密使命。但自从盟国答应了卡斯特拉诺的要求,局势就发生了很大的变化。在近处,德国有强而有力的部队,然而他们好像已经将机场占领了。意大利的军队不仅没有弹药,而且斗志低迷。各式各样不同的意见一直在巴多格利奥耳边喋喋不休地讲着,泰勒要求与他见一面,一切都处在不确定之中。意大利的掌权人最担心的,是签订投降条件的事情一宣布,会引发德国的不满,德国将占领罗马,并且直接解散巴多格利奥政府。巴多格利奥于 9 月 8 日凌晨两点接见了泰勒将军。由于飞机场已经被攻占,所以巴多格利奥请求暂停或者延后对停战协议的传播。其实他已经向阿尔及利亚发了电报,告知罗马的安全现在已经无法保证了。所以,撤销了空降。

艾森豪威尔将军向英美联合参谋长发了电报,因为他必须在 24 小时内迅速地判断出是否对萨莱诺发起进攻。

1943 年 9 月 8 日

刚刚我才和主要司令官召开了一次会议。由于意大利改变了他们的态度,我们决定不接受。我们打算先宣布停战条件,然后再进行一些广播或者是一些其他的方法。我们有可以直接联系的人,通过他我们告诉巴多格利奥这样的一个信息:这个停战协议,是你委派代表和我们签订的,而且双方都有诚意能够履行它,所以它被认为是有效和有束缚力的协议。我们无法认同任何背离这个协议的行为。

经过我和罗斯福总统的商议,我们做了这样的回复:

1943 年 9 月 8 日

总统和首相的观点是,既然在协议上签了字,而且这个有利于你的军事行动，你应该把它公布出来。

所以，在当天下午的六点，艾森豪威尔将军用广播宣布了停战通告，并且把停战宣言也播出来了。巴多格利奥元帅在一小时后也在罗马公布了停战宣言。就这样圆满地结束了意大利的投降。

* * *

德军在9月8日到9日之间的晚上，开始围攻罗马。陆军部的大楼开始严格戒备，因为巴多格利奥和王室搬进去了。讨论会是在越来越紧张和惊慌的氛围中举行的。一个五辆汽车组成的车队，在半夜三更的时候，开过了罗马的东面城门，朝着亚得里亚海海岸的佩斯卡拉港方向开去。意大利的王室、巴多格利奥和他的内阁成员以及高级官员，都在这个车队里。9月10日的早上，他们在两艘驱潜快艇的帮助下到达了布林迪西。他们迅速地在盟军占领的区域建立了一个机构，一个用来反对法西斯政府的重要机构。

卡维格利亚元帅在这些逃亡者离开之后，也来到罗马。他曾经参加过第一次世界大战，他是维多利奥·威尼托战役获胜者，现在，他是一名退伍的军人。他自己担负起与正在步步紧逼的德军打交道的职责。在城门前已经开展了一些零星的战斗。在郊外的德军，已经和意大利陆军的某些正规部队和罗马公民组织的游击队交战了。

9月11日，因为签订了军事停战协议，所以对敌人展开的行动也终结了，纳粹师团可以随意出入这座城市。

* * *

为了不打乱盟军在意大利踵形地区和罗马附近登陆的时间，要迫使巴多格利奥元帅投降，而要他投降，就要对他施加压力。虽然重要的计划已经随着正式签订了停战条件完成了，但是还有其他果实需要采撷，而且是在这让人畏惧的收获中采摘。意大利在去往盟国港口的过程中必须保证自身的安全。大多数在东南欧驻扎的意大利师团的装备，对继续和纳粹德国作战的盟军来说都是宝贝。意大利在地中海东部的基地非常重要，绝对不能让敌人占领这些岛屿，这是最为重要的事情。

我已经感受到这种危险的特殊性。

首相致在中东的威尔逊先生　　　　　　　　1943年9月13日

这对总的战局是一个很好的贡献——此时此刻，你在意大利的援助下占领罗得岛。对于这些要进行的军事行动，麻烦你告诉我。在中东的部队中你是不是还能调出一些临时的必要的军队？一共要配给你多少兵力？

现在应该想到克莱夫、彼得巴勒以及鲁克的部队占领直布罗陀了。

我之所以引用英美联合参谋委员会的总结来讲述这些，是因为不让有的人以为是我把这种情绪夸大了，而这个总结是我们在华盛顿通过决议的时候写的。

地中海中部

中东总司令部队在罗得岛和多德卡尼斯群岛的其他岛屿做的一些动作，已经引起了英美联合参谋委员会的注意。这个行动，他们表示同意，而且他们正在还有什么其他行动可以采纳，一些能够促进进一步发展的行动。

不久之后，我还会重新说到这些事情。

* * *

意大利舰队的主力部分也是在这个时候离开了热那亚和斯佩西亚，它们于 9 月 8 日按照盟国的安排驶向马耳他岛，那个时候天已经黑了。一段英勇的航行就要开始了，因为它们要去那里投降。盟国的飞机不会是它们的保护盾，意大利的空军也不可能是它们的防卫队。它们在第二天早上就遭遇到德国飞机的攻击，这些飞机是从法国基地起飞的，当时它们正沿着撒丁岛的西海岸向南航行着。自从旗舰"罗马号"被击中后，所有的东西都被炸毁，还伴随着严重的伤亡，而舰队总司令伯盖米尼海军上将也是在这个时候死掉的。同时被损毁的船只还有战列舰"意大利号"。舰队只留下几条小舰艇后，就继续它艰难困苦的航行，这些小舰艇是用来打捞拯救那些掉进海里还没有死掉的遇难者的。舰队于 10 日的早上，在海上与英国的海军舰队汇合了，而且英国的海军舰队还护送他们到马耳他岛。在以前不同情况的时候，英国有两艘军舰经常搜寻意大利舰队，它们分别叫"沃斯派特号"和"英勇号"。塔兰托舰队的一个分支中的两艘战列舰，于 9 月出发，在第二天就到达了马耳他岛，而且还是平安到达的，它们在途中遇上英国舰队，这些英国舰队将要去攻占塔兰托港。

海军部在 11 日早上收到了坎宁安海军上将的报告，上面写道："因为受到马耳他要塞大炮的保护，意大利的作战舰现在已经停靠在海港里面了。"

* * *

意大利海军受到很好的接待，这是我最希望看到的。9 月 10 日，我给坎宁安海军上将发了电报，上面写道："如果意大利的舰队在到达我们港口之前，认真地执行了停战条件，而且还受到了德国轰炸机具有报复性的攻击，那么它们到达后就应该得到亲切和宽厚的待遇，为了能够做到这些，我希望你和艾森豪威尔将军商量一下。我相信，这样的感情与你相符。"时间可能有些晚了，不过也是在这天，我又给他发了一份电报，告诉他："如果条件允许的话，可以拍一个电影，把这些有关意大利投降的影像、英国人很友善地对待他们的影像和治疗伤员时那种体贴的影像都收录进去。"

意大利的舰队曾经也自认为是一等一的，而且还认为自己是胜利强国的舰队，如今，全部归于我们的麾下，是我们光辉灿烂的战利品。

首相致在阿尔及尔的坎宁安海军上将　　　　　　1943年9月12日

你要赶快进行一次调查，最好是从主要的部队着手调查，统计好意大利舰队的各种性能的大炮和鱼雷所需要的弹药数，并且报上来。不止要做这些，还要统计出还有多少在现有的舰船上，有多少是在塔兰托那里获取的等等，并且还要估计出要制作多少个以及他们明确的大小和尺寸。你不用等到所有的数据都查清楚才上报给海军部，只要你掌握了最重要和现代化的部队需要的弹药数，就可以上报。然后，就可通过最正规的方式给美国传过去。我估计我可以想办法在这里进行快速制造弹药的部署。

一种风雨飘摇的政治局势出现在意大利境内，这都归功于法西斯政权的瓦解。现在，由于缺乏领袖，罗马的一个地下解放委员会接手了反抗德国人的组织工作。而他们又与游击队有了往来，这些游击队是在近期兴盛起来的，并且他们的行动每天都会增加。20年代被墨索里尼剥夺了政权的人和对法西斯政权充满了仇恨的集团代表组成了解放委员会。在这失败的时刻，法西斯主义中少数核心力量想要重新开始。全部的事物都笼罩在这股危险中。然而，德国人却在尽自己最大的努力，来帮助这股力量成长。

* * *

自从 7 月 26 日开始,墨索里尼就被囚禁在篷察岛,之后他又被囚禁在拉马达勒纳岛,这座岛屿距离撒丁岛不是很远。巴多格利奥在 8 月底把他以前的首领转移到意大利中部阿布鲁齐高山上的一个小型休养场,因为他害怕德国人突然发起攻击。看守墨索里尼的便衣警察和士兵并没有得到巴多格利奥任何具有确定性的命令,因为他那时是带着恐慌逃出罗马的。9 月 12 日星期天的早上,90 名德国伞兵被滑翔机带到墨索里尼被囚禁的地方,他们降落在墨索里尼居住的旅馆周围。就这样,一架德国轻型飞机带走了墨索里尼,没有任何伤亡事件发生。墨索里尼被送到慕尼黑,与希特勒召开另一次会议。

德国把墨索里尼救出来之后,便可以在北部建立一个政府,与巴多格利奥政府相抗衡。就这样,在加尔达湖滨建立了一个虚假的法西斯政权,而墨索里尼就在这里表演了一出"百日丑剧"。罗马北面的地区被德国军队攻占,正遭受着德国军队的践踏。在罗马建立的无实际意义的政府里没有一个人是竭力尽心的,而此时此刻,德国军队可以自由出入那里。在盟国委员会的监控下,意大利国王和巴多格利奥在布林迪西建立了一个残缺不全的政府,他们拥有的权利是有限度的,不能超过市行政大楼这片区域。盟国的军政府把统治解放区的任务接管了,我们的军队正在半岛的趾形地区出发,向前进攻。意大利将会成为一个战场,最激烈的战斗都会在意大利上演,而且这将是意大利在它历史上最悲惨的时期。

第七章　向意大利发起攻击
再一次来到白宫

在雪湖钓鱼——在魁北克，我发表广播演说——加拿大分担了更多战时任务——第二战场和第三战场——非洲和意大利的战役——"全能的三栖作战专家"蒙巴顿——和罗斯福总统相聚在华盛顿——接受哈佛大学学位——非常重要的联合参谋长委员会——史末资将军批判了战争计划和进展——另一方案被他提了出来——我的回答——他建议延迟执行"霸王"作战计划——我把这种意见反驳回去——向意大利的趾形地区发起攻击——因为病痛，庞德海军上将辞职了——我们于9月9日在白宫召开了会议——我给罗斯福总统的备忘录——我们双方在原则上达成了广泛的共识——在白宫的另一次全体会议是我主持的——英美历史上的一件大事

魁北克会议在8月24日结束了，而我们那些负有盛名的同僚也分散到了各个地方。他们朝着四面八方飞去，像极了炮弹的碎片。经过了这些探讨和争论，大家都想得到几天休息的时间。在召开会议的时候，自治领政府派来一个任由我差遣的人，他就是我在加拿大的朋友——克拉克上校。他有一个围绕在群山之间的牧场，这个牧场还有繁茂的松树林，距离魁北克差不多有75公里的路程。所有引领我们人生前进的报纸的纸浆，都是由这片松林提供的。在这里有用水闸拦截而成的

雪湖，它的水势很大，面积很广。传说这里面有很多鳟鱼，而且个头都很大。在会议期间，除了制定其他计划外，还制定了一个计划，那就是看两位热心的钓鱼专家在这里是否可以显露出他们的本事，而这两位钓鱼专家不是别人，正是布鲁克和波特尔。我答应过他们，我会参加。如果条件真的允许的话，我想我会晚一些过去。因为在8月31日我要发表一篇广播演说，这已经是板上钉钉的事了，不能更改。至于这篇演说，它就像盘旋在天空的老鹰那样，一直在我脑袋上盘旋着。那几天，我一直待在城堡里，每天我都会散步，而且一散就是一小时。我看着圣劳伦斯河这雄壮美丽的景色，沉陷在思考当中，我在想象着和沃尔夫以及魁北克有关联的故事，林林总总。只要是在这个城市的人民，他们都会由衷地欢迎我乘车环游并且视察全城，而且这件事我也曾应允过。我会把他们在魁北克会议上，以及所有战争中不明白的地方，都告诉他们，而且还是在加拿大内阁举行的会议上，因为我要去参加这次会议。我对自己能宣誓担任自治领内阁的枢密顾问官感到非常的荣幸。他们之所以这么敬重我，多亏了这两个人的建议，一个是我的老朋友，我和他交往40年了，一个是我最信任的同事麦肯齐·金先生。

我在这次广播中，只想着哪些话是该说的，哪些话是不该说的，根本没有时间思考其他事情。

所以，我常常转而惦念起雪湖来，为已经抵达那里的人送去一些使他们为之欣喜的消息。

钓鱼的时间是在白天，准备演讲稿的时间是在晚上，我想我可以把这两件事放在一起做。我之所以和我的妻子坐车走了，是因为我接受了克拉克上校的建议，而且还是非常诚恳的接受。我向庞德上将提议，要他和我们一起去雪湖，因为我看到他并没有和他的两位参谋长一起出现。很多工作需要他在开完会后处理，这是他的参谋官说的。但是，当他说他不能去钓鱼的时候，我感觉事情有些变化，而且还是朝着不好的方面去发展。因为他曾经在涉及海军内容比较多的讨论会上，表现出来的态度一点都不积极，当时，我对此还很诧异。我们的关系一直是最好的，这可以在战争初期我们刚开始共事的时候看得出来。我不仅晓得他的才干和胆识，而且我还晓得，他在国内每天都是凌晨四五点起床，只要有时间，他就会花上几个小时去钓鱼，在去海军部上班之前。可是，我在出发之前一直都没有看见他。他好像一直都在住所里待着，没有出来过。

我们的车沿着河谷行驶了一整天，其间我们还在休养所里睡了一会儿，最后我和我的妻子终于到了目的地，我们在湖滨处的小木屋内落脚，这个小木屋很宽敞。这真是一次愉快的旅行。布鲁克和波特尔每天都会钓到100条鱼，如果按这样的数量发展下去的话，雪湖的水位一定会下降。所以，他们俩决定在第二天就回去，这是一个不错的主意。我的妻子和我坐着不同的船去钓鱼，每回钓鱼都要在那儿待上几个小时。虽然我和我的妻子都不是什么钓鱼的好手，但我们的确能够钓上鱼，数量也不少，而且都很新鲜，都很好。我的渔竿有时会被人装上有三个分叉的钓钩。有一次，我还钓上一条三尾鱼。我想知道，这是不是有些不择手段呢？新鲜的鳟鱼每回都会出现在我们的丰盛美味的菜肴中。罗斯福也想来，但是分身乏术，他还有其他事情要做，就没有参加。玛丽，我的侍从官，她接受了美国的邀请，要在美国妇女陆军队员的一次重要集会上发言。于是，她将乘坐飞机去奥格尔索普。我收到罗斯福总统给我的电报，是这样写的：

罗斯福总统致沃登上校   1943年8月27日

9月1日是星期三，这天不管从哪方面讲都很适合［指前往华盛顿］。如果侍从官［玛丽］要来奥格尔索普，希望她能提前一两天来，那样的话，她待在华盛顿的时间会长一些。我心想着，你的妻子是不是已经得到了真正的休息，你是不是也得到了休息，还有你是不是已经去了一条鱼的湖①。你一定要钓条大鱼，让麦肯齐·金给你称一下，用来佐证。

我钓到了一条鱼，那是我钓到的最大的了。我把这条鱼给身处在海德公园的罗斯福总统送了过去。广播稿也有所进展，就是在写初稿的时候太让人费神了，这比辩论会或者是钓鱼还让人感到劳累。

＊　＊　＊

29日的晚上，我回到魁北克，再一次参加了加拿大内阁会议。31日之后，我将去往华盛顿。这也是我对加拿大和盟国发表演讲的时间，我算着在31日，发表我的广播演说。

我把其中的几段话摘录下来了，是这样写的：

在许多国家和民族的大家族中有很多我们的成员，还有其他所有的人，还有加拿大都深受感动，因为在这个关键时刻，加拿大对英联邦和英国政府的共同努力做出了很大的贡献。

在那段最黑暗的时期里，加拿大的陆军越来越强大。在敌人将要侵略英国时，加拿大为了保卫英国，做出了很大的贡献。如今，它投身在更加宽广而且还在不断扩大的战场上。在战斗中，它的表现异常的好。帝国的空军已经赫赫有功了，它的训练机构就设在加拿大。它广阔的飞机场迎接着非常优秀的青年，这些青年分别来自大不列颠、澳大利亚和新西兰。他们已经和加拿大自己的子弟兵成了战友，这些如英雄般的子弟兵将与他们一同战斗。

---

① 在召开魁北克会议的时候，有一天下午，罗斯福总统约我到他说的那个湖里去钓鱼。我们享受了一次很开心的午餐，不过只有我钓到一条小鱼，他什么也没钓到。从那以后，他就给那个湖起了一个名字，叫"一条鱼的湖"。——原注

经过这次战争，加拿大已经是在航海领域上占有重要位置的国家。它建造的军舰和商船有数十艘——其中有些船是在别的地方建造出来的，而建造它的地方离海有数千英里的距离，而且还在这些船上配备了加拿大海员，他们既英勇又耐劳。最后，它将这些船都派遣出去，用来保护大西洋的商船队和我们最为重要的生命线，他们需要横跨海洋。在我们的战时经济中，加拿大的军火工业已经发挥了最重要的作用。最后说明一点，就是加拿大不再对大不列颠供应军火。虽然相比前面的来说，不太重要，但是加拿大消除了这个负担，否则的话，这些军火给加拿大带来的债务，将超过20亿美元。

所有法律都无法给这一切制定规则，当然，也不是任何的条约和任何正式的义务都能约束这一切。它来源自感情和传统，甚至是一颗心，一颗将要为人类的未来献身的决心，而这颗心不仅要高尚，而且还要不拘泥。我很高兴能在加拿大境内，而且还能够代表着大不列颠人民，向自治领表达出我的感激之情，你们真的很伟大。我背负着很多重担，但我真心实意地希望有些重担能带我去更遥远的地方，例如澳大利亚、新西兰、南非，那样我会面对面地对这些国家的人民说，我们看到你们为我们做的一切，或者说看到你们下定决心要为我们做些事情时，我们是一种什么样的心情。

两年已经过去了，在这两年中我们听说要在法国的北部开辟一个第二战场，用它来跟德国抗衡，而这些都是我们在人们的讨论声中听到的。所有人都清楚这正是我们希望的那样——开展规模巨大的作战行动。因为苏联人在他们的前线上主要是受着德军的打压，所以我们很自然地就开始实施这个计划。苏联人对此不仅没有心存感激，而且还不加遮掩地对我们抱怨，甚至是责怪我们，当初为什么不这样做。我对他们说话的内容，并不介意。他们的仗打得很好，甚至使德国的军事力量受到了很大的损伤，所以，他们对我们不管是在战略上的指责，还是时至今日在战争中起到的作用上的指责，我们都能够接受。而且我们对他们在作战中的英勇行为和成就所流露出来的钦佩之情，不会因为这些指责而减少。希特勒把兵力集中起来击毁了一条不错的战线，那是一条我们在法国的战线。重新建立一条战线不是件容易的事，相比之下，击毁一条战线就容易得多。我猜想着有那么一天，数量众多的英美解放军越过海峡，同侵入法国的德军进行一场近身格斗……就我个人而言，我会常常对第二战场和第三战场进行思考。我一直认为，西方民族国家应该像拳击手那样出拳，用双手去打击对手，而不是只出一只手与敌人抗战。

英王陛下任命我为最主要的执行者，然而我和罗斯福将要在进攻北非的计划中采取一种大迂回战术，我认为这个战术一定会被后世认为是一个良策，因为这是根据当时的情况采取的，这个战术产生了显著的效果，收获颇丰。非洲已经清扫完毕，所有在非洲的德国和意大利军队都被消灭掉了，我们缴获的俘虏最少有50万人。在一次战役中我们攻占了西西里岛，轴心国的军队在那里驻守着，有40万人，而这场战役一直打了38天，战果辉煌。墨索里尼垮台了。意大利已经没有了战争的动力，因为这个国家遭逢不幸，任由那个虚伪的罪恶的引导者带领着它走向错误的道路，如今，只能自食其果。结交损友是件容易的事，但是想要离开他们却是非常困难的事。为了打压意大利人民，德国近期内调动了大量的军队，这些军队原本是在法国作战的，如今来到了意大利，他们希望把意大利变成一个战场，这样就可以把战争的时间尽可能地拖长，也能让战争远离德国。德国把苏联前线的大部分空军调了回来，然而不管是在白天还是晚上，他们都会受到英、美、加空军的袭击，并且越战越激烈，而他们的力量也正在一点一点的被削弱。然而重中之重的是，我们不仅在地中海上掌握了战略上的主动权，而且还在大西洋上也拥有了这些。我们不只仅限于主动权，我们还有潜在的力量。敌人根本不知道这些力量的分量是轻是重，也无法预测到什么时候是使用这些力量的时候。

斯大林元帅一点也没有把时间浪费掉，至于怎么知道的这件事，那是依据最新消息断定出来的，而这个消息是从苏联战场传来的。对于他这次战功显赫的夏季战役，还有他在奥廖尔、哈尔科夫和塔甘罗格这三个地方取得了胜利，整个英帝国对他肃然起敬。正是因为这些战争，苏联才把它失去的土地收了回来，而且还把那些侵略者全部歼灭，大约有10万人。

对于蒙巴顿的任命，是我重点强调的。

路易斯·蒙巴顿勋爵被选定为东南亚战场的最高统帅，英、美、中三国就他的名字而产生舆论，都是具有赞赏的性质。他与蒋介石保持着联系，甚至联系得很频繁，因为只有在这种情况下，他才能发动行动。他才43，就已经坐到这样高的位置。这么年轻的一个人在当代这样的条件，在常规的军事专业中，坐上这个位置是不多见的。但是一个立下志向要为军事艺术献出全部生命的人，如果他到了43岁还对战争不够了解，那么在他以后的人生道路中，进步的空间就很小了。路易斯勋爵是联合作战部队司令官，在他任职期间，他的组织能力和智谋都是少有的。不管那些迂腐学究们会怎么说，我都称他为一个"全才的三栖作战军事家"，而且还是明目张胆的叫出来。换句话说，对于土地、空气和水他都有研究，甚至是精通此道，并且对火也是略知一二。我们大家希望这个新司令官以及统帅在他们崭新的、各式各样，甚至是异常艰难的行动中摘取到胜利的果实，而且还是最大的那颗。我们在此由衷地祝愿他。

* * *

9月1日，我离开魁北克，坐火车来到白宫。在魁北克召开会议的时候，意大利的形势已经开始向好的方面发展。正如在前面已经讲过的，在这个危急时刻，罗斯福总统和我是与巴罗格利奥政府召开的停战谈判的指导员，并且这次谈判很隐秘。不仅如此，我们也急于知道在意大利境内登陆的军事安排，并且不停地关注它。我故意拖延时间，那样的话我就可以在美国多待些时刻，那么在这个有关意大利事件的危急关头，就会和我们的美国伙伴们有相当多的联系。那天，也就是我来到华盛顿的那天，我得到一个消息：盟国提出的投降条件，巴多格利奥已经同意签订。这是我第一次得到这么确定、这么正经的一个消息。我们考虑到意大利即将可能出现溃败的形势，所以在"四分仪"这种辩论性质的会议上做了一些战略部署。而我们近日来最为在乎的事情就是这个局势的变化。

我在华盛顿的那段时间，参加过几次美国内阁会议，还有一些与它相类似的会议，而且还与美国的领袖人物有着很多的联系。霍普金斯在这个时候就比较可怜些，因为他身患重病，一定要在海军医院进行一次彻彻底底的休养。罗斯福总统不仅希望我可以在这里长时间逗留下去，还希望我接受哈佛大学的名誉学位，因为这是一个很好的时间，可以向全世界公开宣布英美是如何地团结，如何地步调一致，如何地和睦相处。9月6日，我发表了演讲，部分内容摘要如下：

> 我看见美国的青年就像看见英国青年一样，如今我要对美国的青年这样讲："你们不能停下前进的脚步。"在这个时期，连落脚的地方都没有。目前，我们只能向前走，因为在这个征途中没有一个地方能让我们驻足。在前方出现的世界不是混乱不堪的，就是井然有序的。只要你们把所有这些带有我们的时代特征的严

格考验和战斗都通过了,你们就会知道你们最理想的战友就是英联邦和英帝国,而你们和他们要在一起合作,不仅仅因为这是国家的策略和彼此的需要,而且这里面还有些裙带关系。从大致范围上来讲,它们与血缘和历史都有关。我是新旧两个世界的后裔①,对于这些关系我是可以认识到的。

不管是法律,还是语言,还是文学,这些都是最重要的根源。有一个共同观点是大西洋两岸的英语民族同时具有的,那就是评价是非的观点。我们和你们都一样,非常看重是否公平,尤其是在弱者与贫者之间是否存在公平更为看重。而且我们跟你们一样,同样坚守着这些观点,不曾动摇。例如:对待铁面无私、公平公正的司法制度时,我们保持着一种严肃感,尤其是面对个人自由的问题上,我们一直是以热爱的心态去看待它,或者就像吉卜林说的那样,"要想生活在自由自在的世界里,就要有法律的维护,而不是依靠所有的人的认同。"

从本质上来讲,我们从来不想向有这些观点的民族发动战争。暴政与我们是敌对关系。不管它伪装成什么样子,穿戴什么样的饰品,我们都时刻对它保持警戒。不管它的言辞是什么,也不管它是对外还是对内,我们都时刻对它保持警戒。我们之所以这样戒备,时常动员着,一刻也不敢放松地警惕着,就是为了能够随时随地把它消灭掉。敌人在战场上或者空中炮火袭击着我们,我们一起战斗,一起前进。不仅在这个时刻我们携手并进,在所有的方面都是这样的。而且我们还要付出更多的努力,做个捍卫者,去捍卫我们人类的权利和尊严。

随后,我提到我们联合参谋长委员会,并且谈论了一会儿。

---

① 丘吉尔的母亲是美国人,父亲是英国人,而美国是新建立起来的国家,没有英国的历史久远,所以他才会这样说。——译注

如今，我们的英美联合参谋长委员会正在行动，这次行动是切实有力的，而且还具有连续性。罗斯福总统和我是这个委员会的领导人，同时我又是英国战时内阁代表，他们做的什么动作都直接听命于我们。它有一个精密的组织，是由各级参谋组成的，用来支配我们所有的人力与物力。实际上，它在使用英美两国的军队、船舰、飞机和军需品，就好像这些是一个国家或者是一个民族的资源一样。我不敢打包票地说，没有任何的异议存在于这些高级的专业负责人员之间。我们之所以要每两三个月就召开一次主要负责人的全体会议，是因为这些高级的专业负责人员之间存在着分歧。如果他们之间没有这些分歧，是不符合常理的。在这里的一切人员都要了解彼此，信任彼此。他们彼此之间存在着好感，再加上他们大多数人都一起工作了很长时间。所以，他们举行会议的时候，就能够运用非常公正的态度和简单明了的语言，把需要讨论的问题讨论清楚。随后的几天内，我和罗斯福总统就会得到一个建议，一个既中意又统一的建议。

这种体制是极好的。与这样相似的组织不仅在上次大战中没有出现，就在两个盟国之间也从来没有过类似的组织。在地中海战场，艾森豪威尔将军的总部里，所有的事务都需要合并在一起，而这种体制在这里表现出来的形式就更为密切。亚历山大将军是这些士兵们的最高司令官或者副司令官。这些士兵是依据战时需求去作战的，他们从来不想他们是应该由英国人派去打仗呢，还是美国人或者说是加拿大人？

目前，以我的眼光来看，这种机构是一个非常强大的机构，而且可以能把事情顺利地进行下去。如果战争结束了，我们两国的政府就把这个机构丢弃掉，不再使用，或者是我们其中的任何一个这样做了，这将是一个极其愚蠢和极其没有远见的做法。所以，在战争过去的很多年里，我们应该让这个机构继续发挥它的作用，这不仅可以保障我们自身的安全，也可以使世界其他国家处在一个稳定的环境中。如果非要拆除这个机构，那就要等到我们有了某种世界组织能够代替它，这样才能保障我们不遭遇危险和侵略，并且还要我们知道这个组织是否具有这个能力。我们之所以这样做，是因为经历了两次世界大战，我们不得不建立这样的机构。

可惜的是，现在到处流传着不明智的建议。

* * *

依据以前的习惯，我把正式的会议总结，交到各自治领的总理手中。史末资陆军元帅对我们依据规格拟定的计划感到沮丧，同样让他沮丧的是我们拟定的时间表，因为它们并不是很紧凑。唯一让我感到安慰的就是看到了我们有共同的心愿，这个也是读者所知道的事情。目前处于最为紧张的时刻，我们用电报来解决战争的主要问题，并且还在电报上写了说明，不仅真切而且还很周详。正因为我身居高位，所以积累了很多知识，当我运用这些知识给一个人，而且还是一个我很了解的人讲解情况时，我感觉自己有种如释重负的感觉，一点也没有压力感。

史末资将军致首相　　　　　　　　　　　　1943 年 8 月 31 日

我对于战争发展状况，存在些许疑惑，不过我想在私底下问你这些事情。如果你有不一样的观点，那对我发的牢骚请不要介怀。如果你对我的想法持肯定的态度，那么我们应该积极一点，想想怎么把这个问题解决掉。

中东战役是从阿拉曼开始发起攻击，一直打到突尼斯。很明显，那时候的我们一直在用积极的态度去战斗。但是自从那次以后，我们战斗的动作就变得迟钝了，甚至有些缓慢了，而且还不紧凑。我们用了几个月的时间，才从突尼斯转移到西西里岛上。然而我们在攻打完西西里岛之后，作战行动面对这种紧张的局势时，就一个接一个地卡在那儿，奇怪得很。虽然我们的资源比较丰富，但是要把处于同一阶段英美和苏联所做出的努力做比较，那在人们的心里一定会有一些问题，说出一些不堪入耳的话语。我们拿在陆地上作战规模做了对比，发现我们的作战规模不仅微乎其微，而且在速度上也不尽如人意。我们时常就着生产方面的成就进行吹捧，尤其是对美国那巨大生产成就进行吹捧。战争进行了差不多两年的时间，按理说，美国的战争部队的规模应该很大，应该能够和德军相抗衡。但事实并非如此，依旧是苏联人在对抗德军。有这样的差异有可能是因为在海上做航海运输比较困难，但这是一部分原因，并不是作为全部的理由。我们在陆地上执行的作战行动，有很多不完美的地方，单是从规模上或者是速度上讲，就有缺陷，我为之感到惶恐。我们的空军战绩颇丰，我的海军也一直在他的最高基准上不上不下，而我们的陆军，却比不上苏联人，苏联人几乎把所有的荣誉都占有了。单从他们在一条宽广的战线上的作战规模和速度以及卓越的战略来看，他们应获此殊荣。我们的作战行动与苏联比较，是逊色了许多，但是可以改进的，这一点毋庸置疑。以常人的眼光来看，最后的胜利一定是属于苏联的。如果任由这样的印象继续下去，那么战争结束后，我们的地位相比苏联的地位，孰轻孰重呢？如果是苏联掌握世界的外交，那么一定是我们在世界的地位发生很大的变化。但是这个不是我们想要的，我们也不希望如此，特别是对英联邦来讲，会产生不同的反响。除非在战争结束后我们的地位是平等的，否则的话我们将会陷入危险境界，而且在这样的处境中我们的心情也不会很好。在魁北克会议上拟定了计划，至于是什么计划，我还不知道。但是，我想它是通过极好的宗旨拟定出来的。至于什么时候实施这个宗旨，我想如果我们的行动缓慢，那么危险就会跟随，而且后果很严重。

史末资将军致首相　　　　　　　　　　　　1943年9月3日

　　我们战争的进展受到了批判，甚至还发表了一份电文。这个电文发出以后，我必须很坦诚地告诉你，有关魁北克的这个策略方针，我真的很失望。因为我觉得，这已经是战争的第五个年头，而且在最近的这段时间，我们的战争命运已经发生了很大的改变，这样一个作战计划是不够的。这个计划只会让我对未来产生更多的疑惑和恐慌。它并没有对我们现有的真正实力作出一个公正的评价。如果情节严重的话，可能会影响到人民的斗志以及在未来怎样和苏联相处。我们为此要尽自己最大的能力。面对这样的形势，我们应该拿出自己最大的勇气。

事实上，这个计划只是提到攻占撒丁岛、科西嘉岛和意大利南部的时候，最好是继续增强现有的轰炸和反潜艇战，并且还要从那里开始一直袭击到北面地区。接着在意大利境内，我们跨越山岳地带，越过它的重重障碍，一直向北前进。然而这场战役将会耗费我们很长的时间，当我们抵达意大利北部和德国的主要防御阵地的时候，如果我们在法国那边的空中和陆上的局势在明年春天的时候，出于一种有利的状态，我们的大部队将会跨越海峡，也许还会做出一些具有牵制性的行为——从南面进攻法国。游击队负责攻击巴尔干半岛，而我们给他们配备了一些空军，以便于支援他们。

这些计划都是根据西方战场上的形势制定的。至于如何应对东方战场，我们准备实施一些跳岛战术。大约在明年结束的时候，这种战术可能会把我们指向加罗林群岛，而我们的作战计划就会是对这座岛发起进攻，因为它是敌人的主要根据地。荷属东印度的资源任由敌人摆布，我们则准备为打开缅甸的通路尽自己最大的力量。而在支援中国的时候尽量依靠空军的力量。与此同时，计划还根据缅甸形势，制定一些内容不够清晰的两栖作战行动。

在我看来，这个计划中最主要的部分就是进行轰炸，而其余的部分和我们在过去的两年内执行的行动，仍是做些小范围的动作。毫无疑问，在目前的这个时期，在战争中的我们绝对不会为这个计划做最主要的努力，而且在适当的时机它也没有被利用起来，从而使我们的作战地位发生改变。如果在1944年年末，我们还是零零散散地攻击敌人的主要阵地，那么我们可能会遭到舆论的猛烈抨击。不过，这也在常理之中。我们做的动作与苏联做出的巨大努力和取得的伟大成就比起来，简直寒碜至极。因此，苏联可以对我们这样说，说这样的结论，它有理由怀疑我们。

我之所以很难提出不一样的计划，是因为内部参谋提供的情报很少，但是我坚信，我们做出的动作比魁北克计划还要多、还要好，而且这一点我们能够做到并且也应该做到。魁北克计划不合适执行，它会把战争延长下去，并且还会给我带来各种各样的危险或者是可能性，这一点我在电文中提到过。我同意执行轰炸计划、反潜艇战争以及横跨海峡发动大范围地攻击，但是我们在地中海进行战争，就应该先攻占撒丁岛和科西嘉岛，随即再向意大利发起进攻。而不是沿着半岛的南方，一直打到半岛北方。我们已经即刻攻占意大利南部，并且向亚得里亚海海岸前进，在那里找一个合适根据地，随后向巴尔干半岛发起真正的攻击，并且使巴尔干半岛的复兴力量逐渐强盛起来。土耳其在被逼无奈下就会加入战斗，这样我们的舰队就能进入黑海。我们的军队和苏联的军队将会在黑海碰面，这样不仅可以为它提供供给，而且还能使它从东面和东南面去攻打希特勒自身的堡垒。我之所以认为这不是一个雄心过大的行动计划，那是因为我是根据苏联前线的形势制定的计划。

几经思考之后，我是这样回答史末资的，内容如下：

首相致史末资陆军元帅　　　　　　　　　　1943年9月5日

我已经收到你发的电报了，有两封。

1. 现在对意大利的趾形地区发起进攻，当然只是一个序幕，随后将会发动一次规模比这还宏大的进攻。如果进展顺利的话，它的结果将会产生深远的影响。我们希望在不久的将来，尽量往北前进，打造出一条纵横意大利的强大战线。然而打造这样一条战线，需要从地中海那里抽调军队过来，差不多要20个师。如果这条战线被敌人当作实行反攻的地方，那我们可能还需要些军队用来支援。

2. 我对进入巴尔干半岛①，早已经按捺不住了。在那里，一切都在顺利进行着。如果我们要下决定，应该先查看意大利的战争形势，然后确定除了派突击队和特工人员过去以及提供物资供应之外，还能有其他什么动作。但是火焰已经点燃，燃烧着整个巴尔干半岛，再加上驻扎在意大利境内的军队——24个师，他们都已经不听从指挥，他们已经停止战斗了，想方设法要回到自己的国家。在这样的形势下，德军很有可能被迫退到萨瓦河和多瑙河一线……

3. 现在我们能够使用的作战军队，都在地中海中部发挥着他们的作用，而且也很有效果。所以，我个人认为，现在还不是土耳其参加战斗的时候。如果要在今年向土耳其提出这个建议，那么在时间上最好晚一点。

4. 我们的资源运用到了极限，这都是在地中海方面的这些急切的需要以及各种各样的计划造成的。在11月之后，我们一定要从地中海战场调离7个师，这样做是为了1944年春天"霸王"作战计划的建制。为了这个目标，所有能够集结的运输军队的船只，都要源源不断地给美国的部队和空军送过去，当然这些船只不包括在太平洋上行动的美国船只。在今年，我们所有的船只都在忙碌着，但是迄今为止，驻守在英国的美军仍然只有两个师。单从物质方面来看，依照上面说的日期集结更多的军队是不可能的事。

---

① 这句话好像跟我前面几卷中说到的总的政策不相符。但是我在这里说的"进入巴尔干半岛"，意思并不是把军队开进去。——原注

我们可以派遣出兵力基本上相当的英国师，去配合美国的远征军。但是在最初的突击战终结后，我们没有可以使用的兵力了，而美国的军队就是军队编制的支撑者，我们就要完全依仗它了。时到今日，我只好请求美国停止调遣、运输作战部队，尽量把数千名工程人员先运过来。因为他们将从大西洋那边调出，那么我们就必须修建军队集结时所需要的各种设施和营地，而修建这些东西需要这些人。

5. 我们用完了我们所有人力和运输力量，都为了执行在欧洲的这些计划，还有执行在空中攻击和海上战争。我们必须要正视这个事实——我们的状况不能跟苏联的状况做比较。我们还需要正视一个事实，苏联这个国家，有近两亿的人口。他们在很早以前就把所有的力量组成一支巨大的国家军队，当然，除了那些在战争中牺牲的人。不仅如此，它还把这些军队部署在地面战线上，这条战线有两千英里。

6. 毫无疑问，在战争结束后苏联将会成为世界上最大的陆上强国，这个是我个人的观点。如果真是这样的话，那么它就能摆脱掉日本和德国这两个军事强国对他制造的威胁。在我们这一生中经历的时间内，这两个军事强国曾经带给它非常严重的打击。但是，我对英联邦和美国的"兄弟联合"这件事情满怀希望，再加上海军和空军的力量参与进来，这样至少可以使我们在战后的重建时期能与苏联友好地相处下去，邻里和睦。更加往后的事情，我这个凡人就无法预测到了，因为我还没有仔细地看看自己，是否拥有什么预测未来的"千里神眼"。

7. 我们英国在东方战场上，并不缺少军队，但是要进行作战却有难处。这些状况跟美国在大西洋和太平洋上出现的状况，是一样的。所有在海外的和两栖作战做的动作都由紧急的航运情况支配着。除了这些以外，在缅甸还有丛林和山岳将会迎来雨季，时间长达半年以上。尽管如此，还是进行了一次激烈的战役。年轻的温盖特被我带来了魁北克，我准备给他升职，从准将提升为军团司令。与此同时，还要以最快的速度来组成一支丛林部队，一支强大的、适合这一目标的部队。这样的话，就可以在明年的1月份发起进攻。我正用尽全力来实现蒙巴顿的任命，因为他的任命预示着一种新颖的和范围宽广的两栖作战行动。至于细节问题，在我们相见的时候，我会告知与你。

8．我亲爱的朋友，请你相信我，我真的不介意你给我发来这两份带有批评性质的报告。如果我和你能够在一起待上个两三天的话，我相信你焦虑的问题，我一定能给你解决掉，当然除了那些本来就有的、不可撼动的、确实应该焦虑的问题。日复一日，夜复一夜，我每天都在为加快行动的速度和减少组织方面的拥堵和失灵的状况做着努力。在大西洋这一边，我正等待着即将对意大利发起的袭击和反响。但是我希望我在那个时候回国——召开议会时，而且也希望在那个时候你能来，最起码也是在前往英国的途中。

这个详细说明，史末资已经看到了。从某种意义上来讲，他的心宽慰了。他说："你的电报，给了我很大的安慰。它说得很清楚，派往意大利的远征军有20个师，他们可以分布在整个半岛，而且还能够建立另一条战线，一条真正的战线。"但是，一天过后，他又发来了电报，内容是这样的：

1943年9月9日

我提议，我们在地中海取得胜利后，不应该执行像我们现在这样计划——横渡海峡的计划，而是要进攻意大利和巴尔干半岛。如果执行了这个计划，那就意味着要转移到一个新的战场。在没有更多的空中攻击来打压敌人的力量，使他们的力量减弱的情况下，那么这种转移则需要很多的兵力，并且会带来危险，还是具有严重性的危险。应该把这个计划的准备工作放缓——海峡计划，或者是把它放在冷藏库里，先冻结一会儿。但是在另一方面把轰炸的力度加强，为最后的军事突击做好准备。

我必须要立即对这项最后的提议进行纠正，那样我们两人才能从各自的角度出发，继续融洽地处理问题。史末资一个人在外面，远离华盛顿，他无法了解支配我们共同思想的气氛和相互协调的情况。

首相致史末资陆军元帅　　　　　　　　1943年9月11日

　　对于我们和美国已经制定的"霸王"作战计划的安排，我们绝对不能在中途停止。我们现在有多余的运输能力，这也许就能够加大我们在"雪崩"作战计划〔对意大利的远征〕的兵力规模，这都多亏了潜艇战的以及缓解意大利的突变。英美合作大厦的最主要基石，是英国对于"霸王"作战计划的忠诚，我希望你能够清楚地知道这一点。目前我们还没有足够的力量使我们左右兼顾，而且我坚信这是正确的策略，这个是我个人的意见。

* * *

对意大利发起的进攻也已经在这个时候开始了。第八集团军中英国第五师以及加拿大第一师，在9月3日的早晨，跨越了墨西拿海峡。①事实上，我军没有遇上任何抵抗。我们快速地攻占了勒佐。部队沿着卡拉布里亚的山道向前挺进，这条山道非常狭小。在9月6日，亚历山大发来电报说，"现在，德军在打后卫战，它正在搞破坏，而且它的战斗已经赶不上它的破坏……今天早上，只听到一声警报在勒佐发出，连一架敌机也没有看到。与之相反，这个夏季是多么的令人喜

---

① 观看附图，在英文原版的第五卷第217页。——原注

爱啊，在这样的日子里，各式各样的海军舰艇运载着士兵、必要物资和武器弹药在西西里岛与大陆之间，来来回回地穿梭着。这样的情景出现在这种非常活跃的气氛中，对于这个情景，与其把它说成是在战争激烈时执行的作战行动，还不如把它说成是在和平年代的一次快艇比赛"。

第八集团军各师部队在几天的时间内，就开到了洛克里和罗萨诺。一个步兵旅从海上登陆，当他们到达皮佐之后，只发现德军的殿后人员。当时这些人员正在撤退，双方之间没有产生任何争斗。但是仍耽搁了部队的前进步伐，这次耽搁情况有些严重。究其原因，是因为当地自然条件制造了难题，而且敌人还进行了破坏并进行了小规模的后卫战，他们指挥得很精妙。

首相致亚历山大将军　　　　　　　　　　　1943年9月7日

1. 有关意大利趾形地区作战情况电报我已经收到了，非常感谢你发过来。请你把空降师意图攻占罗马的行动会引发什么样的状况讲得再清楚一些，还有就是这个行动怎样才能和你的计划相吻合。虽然你拟定的计策大胆了一些，但是我们大家完全同意。而我们对细节上的问题，也只能假设它都是对的。

2. 我对你说的塔兰托也产生了很大的兴趣。你估计一下，什么时候向这个港口发起进攻最合适？

3. 我依旧对"雪崩"战役之后的军队编成问题很关心。当然，如果你想在那不勒斯港每周都运送两个师登陆，那么就要让它能够正常使用。请把调派我们军队进入意大利的先后顺序告诉我们。在什么时候新西兰师、波兰师、第四印度师、第一装甲师以及其他的真正精锐师才能参加战斗？这样看来，你一定要保持一条差不多有170英里的战线，最起码要像突尼斯战役中最终阶段的那条宽广的战线。谁也不敢断言，德国人在有时间的情况下，是不是会真正地攻击我们的这条战线。

4.我和罗斯福总统在这里一同等候，因为我们要对"雪崩"战役的结果进行评判。只要这件事情一结束，我就立刻回国。但在10月的上半月，我希望能到你那里去，而马歇尔将军也会从美国赶过来。到时候我将有重要的情报要跟你说。

亚历山大回复的电报是这样说的，因为停战协定不能被意大利政府公布出来，所以他需要做些变更，但是这是迫不得已的。第八十二美国空降师之所以不能空运到罗马，一是因为意大利人没有做好迎接他们的准备工作，二是因为意大利人相信飞机场已被德国人攻占了。虽然没有空降部队参加战斗，但是"雪崩"战役还是依照计划执行着。去往塔兰托的第一空降师大约有3000名士兵，他们是乘坐海军舰只到达那里，估计在9月9日到达。以什么样方式去迎接他们，无法预料到。因为塔兰托港有提前被打开的可能性，他希望增加些兵力给意大利。

同一时间段，我们也开始努力地去夺取罗得岛与爱琴海的其他岛屿。这在以后的各个章节会讲到。

* * *

我和罗斯福总统吃完晚饭后，坐在白宫书房里闲聊时，庞德海军上将带着一个关于海军方面的问题来见我们。罗斯福总统对他提了几个问题，都与战争一般情况的有关。而这位我所信任的海军朋友，早已丧失了他那种特有的作风，那种非常踏实细致的作风。看到他这样，我很难过。这让我和罗斯福总统对他得了重病这件事深信不疑。庞德在第二天早上，来到我的房间，那种坐卧两用的房间，他看着我并且突然对我说："首相，我要辞职。我得了中风病，我身体的右边大部分的地方已经开始麻木，没有知觉了。我原本以为这种病慢慢地就治好了，但是却越来越严重，这个职务我已经不适合担任了。"第一海务大臣的辞职要求我立马接受了，并且我非常的同情他，因为他衰退的健康。我对他说，从那时候开始，他就辞去了所有的职务。我还非常努力地劝他多休息几天，然后再和我一起乘坐"声威号"军舰返回国家。当时的他，完全能够掌控住自己，而且一举一动都带有尊严。他一走出我的房间，我就马上发电报告诉海军部，他的职位由西弗莱特海军中将暂代，一直到有新第一海务大臣出现。

* * *

我们和罗斯福总统在白宫召开了一次正式会议，时间是在9月9日。迪尔陆军元帅、伊斯梅和英国三军参谋长驻华盛顿的代表陪我出席了这场会议，因为早在几天前，帝国总参谋长和空军参谋长就飞回伦敦。莱希、马歇尔、金和阿诺德陪同罗斯福总统参加这次会议。我们收到一些电报，这可以作为我们会议的一个非常开心的序曲，而这些电报的内容是和意大利舰队向我们投降的事情有关。只要意大利舰队在这个地方出现，盟国都要以礼相待。这是我的希望，我把它传达出来了。为了迎接这次会议，我还准备了一份备忘录，当然这个是要给罗斯福总统的。在当天，我很早地就把这份备忘录交到了他手里。他认为这个可以成为我们讨论的基础，所以他要我在会上把它读出来。

1943年9月9日

1.毫无疑问，我们在分别之前召开的这次联合参谋长委员会的全体会议是再合适不过的了。依据下列一些假设来判断随后发生的新的世界局势，是这次会议的目的。而我们是这样假设的，如果现在在那不勒斯和罗马进行的战争取得了胜利，德国是不是会退到亚平宁山脉或者是波河一线。

2.因为在过去，英国舰队一直是牵制意大利舰队的力量。假使我们获取了意大利舰队，那么我们得到的不仅仅是那个舰队，还有英国舰队也包括在内。如此雄厚的力量添加到了我们的海军部队里，我们应该尽早把它用来对付日本，加大对日本的战争。为了方便派遣一支强而有力的英国作战分舰队跨越巴拿马运河和太平洋，去往印度洋，而这支分舰队必须包含巡洋舰与辅助舰在内，我已经邀请第一海务大臣和金海军上将过来协商。两栖作战将会在明年进行，在那段期间，我们需要一支强而有力的东方舰队，而且他要以科伦坡为基地。如果下面的事情发生，我将会很高兴。这件事情是这样的：要是在到达印度洋基地驻守以前，这支军舰能由美国太平洋司令部的指挥作战，参加一些行之有效的战斗，并且还要在太平洋战场上待上一段时间,最起码要待4个月。我们不能让舰只闲放在那里，而不去使用它。然而我对这些增援力量到达之后，该如何给美国太平洋部队增加一些他们应该负责的各种任务还不是很清楚。先不从战略问题谈起，就单从最高政策的观点来看，参加太平洋战争也是英王陛下政府的愿望。因为这样方便它在能力范围之内，为和它结成同盟的美国实施援助。而且因为它身上肩负着义务，所以将会为澳大利亚和新西兰提供帮助。我们船队的这次调动——挺进太平洋和越过太平洋，毫无疑问会给日本带来一种影响，一种可以分散其斗志的影响。而现在日本也一定感觉到我们在海军方面给它增大了压力。除了这些，这种调动确实是证明了英国的决定，他们要在对日战争开始到结束这段时间，做出积极的表现和发挥出有力的作用。毫无疑问，人们也会满意在美国出现这种调动。

3. 我们要把意大利变成一个行动者，一个能够积极地去和德国抗衡的行动者，这是我们和我们的联合参谋长委员会的所有的想法。我们一定会一步步地让人民群众知道这些想法。意大利要将功补过我们赞同，但是要承认他是我们的盟国，而且还具有一个足够意义的盟国，我们不同意。只要它做的是对抗敌人这种有益处的活动，我们将给予不仅仅是援助，还会给予一些好处。如果德意两国之间发生了战争，那么人民群众的成见就会没有了，而且消散的速度很快。如果我们能够顺着形势发展的趋势加以引导，那么意大利宣布与德国进行战争的这件事会取得成功吗？时间大约要两周。这些都需要进行思考才能决断——意大利船舰是否挂意大利国旗的问题，怎样安排在英国或美国掌控下的船只中配备意大利船员的问题。最高一级现在还需要审查与核定一下这些问题——怎样处置和充分使用意大利海军的全部问题。

4. 如果我们在那不勒斯地区取得胜利，一个具有决定性的胜利，那么我想我们一致认同向意大利半岛北部前进，直到离德军主要阵地最近的地方才会停止脚步。各个地方的意大利人们如果都对我们心存好意，而他们的陆军（已经投降了）也过来帮助我们。那么，安排在各处的意军——最起码有12个师——对我们防御横向贯穿意大利的战线和盟军的换防有大大的益处。如果德军在那不勒斯的战争终结之后，他们在他们主要战线的南面不做激烈的反抗，那么我们就不应该长时间地对抗敌人，而且还是以薄弱的兵力去对抗。我们要与敌人对阵，就应该有充分的力量，而且这些力量最好是在今年年底之前就准备充分。如果能早点准备好，就再好不过了。一定不能削减"霸王"作战计划。在这紧要关头，我们不要忘记从11月份开始要连续不断地把7个师撤离出去，而且这件事情我们曾一致认为可行。怎么样才能让意大利的各个师与我们一起作战这是最为重要的。为了实现这一目标，我们的国家也应该调整一下政策，与之相适应。

5. 因为这些新的可能性出现，所以我一直在思考着1944年的战役。我仍然坚信，我们在向北面前进的时候，最好不要越过意大利半岛那片狭小的区域。当然，如果想要另一种局势出现，那就得让德国人退守在阿尔卑斯山脉。但如果不是这样的情形，我们不能为了配合"霸王"作战计划的需要，就把战线在伦巴第平原扩宽，因为这好像不在我们的能力范围之内。我们还应该想到，在内线作战的德军也许会派来一支队伍，他的兵力比我们在年底驻守在那里的兵力更加强大，目的就是为了要对我们在意大利的战线增加压力。德军会发起一次强大反攻，这个可能性我们不能排除。当我们接近德军的主要战线时，我们是否应该为自己建造一条防线呢？而且还是一条足够深、足够宽、足够坚固的防线呢？为了这个目标——意大利的军工可以大批大批的使用，我希望我们思考一下。当然，意大利的军队是可以参加这个任务的，守护这条战线的任务。如果是这样的话，到明年春季，我们就可以在这个战场上发起攻击，不管怎么样都能对敌人造成威胁，前提是在敌人处在微弱的时候。或者是采取防守的方式，并且还要保持住。只使用我们在这段时间建立的空军，而且这个空军是从我们防线后面起飞的。与此同时，派遣一部分军队去其他地区参战，方向不是往东就是往西。关于这一点，我希望可以探究一下。

6.我们两人面对巴尔干半岛局势，深切地感觉到了它巨大的重要性。地中海最高司令部把全部精力都用来观察当前战争形势，面对这样的情况，我们就应该把他的注意力分一点到巴尔干爱国武装部队的身上，使他不要忽略掉他们的需求。必须马上研究意大利军队的问题。今天中东总司令威尔逊将军下达了他的命令。这个考虑就目前的形势来讲，算是周详、细密的。但是，我们需要清楚地知道它到底有什么样的企图，是否准确。这样看来，如果对德战争有意大利人参与进来，会出现一个结果，而这个结果又会产生一种深远的影响。从巴尔干半岛的底端向上发起进攻，我们的确没有必要这样做。如果我们能促使巴尔干半岛的爱国者和意大利部队达成一项协议，那么在达尔马提亚海岸开创一个或更多的良好港口就能很快实现，那样的话军需品和粮食就能够用船运进去，而任由我们指挥的所有部队，就可以把他们的作战能力提高到最佳状态。在所有地方的德国人，他们境遇将变得很危险，尤其是在供应这方面。横穿意大利北部的战线建好后，我们就可以把我们自己的兵力抽出一部分，从而壮大由达尔马提亚港开始向北与向东北的前进运动，而抽调出来的兵力是将派去参加地中海战役的。现在应该尽最大的努力去集结在巴尔干半岛的所有力量，并且使他们向德国人发起进攻。而且还要供给特工人员、武器和下达正确的指令。

7．最后，目前已经到考虑岛屿问题的时候了。我想我们马上就可以把撒丁岛握在手中。不过我们还要帮助意军把在意大利境内所有的德国部队的武装力量都解决掉。德军的力气也许在科西嘉岛上已经耗尽了，但那里明显是法国远征军的地方。法兰西民族委员会要解放这个岛屿，即使只能调遣一个师去，那这个部队也能在很短的时间内完成任务。那样我们就地就能从该岛的壮丁中征收一两师人，对于这一点，不用怀疑。威尔逊将军发来了电报，是这样说的，很顺利进行两人在罗得岛和多德卡尼斯群岛中的其他岛屿的进行作战行动，但是，在当前的情况下我还不能确定是否已经充分地使用了驻扎在中东的兵力。关于准确的探查到所有实力在营以上的军队的驻扎地点的这件事，我立马去做。同时希望它们能够组成非正式的远征部队和卫戍部队，执行各种规模较小的军事行动。

8．我们一定要期望，在保加利亚、罗马尼亚和匈牙利产生一些反应，而且这些反应还要产生具有深远意义的影响。这些反应又会造成一个运动，一个处于土耳其人中间的运动，而且这些运动也不需要我们提出任何请求或者是履行任何义务。我觉得，所有这一切都需要最高一级探究一下，而且可以从军事和政治这两方面进行探究，如果你同意的话，我们不如进行一下初步的审核，时间就定在今天下午。

根据上面的备忘录所提出的几点，在原则上我们两人取得了广泛的协议，在以后的几天里，参谋对需要采取什么必要的行动进行了探讨。

* * *

第二天，罗斯福总统就离开华盛顿，回到了海德公园的家中。他把白宫交给我使用，不仅可以作为我住的地方，而且不管是在这里与在华盛顿汇集的英帝国代表召开会议，还是与美国军事首脑举行会议，只要是我期望举行的所有会议都可以在这里召开。如果我认为召开另一次全体会议是有必要的，那么我要举行时，就不会有所顾虑。这样大方地提供给我的便利条件，我已经充分使用了。在9月11日，我在白宫召开另一次会议，而且还是我主持的，因为大家都期望对意大利快速发展的形势和在那不勒斯开展的激烈而紧张的战斗形势有所判断。美国方面出席会议的是莱希海军上将、马歇尔将军、金海军上将、阿诺德将军、哈利·霍普金斯、艾夫里尔·哈里曼和卢·道格拉斯。而我带领迪尔、伊斯梅和我们在联合参谋长委员会三名代表参加了这次会议。

面前的所有问题，我们都进行了探讨。对于在那不勒斯地区的战争情况和德军师团的快速增援的情景，马歇尔将军做了报道。目前我们参加意大利空战的战斗飞机估计有3000架，这个数目比德国空军在所有战线上的总数还要多，以上这些是阿诺德将军说的。有一个提案，它的内容是有关如何在意大利境内增强我方兵力的，我一度让大家关注。我发觉到了12月1日时候，我们所能聚集的兵力只有12个师，这个数字实在是让我大吃一惊，以上这些是我说的。调派更多有可能调派的师来快速使我们在意大利的军队增加，是目前最重要的事。即便有一个师的人提早两个星期到达，也可能会存在一些差异，而且性质很严重。马歇尔将军对我的观点完全同意，还说要尽力而为。

他接着跟我们说，在南太平洋战场的美国空军胜利完成了任务，而且空降着陆完成得很好，非常出彩。因为他们降落在了马克汉姆河谷，再加上从海上进行了突袭，使得日本卫成部队已经处于孤立无援的地步，在事实上也是如此。这支部队有8000到10000人。美军正在用大炮轰击萨拉马瓦，而且还步步紧逼莱城。不久之后，我们就能把飞机场占领了。如果是这样的话，敌人就没有办法守住其他飞机场，那么所有的海上局面，一定会随着这些发生变化。过不了多久，日军在新不列颠岛的阵地也有可能面临绝境，而且有迹象表明他们也想从所罗门群岛退离出来。

这场能在白宫会议室里主持的英美联合参谋长委员会和英美负责当局的会议，对于我来讲真是荣幸之至。在英美历史上这似乎也称得上是一件很大的事了。

第八章　萨莱诺战役　返航

萨莱诺遭到了英美的袭击——顽强抵抗的德军——占领塔兰托——亚历山大亲自来到了前线——有海军帮助的战争——斯大林发来了祝贺的电报——我们乘"声威号"军舰回国——战争的发展：亚历山大的报告——取得了胜利——我给艾森豪威尔的电报——玛丽遭遇危险——攻占那不勒斯——我在9月25日给艾森豪威尔发了电报，他回复了我——和各司令官来往的电报——休息整顿

亚历山大在9月8日晚上，发来了一封"齐普"电报。盟国的巨大舰队在这天晚上离萨莱诺海滩越来越近了，就在那个时候，在英国的广播中传来了意大利投降的消息，他们听到了。战斗意志正浓的士兵听到这个消息后，感到很意外，以至于引起了一些震动。所以他们紧张的心情得到了暂时的放松，而且还产生一种心理影响，这种心理影响不是很好。很多士兵认为他们明天的任务，对于他们来讲简直是小菜一碟。军官们赶紧纠正这种情绪，并为之做着最大的努力。他们指出，不管意大利人有什么行动，德军都会进行顽强抵抗。人们都觉得战争已经到了结束的时候了。但是如果不适时地宣布是有停战协定的，那么就会像坎宁安海军上将说的那样，这是对意大利人民在道义上的违背。

一支强大的英国舰队掩护着突击船队驶进了萨莱诺湾，其间只遭遇了空袭，而且规模很小。它们正在步步逼近，敌人是知道的。但是在什么地方进行攻击,不到最后一刻是不会知道的。天还没亮,克拉克将军就开始指挥着第五集团军登陆。发动突然袭击的是美国第六军和英国第十军,而攻打北翼的是英国突击队和美国突击队。敌人已经在海上发现前来护航的船队。而驻扎在附近的德军之所以马上有所行动,那是因为在头一天晚上,他们都听到了艾森豪威尔将军的广播。他们把意大利军队的武装解除了,把所有的防御工事都由自己经手,并且为了能够让防御的一方,在最开始抵抗登陆的时候就占有优势,他们把现代化武器运用得淋漓尽致。大炮精确无比地瞄准了我们的士兵,当时他们正在涉水登陆。他们被炮火击中了,损失惨重。因为我们很多战斗机都在遥远的西西里岛飞过参加战斗,所以他们要想我们适时地在空中给他们打掩护,是非常困难的,但是航空母舰上的飞机帮助了他们。

美国第六军跨过海滩,就直接向前进军,他们行进得很顺利。直到11日晚上,已经行进了十英里,但是它的右翼又被撤回到了海边。英国第十军碰上了反抗,比先前更加坚强的。他们取得了胜利——攻占萨莱诺和巴蒂帕利亚。我们掌控了蒙特科尔维诺飞机场,但是它还不能为我们提供加油站,提供战斗机极其需要的加油站,因为它仍处于敌人的炮火下。德军快速地做出了回应。他们有一部分部队被调到了新战场,当时他们正在抗衡英国第八集团军,而第八集团军到那时正在意大利趾形地区艰难向前行进。从东面和北面分别调来了一个兵团和三个师的大部分兵力[①]。因为缺少船舶,特别是小型舰艇,所以我们调动自己的增援部队的速度,要慢得很。德国的空军虽然在西西里岛上有所损失,从而变弱,但他们现在正在尽他们最大的努力。他们新式的滑翔炸弹使我们的航运有所亏损,而且这些炸弹是由无线电控制的。敌人的援军正步步紧逼,而盟国空军拿出所有的兵力来阻止他们,并且把他们的军事集结点炸掉了。我方军舰进去了萨莱诺湾,他们

---

① 请参照本书的附录五,里面有关于9月8日德军和意军各师的战斗序列。——原注

进行援助时使用的武器就是他们自带的大炮，那种最重型的大炮。在蒙哥马利指挥下，英国第八集团军的快速行进，这样方便联络到第五集团军，而当时的第五集团军负担了很大的压力。一切的努力都为打败德军提供了帮助。而按照一个德国的高级军官的说法，德国空军失去了力量，面对我们海军的炮击没有做出任何的防护动作，这都是最为关键的。

* * *

当在萨莱诺进行着激烈的战斗时，亚历山大和坎宁安海军上将向塔兰托发起了一次突击，这次突击打得很精彩，而坎宁安海军上将是这次行动的主要负责人。因为成功地完成了这次冒险，所有人都得到了荣誉，而且还是最高的那种。整个集团军都能使用这个一等一的海港。亚历山大是这样认为的，虽然当时意大利提出向我们投降有些突然，但这个机遇让我们涉险是值得的。对于英国第一空降师，我们没有任何运输机把他们空运过去，也没有任何经常使用的船舶把他们海运过去，而这6000名精挑细选的士兵只能搭乘英国军舰出发。这些军舰在9月9日，英勇地驶入了塔兰托港，这与在萨莱诺海滩登陆是同一天，他们没有遇上什么反抗就把军队送到岸上。我们海军只损毁一艘巡洋舰，而它沉下去的原因是因为触碰了水雷①。

* * *

按照原先制定的计划，英国那些没有乘坐飞机的随行人员和我走海路返回国家，在哈利法克斯港停靠的"声威号"军舰等着我们。我

---

① 亚历山大将军送给我一面英国国旗，我把它收在了家中。这面国旗曾飘扬在塔兰托的空中，它是在我们被逐出法国以后，其中一面最早在欧洲的上空飘扬的盟国国旗。——原注

乘坐火车，曾中途下车和罗斯福总统说了声再见。所以，开始对萨莱诺发动战争的时候，我和他正在海德公园。我再一次上了火车是在12日，那时已经到了晚上。在14日早上抵达了哈利法克斯港。我在途中接收的各式各样的报告和报纸，让我忧心忡忡。很明显，进行的这次战斗存在着很多危险，而且还会打上很长时间。我之所以对这些事情特别关心，是因为这种海上登陆一直是我使劲张罗的，而且我感觉对于它的成败，我该担负起特别的责任。所有两栖登陆的关键之处，都是奇袭、猛攻和速战速决。登陆后，过了刚开始的二十四小时，这种方便的条件——海军力量可以随意地挑选袭击地点，很可能就消失不见了。原先只有十个人的驻守地点，很有可能一下子有一万人来守卫。我回忆起几年前的事。我想起了斯托普福德将军，在1915的那一年，他在苏夫拉湾的海滩上等了将近三天的时间，而且在这个时候，马斯塔法·凯末尔从布莱尔战线调派了两个土耳其师去了一个战场，这个战场在以前没有设置任何防护。我最近刷新的一次经验就是：奥金莱克将军防守在开罗总部，他站在顶峰核心位置上，用陈旧的目光审视着在他指挥下的那片开阔又多变的战场时，那场在沙漠地区进行的，对整场战争都有影响的战斗却在向糟糕的结果发展着。我们的火车轰隆隆地行驶在诺瓦斯科夏，那个令人向往的田野间。虽然我非常信任亚历山大，但是在那一天，我一直是忧心忡忡的。到了最后，我写了一封电报，写好后我把它发给了亚历山大，我相信他不会恼怒。一直到我们的船起航后，这封电报才发出去。

首相致亚历山大将军　　　　　　　　　　1943年9月14日

　　1. 首先，这次"雪崩"作战计划是最为关键的，我希望能时时刻刻的关注。这种大规模的战争，参加作战的司令官在以前没有一个人曾经历过。因为伊恩·汉密尔顿听从了他的参谋长的规劝，在一个遥远的中心地点驻扎，所以造成了苏夫拉湾战役的失败。希望在那里能够知道所有的情况。如果他曾经在现场出现的话，那么那次惨败是可以有所防范的。现在，我身处在一个很遥远的地方，而且在时间上再有些耽搁，所以我个人认为我不能对所有的事情做出判断，但是我觉得我有责任将这种经验告知与你，这些都是我过去的经验。

2．以便于在那不勒斯的进行决战，因此所有的努力都应该做到。

3．只要是你需要的，不管是什么东西你都可以提出要求，其他所有的考虑我都会弃之不顾，将必要的供应以最高的优先待遇分配给你。

他回答又快，又使人觉得很欣慰。

在萨莱诺亚历山大将军致在海上首相　　　1943年9月15日

当你知道我已经猜测到你英明的忠告时，我相信你一定会很开心。现在，第五集团军和我待在一起。对于你所说的帮助，我非常感谢。为了使"雪崩"作战计划取得成功，现在的我们正在实施所有可能的步骤，它的命运将会在几天之内有所判决。

我知道坎宁安海军上将毫不犹豫地把他的几艘战列舰冒险地驶近海岸，用来支援陆军，我对此感到很宽慰。他在14日派出两艘军舰去往前线，它们分别是"沃斯派特号"和"英勇号"，之所以这样做是为了把意大利舰队的主要舰只带领到投降地点，刚刚抵达马耳他岛。在第二天，它们就参加了战斗。在空军的带领下，它们用重炮准确无误地轰炸敌人，不管是友军还是敌军，都给他们烙下了深刻的印象，并且在把敌人打败这方面，也起到了很大的作用。糟糕的是在16日下午，"沃斯派特号"遭到袭击，一枚新型滑翔炸弹击中了它，使它失去了战斗的能力。我们对于这种滑翔炸弹的情况，已经有了一些了解，将来对它的认识还会进一步。

在海上首相致在阿尔及尔坎宁安海军上将　　1943年9月15日

　　我非常高兴，你能派"沃斯派特号"和"英勇号"去参加战斗。这次战役非常的重要，你对此做出了不一般的举措，是完全正确的。

　　请把我最美好的祝愿传达给他们。

下面的电文也送到了：

斯大林总理致富兰克林·罗斯福总统和丘吉尔首相

1943年9月14日

　　我特此恭贺你们取得新的胜利，尤其是在那不勒斯的登陆。

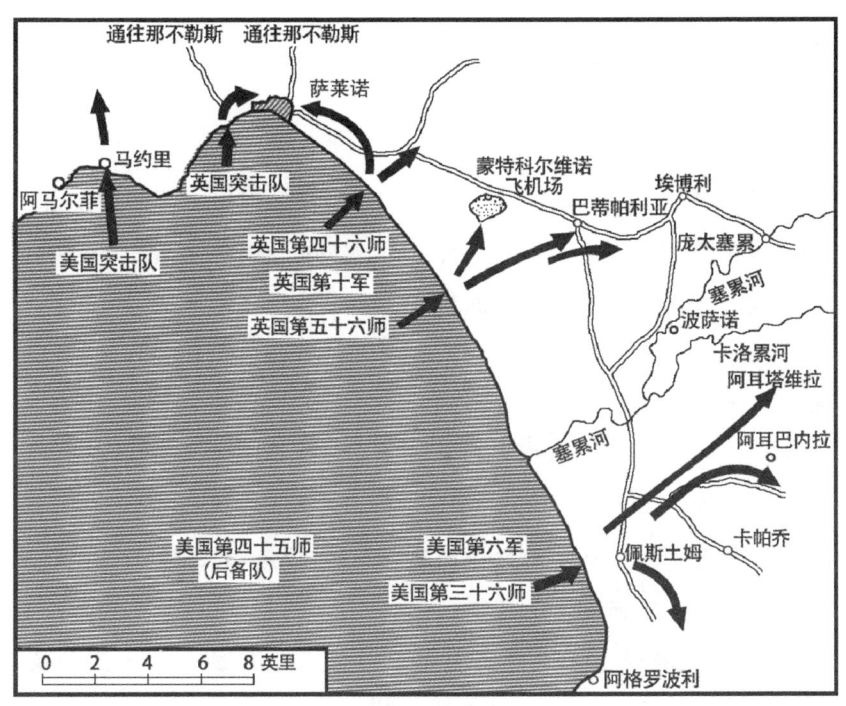

萨莱诺登陆

在那不勒斯的成功登陆和德意两国的决裂，这两件事情毫无疑问又给德国的希特勒制造了一次打击，而且也使苏联军队在苏德战场上进行战斗时占有优势。现在，苏联攻击的形势正胜利地铺展开来。在今后的两三个星期内，我认为我们能取得更多的成功。在最近这几天内，我们有可能夺回诺沃罗西斯克。

坐上了"声威号"军舰，它使人是如此的轻松，如此的欢快。这艘舰只在码头旁边停泊着，看上去非常壮观。直接从华盛顿过来的庞德海军上将已经上船了。他的行为与往常无异，不管是谁看见了他，都不会想到他病了。在返回国家的途中，我邀请他和我们一同吃饭，而他却说，他想和他的参谋们一同进餐，他们都住一个船室里。我们上了船，半小时后，船开动了，用了六天的时间，经过了曲折的航行才越过了大洋。

* * *

在萨莱诺进行的战争，在这几天从未间断过。电报不间断地发过来。我知道了全部的情况，这都出于亚历山大的好意，从他的那些生动的电报中我了解到了战局的全部面貌。

亚历山大将军致在海上的首相　　　　　　　1943年9月16日

　　我才回来不久，因为我把第五集团军的前线全面地审查了一次。我与两军的军长、所有的师长和在前线的几个旅见面了。虽然我并不是完全乐意看到这样的战争局面，但是相比24小时以前，要可观得多。下面是它的理由：

　　自13日夜晚以来，德军自始至终没有进行过一次激烈的攻击。这让我们有了些许加强阵地的时间，让极度疲劳的部队得到了休息的时间，与此同时还获得些许在人力和物资方面支援的时间。第八集团军一天比一天接近了。我不仅能鼓励他们，而且还能给予一些指示，已经被我们攻占的地方守护好；想尽办法都要把主要阵地巩固住，哪怕是用挖战壕、安设铁丝网与埋地雷等办法；在各处的散落的、各种各样的部队和编制都要进行整顿；把地方的后备队和尽可能强大的机动后备队编制好。向各个部队发出这样的通告：第八集团军正快速地向我们接近，而增援的兵力正马不停蹄地赶来。是这期间最重要的事情。[由于]现在的弱点是下面讲到的原因：当我们在攻占的阵地上集结足够的兵力来维持第一次冲击时，德军就能够更加快速地在这之前纠集起强大的兵力；大部分的制高点都被德军占领，他们站在高处观察着我们，一直到海滩。我们的部队已经筋疲力尽。纵深的阵地不管在什么地方都很少，在一段时间内我们失去了主动权。我们的空军在昨天夜晚，空降了一个伞兵营，降落在了敌人战线的后方阿韦利诺地区。在昨天晚上，也空运了第八十二师的1600名士兵过来。我已经和海军商定好了，把1500名英国步兵援军用巡洋舰从菲利普维尔运到这里来，而这些援军应在48小时以内到达。美国第三师将在18日登陆，而我也已经催他们尽快过来。

第七装甲师的第一批人员将会在今晚抵达，但还需要几天的时间才能登岸和集结。一个步兵旅也于今晚抵达。我们在三个地方建造的小型机场，刚刚完成。现正从萨莱诺和附近地区起飞参加战斗的是"喷火"式战斗机。

在这个作战地区集结了所有的空军。主动权将再一次的握在我们的手中，只要我们有了足够强大的力量，我们就能开始占领重要的据点。希望上帝会帮助我们的事业，只需要一点点的运气，我们的军队就保证能取得成功。

在海上首相致亚历山大将军　　　　　　　　　　1943年9月16日

福煦的一句名言可以表达出我对"雪崩"战役的心情，这句话就是"抓紧一切"。海军这样做是对的——让他们的重型军舰参与战斗,因为这场战斗拥有很深远的意义。你正在取得成功,我是这样认为的。

首相致亚历山大将军　　　　　　　　　1943年9月17日

1. 对于你已经能够靠自己掌握了"雪崩"战役的形势,我感到很开心。就像你知道的那样,我曾经对"雪崩"战役中集结兵力的速度忧心忡忡。这是一个好消息——蒙哥马利计划在17日就让第八集团军参与战争。

2. 做了这样的行动是对的——在驶近海岸的分舰队中运用了战列舰,而这是根据海军力量对比的优势。

3. 希望你一切都顺顺利利的。请继续跟我说一些状况。现在,虽然我在大西洋航程的途中,但任何时间段都可以收到所有的电讯。

这样危急的形势已经有三天的时间了,但依旧没有结果产生。又一次没有把巴蒂帕利亚守住。虽然第五十六师因为遭到重大损失而变弱,但是却成功地阻挡了敌人再一次从那里向海边行进。敌人在美国第六军的战线上,看准了美国第六军和英军之间有一个空隙,而防守这个空隙的力量很弱,因此他们从北面冲了过去,穿越了塞累河,看这架势好像要到达那个登陆海滩,那个在美军身后的登陆海滩。敌人的行进被美军炮队的防守力量非常及时地阻截了。在十分危急的形势下,盟军守住了战线。原先美国第四十五师是留在船上的后备队,如今,正使尽自己所有力气在第六军的前线上参加战斗。增援的军队也已经开始抵达了。我们从海上把第七装甲师运过来了,从空中把美国第八十二空降师运了过来。激烈的战争持续了六天之久,在这期间我们虽然遭遇了情况不是很好的危险时刻,但是德军自始至终都没有把我们逼到海上,让我们退回去。凯塞林在15日,意识到他取得胜利是无望的。他以右翼为中心,开始向后转移他所有的战线,而这个右翼在萨莱诺的高地上。第二天,第五集团军和第八集团军集合在一起。我们打赢了这一仗。

* * *

亚历山大将军致在海上首相　　　　　　　1943年9月18日

　　总的局面继续朝好的方面发展,我们也正在把主动权移交到自己手中。英国第十军在北面遭到几次攻击,虽然这几次攻击都有些凶猛,但是他们击退了所有攻击。美军在第六军的前线上展开了攻击,在阿耳塔维拉仍然有战斗发生。就像你知道的那样,第五集团军和第八集团军的前哨部队已经会合了。第七装甲师顺利地登上沿岸,1500名步兵也已经在昨晚抵达,他们是用来增援第十军的。在这一两天的时间内,美国援军将要到达,大概会有1600人。在明晚即将开始登上岸边的是美国第三师。储备起来的弹药和供给的数量都让人感到满意。到我开始写这份报告时,第八集团军正在向着阿卢伊塔和波坦察行进,但是它的先行部队已经到了什么地方,我还没有收到[任何]信息。英国第一空降师很积极地在塔兰托做着动作,而且他们已经和加拿大部队会合了,但是他们的力量太柔弱了,只能够对德国军队做些骚扰性质的动作。9月22日,第七十八步兵师将开始在塔兰托登陆上岸。9月23日印度第八师将在布林迪西登陆上岸。我们要把在萨莱诺地区的美国第五集团军、第八集团军以及在塔兰托地区的第八集团军指挥下的英国第五军成为三个拥有强大战斗力的部队,这是我们当前的目标。我们将要从这些牢固的基地向北前进。我已经下达了命令,像这样的命令:第八集团军要攻下波坦察地区;第五集团军要以萨莱诺西北山地为中心向前发起进攻,而且还要攻下阿韦利诺附近的高地。第八集团军要攻下福贾地区的飞机场,第五集团军要攻下那不勒斯港,这是我们下一个目标。我不希望看到这过于乐观的态度,让你产生些不正确的礼节。我们现在已经将局势掌握在手中,并且也能够依照计划把我们未来的军事行动做完,对此我还是很满意的。

亚历山大传来了消息是在我们到达克莱德湾的时候,这个消息具有决定性的作用。

亚历山大将军致首相 1943年9月19日
　　所有的局面已经向对我们有利的方面改变着,这个我可以充满信心地说,主动权已转移到我们的手中……
　　明天,我将回到我的总部,它在锡拉库萨。

9月21日,我给艾森豪威尔将军发了表达祝贺的电报,也请他替我问候一下克拉克将军。

首相致在阿尔及尔的艾森豪威尔将军 1943年9月21日
　　1.我对你表示祝贺,因为我军能登陆成功,而且阵地还可以向北面扩充。这就像威林顿公爵说滑铁卢战争一样——"这真是一次敌我相当的战斗",虽然你的行动有些冒险,但是事实证明这是对的。如果你也认为正好的话,那么请替我给克拉克发个电报,因为不管从哪个方面都在说他建了奇功,这个我也是听来的。我们在一起的工作方式,以前的盟国一定没有见过。
　　2.如果你能做得到,我觉得确实应该调派更多的法国部队到科西嘉岛,再调派一支力量雄厚的英国或美国分遣队去撒丁岛。他们不需要同时运载战斗装备,因为现在我们已经有非常好的港口,以便登陆上岸。只要他们到达了那里,就是有一种鼓舞的精神存在,一种对意大利部队、法国人以及当地爱国人士鼓舞的精神。
　　3.我们会在与意大利政府合作的事上面尽所有的力量帮助

你。我相信所有的事情都会像你想象的那样去执行。

4.9月27日,也就是星期一,史末资陆军元帅到了开罗,住所是在凯西那里。四天之后,他将去往伦敦,你的战场他会在去往伦敦的路上看到。我对他是非常信任的,你和他谈论所有事情时不必拘泥。他会在伦敦待上几个月的时间,而英国战时内阁阁员的全部职责都由他肩负。此地的公众舆论会因为他产生一些影响,而且还是重大的影响。如果你对待他时,展现了最为尊敬的态度,我将会很感谢。他不仅是一个伟人,也是我最尊敬最爱戴的一个朋友。

* * *

如果我的几个儿女所遭遇的事情,我早一点知道,那么这六天的航程,将不会这么快乐。9月刚开始,伦道夫在马耳他岛招收愿意加入第二特殊空中任务的人员团。他在那里遇见了我的好朋友莱科克准将。将要发生的事莱科克是知道的,说:"你要来吗?这会是一个突击队大展拳脚的机会。"所以,伦道夫就同意跟他走了,而且在整个战役中,一直都很专心地做着工作。

玛丽经受着另一种不同的危险。当时,"声威号"军舰穿过狂涛巨浪,正在偏航前进,有一个军官对她提了一个建议,建议她到船后的甲板上走走。如果船是走着曲折路线,就不应该这样做,关于这一点他应该明白。因为在这样的航行中,没有人能预测到浪涛会从哪个方位打到船上。军舰的航向发生了改变,当时,玛丽和她的同伴正靠在船尾栏杆上。她说道:"一道海浪打过来了,看,它好可爱呀!"这个军官意识到了危险,喊得非常大声:"抓住栏杆!"一时间,他们两人被一记巨浪击倒了,浪从甲板上卷过去,一直把他们带到右舷的水槽处。如果不是栏杆的柱子把玛丽拦截住,她早已掉进了海里。舰长从船尾塔楼的后面看到了真实的情况,当时,正要下达投放"抢救落水者"

的救生圈的命令，军舰又返回原先的航向，所以冲到舰上的大部分海水又向另一侧涌去，当玛丽被海水冲回去的时候，她想了个办法把锚缆抓住了。那个可怜的军官也是这样被海水卷过来又冲过去。到了最后，把他们救到了安全地点，但是海水把他们的全身都浇透了。玛丽将衣服换下来，而那个军官遭受到了最严厉的斥责。这一切事情一直瞒着我，瞒到我们登岸后。

在我的周边，发生一件让人感到开心的事情。有英国皇家海军女子队员在我们的随行人员中，大约有十几个，其中有一个长得很好看。在这几天的海上航行中，我的私人秘书莱斯利·罗恩，成功地追到了她。但是他们俩对这件事情一直很保密，别人都不知道。如今，他们快快乐乐地结婚了。

当我们抵达的时候，我就收到一封电报。内容如下：

罗斯福总统致首相　　　　　　　　　　1943年9月20日

　　我非常的开心，因为你们都已经平平安安地返回国家了，而且希望这次航程你们是相安无事地度过。这里所有的事情都很平静。国会已经在这里开了一周的会议了，但是依然相安无事。希望你们三位能够幸福。

* * *

只要在萨莱诺战争中取得胜利，那么我们的眼前摆放着的就是那不勒斯以及福贾的飞机场。在维苏威火山附近，英国第十军和在它右翼的美国第六军，把敌人的后卫部队打退了，接着继续向前挺进，路过庞培和赫鸠娄尼恩的废墟，挺进了那不勒斯。敌人的破坏经验相当丰富，那不勒斯港口已经彻底被他们弄坏了，所以现在需要纠集所有庞大的力量来维修它。这种维修的工作是美国人的长项，他们取得了很大的成效，所以在两个星期之内，它天天可以装载和卸下的供应品有5000吨。过不了多久，在该城周围的两个飞机场就能够工作了。这对我方战斗机中队来说，这样的帮助是值得欢迎的。因为在以前，我们只能在临时的小型机场上起飞降落。同时在9月15日的那一天，第一空降师早已飞往遥远的乔亚和巴里，他们去那里执行巡逻任务，这是东海岸方面的情况。第一空降师先登陆，紧接着第七十八师和一个装甲旅也登陆了，而且还与第五军的总部在一起，和第八集团军会师了。与此同时，六个皇家空军中队开始从乔亚的飞机场做动作。9月25日，敌人从福贾飞机场撤离出来。突击队占领了特尔莫利，他们是从海上登上陆地的。在援军的支援下，坚持抵抗敌人激烈的反攻。

* * *

当我返回国家后，过了几天，我发出一封电报，是给艾森豪威尔将军的。读者读到的所有函电和备忘录，都是我在秋冬这两个季节写的，应该记住这封电报。这封电报的第二段内容就是想把我们各项作战计划的兵力比例确定了，尤其在那些力量分配得不是很均衡的地方。只要是想知道在本卷后面的一章中为什么会讲那些争论的人们，就不应该把这些比例忽略掉。战争把怎样正确使用现有人力物力的问题提了出来，而我们也总不能将战争都归结为"这件事只能在这个时期做"。

首相致在阿尔及尔的艾森豪威尔将军　　　　1943年9月25日

　　1. 因为同时从几个方面做动作是我一直强烈要求的，所以我觉得我应该向你提出在我心目当中该优先执行的举措，这都是我针对这几个希望实现的目标拟定的。

　　2. 在意大利军事安排方面应该投入五分之四的力量。因为过不了多久，在科西嘉岛的战争将要终结，为了落实能占领该岛，所以投入的力量应该是十分之一，同时这些力量也要投入亚得里亚海战区。在罗得岛投入的力量就是剩余的十分之一。当然，这样的分配比例只对那些限制来由的要素适用。我是这样想的，这些要素主要指的是登陆艇、运输突击部队的船舶和轻型的海军舰艇。

3. 这封电报叙述的情况是我的大致的思路，我之所以给你发过去，是因为我不想你有这样的感受——我尽全力地要求要一起从各个方面做动作，却丝毫不理解你经受着多么大的阻碍。

艾森豪威尔将军致首相　　　　　　　　　1943年9月26日

我们正在细致地钻研人力与物力方面的资源，这样就方便在这一计划中给中东提供必需的援助，而且在中东方面的最低要求能在我们这里得到满足，这一点是确定的。

蒙哥马利为了给第五集团军的右翼提供帮助，而把他大部分兵力向前挺进，到那时，在那不勒斯战线上做的所有动作就可以更加快速地执行。就像在每次联合作战行动开始发生的状况一样，不管是在战术方面还是在后勤方面，我们都会铺上很宽广的战线。我们正为这种局面的改变拼尽全力，过不了多久，你就可以收到好消息。

我并不希望艾森豪威尔给我的是这样的答复，尤其是讲到了我认为那是我的电文中最为重要的一部分内容——需要有一支小部分的部队，以便于开展辅助性军事行动。

* * *

我和亚历山大以及蒙哥马利还是来回发着电报。

首相致亚历山大将军　　　　　　　　　　1943年9月25日

1. 对于第八集团军一定要把队伍集中一下，我非常理解。

2. 我之所以非常赞同这个建议——在一条宽广的战线上向前

挺进，是因为敌人要阻止它也不是那么容易的。但是，我想你也应该用小规模的两栖部队向前挺进，这就需要你自己想办法了。

3. 我在议会已经把意大利战役是"第三战场"的这件事宣布出去了，这个你会看到的。英国是第二战场，它还在储备着力量，引而不发。如果想降低苏联人的不痛快，我们应当坚持这样的说法，与此同时，也可避免与他们讨论意大利战役到底是不是第二战场的问题。

10月1日，英美第五集团军挺进了那不勒斯。

首相致在阿尔及尔的艾森豪威尔将军　　　　　　1943年10月2日

我们已经在地中海战役中获取了辉煌的转机。这只是意料之外的收获——在这次战役中撒丁岛和科西嘉岛也都到了我们的手中，我和你一样，对此感到开心。对于你的前途，我祝愿它畅通无阻。

首相致在意大利的亚历山大将军　　　　　　　　1943年10月2日

我认为第八集团军在东翼的挺进有很大的价值。

据我的观察，不久之后蒙哥马利一定停止前进，因为他要把供应物资给送过去，但是我坚信这并不等同他的侦察部队和轻装部队就与敌人的后卫部队不再碰头。根据我们的情报部门得到的各种消息来分析，把时间延长是敌人的目的，与此同时在向北撤离的时候还要没有严重的损伤。不管怎么样，敌人都没有力量去建立一条战线，一条能够抵抗你目前部署的军队的战线。我觉得，正是因为你袭击得精妙，所以才占有优势，才能一步到位地占领塔兰托和这么好的港口设备。我对这一军事行动献上的最诚挚的祝贺，请你接受。

这个计划被你的军官带回国，而我已经研究了，并且我还知道这个计划的第一阶段和第二阶段你已经做完了。在本月月底的时候，我希望你能提前几天或是推迟几天完成第三阶段，那样的话，我们就可以在罗马碰面了。

亚历山大将军致首相　　　　　　　　　　1943年10月3日

　　对于你发来有情深意重的电报，我由衷地谢谢，与此同时我也很看重你对我的赞扬……只要我能把皇家空军部署妥当，使我们的行政机构能够顺利地做事，那么所有的事情都将顺顺利利地向前发展。

　　如今，为了在距离上离前线近，还为了联络我的两个集团军司令和主要基地提供方便，我早已把我的总部建立在巴里。当然，我会和科宁厄姆空军中将在一起。

　　总而言之，顺利地进行着所有的事情。只要我们的主力部队无法打到德军，我们就会接二连三地出动轻装的机动部队和空军对它施以攻击，而且还会不间断打压它的后卫部队。

首相致在意大利的蒙哥马利将军　　　　　1943年10月2日

　　看到第八集团军能够这样漂亮的大踏步地向前走，我对此感到很开心。我热烈地祝贺你拥有了这样的成绩。我在的黎波里的时候，曾经告诉你我们见面的地方是哪里，我想，现在的你是否还记得？

蒙哥马利将军致首相　　　　　　　　　　1943年10月5日

　　对于你发来有情深意重的电报，我很感谢。我们已经向前走了很长一段的路，而且行军的速度也很快。我们一定要这样做，因为这样能赶去援助第五集团军。我们一定要在有战争的时候，把它从趾形地区转移到踵形地区，因为现在的它已经发展到了它的最大限度了。但是这样做的话，就是给我们的后勤机构带来压力，而且是很大的压力。当我到达这条横线地带——特尔莫利至坎波巴索的时候，我一定要暂停我的主力部队前进的步伐，只是派出轻装部队越进横线到那里打仗。另一方面，在这段停留的时间内，我要我的后勤机构奠定一个稳固的基础。派出轻装部队去攻打容易的地区，可能收到的成效会比较大。我想拿这种方法来保持住主动权和获取的发展。经过短暂的休息后，我让我所有的力量都向佩斯卡拉和安科纳行进。和你在罗马会晤，是我期待的事情。

* * *

目前，我们的两个集团军被逼无奈下停下了前进的脚步。在那不勒斯的北面沃尔土诺河那片区域，第五集团军遭遇了顽强的抵抗，而要战胜这些需要时间和补给。那个时候第八集团军正在意大利趾形地区向北挺进，蒙哥马利将军意识到后勤方面将会面对所有危险，拼尽全力也要抵达萨莱诺战场。如今，他的基地一定要从趾形地区的勒佐转移到踵形地区的塔兰托和巴里。第八集团军把这项工作完成后，已经没有多大的作用了。而且要等到福贾被攻占后，重轰炸机才能开始使用它的飞机场。这件事情的任务量非常大，需要运输的必需品就成千上万吨，而且要想完成它，只能一步步地做。德军在10月中旬的时候，有19个师驻扎在意大利，而盟军拥有的兵力仅次于11个师的实力。我们需要大量的援军，这样才能够保持住快速夺取非凡战果的速度，与此同时我们的战线也要大大稳固一下。我们的航运面对所有的任务，感觉到自己的压力很大。

9月真是一个有收获的季节。一个创纪录的水平被刷新了——英美海陆空三军之间的合作。后来，德军对意大利的第十集团军司令说，德国人很羡慕我方海陆空三军能很融洽地在一起合作，而且还是在一个最高统帅领导下。我们已经控制了意大利的舰队，虽然多数空军和陆军因为德国人的阻挠而不能和我们一起参加战斗，但是他们也不会反抗我们。在对阵作战中，敌人已经被打败了。意大利的领土成靴子状，我们的军队在它的上面已经向前挺进了300英里。我们攻占的机场和港口在我军的后方，经过扩建后的它们，能够满足所有的需求。在参谋长委员会的辩论中，有个人极力主张攻击撒丁岛来替代攻击意大利的行动。如今，在9月9日有一个附赠收获，那就是撒丁岛到了我们手里，没有花费多大的力气。过了两周，法国部队攻占了科西嘉岛。我们经历了激烈的战斗后，才开始实施进攻意大利的计划。如今，事实表明这一行动是对的，甚至超过了这一计划的人们的期望值，他们是最热情和最长时间的鼓动吹捧者。

由于艾森豪威尔将军是这次短暂的、激烈的战争的支持者，所以艾森豪威尔将军的功劳最大。尽管亚历山大是具体指挥者，但是曾经在实际意义上采纳了英国的战略观点的人是最高统帅，而且还准备对这一战役负起最后责任。他自己手下的军事长官们曾经对他们的缅甸作战计划一直坚守着，不曾动摇，与此同时对"霸王"作战计划又优先看待，而且还是又顽固又严厉地对待。正因为做了这些，使得到了更低一级的时候竟然到了一种迂腐的状态，而且根本没必要把对意大利的战争的风险度增大。毋庸置疑，目前这个时期，意大利是我们所能取得的最大战利品。本来我们可以把充足的人力与物力给予它，不至于等到1944年横渡海峡的主要计划时才给。

第九章　为国内事务的奔波

向议会报告战争形势——指责缓慢的行动——对开辟第二战场的要求进行了讨论——评价了意大利政府做的动作行动——德国也一样适合这些原则——纳粹暴政和普鲁士军国主义是需要破坏掉的目标——无人驾驶飞机有可能会来轰炸的警告——需要把意大利人民团结起来——财政大臣金斯利·伍德爵士离世了——约翰·安德森爵士担任他的职务——庞德海军上将离世了——1373年英葡两国的条约以及亚速尔群岛——目前煤矿工业的情况——重新建造下院大厦——要想下院有效果一定要有这两个特点——我所说的备忘录记录的是从战争过渡到和平时期的内容——有关过渡时期的计划——伍尔顿勋爵被任命为建设大臣

在返回国家的路上，我拟定了一篇演说稿，打算回国后在议会中讲出来。我知道我一定会遭受到批评，而且我也明白，战争一次次的胜利，只会让下院和新闻界——那些心怀不满的人们，更加觉得他们可以肆意地说出自己的建议。

于是，我在登岸后两天，也就是在9月21日，在下院作了一个报告，时间大概用了两个多小时。我要求休息一个小时，为了不让议员们陆陆续续地走出去吃午餐，这一点要求议会答应了。

* * *

因为和意大利政府进行了毫无意义的谈判,所以在对那不勒斯发动攻击的时候白白地把大好的时间浪费掉了,以上是第一种指责。我晓得有关这一点我能回答得很漂亮。

我知道有人会说,英美军队的鲜血没必要流在萨莱诺附近的土地上,如今却流了出来,这都是因为40天的宝贵时间都在这些谈判中浪费掉了。实际上,这是种无理的批评,而且从另一方面讲,它还伤了战死者家属的感情。我们敢打包票,那时候对意大利发动主要进攻的时候,根本没把意大利政府的态度考虑到,而事实上,在与他们举行谈判之前,甚至是在墨索里尼下台之前,这个战役的临时日期就定下来了。这个日期要有所变动,也得根据我们从西西里岛南岸的海滩撤回登陆艇所需的时间进行变动。等到了8月份的第一周,事实上,我们在那里参加战斗的大部分军队,每天得到的供给都要经过西西里岛南岸的海滩。这些登陆艇撤回之后,就一定要回到非洲。其中有一部分登陆艇坏了,它们还需要维修,而且损坏的登陆艇的数量还不少。接着遵循极为严格和繁杂的程序,把所有的军需用品再一次地给它们装备上等等。要想进行另一次两栖作战行动,只有这样做才能说得过去。

一定要把这些问题安排得很到位,关于这一点我认为人们已经觉察到了。事先都要尽可能地对每艘登陆艇或作战舰只做出估计,装载的时候要遵照严格的顺序,这样,在登陆的时候该艇所运载部队就会拿到供应物资,而这些供应物资已经上岸了。装载的用品被每辆卡车运到的时候,正好是每个部队的需要量。有些卡车不管是开到船旁边,还是开回来,都是蹚着水过去的。它们的装运都是遵照严格的顺序进行的,放在最上面是优先需要的物品，这样做就能最大限度地把随便装载的情况避开。敌人有强大的现代化火炮，在他们面前要想执行这种特殊的军事行动，就必须要使用上面说的方法。登陆艇的具体情况和它的准备工作是唯一的，但是它限制了决定性。它不仅和这种说法——"时间都将在谈判方面浪费掉"，这种议论——"出于外交部对这一条款或那一条款等等的担心，才使将军们的动作受到了阻碍"，没有任何的关联。从来没有在执行军事作战行动的过程中有过些许的暂停，其他所有工作和主要的军事运输一定要适宜。

人们说如何把现代化部队随便地送到岸上的各个地方的时候一点也不紧张，好像他们是一包包的货物，只要运到海滩上就行，不需要管他们。我听到这些真的很吃惊，我吃惊的是：人们居然对现代化战争的条件无知到这种地步……

如果这个正题我能离开一会儿不去说它，我要说的是：星期日早上我刚到，我在报纸上看到了与这类似的批评，这样我想起一个故事，一个有关于水手救起曾经一个溺水的小孩的故事。以前有个水手，跳进了一个船坞，我记得这个船坞好像在普利茅斯，他在那救起了一个溺水的小孩。大概过了一个星期，有一个女人向这个水手问好，并且跟他说："你是不是那天晚上从船坞里把我孩子救起来的人？"水手很谦虚地对她说："夫人，是我。"那个女人说："啊，我正在找你呢。你知道我孩子的帽子在什么地方吗？"

* * *

第二种指责跟第二战场有关系，共产主义者和其他一些人一直强烈地要求，一定要把这个战场开拓出来。

目前，我想把我的建议发表出来，使德国的最高统帅部感到困惑，而且还对下院进行了教育。

我把它称为第三战场——我们刚开始在非洲，紧接着在西西里岛，目前在意大利开拓的战场。虽然那个隐藏的而且还在快速地积蓄力量的第二战场还没有开辟出来，但是它正在那里蓄势待发。当然谁也不能，而且我也不会给出提示，它将在什么时候开辟出来，但是第二战场是有的。而且敌人已经有了一块最为关键的心病，就是因为它的出现。这个时刻是会到来的，虽然它还没有开拓出来，换种说法说，就是还没有把它的作用发挥出来。时间一到，就要开拓这个战场。刚开始，将会从西方发动的巨大的攻击，与它相配合的是从南面发起的攻击。

如果人们对驻扎在英国的美军的实际情况和数量不知晓，或者是对在我们自己的在这里做着准备工作的强大远征军的实际情况与数量不知晓，对敌军在各个战场上的安排还不知晓，对敌人的后备队、资源和敌人将大批部队经过欧洲的庞大的铁道体系从这一战场运到那一战场的能力还不能做出估计，对我们的舰队和各式各样的登陆舰艇的情况与规模还不知晓，那么，他们对这种作战行动的确不可能说出有用的建议。

[我们有两名共产党议员，其中的一个在这时插口说道："这种说法也适用于斯大林元帅？"]

因为我们知道英国共产党员一直是个旁观者，所以我们不应该听从他们在这一类的问题上发出的建议。当我们的命运到了生死的关头的时候，他们不会关心我们。因为我们的朋友和同盟者和我们一起为共同事业争取着胜利，所以我们听从的所有建议将是他们说出来的。下院可以完全相信，不管是什么无知的煽动或者压力都不会让英王陛下的现任政府在这类问题上摇摆不定，或者被它压制住。不管是多么持之以恒的煽动，或者施加的压力的目的是多么的纯良，我们都有很好的判断力，不会因为压力和蛊惑而出尔反尔，在战斗中去做规模巨大的动作，来求得在政治上有一致的建议，或者是在任何方面赢得掌声。大家必须要清楚地知道这一点,这场战争对大不列颠和美国来讲,一些最为冷酷无情的战斗还在后面。面对这种严峻的形势,下院和政府是绝对不会后退的。为了共同的事业,就算损失了所有我们也在所不惜。

罗斯福总统和我面临着最困难的问题就是对于意大利该做出怎样的决定。这就像读者在前几章中看到的那样,我曾经为了实施这个决定而尽心尽力,要与意大利国王和巴多格利奥元帅进行交流,对他们是共同的对德交战国表示认同,而且还要给他们这样的条件。这一次,就跟达尔朗海军上将事件一样,那是发生在一年以前的事情了,还是那一类人兴奋起来了。可是我在这个问题上,却有更加充沛的说辞。

我们可以稍稍地对意大利政府行为做一下权衡和判定,意大利国民确实对他还是承认和赞扬的。希特勒先生是一个有高见的裁判员,他使我们相信,他在这个问题上认为意大利做的动作是非常不忠诚的,而且还是卑劣的。其他人可能认为,当以墨索里尼为首的法西斯党徒成为长久以来一直珍惜意大利自由事业的英帝国的敌人时,他们的行为已经划到了背信弃义和忘恩负义的行列,他们使用蛮横霸道的权利去击打风雨飘摇的法国,就是为了得到物质利益。这的确是有罪的行为。尽管这种罪行已经无法弥补,尽管那些民族一定要为此受到严厉的惩罚,因为他们任由暴君损坏他们的权利与自由,所以他们要承担那些暴君犯错后的后果,然而我却不得不承认,在这个关键时刻,意大利做的动作是符合当时的人情世故的,但愿这最开始的做的动作都是一些自我赎罪的动作。

意大利人民已经遭遇了苦难,而且还是巨大的苦难。他们的子弟在非洲和苏联散落着,遗弃在战场上的是他们的士兵,他们的财富被糟蹋掉,他们的帝国已经不复存了,连挽回的机会都没有。如今,德军后卫部队一定要把他们美丽的家园变成战场,在后面还有更加严重的灾难等着他们。在希特勒的愤怒和报复下，他们还会受到掠夺和恐怖统治，但是，因为英帝国和美国军队向意大利进军，会把意大利人民从奴役和屈辱地位中救出来。他们经过一段时间后，就会在现代世界的自由的民主国家中获得他们应有的地位。

当我说到意大利是这样的情形时，难免不会有人提出质问，而且还是很适宜的质问："德国人民也能适用于你这种观点吗？""形势不同。"我是这样说的。在我们的一生中，曾经两次，如果算上我们的父辈的话则是有三次，德国人把世界放进了战争中，他们的目的就是扩张与侵略。他们把军人和奴隶的特点极其狠毒地组合在一起，而他们自己不会很珍惜地看待自由，当看到别人拥有自由就产生怨恨。只要让他们强大起来，他们就会找寻牺牲品。领导他们寻找牺牲品的人，他们会以严格的纪律跟着他。德国的普鲁士是多次发生瘟疫的源头，它是德国的心脏，但我们不能跟这样的民族打仗。要打仗我们也要跟暴政战斗，我们要把自己保存起来，避免被消灭掉。我坚信在这个世纪的四分之一里，英、美、苏三国人民曾经因为条顿民族的追求霸权，遭受过两次无法估计的消耗、危险和生命牺牲，所以这次他们一定会做点动作，使得普鲁士或整个德国再也无法带着蓄谋已久的报仇雪恨的心理和长时间谋划的计策来对他们发起突然攻击。我们必须把德国生活中的两大因素——纳粹暴政和普鲁士军国主义完全摧毁掉。如果第三次战争不会在欧洲和全世界开展，那么一定要将上面讲到的两个因素连根拔起。

伯克曾经说过："我不晓得怎样拟定一个状纸，一份控告一个民族的状纸。"在我看来对于他的这种说法是否得当而引发的争吵，都是一些废话，一些没有意义而且愚昧不堪的废话。如今我们需要对纳粹暴政和普鲁士军国主义，这两个显然而且具体的目标发起战火。我们每把枪的准星都对准了它们，每个愿意战斗的人都行动起来了，他们去攻打它们。我们给自己增加繁重任务或者给我们的士兵加重负担，是完全没有必要的。如果那些经受威逼利诱的卫星国家能提供一些帮助，把战争的时间缩短的话，或许可以让它们将功补过，以赎它们的罪孽。但是一定要把我们经受的纳粹暴政和普鲁士军国主义给消灭掉，因为这是祸患的孪生根源。只要能达到这个目的，不管要我们做出多大的牺牲，都义无反顾。哪怕让我们上刀山下火海，决不推辞。我还要再加上一句话，那就是现在的我已经步入晚年了，也已经能对国家大事起到些作用，所以我愿意发出这样的声明，如果不出意外的话，这场战争的时间我一天也不会加长。而且我希望在英国人民因为胜利的呼唤而把规划世界前途的重大责任分担一些时，我们将摆出我们态度，那种在生死关头显现出来的沉着冷静的态度。

以前，我思考过要在我的演说中提出一个警告，一个重要的、明确的警告，我觉得应该这样做。把这个点明——无人驾驶的飞机或火箭将要对我们发起攻击。很早以前，也就是在事情将要发生以前，就提出警告，并且还在公开文件中把这一点记进去了，这种做法终究谨慎些。尤其是在这种时候——袭击的规模与严重性很难预计得到，就更应该这样做。

不管在什么情况下，我们绝不会让我们的努力被这些占有优势的局面给削弱，或者让我们想象已经度过了危险，或者想象战争马上就要终结了。与之相反的，我们一定要想到，那个凶恶的敌人如今正被我们使劲地打击着，他们会报复，甚至会做出任何疯狂的举动加以报复。德国的领导人在谈话中都有一种暗示，这种暗示很秘密，那就是他们不久将试用新方法和新武器来对付我们，而这是从希特勒就有的。敌人散播这种谣言当然是为了激励他们的人民，这根本不值得见怪，但怕的是它的用意不仅仅是这些。举个例子来讲一下，现在我们已经受到了一种新型的空投炸弹的袭击，敌人已经开始用它来攻击我们临近海岸行驶的船舶。这种炸弹可以说是由火箭推动的滑翔炸弹，它发射时的高度一定要很高，然后他会瞄准目标，很明显这是由航空母舰引导的。如今德国人非常可能正在研发新式武器，他们希望用它来把我们打伤。与此同时，从某个角度上来讲，也能把他们每天从我们受到的损伤给填补起来。在我们的能力范畴内，对上面可能发生的事情，已经时常保持警觉了，而且还费了很多力气去研究它，我只能向下院担保这些。

* * *

我对意大利的政局，和那个遭逢不幸的国家中残忍的现实——内战在蔓延的看法，简单地说了一下。

自从被伞兵救出后，墨索里尼就逃往德国，他试图要建立一个吉斯林式的政府，并且想要凭借德国的武力，再一次给意大利人们的脖子上套上法西斯式的枷锁，这个问题一定会引发意大利的内战。一定要在意大利的合法政府的周围把意大利国家生活中的所有残存力量联合起来，与此同时，还要让意大利国王和巴多格利奥元帅被所有的自由主义分子和左翼分子拥护，这样做都是为了普遍的利益以及意大利的利益。只要这些自由主义分子和左翼分子能抗衡这些法西斯党徒和卖国贼的组合，这样就能创造一些条件，一些能够有助于把这些凶残的组合驱逐出意大利境内的条件，或者用最好的方法把它们干掉。现在的我们要对意大利进行救赎和释放。["你不能使这样的事情发生——在那些变革者的领导下意大利人民站起来战斗。"一位议员插口道。]我猜想，这位尊敬的议员可能还没完全想到这是一个艰巨的任务，而现在最为重要的是如何减轻我们的士兵在这个任务中的负担……政府的确打算这样做，使用这个计策来激发所有可能使用的力量，用它们来抗衡德国人，并把他们驱逐出意大利。因为在这个问题上不放心——我们有不同的意见，就不做动作，这个我们是不会做的。

全体一致的原则不是英国议会的基准，全体一致的原则也不是民主国家的议会做事的准则。它们要做动作都是遵照大多数人的表决做出决定的。这就是它们的行事风格。现在的我们为了抗衡德国人和墨索里尼—吉斯林—法西斯党徒三者的组合，正努力地把意大利内部最坚强的力量联合起来，我希望这些能够很明了地展示出来。

最后一段话，虽然我说的不太客气，但是是大实话：

要想具有灵活性，最好的办法是准备三四个计划，而且还要对一切的细小的无关紧要的事情做好详细的规划，以便于应对所有可能出现的意外情况。然后在看清楚形势的情况下，就能轻而易举地从一个计划转移到另一个计划。

下院被这些论证说服了，所以，任何有力度的刁难就没有被提出来。

* * *

财政大臣就在我发表这个长篇大论的这一天，突然之间离世了，我和我的同僚们经受的这个损失，很严重也很意外。在 22 日早上，我一睁开眼就听到这一消息。金斯利·伍德在近几年来，已经是我亲密朋友中的一个。他 1938 年加入空军部，后来我们为了同一个目标而共事。我百分百的支持他，毫无疑问，他也做出了很珍贵的贡献，而他的贡献是在这方面——能够让皇家空军在应对 1940 年的巨大灾难时做好准备。自我奉命出来组织联合政府开始，财政大臣的职务始终是由他担任的，而且还有很显著的政绩。他的第三次国家预算案，收支平衡，英镑的数目达到 57.5 亿，战时财政所有最全面的原则它都与之相符。一半的收入是出自税收，我们有很低的贷款利率。在第一次世界大战期间，我们用的"抵押加 6% 利息"的口号，再也不用了，然而，在战争迎来第五个年头的时候，便顺利地借到了一笔为数不少的钱，平均利率仅为 2%。和战前水平相对比，在生活上花费的钱有所增加，但是没有超过 30%。在金斯利·伍德离世的头几个星期里，他没日没夜都在想着"量入为出"这个原则性的问题。在那一天，他还期望着在下院因为这个问题发表些言论，而他就在那一天离世的。在 1940 年的时候，我曾经要求他资助一下那些在闪电战中有损失的人们，这些人中有个人的，也有商业住宅的。他依据他想象到的一种万全的保险计划去达成我的要求，那效率非常的高。当天，也就是在下院开会之前，我用了几小时来写了一份诔词，是用来追悼他的，这篇诔词已经被放进记录中。

我觉得约翰·安德森爵士继续担任这个职位再合适不过了，因为在那时他任命的职位有枢密院议长、最重要的内阁委员会主席，还兼任我国参加"合金管"工作的首席代表。约翰·安德森曾经担任过国内税收大臣，并且做了十多年的内政大臣。但是他不是在任何一个部门才有了这么宽广的眼界。他虽然在爱尔兰的动乱中，接二连三有生命危险，但是却镇定自若。在他任职孟加拉总督的时候，有人想要杀害他，他仍能处之泰然。他的看法既灵敏又有力，他还有坚定不移的意志，而且他还有各种广泛不同的职务的长期经验。9 月 24 日，他的任命宣布了。

* * *

在返航途中，达德利·庞德爵士时常待在舱房中不出来，我除了与他在甲板上聊过几句之外，基本没怎么见过他。他在前往伦敦的途中，在火车上给我写了一封正式辞去第一海务大臣的信。当他在华盛顿时候，病情有所加剧，我就已经给他解除了这个沉重的职务，不过对于由谁来继任他的职务的问题，还需好好考虑。海军上将安德鲁·坎宁安爵士在地中海的各次战役中都获得了威望,算是一个很突出的人选,因此获得海军大臣亚历山大先生的推荐。不过,很多事情都在向前发展,并且各项战役也在发展,在这样的情况下,他可能很难离开战场。我先想到请弗雷泽海军上将担任这个职务,因为他担任本土舰队总司令的时候,在海上获得了极高的威望,而且他长期负责海军部的行政事务和参谋工作,积累了丰富的经验。弗雷泽海军上将的答复是,无疑,他会为他调遣到的任何地方服务,但他认为最佳人选还是安德鲁·坎宁安。他说:"我获得的信任来自我自己的舰队,这我相信,而坎宁安享有的信任却来自整个海军。"他让我再仔细考虑一下这件事,我对他说,我认可他的态度。于是,我在反复思考与商谈后,听从了他的意见,决定认真对待更换地中海作战指挥官这一重要问题,因此,我们选择了安德鲁·坎宁安海军上将。他的职位由他的副司令约翰·坎宁安海军上将继任。直到今天,人民大众和海军界还不知道达德利·庞德爵士患病的事,当我在10月4日,发布以下这封写给庞德的信时,等于宣布了这项人事变动。这封信的内容如下:

> 我们在战争中共同走过的四年,因为你的身体不适,感觉无法继续承担此任而画上了句号,我为此感到十分难过。我知道,你在海军部和参谋长委员会任职期间,对我们国家的安全和军事上的胜利做出了价值不菲的贡献。你在海战的各个方面摄取了广博而精湛的知识;你坚忍不拔的性格令你走出忧虑与灾难的困扰;你足智多谋又从容不迫,使你化险为夷取得胜利。因为你所有这些优点,使你成为皇家海军历史上第一个令人难忘的第一海务大臣。
>
> 现在地中海的支配权,已实实在在掌握在我们手中;意大利的舰队在马耳他岛港内已向我们投降;更主要的是,在这次战争中,

潜艇的危险已经被降低到前所未有的程度。在这样的时刻，你却不能与我们同在。对于你的国家来说，这些结果收获的价值是不可限量的，而你所做的杰出贡献，使你声名远播。

一次更严重的中风，令庞德全身瘫痪，他仅活了两个星期就辞世了。我最后一次见他，是在他已经不能说话的时候，虽然他那时神志清晰，但身体大部分已经不能动弹了。在我握着他的左手向他告别的时候，他也紧紧握住我的手，这种力度实在令人很吃惊。无论在海军部还是在参谋长委员会中，他对我而言，都是一位忠实的战友。10月21日，正好是"特拉法加纪念日"①，而当天也是他去世的日子。

弗雷泽海军上将重返斯卡帕湾，回归了他的舰队，到这一年年底，他创造了伟大的成就。他乘坐自己的旗舰出海作战，在一次正面遭遇战中，将德国的"沙恩霍斯特号"战斗巡洋舰击沉。这对海军来说是一个极为光荣又富有重大意义的乐章。在这之后，我在伦敦与他相遇，并让他回忆了下边这首有名的诗句：

  在我们充满骚乱的岛国故事中，
  不仅出现一次或两次，
  对工作忠心耿耿的人们，
  最终会获得荣耀。

据我推测，这位海军上将从未听过这些诗句，因此显得有些兴奋。我倒希望他把这首诗当作我专门为他即兴创作的。

*   *   *

---

① 特拉法加角位于西班牙西南端，与直布罗陀海峡为邻。1805年10月21日，英国舰队在这个角的附近海面将法国舰队打败。——译注

写到这里，我还没有具体交代我与美国或葡萄牙的往来的内容繁多的电函。亚速尔群岛具有十分重要的地位，而英美小型舰队和空军想使用这个群岛，因此我们就这个问题，通过电函达成一项协议。我们圆满解决了一切问题，因此我在10月12日向会议报告了我们的最终结果。为了让下院议员听清1373年这个日期，我说话时语调不敢有波动，而且还稍微停顿了一下。我说："1373年，我国的英王爱德华三世陛下和葡萄牙的国王斐迪南德暨王后埃莉诺签订了一项协议，我想向下院宣布的一件事，就是源于这份协议。"大家听到这个日期感到很惊讶，他们开始认真思考起来。我想，这种延续了很长时间的两国关系，过去在英国的日常外交事务中就没有详细说明，将来应该也不会详细说明。

接下来，我又说到"这一条约"：

又由多种形式的条约，包括1386年、1643年、1654年、1660年、1661年、1703年和1815年的条约，还有1899年的秘密宣言作为补充。在向现代迈进的那一段时间，1904年和1914年两次与葡萄牙签订的"仲裁条约"则承认了这些古老条约的效力。1373年条约的首条如下：

"首先我们确定签订盟约，从今往后，在友情、联合、同盟以及具体行动上，我们将保持……真实、忠心、永恒、互助、持久以及真情实意。从今以后，我们相互之间结为真正的、忠实的朋友，对方的朋友就是我们的朋友，对方的敌人就是我们的敌人。而我们的海军和陆军为了对付一切可能活着的，或是死去的敌人，彼此之间也要相互帮助、相互维持、相互支援。"

这一条约创下了世界历史纪录，因为它到现在，已经有600年的时间了。现在我要宣布它在近期的作用。在这次战争开始时，葡萄牙政府采取了中立政策，因为他们不想让伊比利亚半岛卷入战争，而他们这种行为也获得了联合王国英王陛下政府的一致同意。葡萄牙政府曾多次表明上述政策不会违背英葡同盟条约，而且在战争初期，也曾再次保证对同盟条约的维护。他们最近一次表明是在4月27日萨拉查博士的演说中。

现在，按照这个古老的条约，联合王国英王陛下政府已向葡萄牙政府提出要求：为便于我们更好保护大西洋上航行的商船，葡萄牙要在亚速尔群岛提供某些有利的援助。葡萄牙政府接受了我们的要求，接着两国政府讨论了各种办法，以便能即刻发挥作用：(1) 联合王国英王陛下政府使用上述岛屿的要求；(2) 对于葡萄牙的武装部队和他的国民经济，英国会提供必要的物资供应。这项协议表明，英国只是暂时使用亚速尔群岛上的设备，它对葡萄牙政府保持葡萄牙的领土所有权没有任何威胁。

* * *

煤炭供求紧张，战斗部队缺少人力，还有各政党之间对煤矿国有化的问题一直没有解决以致造成的潜在危机，都成为影响煤矿形势的因素。因此，第二天，我必须向下院就煤矿形势问题展开长篇演说。人们对煤矿国有化的问题，一直争执不下，而我所关心的却是全国团结一致的问题。

在我看来，如果我请下院在没进行深入探讨之前，就关注我们现在遵循的一般基本原则，这也许是有好处的。国家面临的重重困境，是各政党在很长一段时间内所做的事情以及安于现状的态度造成的。而现在，我们有了一个全国的联合政府，它使我们团结一致帮国家摆脱忧患，走出困境。因为这十一年以来，我并没有关注这件事，所以我能占据一个有利的地位。目前进行的战争，使我们团结在一起，因此我绝不会提出不礼貌或是不合理的要求，例如要求社会党人士或自由党人士或是工党人士放弃他们的信仰。

我们将所有注意力集中在外界事物上，并且因此而凝聚在一起。"不管战争是否会爆发，我们都要以战争为准则，凡是与战争无关的事情，都无须争论。"这是我们奉行的原则，也是我们的态度。一切以战争为借口，通过某些手段间接实施社会或政治性变革，并带来较大影响的行为都要被制止，这一点我们要注意。就拿煤矿国有化的问题来说，我绝对敢说这些话。上次大战结束后，国家对铁路的管理经验使我感受良多，那种管理制度，不但不能服务大众，更好地维护股东的利益，还引发了最为危险和恶劣的罢工，引起我很长一段时间的关注，因此我推崇铁路国有化。我曾表示，要想让人人都接受国有化原则，就应给予人们一定的补偿。大家在乎的是相比私人经营和竞争，国有化是否能为整个国家事业带来更多利益，而不在乎道德上的正确与否。煤矿国有化是一项十分重大的事情。如果事实证明，它是我们获得战争胜利的唯一法宝，或是得到下院和相关大臣的支持，而这名大臣又深得民心，那么就能避免人们对这件事情的诸多议论。如果不行，我们就要举行一次大选，这样才有正当的理由推行国有化，但目前举行一次大选实在不是件容易的事……

我听说，矿工们一直担心，战争结束后，他们不知道自己和企业的命运会何去何从，我很理解他们的想法。在上次大战后，他们经历了惨痛的教训，这种教训长期以来让他们深陷痛苦。而且他们一直认为采矿是一种谋生手段，由于这次经历，使他们这种观念也受到了影响。我不否认这种担心的存在。我们每个人都可以躺在床上清楚地想一想，如果我们在战争结束后也会回想起那种噩梦般的情景，让我们心生畏惧，那么每个人到时候都会抱有忧愁和困扰。不过，对于我来说，我会认为和平时期比战争时期要好得多，因为我一直持有乐观态度。而且我希望，我们能维护好这个时期。在上次大战期间，我一直担当重任，那次战争结束后，几乎每个人都想肆无忌惮一番，令国家差点陷入失控的境地。凭借上次大战的经验,我们在这次大战中收获良多。相比过去,我们能收获更好的作战成绩也得益于上次的经验。上次的和平时期发生了一些惨重经历,令我们从中充分吸取到教训。我们现在得以改头换面,是因为吸取了当时的政府付出极大代价换来的经验,因此相比上次,这次我们会更有秩序,更有纪律地完成从战争到和平的过渡。我说这些话,并没有谴责当时政府的意思。

不过矿工们对他们的命运确实十分担忧。英王陛下政府向他们保证,在议会对这个企业的未来结构做出定论之前,战后会一直保留现在的管理制度以及任何可能采取的变革。这说明,煤矿企业在现阶段,制度上不会发生任何决定性的变化,而且也会对其中包含的继续就业、工资和利润限制等问题继续提供保障。等各大政党协商之后,或是举行大选由人民自由选择政治理论和政治领导人之后,再解决这件事情。就这一方面,我希望获得大家的共同努力。

今天,我能重新回忆这份在当时缓和了紧张情绪的演说,感到十分开心。

* * *

最后,在10月28日,我还要筹划一下重建下院大厦的事情。我一生中大半时光是在下院度过的,可是一枚炸弹偏偏把这里炸成了一片废墟。现在,我有对事物进行永久规划的权力,因此我决定在斗争允许的条件下,尽快重建下院。我准备重新规划英国下院的建筑形式,使它在很长一段时间内符合两点原则:第一个原则是下院不能是半圆形,而必须是长方形;第二个原则,就是下院中只设置三分之二左右的议员席位。议会同仁们支持我的主张,艾德礼先生也给予了我真诚的帮助,不过外国人长期以来却对此疑惑不解。我在这里再解释一下。

但凡议员们经验丰富,并且经过仔细考虑,就一定会支持和赞同下院建筑包含这两个重要特色。首先,为什么它的形状不要半圆而要长方形的?这对我们政治生活来说是有好处的。政治理论家们最喜欢半圆形的议会会场,因为每个人或每个集团能围着它的中心移动,根据政治气候的不同,可以表现出不同的态度。我曾目睹集团制度使许多认真而蓬勃发展的会议无法进行下去,因此我绝不拥护集团制度,只对政党制度忠心耿耿。而政党制度则是长方形会场的受益者。一个人从左边移动到右边,从各种等级的人面前经过而不被察觉,是很容易的,而要想从一边的席位移动到对面的席位,就要认真思考自己的行为了。这种艰难处境,我经历过不止一次,应该说是两次,因此我在这件事情上最有发言权。经验比思维认知对人更有指导意义。许多国家之所以建造了半圆形的议会会场,就是从思维认知中得出的。半圆形会场能容纳所有会员入席,还有既可供他们写字,又可供他们敲打的桌子。我们在议会的故乡与发源地了解到它的真正含义后认为,议会政治的毁灭来源于推理。

根据下院形状所建议会会场的第二个特征是:它空间小,不足以容纳所有议员,也不会为每名议员保留单独的席位。对于置身事外的人来说,他们在很长时间以来,一直对造成这种特征的原因迷惑不解,甚至新议员也会对此产生好奇或是不好的评论。但是如果你从实际角度出发进行观察,这个也不难理解。如果下院有能容纳所有议员那么大的空间,那人在进行辩论的时候,十有八九会感觉自己完全置身于空旷或半空旷的会场中,气氛冷清,毫无生气。在下院,一篇好的演说特点是什么?就是要具有谈话式风格,使人能轻松地插上话,进行非正式的交谈。而在演说中,最不好的方式就是用长篇大论来代替谈话式风格,因为缺少谈话,很多重要的事情就无法解决。谈话式风格要在重要场合下进行，并且空间不能太大，要给人一种拥挤和紧迫感。而且还要让人觉得，下院不但讨论了很多重要问题，而且还在那儿及时解决了这些问题。

这个问题，不管怎样，也按照我的想法解决了。

* * *

我想到，既然我们已经看到了最后胜利的曙光，即便生活很忙碌，在胜利到来之前，我们也应该将随之出现的一些问题仔细研究一下。我曾经就这些依稀出现在我们面前的问题，为我的同事们拟定了两份备忘录，我将它附在下边，作为本章的结尾。

战争时期——过渡时期——和平时期
首相兼国防大臣的备忘录

1943 年 10 月 19 日

1. 为方便处理战争结束时我们面临的任务，英王陛下政府应该做好筹备工作。需要立即做的是：

（1）为复员制定完善的计划。我们必定要在敌人的领土驻扎一定数量的军队，此时也应将这件事情考虑在内。

（2）供给本岛居民的粮食，应该超过战时规定的标准。

（3）出口贸易应重新开展，我们的商船队也要恢复。

（4）应将工业从战时生产转为广泛的日常生产，并且还有重要的一点，就是在过渡时期，为身体健康、有就业意愿的人提供就业机会，退伍军人应优先考虑。

现在，不管粮食和就业问题是否会涉及立法手续，也不管它们是不是会引发争论，我们都必须为解决战后几年内这两个最高目标，做出定论。

2. 各相关部门和委员会已经完成了很多工作，我们一定要注意，避免政党政治干扰和隐瞒这项紧张而又实际的工作，也避免无限期地讨论建立新世界秩序的长期计划将它延误。

3. 实际上分为三个阶段，那就是：

(1) 战争阶段；

(2) 过渡阶段；

(3) 和平与自由阶段。

为过渡时期做好一切必要准备，是本届政府和议会应该尽到的责任。我们应该认真对待，以便更好履行自己的责任。在过渡期间（一切准备工作到时将会完成），为让选民对我们在战后和过渡时期之后所采取的社会形式表达自己的意愿，大选应尽快开展。

4. 这次竞选是按照联合政府下属的各个政党，通过协商制定出的纲领来进行，还是由下院支持率最高的党领袖在选民面前提出自己的纲领来竞选，这我还不清楚。但是，不论用哪种方式，都有可能会公布一个"四年计划"。所谓"四年计划"，不但要实行过渡时期必须要实行的多项重要的行政举措，而且还要实行一连串关于发展和改革的重要决策。而这些关于发展和改革的决策，不论从哪个角度来看，都对我们战后和过渡时期之后的社会形式起创造性作用。可见，新议会还有很多事情可做。

5. 与此同时，还有一些与教育、社会保险，以及重建被毁坏的住宅和城市等问题相关的政策，已经或准备获得广泛而一致的认可。当前，正处于战争时期，我们应该为这些政策做好准备工作，并且为了在过渡时期的初级阶段就能实行这些政策，还要通过任何需要的初步法案。

6. 与德国之间的战争结束后，与日本的战争还需要多长时间？这点目前还很难预测。或许，将过渡时期确定为德国战败之后的两年，或是1944年1月1日以后的四年，这样能稳妥一点。但不管哪个时期先结束，我们以此为依据进行工作。

* * *

一个月之后，我决定指派一位建设大臣，过渡时期的所有计划，都会围绕着他的办公地点进行。伍尔顿勋爵在协调与推进各相关部门行动上的能力与经验，在各个方面都得到显示，他在指导粮食部工作的时候，获得了人们的普遍满意和认可。11月12日，伍尔顿勋爵上任了。

第十章　与戴高乐将军的对立关系

戴高乐运动的最高阶段——法兰西民族解放委员会的组建——对委员会的认可问题——罗斯福总统如何看待局势——我写于7月13日的备忘录——我企图说服总统在一定范围内给予认可——他提出另一个合作建议——我们在魁北克对形势问题展开辩论——决定给予程度不高的认可——戴高乐和吉罗继续争权夺势——成立自由法国协商会议——戴高乐成为法兰西民族委员会独一无二的主席——叙利亚发生的暴行——一年来与"自由法国"的关系没有进展

我经常督促美国人接受戴高乐将军，是因为我们想促使驻阿尔及尔的各党派法国人团结在一起。为使我们两国促成这种政治局面中的一个领导者，我们付出了很大努力。但是在1943年的夏季，英国政府和戴高乐的关系越来越坏。自从法国事务被一种紧张的气氛笼罩后，戴高乐受这种气氛的影响变得比以前更加不友好，这主要因为克拉克—达尔朗协定的签订和吉罗的出现。最近这几个星期以来，戴高乐由于受到诸多支持者——来自盟军控制下的突尼斯——的支持，地位已经愈加稳固。从法国首都传来的消息，表明他享有广泛的声望，而秘密的中央委员会在当地成立，则表明了戴高乐运动的高涨。基于这种情况，吉罗同意在北非会见他的对手。

戴高乐于5月30日到达阿尔及尔，之后双方展开谈判。为方便管理"战争法国"的事务，这次谈判的重点在于成立一个统一的临时委员会。在谈判中,他们两人言辞犀利,针锋相对。而谈论的重点主要涉及三个问题:吉罗想掌控民政和军事上的最高权力;戴高乐坚持要求使"战斗法国"的主权得到正式认可,而这种做法必然违背1942年11月达尔朗和马克·克拉克将军所签协议的条例;还有现任北非核心职务的前维希政府行政官的问题,特别涉及诺盖、佩卢东和布瓦松等人。直到现在,戴高乐都没有原谅布瓦松,因为1940年,布瓦松在达喀尔发生的事件,使他成为其中的重要的目标之一。

阿尔及尔的形势,在接二连三的激烈谈论中变得越来越紧张。6月3日下午,双方终于达成了一致意见,并成立了一个包括吉罗、戴高乐、卡特鲁将军和乔治将军在内的法兰西民族解放委员会。戴高乐委员会的某些成员也加入其中,因为自从戴高乐离开伦敦前往北非,这个委员会就解散了。这个新委员会没有前维希政府任命的地方长官,直到战争结束之前,它一直都被看作"战争法国"及其帝国的中央临时政府。

* * *

读者肯定没忘,当他们谈论关于法国的发展问题时,我正在北非和马歇尔将军与艾森豪威尔将军开会。我在离开北非之前,曾邀请新委员会的成员们中午一同用餐。我接到罗斯福总统的电报是在回伦敦之后了,他在6月5日的电文中表达了自己的担心。他说:"我的意见是,不管怎么样,北非都在英美的军事统治下。基于此种原因,艾森豪威尔要服从你我的命令。那位新娘显然应该记得,一场战争远还没有结束。我们英美的新闻机构怎么不起作用了?我们只听到新娘的宣传。那件让我们双方都受困扰的问题,希望你能早日解决。"

在给罗斯福总统的答复中,我向他阐释了阿尔及尔给我留下的印象:

前海军人员致罗斯福总统　　　　　　1943年6月6日

1. 星期五（6月4日），法兰西委员会的全体成员受邀与我们共进午餐。他们每个人看起来都是非常友好的。乔治将军是我的一个私人朋友，他是我在一个月之前，想办法从法国接来的，他是吉罗的主要支持者之一。据我了解，这个委员会是一个所有成员都拥有权力的机构，我们可以安心和他们一同工作，这样粗鲁无礼的戴高乐，就将成为五对二中的少数，或者处于完全孤立的境地。

2. 我和"战争法国"的领导人戴高乐之间，通过1940年的信件来往，到后来的某些其他文件的来往正式开始联系，现在这种关系因该委员会的成立而宣告完结。我提议，在必要的情况下，将包括财政和其他方面的联系，交由整个委员会处理。我认为，我们应该先观察一下他们是如何处理他们自己的事务，或是怎样展现自己的，然后再决定他们能在多大程度上代表法国，尽管他们在接受武器和物资供应方面让人觉得可靠。麦克米伦和墨菲作为同事，合作得非常愉快，掌管最高和最后权力的艾森豪威尔，将会不断收到他俩提供的详细报告。

3. 我坚决反对解除布瓦松的职务。

*　　*　　*

戴高乐不同意法国部队的最高统帅由吉罗担任，因为吉罗希望法军在北非能保持完整，并不愿使他们受到"自由法国"的影响。他们之间的激烈争执无法停止。美国看到戴高乐对军事指挥表现出的态度后，更加不信任他，并且开始讨厌他。

罗斯福总统又向我发来电报：

罗斯福总统致首相　　　　　　　　1943年6月10日

　　以下电文是我刚从墨菲那里收到的：

　　"今天下午吉罗跟我说，在今天早上举行的法兰西委员会会议接近尾声的时候，戴高乐公开表明，他要担任拥有内阁机构中陆军部长职权的国防长官一职。他与艾森豪威尔、麦克米伦和我，在谈论他的目的时曾说过一些话，现在他在违背这些话的基础下，又要指挥没有积极参加作战的法国部队。吉罗绝不会交出法国部队的指挥权，他坚持任命乔治将军为国防长官。卡特鲁提出一个非常不错的办法，也算对戴高乐提议的一种妥协。吉罗跟我说，如果在这个问题上获得的委员会票数比他多，他绝对会退出，然后向英美政府和法国人民公开戴高乐的野心造成的不公。暂时，我不会采取任何相关行动，先等待吉罗借机与委员会的其他几名成员就此问题讨论一番。"

　　麦克米伦向我发来的电报也说到了相同的内容。能干脆利落地达成协议，才是我最迫切的希望。

首相致哈罗德·麦克米伦先生（在阿尔及尔）　1943年6月11日

　　由于我们对我们需要接受的对象还欠缺了解，因此根本不能考虑直接接受他们的问题。请看《马太福音》第7章第16节："荆棘上不可能结出葡萄，蒺藜里不可能长出无花果。要想认出他们，看他们的果实就可以。"的确，整章都具有教育意义。

　　你在等待机会，并给戴高乐机会，使他恢复理智，看清他周围的力量，这是十分恰当的做法。他想得到不偏不倚的对待，就应该先不偏不倚地对待我们和法国。

　　罗斯福总统却没有如此耐心。

罗斯福总统致首相　　　　　　　　　　1943年6月17日

今天我给艾森豪威尔将军发去一封电报，以下是电报的大概意思：

"在我们对北非实行军事占领时期，法国陆军只能接受盟军最高统帅指挥的任何机构的控制，如果超出这个范围，我们则不能容忍，这就是我们政府的立场。只有完全值得我们信任的人，我们才会选择，只有我们相信法国陆军愿意与我们在军事行动上达成共识，我们才愿意继续武装这支军队。如果法国陆军自认为在法国人民主动选择自己的政府之前，会成为法国的统治阶层，那么任何政府和委员会的成立，对我们来说都是没有意义的。等我们以后进入法国，盟国自然会有一个管理民政的政府计划，它将会完全适用于法国主权。最后，我必须直截了当地指出，我们在北非和西非已经实施军事占领，在做出任何民事方面的独立的决策前，必须要征得你的全部认可……"

* * *

我为盟国与"自由法国"之间的全部发展感到担忧，因为罗斯福总统在这些电报中，对戴高乐在阿尔及尔的所作所为，表现出越来越多的敌意。如果美国人将戴高乐看作影响战后法国发展的主要力量，他们也许对任何临时的行政机构都不予以承认，看来他们已经走到了这一步。我认为，我们不但要保留新的临时委员会，而且也要消除美国人在军事问题上的担忧。

前海军人员致罗斯福总统　　　　　　　1943年6月18日

……对于现在就将七人委员会解散或禁止该委员会召开会议的做法，我表示反对。在我看来，艾森豪威尔将军按照你的训令发布命令，然后墨菲和麦克米伦使用各种适当的手段使命令得到实施，这才是最好的办法，而且这种办法也会受到英王陛下政府的支持。

也就是说该委员会有两条路可以走，要么顺应多数人的意见，接受我们的决定，要么对拯救他们的两大国家，表示坚决地反对。他们中的多数人很可能会接受我们的决定，如果是那样，那么戴高乐和其他反对者们是顺从还是辞职，就要由他自己做决定了。如果戴高乐辞去职位，将会遭受舆论的谴责，此时，为防止他制造纠纷，我们必须采取必要的行动；如果他服从安排，以后也许我们还会遇到更多困扰，但这总比解散一个让盟军和法国寄予较高希望的委员会要好得多。我们不应该为了军队的安全来规定必要的条件，而让戴高乐承担这个责任。不管怎样，最聪明的方式就是先尝试一下这种办法。

* * *

美国对北非的法国政治局势的态度，一部分受到了军事需要的影响。盟军准备登陆西西里岛，在这种背景下，戴高乐引发争论，而他挑起有关法国最高统帅部的争端，也是在这个紧张的时刻。不管过去英国政府和戴高乐之间达成哪些协议，我们与美国之间的关系，绝不能被这些协议破坏。

我于7月13日，就美国对法政策的发展问题，为我的同事们拟定了一份文件。我说：

> 长期以来，将美国人在西北非培养的法国人士与伦敦的法兰西民族委员会，特别是吉罗将军和戴高乐将军，团结在一起，才是我们的目标。我本以为，我可以在卡萨布兰卡会议上做出好的计划。但是我的同事们想得没错，这项计划由于戴高乐将军的离

谱行为而宣告失败。从那以后，罗斯福总统对吉罗将军在北非的军队进行了大规模的武装，现在，他将注意力放到这些军队的行动和指挥上。在此期间，戴高乐不断指使伦敦和布拉柴维尔的机关报，还有他在英美新闻界的支持者批评美国的政策。这无疑激起赫尔先生还有罗斯福总统强烈的愤慨。

基于这些原因，我们坚持认为应该让戴高乐成为伦敦民族委员会中的一员，这是很关键的一步。不过现在，这一步已经实现，那么他就应该与阿尔及尔分子在民族解放委员会中联合在一起。这个委员会在经历了一些危机和挫折后，不再以吉罗和戴高乐为界限来划分明确的派别，因为非军事人员逐渐增多，并有机会施展自己的才华，使该委员会逐渐向集体性质转变。这是一种健康趋势，我们应任凭其发展。如果事实表明，在未来的几个月中，戴高乐和他派别中的人，没有主导解放委员会，并且还能遵守委员会的规矩，与其真诚合作，那么罗斯福总统可能会从某种程度上接受这个委员会。这个结果不是轻而易举或是短时间内就能获得，因此在此期间，我们也要考虑应该采取哪些措施。

我在解放委员会成立时，立即将以前与戴高乐将军商定好的一些协议交由该委员会接手。这种手续必须继续办理，这样，我们才能在关于财政、宣传，叙利亚和其他的法国属地，还有对法国武装部队的控制等问题上，找到谈判的对象。据外交大臣说，我们曾通过一项法令使戴高乐有权保持"自由法国"军队在英国领土上的纪律，但是现在，这种权力无疑必须交到新委员会的手中。我们完全赞同将一个属于集体的委员会在实际中看作权力机构，让他们处理一些必要的事务，对他们只有益处，如果他们能承担重任，也会增强他们的实力。

从某种程度上来说，这是对委员会的一种认可，但是，如果我们不想与美国之间造成不必要的矛盾，现在最好不要着重说明这一点或是采取任何能获法律认可的行动。我们应防止使用"认可"

这个词，也要防止做出任何在气势或态度上给人造成此种感觉的行动，而且，按照它的真实资格来说，我们也要防止经常与它接触。委员会应该重获两大国家的信任或让他们重建信心，这样才能得到他们对法国的援助。特别是美国政府对它的信心已经受创，所以才会疏远它，委员会无论出于责任还是出于利益关系，都应该这么做。如果我们在这个特别的时期，做出任何正式接受委员会的举动，就会将华盛顿彻底激怒。并且，有些人图谋在明年的选举中将罗斯福赶走，而这个举动也会使美国政府招致这些人的恶意批评。而战争的全部进程都离不开我们与美国政府以及罗斯福总统的友好关系。现在我们两国之间合作良好，为避免给战场上的军队增加负担，我们有责任避免采取任何可能严重弱化这种合作的措施。对于我们来说，最聪明的办法就是以美国的方针作为衡量我们的方针，而不管苏俄接受戴高乐的作为是不是因为他奉承了共产党分子。当然，在这件事情中，最重要的是，不要让美国感到孤立，与此同时也不要给他们造成我们与苏联联合起来反抗他们的假象……

我坚持认为并多次说明，如果法国在战后变强大，就能与英国的重大利益保持一致。我担心华盛顿政府的反戴高乐主义，也许会逐渐演变成一种反法情绪，并且十分明确。但是，如果戴高乐逐渐融入委员会中，变得默默无闻，并且，委员会能采取一种稳妥且忠诚的办事态度，可能会转变或是缓解美国方面的这种危险趋势。

法兰西委员会感觉，我们愿意帮他们改善与美国之间的关系，这对他们来说只有好处。我所提出的办法完备而有益，如果这些办法能顺利实施，并且我们能耐心地对待这些麻烦人的事情，特别在行动上要把握分寸，这样，就有可能在盟国的会议上，为法国和法兰西帝国争取到被认可的权力。

*　　*　　*

我们内阁人士逐渐产生一种意识，就是换一种方式接受这个委员会。于是我又向罗斯福总统发去电报。

前海军人员致罗斯福总统　　　　　　　　1943年7月21日

在外交部、我的内阁同僚以及环境的重大压力下，我被迫"认可"在阿尔及尔的民族解放委员会，认可到底是什么意思？人们可以认可某一个人是皇帝，或是一个杂货商。在缺少确切公式的情况下，认可是不具备意义的。在戴高乐前往西北非以及新委员会成立以前，我们之间的联系都是通过他和他的委员会进行的。6月8日，我曾向会议报告说："我和戴高乐将军在1940年靠书信交流的局面，将因这个由集体负责的委员会的成立而改变。不管是财政上还是其他方面的问题，今后我们都将与作为整体的委员会进行交流。"比起与戴高乐单独打交道，我更愿意同集体性质的委员会往来，因此我很乐意这样做。事实上，我在这几个月中，一直想办法劝说或是迫使戴高乐"接受任务"，因为还有其他安排，这件事似乎大部分得到解决。麦克米伦多次强调，该委员会正在争取一种集体荣誉，戴高乐绝不能成为它的主宰者。他还跟我们说，如果委员会某天，在缺少支援的情况下宣布解散，那么除了吉罗能凭借美国的武装力量在西北非和达喀尔行使权力，唯有戴高乐能再次将一切控制在自己手中。他大力推荐一种认可的方法，并在报告中指出，艾森豪威尔和墨菲都认同他的意见……

这对英国和上述的英法两国之间的利益来说十分重要，在此情况下，我可能必须要采取这种办法。苏联如果看到我这样做，一定也会认可他们，但是我又怕这样做会让你为难。

因此我非常希望得到你的答复：(1) 对于我们的办法或是相

关举措你是否赞同。（2）如果英王陛下政府单独采取此种办法，你是否会介意。我认为，第一种办法无疑会更好。委员会有许多人，如卡特鲁、马西格利、默讷、乔治，当然还有吉罗，他们人都很好。吉罗昨天到达这里，他一旦提出全部问题，事情就会被激化。

不过事实表明，对于现在这样组成的阿尔及尔委员会，美国人不打算认可。这时，吉罗正在美国，与他们就为北非法军提供武器与装备供应的问题展开谈判。他在美国的停留，并没有化解当地对戴高乐派的愤怒。

7月22日，罗斯福总统向我发来一封很长的电报，上边说明了美国政府经过思考之后对法国问题提出的意见，这对我来说很重要。

罗斯福总统致首相　　　　　　　　　　　　1943年7月22日

各个方面继续要求认可现已成立的法兰西民族解放委员会，尽管它们没有造成多大的压力。有些人要认可它成为一个代表全部法国领土，包括本土在内的法国利益的组织，还有些人则要求认可它成为法兰西帝国范围内法国利益的唯一代表。全体中的大部分人，希望承认该委员会的权威，但要以符合英美武装部队的军事需求为前提条件。

一直以来，我们都认为：第一，无论现在还是将来，与所有民政事务相比，军事需求都占据最重要的地位；第二，法兰西民族解放委员会刚刚发挥出作用，它应该深入并圆满地证明自己已真正彻底地团结起来。过去，法国政治或党派方面的纠纷意在助长集团对抗或个人野心，而这种团结应该消除这些纠纷，令它的真正目的变为使自己本身团结一致，并且团结它背后的所有法国人，这样在盟国共同努力对抗轴心国时，它才能提供援助。与此同时，它还应该铭记，它只能为法国的解放和盟国的成功而奋斗。

人们以为，法兰西委员会是以此为原则建立起来的，即一定数量的个别法国人对所进行的战争采取集团负责的原则，而我们与它的关系也应该保持在这种原则之上。当然，关于军事问题，我们两国政府会直接找法国军队的法国总司令进行协商。而法国的政治问题，则要等到法国人民摆脱了如今的敌人对他们的统治后，才能解决……

如果这种认可始终符合军事需要的话，尽管我国政府接受的程度有限，但还是极为愿意与你们和其他盟国沿着这一路线共同前进。但是我们必须明确提出，法国人应该团结，这是最根本的条件，必须好好实现。

依我之见，无论在什么时候，我们都不能使用"认可"这个字，因为它会被人误解为，我们一登上法国领土，就立即认定委员会为法国政府。应暂时"接受"委员会在各个殖民地的地方民政局，这种表达或许更符合我的想法。不过，只要能符合盟国的军事利益，我们就有权力与法国殖民地地方当局来往，同时保持现在实行的办法。马提尼克岛的情况就是如此。

吉罗到这里访问期间，取得了很好的成绩，因为我们在这次访问中只单纯地探讨了军事问题。我们可以利用每次前往北非的运输船队，直接将多出来的装备运送到他的军队所在地……

在电文快要结束的时候，罗斯福建议在同法兰西委员会"实行合作"，而非"予以认可"的条件下，采用一种联合方式。

对于罗斯福总统 7 月 22 日的电报，我给出的答复是：

前海军人员致罗斯福总统　　　　　　　　1943 年 8 月 3 日

1. 首先我对你提议的方式感到很失望，而且我们两国的由于呼吁认可而产生的激动情绪，也不会因此而缓解。此外，现在的局势发展对我们来说很有利。法兰西委员会会在意大利公开其全部问题的时候，明显感觉到自己不被重视。我想，现在戴高乐已经得到委员会总机构的进一步控制。过去，对于指挥权的安排问题一直相持不下，现在的情况应该更让人欣慰。

2. 所以，为协调我们双方的意见，我已经要求外交部针对你的提议提出改进方法……如果我们无法达成共识，还可以再次探讨。

我在前边已经说过魁北克会议，现在它召开在即。我们现在正处于僵局。

罗斯福总统致首相　　　　　　　　　　1943年8月4日

我真诚地希望，等我们借机将认可法兰西民族解放委员会的问题一同探讨之后，再采取行动。

* * *

我能说服美国人用不太特殊的语句发表一个宣言，来支持已经在北非形成的政治局面，也是在商谈中费了不少口舌才换来的。

首相（在魁北克）致麦克米伦先生（在阿尔及尔）
　　　　　　　　　　　　　　　　　1943年8月25日

1. 我们就认可问题经历了长时间的口舌之争之后，才获得了一系列令我们感觉满意的解决方案。我们认为，我们无须坚持运用美国和联合王国共同宣言的形式，只需选择我们双方各自的观点来表达自己的看法才是最好的。

2. 依我之见，罗斯福总统和赫尔先生已尽最大努力，以便满足我们的心愿。你应该让我在委员会中的朋友们知道，我相信他们不会就认可问题指出任何方式或任何方面的区别，从而招致厌恶，他们要用最真挚的表达欢迎美国的宣言，这才是他们应该采取的正确方式。相反，他们越是乐于接受美国的宣言，对他们就越有好处。要想使法国的利益得到帮助，在现在这个时候，就要对美国表现出友好。另外，如果报纸或广播胡乱评论或批评，结果只会重新激起国务院的愤怒。

* * *

第二天，关于认可法兰西民族委员会的公告正式发表，这标志着一个时期的终结。虽然对意大利的停战谈判没有邀请法国的领导人参加，而后来成立的负责处理意大利事务的地中海委员会也没有邀请法国人加入，但是现在，他们却以法国代表的身份与盟国正式交往了。

* * *

戴高乐和吉罗之间的权力争夺，并没有因为时间一周一周地过去而有所平息。只要是谈及民政人员和军事人员的问题，他们就开始发生争执，不过这也不完全归咎于戴高乐自己。关于科西嘉岛的解放，也发生了一些本不应该发生的事情。9月9日晚，当地的"自由法国"分子占领了阿雅克肖，两天后，吉罗派了一支远征部队前往那里。但不幸的是，他的军事指挥官在当地与戴高乐派的领导人发生了冲突，从而导致关系恶化。从军事角度来看,这个岛会经历很长时间才能解放，但最终还是解放了。

首相致哈罗德·麦克米伦先生（在阿尔及尔）1943年10月3日

如果你认为以下这些贺词没有问题，就将它转交给吉罗将军和戴高乐将军：

"你们的军队在科西嘉岛进展顺利，我特向你们表示祝贺。与此同时我真挚地希望,不久以后,这个著名的岛屿可以获得解放,并回归法国。"

第二天,法军成功占领该岛。

* * *

在10月期间,关于为了巩固法国政权的根基而召开临时协商会议的计划,终于有了眉目。来自陆军方面某些重视与美国保持友好关系的人士,是吉罗仅有的支持者,作为民族委员会两主席之一的他,所得到的支持很快就不见了,他的地位已逐渐变弱。而事实证明,戴高乐才是一个无与伦比的强大人物。11月3日,首次协商会议在阿尔及尔举行。法国的未来政府在政治生活中已初步形成。11月8日,也就是北非登陆后的一年,吉罗继续担任法军总司令一职,但已辞去民族委员会的职务。我担心这件事会引发不好的后果。对于法国今后的统一来说,最主要的是在有意见分歧的人员之中保持某种平衡的力量。

因此,我给罗斯福总统发去电报:

首相致罗斯福总统　　　　　　　　　　　1943年11月10日
　　我对法兰西民族委员会发生变革导致戴高乐成为唯一的主席一事,表示不满。我们所认可的组织,性质应该是与众不同的,它最大的特点就是由吉罗和戴高乐共同担当主席一职。我的意见是,我们在共同探讨形势之前,先坚持自己的观点。

在前往德黑兰途中,我会在开罗停留,借着检阅法国新陆军的机会,我希望将两个相互冲突的将军聚集在一起。

首相致麦克米伦先生（在阿尔及尔）　　　　　1943年11月2日

　　如果从现在开始，到圣诞节之前，我在非洲能多出几天时间，我想对法国的新陆军进行检阅。你可以小心地从戴高乐将军和吉罗将军那探一下口风，看他们是否乐意接受。我们可以某天下午阅兵，晚上找个地方过夜，第二天早上再观看一些演习。我希望他们在这个时候，能把我当作法兰西民族委员会的嘉宾，还可以把检阅看作对他们的敬佩，我们是这样想的。目前，事情太多因此我还无法定下日期。

* * *

　　因为"自由法国"政权在叙利亚的行动粗暴而残忍，使我的心愿没有达成。1941年，"自由法国"宣布叙利亚和黎巴嫩正式独立，而这些共和国也获得我们的认可，因为我们于1942年2月，还委托爱德华·斯皮尔斯爵士以英国公使的身份前往这些地方，但一年过去了，也没有任何收获。两国的内阁都已经更换人员，但还没有进行选举，他们对法国有敌意，反法情绪高涨起来。1943年3月，两国成立了临时政府。7月和8月进行了选举，结果表明，民族主义分子在这两个共和国中占绝大多数，他们要求彻底修改托管宪法。当地政治家们并不相信法国所承诺的，战后允许他们独立，再加上"自由法国"政权的无能为力，迫使他们开始采取行动。10月7日，黎巴嫩政府提议废除法国在共和国的地位。一个月之后，位于阿尔及尔的"自由法国"委员会，否认黎巴嫩人有采取这种片面行动的权力。黎巴嫩的总统和大多数内阁成员，在埃勒先生——卡特鲁将军的代表，从阿尔及尔回来后，遭遇逮捕，还在贝鲁特地方爆发骚动，最后引发惨痛的血案，为此英国内阁对这些事感到担忧。

　　我们与法国以及我们与叙利亚和黎巴嫩达成的协议，完全被法国人的行动所破坏，这会与我们曾宣布的大西洋宪章还有其他许多宣言背道而驰。看来，这种形势在整个中东以及阿拉伯世界都会遭到误解，不管在任何地方，都难免不被人说："它一边向敌人屈服，另一边又要使其他国家屈服于他，这是一个什么样的法国？"

因此，我认为，英美两国政府应该共同表现出强烈的态度。对于那个组织的性质，我们曾经在魁北克会议上予以认可，但是因为权力由戴高乐全部掌握后，现在已经发生变化。当然，地中海东部国家中爆发的动乱，其性质完全不同，而且舆论的声音比较大，这样我们就有充分的理由与戴高乐来解决这个问题。在我看来，应该释放被逮捕的黎巴嫩总统和内阁成员们，并且恢复他们的全部职务。与此同时，在保证法律和秩序的情况下，黎巴嫩议会应重新举行会议。如果要让我们保持对法兰西民族委员会的认可，并继续对北非的法国部队进行武装，戴高乐就要立即付出行动。

为了在必要时刻，派遣英国部队去接管黎巴嫩，并重新建立秩序，我被迫下令让威尔逊将军做好准备。不过，幸运的是，什么事情都没发生。11月16日，卡特鲁将军从阿尔及尔赶来扭转局面，11月22日，法国当局将受禁的政治家释放。此时，我们为叙利亚和黎巴嫩最终取得独立，开始展开长期谈判。

这些事情，令我们与"自由法国"委员会以及戴高乐将军之间的关系产生裂痕。我们在这一年中，为求以美国、英国和"自由法国"三国领导人真正的战斗友情为基础，建立一个共同的政策，我们付出了很大努力，但结果却没有想象的那么好。

第十一章　四分五裂的轴心国

意大利内战——意大利国王和巴多格利奥政府应受到支持——我向罗斯福总统提及这个问题——我们在政策方面达成一致——9月14日墨索里尼与希特勒会面——希特勒对意大利法西斯领袖的评论——萨洛共和国——意大利驻巴尔干半岛和爱琴海军队的遭遇——我就形势问题向斯大林做出说明——巴多格利奥元帅在马耳他岛在长期投降协议上签字——罗斯福总统、斯大林和我共同宣布意大利具有共同交战国地位——斯福札伯爵的政治生涯开始了——利用意大利的人力和船舶——10月13日意大利对德宣战——一种动荡不安的局面

墨索里尼使意大利陷入内战的恐惧之中，因为他图谋复兴法西斯党。9月停战后的几个星期内，意大利陆军官兵和城乡爱国人士，在德军所占领的意大利北部地区，开始组建游击队，他们还联系上罗马南部的盟军和巴多格利奥政府，对德国人还有那些仍然支持墨索里尼的本国人展开军事行动。意大利人在这几个月中遭受内讧、暗杀以及屠杀，被一种残酷的气氛笼罩，他们在全国各地开展抵抗运动，以便对抗德军的占领。意大利中部和北部的起义运动，就像欧洲其他被占领的地方那样，感染了各阶级的人民。

他们取得了一项重大的成就，那就是帮助与支援了宣布停战时，仍然被拘禁在意大利北部的盟国战俘。这些战俘有80000人左右，他

们穿着的战斗服装引人注目,其中大多数人对意大利语言和地理不了解。另外,还有至少 10000 人,已经被意大利抵抗运动的成员还有乡村淳朴的人民不顾危险带到了安全地带,当地居民还给他们中的大部分人赠送了便服,他们已经穿在身上。

* * *

我认为应该与意大利国王和巴多格利奥元帅达成合作的时候,正是在签订停战协议后,以及意大利舰队忠诚而英勇地加入盟军的时候。等盟军占领罗马后,能与我们建立起一个真正具有普遍基础的意大利政府,而这个政府能与我们共同作战,至少在此之前我们应该这样做。我相信,相比由意大利流亡者或反法西斯政权分子组成的任何意大利政府,维克托·伊曼纽尔国王和巴多格利奥,更愿意将精力奉献于现在已成为我们共同事业的各项活动中。能证明他们威望的实例,就是意大利舰队的投降。另外,有些人认为不应该同那些曾经与墨索里尼一同工作或是曾经支持过他的人有来往,现在他们依然这么认为,因此在罗马六七个左派政党中,立刻接二连三地爆发出阴谋,他们想让国王和巴多格利奥下台,将权力掌握在自己手中。因为战争十分严重,而最重要的是,意大利是真心实意地同我们并肩作战,所以我刚发现这些倾向,就立刻加以制止。斯大林元帅信奉苏联的一句格言:"你在下桥以前,要一直与魔鬼同行。"因此就这一点来说,他支持我的观点。

* * *

我对麦克米伦从阿尔及尔发来的建议,以及艾森豪威尔的提议思考一番后,为征求罗斯福总统的意见,特向他发去电报。

首相致罗斯福总统　　　　　　　　1943年9月21日

……我和战时内阁的成员们做出的结论如下：

为意大利国王建立威望，并将布林迪西统治机构设置为政府，并为它建立威望，同时更重要的是，帮他们在整个意大利享有统一的指挥权……虽然今晚，巴多格利奥已经通过广播发表了讲话，但我们坚持认为意大利国王在巴里时，应该跟大众讲几句话，告诉意大利人民他的去向，并让大家知道他将领导意大利合法政府的工作，交由巴多格利奥全权负责。对于意大利人民来说，这样做十分有必要，对于意大利在海外的代表和驻军来说，也有这个必要。

我们应该让意大利国王和巴多格利奥知道，他们必须尽全力建立起一个反法西斯联合政府，而且这个政府要拥有最普遍的基础。在当前的紧要关头，只要有一个正派人士能做出一点好的贡献，就要被吸收进来。以上几点，国王在广播中都应该标明。如果斯福札伯爵和自称是六个政党代表的教授们，愿意付出一致的努力，这肯定是大有益处。但是，我必须确切指出，这些临时措施都是因战争需要而采用的，等将来意大利人民能自由选择自己心目中理想的民主政府形式的时候，决不能受到阻碍。

目前，我们还没有打算授予巴多格利奥政府同盟国的资格，只授予它共同交战国的身份已经很不错了。基于此种立场，我们应该在与德作战的过程中，逐步将意大利变成为一个有效的国家力量，但我们已经说过前提条件，就是它必须依靠自己的力量。将来我们调整和执行停战条件的时候，会对它在对敌作战中做出的有利行为予以确认。另外，我们希望巴多格利奥以停战协定为基础，继续为盟国工作。根据结果给予回报则是我们的原则。巴多格利奥有权利对德宣战，如果他采取这种行动，他虽然不会成为我们的同盟者，但会立刻成为我们共同的交战者。

我们要让巴多格利奥知道，我们没打算设置更多的盟国军政府。如果他能与我们合作，我们会将一些领土转交给他的政府，而这些领土已经脱离了敌人的控制。这一建议适用于历史悠久的意大利本土、西西里岛和撒丁岛。在受意大利政府管制的领土范围内，联合国将通过一个管理委员会与它往来。

如果现在，能够签署完整的投降文件，即使其中有些改变，我们也会感觉，这远比签署之前更便于行动。当然，以布林迪西统治机构的现状，许多条款他们还无法执行，但是，当我们向半岛北部挺进，并将领土交给意大利政府时，这些问题自然会出现。我们不想在每项条款上都要与意大利政府过分计较，因为我们不希望自己陷入这种境地。我希望艾森豪威尔除了让外交大臣发电报建议之外，还应尽快让巴多格利奥在投降文件上签字，因为我们越是推迟签字，产生的困难就越多。

最重要的是，应该立即向意大利国王和巴多格利奥提交这个计划，好让意大利国王应根据建议公开发表宣言。当然，这件事不一定要等到政策最后修订后才能办理。

这封电报与下列罗斯福总统的电报是一同发出的：

罗斯福总统致首相　　　　　　　　　　　1943年9月21日

如果你对以下电文没有异议，我将立即将它送交艾森豪威尔将军：

"考虑到意大利当前的局势，尽快采取现实可行的行动才是最重要的。

"1. 在没得到进一步的指示之前，你暂时先不要同意长期停战协议。

"2. 在符合军事需求的条件下，为方便意大利人在他们能力允许的范围内对德作战，你应授予他们随时提出减少军事停战协议条款提议的权力。

"3. 如果意大利政府对德宣战，根据以下第四条规定，我们应该允许它以意大利政府的身份执行公务，并在对德作战中，将它看成为一个共同的作战者。这种关系应建立在相互谅解之上，也就是说，意大利人民有权决定他们最终愿意采取的政府形式，这种自由权利绝不能被损害，并且，意大利政府的最终形式，要在德国人被驱逐出意大利领土后再做决定。

"4. 在实际情况允许的情况下，盟国军政府以及为停战协议执行委员会预留的适当职责，应尽早并入盟国委员会，服从盟军总司令的管理。盟国委员会在军事、政治和行政事务等方面，有随时给予巴多格利奥政府指导和下达命令的权力。

"5. 你应该利用所有切实可行的办法，鼓励意大利武装部队在你的指导下，积极开展对德战争。"

我认为，这两份指示在任何主要的观点上都没有对立，只有长期的投降条款暂时还没有通过。我听从了罗斯福总统的意见，就长期投降条款的问题我们达成一致意见，将他的电文作为我们的共同指示，交给艾森豪威尔将军。

* * *

墨索里尼在9月14日获得"解放"后，首次与希特勒会面。他们两人在之后的几天中就如何在仍被德军控制的意大利地区内，继续维持意大利法西斯的问题，展开了讨论。9月15日，意大利法西斯领袖声称，法西斯党的领导权已重新回归到他的手中，而且，一个新的共和—法西斯党将叛变分子清除干净后，精神抖擞，打算在北部重新建立一个忠心的政府。看来，旧的制度在短时期内，穿上了伪装革命的外衣，似乎像火焰一样，有重新点燃生命的可能，但是结果却让德国人失望。当时，戈培尔在他的评论中将这种消息显露出来。

> 我们的元首期盼得到一个合乎情理的结果，然而法西斯领袖并没有从意大利的巨变中得出这种结果。他能兴奋到极点，是因为他见到了我们的元首，并且还重新获得了最大的自由。不过我们的元首希望他尽全力报复那些背叛过他的人，并认为这是他应该优先处理的事情。不过，他没有这种想法，这也是他真正的无法逾越的地方。我们的元首或斯大林是革命家，而他与他们不同，他想对本国人民尽到责任，因此缺少一个世界革命家和叛逆者那样的雄心壮志。①

但是这已经成为定局。墨索里尼的装模作样的"百日丑剧"登场了。9月底，他在加尔达湖畔成立了总部，起名为"萨洛共和国"，这个可怜的影子政府因此而闻名。这是一出低劣的悲剧，它在这里一直上演到最后。20多年的意大利独裁者和立法者，与他的情妇生活在德国主人的控制之下，遵循他们的意愿。而且德国还精心挑选了一些卫士和医生，对他进行监视，使他断绝了与外界的往来。

意大利驻巴尔干半岛的部队，因国家的投降而陷入当地的游击队与企图报复的德国之间，处境十分危险，这样的情形完全始料未及。意大利以前的同盟者，将他们驻扎在科孚岛上的7000多名军人全部消灭，这种报复手法太过残忍。克法利尼亚岛上的意大利驻军在9月22日之前一直在抵抗，大部分没有死于战争的人，遭到枪杀，剩余的人则被流放到外地。在爱琴海各岛屿上，有些驻军准备一小批一小批向埃及逃亡。在阿尔巴尼亚、达尔马提亚海岸和南斯拉夫境内，一些意

---

① 《戈培尔日记》第387页。——原注

军分遣队加入了当地的游击队,他们经常被强制送去参与劳动,军官也频繁遭到枪决。在门的内哥罗,铁托将意军的两个师团组建成"加里波第师",就在战争即将结束时,他们遭遇了重大损失。在巴尔干半岛和爱琴海地区,自9月8日意大利军队宣告停战之后,损失人员除去那些在流放营中死去的士兵外,还有大约40000人。

* * *

我就目前局势与我们的政策向斯大林做了说明。

首相致斯大林总理　　　　　　　　　1943年9月21日

在德国人的协助下,墨索里尼成为所谓共和——法西斯政府的领袖,为此,我们急需抵制这种作为。意大利国王和巴多格利奥不但与我们签订了停战协议,而且又尽一切努力忠实地履行着协议,还交出了他们的绝大多数舰队,因此我们的办法是我方尽所有力量提升意大利国王和巴多格利奥的威望。另外,基于军事原因,我们必须鼓励和聚集一些军队,这些军队要有对德作战的愿望,或者至少有阻挠德国人的想法,他们已经在积极的行动之中。

因此我建议,让意大利国王听从劝告,通过广播呼吁意大利人民与巴多格利奥政府团结在一起。与此同时,宣布他建立一个具有普遍基础的反法西斯联合政府的打算。很明显,战后将采用哪种形式的民主政府,由意大利人民来决定,他不能通过任何行动来阻碍。

并且还应说明,在调整与执行停战协议的同时,会将意大利政府、陆军和人民在对敌作战中做出的有利成绩予以确认。不过意大利政府有权自由对德宣战,但它的行为,只能使它成为一个交战国,而非同盟国。

虽然目前在所有停战协议中,有一些条款还无法兑现,但我还是继续主张在它上边签字(有些条件还未解决)。基于上述原因，我们会告诉巴多格利奥，等盟国政府将历史悠久的意大利本土、西西里岛和撒丁岛从敌人的手中拿回来后，就交给被盟国执行委员会领导的意大利政府。

我同时也向罗斯福总统提出这些建议，希望能获得你的认同。我想你一定了解，这件事情之所以紧急，是因为军事原因——诸如，德国人已经被意大利人驱逐出撒丁岛，许多岛屿和重要地段仍控制在德国人手中，但我们却能得到这些地方。

他的回复如下：

斯大林总理致丘吉尔首相　　　　　　　　　　1943年9月22日

你于9月21日发送的电报，我已收到。

1. 我赞同你让意大利国王通过广播号召意大利人民的建议。不过，在我看来，意大利国王在号召的时候，应确切说明意大利已经向英国、美国和苏联投降，并将与英国、美国和苏联并肩对抗德国，这是十分重要的。

2. 我也认为签署完整的停战协议是十分必要的。你认为某些条款在当前无法实施，因此持保留态度，而在我看来，这些条款只是当前在仍旧属于德国人的地区内不能实施，这才是保留的意义。不管怎样，我希望你能就这一点给我证明或进行必要的说明。

对于这一点，我曾问过罗斯福总统的看法，还告诉他，我认为意大利成立的停战协定委员会完全可以处理长期的投降条件。后来，我向他发送了一份电报，内容如下：

前海军人员致罗斯福总统　　　　　　　　　　1943年9月24日

我从麦克米伦那里得知，他确信，巴多格利奥会在近几天内，签署所有协议。他还说，我们耽误的时间越长，争执就会越多。等过一段时间之后，新委员会才能提出他们的意见。对我本人来说，我更乐意现在就把这件事解决，因为这会为我们将来免去很多后患之忧。

我们在序言上的用词，因艾森豪威尔的提议而变得平和。我们还规定，9月3日的停战协议仍具有效力。

前海军人员致罗斯福总统　　　　　　　　　　1943年9月25日

由于我不知道你对约大叔会采取哪种方针，因此对于他同意支持意大利国王的来电，以及关于完整条件的提议，我还没有答复。你一定收到了我的电报，麦克米伦告诉我说，巴多格利奥应该很容易就会签字。

罗斯福总统答复说：

罗斯福总统致首相　　　　　　　　　　　　　1943年9月25日

我赞同你对长期条件的提议，但前提是能够尽快签字。我已经将这些意见告诉了艾森豪威尔。

* * *

这时，另外的政治纠纷爆发了。

首相致麦克米伦先生（在阿尔及尔）　　　　　1943年9月25日

他们以"意大利和阿尔巴尼亚国王及埃塞俄比亚皇帝"的名义，在巴里电台广播消息，因此让这里的人们惊讶不已。我只能说，只要这种愚蠢的行为再出现一次，这里的人就会对我们的所有政策表示怀疑。难道那位国王希望被送回到他的埃塞俄比亚帝国当国王吗？

……依我之见，我们先审查一下意大利国王的演说词，然后再让他公布。就算时间不允许，你也应该过问一下。斯大林支持我们利用意大利政府的政策，这是难能可贵的，因此在演说中提到苏联，也是十分重要的。

9月28日，巴多格利奥元帅从布林迪西出发，乘坐一艘意大利巡洋舰到马耳他岛，签署长期投降协议。在"纳尔逊"战列舰上，艾森豪威尔将军以及他的参谋长比德尔·史密斯将军、戈特勋爵和亚历山大将军，用正式仪式欢迎他。对于无条件投降这一条款，巴多格利奥不愿保留，但是盟军司令们坚决认为，这里不接受任何的讨价还价，因为这次签署文件是由盟国政府提出的，它属于正式集会。

巴多格利奥和艾森豪威尔将军在双方签字之后，就对德宣战的问题进行了讨论，但没持续多长时间。这位意大利元帅有对德宣战的意愿。他们视察了马耳他港内的意大利舰队之后，当天的日程就结束了。

前海军人员致罗斯福总统　　　　　　　　1943年9月28日

我们就当前应该为长期投降文件进行保密的问题，达成一致意见。我深信约大叔不会反对，但如果你能作为我们两人的代表，把我们的意见告诉他，就再好不过了。

我们认为，将罗马设置成没有防守的城市是错误的，因而无须讨论。因为这不但丝毫起不到约束敌人的作用，而且还会阻碍我们的进攻。

* * *

我们在意大利的驻军，面对新的局势感到手足无措。意大利人这三年多以来，一直与他们对立，但因为意大利加入了联合国家，没用几个星期，就找到了自己的新位置，其中有些人还抱有一种新的立场。我们再也不可能征用军需品了，因为他们不同意向英国军队提供住宿所需，并且，如果英国军官没有意大利的定量配给证，也领不到食物。当地人对英国军票也持怀疑态度。而担任过北方军政长官的英国高级军官，同意大利人来往的时候，也只能享受联络官的待遇。以前他们可以强行征用所需的便利条件，但现在必须向意大利人请示。而意大利的新政权则因请示过多而倍感烦恼，于是他们很快就进行了改善。不过有些意大利平民则借着变动的机会谋取私利。罗斯福总统和艾森豪威尔将军为对意大利人和全世界说明"共同交战国"的地位，认为公开发表宣言还是很有必要的。对于这个意见，我是赞成的。

前海军人员致罗斯福总统　　　　　　　1943年9月30日

　　对于我们发表联合宣言，我是持赞成态度的，但现在显而易见，约大叔也明确认同意大利有共同交战者的地位，因此我们是否借此机会也将他拉来参加呢？我们必然会耽误好几天时间用来往返莫斯科，但与苏联加入这一行动相比，耽误点时间也不是什么大事，因为它更有意义。

　　我希望这种宣言能采用这种形式，如果你同意，可否请你按照我的观点，将内容告知斯大林。他能否同意和我们发表联合宣言，还是希望不在宣言上列入他的名字，只让我们自己发表就够了？当然，他还会对草稿提出修改意见，我们也应该予以考虑。

　　我会在即将发送的电报中，就我认为应有的几处修改，提出建议。如果你没有反对意见，而且同意通知斯大林，那么能否请你按照这种形式将内容转交给他？

　　以下是我起草的宣言正文：
　　"对于巴多格利奥元帅所声明的意大利王国政府的立场，英国、美国和苏联三国政府予以认可，并将意大利国家和武装部队看作对德战争中的一个共同交战国，并接受它们的积极合作。9月8日以来的军事事件，以及德国人对意大利人民实施的暴行，终于促成意大利对德宣战。根据这些事实，我们已经将意大利看成一个共同交战国。基于此种原因，美、英、苏三国政府，会坚持同意大利政府一同工作。待意大利政府将德国人驱逐出意大利后，三国政府一定履行诺言，服从意大利人民的意愿。很明显，意大利人民有权通过宪法手段，决定他们最后所希望的民主政府的形式，这种绝对自由的权利不容遭到任何破坏。

"近期签订的条件，不能受到意大利政府和联合国家各国政府作为共同交战国之间关系的影响，只能由盟国政府在他们之间协调一致后再进行调整，但要以意大利政府对联合国家在事业上可能提供的援助程度为依据。"

罗斯福总统和斯大林均同意了这份宣言。

* * *

斯福札伯爵在法西斯革命之前，曾经担任外交大臣和驻巴黎大使，在墨索里尼执政期间，他被迫离开祖国，现在，他登上了意大利的政治舞台。他在驻美国的意大利人之间，享有很高的威望。他曾声称，他提倡让意大利加入盟国共同作战，而且他还在近期给国务院一个高级官员去了一封信，表示了他与巴多格利奥合作的意愿。在他看来，借着这种愈发紧张的局势，他能在意大利获得重要的权力，并深信他有权获得这样的权力。许多美国人都支持他，而且一部分驻美意大利人的选票也被他影响。我们遵循的意大利战役的军事思想，是意大利国王和巴多格利奥延续下来的，因此罗斯福总统希望，在可能不导致意大利国王和巴多格利奥下台的情况下，让新的政府机构接纳斯福札。

前海军人员致罗斯福总统　　　　　　　　　　1943年9月30日

你在电报中提及了斯福札与其政府合作一事，我认为，他的公开声明对意大利国王来说，至少没表现出友好。不过，我在他9月26日的宣言记录中，找到了下边这段摘要，从中可以看出，对于我们努力进行的战争来说，他或许能起一定作用：

"如果现在的意大利领导人认真做事，努力战斗，我们就会和他们并肩作战，将德国人逐出意大利。

我之所以这样说，因为这是我唯一的，也是最重要的愿望，而我的出发点，也是希望做一件有益的事，以便取得胜利。如果享有盟国信任的任何政府，在当前就能证明它能通过战斗将德国人赶出意大利，那么我们就可以与这些政府联合在一起。

如果明天，让我成立一个共和国，并对外公布，我会说：'不，把德国人逐出意大利才是我们最重要的任务。意大利人希望如此，但是当意大利获得解放，决定权则在意大利人手中。'"

前海军人员致罗斯福总统　　　　　　　　1943年10月1日

你发来谈及斯福札的电报，我已收到。斯福札几乎提及了各种问题，但是他在信中写到的情况，和这些相比还是有很大出入的。他到底是想帮助巴多格利奥的王国政府呢，还是要破坏它的声望？他的确应该有定论。我们最好先弄清自己的态度，然后再栽培他。最好是你能送他回意大利，途中经过联合王国时，我们在这儿用友好的态度，向他深入劝说。在艾森豪威尔的作用下，反法西斯主义与德国人小规模的斗争在意大利人中已经形成，如果斯福札返回意大利，会破坏这些斗争，这样做是没有好处的。

罗斯福总统致首相　　　　　　　　　　　1943年10月2日

我收到了你提及斯福札的电报。据说，10月3日，他和他的儿子准备前往马拉喀什，其间会乘飞机先到达普雷斯特威克。

我希望你趁他在联合王国停留的机会，好好地教训他一下。

我今天给艾森豪威尔去了一封电报,内容如下:

"告诉巴多格利奥,虽然格兰迪在罢免墨索里尼的行动中,表现突出,但由于他与法西斯主义的关系过于亲密,因此美国政府目前不能接受他加入巴多格利奥政府。不过,如果现在将他安排在布林迪西政府里,也会引发诸多不好的议论和误会。首先,只有拥有确切自由和民主原则的人,才能被巴多格利奥政府接纳。美国政府支持现今意大利政府的条件,即使要使用这种人承担职责。

对于意大利的宣战,德国做出了积极回应,巴多格利奥政府宣布它坚持用武力将德国侵略者赶出意大利,才是它的核心力量所在。意大利政府只有立即对德宣战,才能获得一个共同交战国的权力。"

我趁斯福札伯爵途径伦敦的机会,与他进行了一次谈话,时间很长。我确信我们达成了一项协议。基于这份协议,为使我们尽快收复罗马,建立一个具有普遍基础的非法西斯主义政府,他会忠心地为意大利国王和巴多格利奥工作。于是,我坚持执行我们已经确定的原则,在意大利获得自由之前,都要实行君主政权。在对德作战中,我们要使意大利政府站在我们这边;为巩固该政府,就要增加具有代表性的以及反对德国的人物。我们当前对意大利事务的安排,需要苏联人的加入。

* * *

我们在交换意见的时候,我尽全力提出充分利用意大利人力和船只的要求。

首相致外交大臣   1943年9月26日
  我们是否应该就利用意大利战俘和人力的问题,与意大利政府签订一份协议？这些意大利人数量庞大，我们不能任凭他们在英国或北非随便逗留，不受纪律的约束。如果将他们遣送回国，就会增加我们航运的负担。另外，我们也需要他们的人力，而且我们不能因为看管大量的战俘，而影响了我们在非洲的军事行动。我们的第一装甲师，事实上已经无用武之地，因为他们只用于看管战俘了。

在与意大利政府签订新的协议之前，我们应该要求坚持进行往联合王国输送战俘的工作，因为从非洲返回联合王国的船只，经常是空的。如果他们能坚持做现在的工作，并严格遵守纪律，我会为改变意大利人地位的问题，进行充分的思考与准备。

首相致海军大臣，海军副参谋长和坎宁安海军上将

1943年10月2日

1. 无论是停泊在亚历山大港的意大利海军舰船，还是停在其他地方的舰船，都要让它们得到充分的利用。为参与太平洋战役，供美国在太平洋使用，现在，我希望向美方提议，将"利特里奥号"军舰开往美国进行装备。基于一些原因，第一，对德作战的主要任务由我们承担；第二，我们损失了很多主力舰；第三，为实现短期造舰计划，我们已经停止建造主力舰，因此现在，我还要向罗斯福总统提议，等战争结束后，将意大利军舰转给我们。我相信，罗斯福总统会用友好的态度，接受我们的建议。我希望你们能就以上所说，提出你们的意见。当然，我也希望得知这些舰船的构造情况和价格。

2. 我们不能任凭一些主要的舰船在地中海港口内无所事事，而要充分利用巡洋舰和其他舰船。最重要的和最新式的舰船应当用来参与作战，超龄军舰则应该被报废。较旧的意大利战列舰可以加入沿海炮轰分舰队，来发挥作用，因为到了1944年，这些分舰队会在一定时间内，用于英吉利海峡或印度洋。

* * *

前海军人员致罗斯福总统　　　　　　　　1943 年 10 月 4 日

我们目前最重要的事情就是催促意大利国王提早宣战，因为约大叔已经同意与我们一同向意大利发布宣言。我知道你也是这么想的。再空谈什么等到收复罗马之后再行宣战，没有什么意义，我主张授权艾森豪威尔对意大利国王施加最大压力。我认为，这正是意大利人戴罪立功的大好机会。只要你赞同，不用跟我们商量就可以立即发出所需指令。

总统立刻采取了行动。

罗斯福总统致首相　　　　　　　　　　　1943 年 10 月 8 日

我于 10 月 5 日给艾森豪威尔发出下列通知：

"意大利无须等待收复罗马，应尽快对德宣战，这是总统和首相的一致意见。因此，为使意大利政府早日宣战，而非等到收获更多成绩之后，你必须向它施加压力。"

因此，意大利王国政府于 10 月 13 日对德宣战。

* * *

首相致麦克米伦先生（在阿尔及尔）　　　1943 年 10 月 23 日

……我的方式是发展意大利政府的基础，使它的左倾力量得到增长。我们在这里已经对现有的人员的情况有了一定了解。这一切，你都应该关注，并尽量向我报告更多情况。

我知道，等到我们占领罗马以后，才是谈论意大利政府改组的最佳时机,因为将罗马占领,就会得到意大利和罗马天主教会的拥护。而且巴多格利奥和意大利国王在那里恢复职位,将会有更多机会去凝聚意大利实力派。我们在那里可以进行交易,还能实施我们伟大的抱负。

在此期间,我们应注意,避免采取任何会削弱意大利国王和巴多格利奥现有职务的行动,反而要支持他们,并领导他们与我们的军队并肩前进。另外,为增强现有政府的实力,应坚持尽全力为他们物色人才。

前海军人员致罗斯福总统　　　　　　　　　1943年11月6日

我从所有情报中得出,假如我们不让意大利国王与巴多格利奥合演这台戏,我们将损失巨大。虽然对我们来说,维克托·伊曼纽尔是个无关紧要的人,但实际上,意大利舰队的投降,就是他与巴多格利奥联合导致的,现在这支舰队,做出了非常有益的事情。与此同时,当前绝大部分意大利军队和人民都处于不幸之中,正是因为这次联合,使他们的忠心,受到了驻各地意大利外交代表的拥护。我们为何要减少对他们的任何援助,从而增加正向罗马进军的英美军队的压力呢?我认为,如果我们鼓励对巴多格利奥和意大利国王的政权进行何种变革,也要等到我们进入罗马,并能组成一个真正具有普遍基础的意大利政府之后再说。

我知道,艾森豪威尔基本上会同意我的观点。我们应该先保持我们已得的成绩,然后再预测我们还有哪些更好的成就,不过这些更好的成就,要等我们占领了罗马的时候才有把握获得。

我就是在意大利这种动荡的局面下,动身前往开罗和德黑兰的。

第十二章　与胜利失之交臂的岛屿

罗得岛，东地中海的军事要塞——我们有能力控制爱琴海——威尔逊将军的计划遭遇失败——陆军少校杰利科勋爵的冒险降落行动——联合参谋长委员会同意进攻罗得、莱罗斯和科斯诸岛——德军誓死守护罗得岛——希特勒关注爱琴海——德军重兵占领科斯岛——进攻罗得岛迫在眉睫——10月7日，我致电报给罗斯福总统——他的回复令人沮丧——10月8日，我又向他请求援助——华盛顿的态度很坚决——这个问题没有得到解决——希特勒决定在罗马南面作战，这个消息彻底打破我们的计划——10月10日，威尔逊的报告——我感到痛心，做出让步——10月10日，我向罗斯福总统发送电报——我们部队防守莱罗斯岛的经历——11月12日，德军发动进攻——一个沉痛的打击——处于次要地位人员的反对，老套而固执

意大利投降之后，我们只需付出不多的代价和努力，就有希望在爱琴海获得重要的成功。

但前提是在他们遭受各岛屿上德军恐吓与被解除武装之前，我们就要到达那里。意大利驻扎在此地的军队听从意大利国王和巴多格利奥元帅的指令，他们是会真心投降的。相比之下，德军人数要少很多。不过没有多久，德军就已经开始怀疑他盟友的忠诚度，并为此备下了对策。很长一段时间以来，在我们的次要作战区域内，罗得、莱罗斯和科斯这三个岛屿作为堡垒，有着非常重要的战略地位。这群岛屿的

关键是罗得岛，因为那里有很好的飞机场。我们自己的空军就在这里起飞，它将为我们可能占据的任何其他岛屿保驾护航，助我们海军将海域完全控制在自己手中。而且，假若驻埃及和昔兰尼加的英国空军，将部分军力转移到罗得岛，同样能保卫好埃及，甚至保卫得更好。我想，如果不将这些宝贵的东西握紧，即便天赐良机也会失去。此时，在意大利溃败的影响下，土耳其遭受巨大危机。如果能争取到对爱琴海的制空权和制海权，我们很可能决定土耳其的命运。如果我们能利用爱琴海和达达尼尔海峡为海军开辟通往苏联的线路，我们就再也不用组织北极护航队，这样能降低风险，减少开支，而且我们也不用维持通往波斯湾那条供应线了，因为它漫长而令人讨厌。

开始的时候我就感觉，我们应该做好准备，这样才能利用起意大利溃败和德国遭受围歼期间的任何机会。

首相致伊斯梅将军，转参谋长委员会　　　　1943年8月2日

1. 现在有一项重要工作，必须积极推进，并且不惜尝试各种方式。假若克里特岛和罗得岛上的意大利军队反抗德军时，双方相持不下，我们必须尽快支援意大利军队，这样，当地居民更愿意帮助我们。

2. 今天应该通知中东方面：为防止紧急事件的发生，应该停止对土耳其的一切供应；为抓住可能出现的机会，他们应该准备远征部队，即便不符合师的编制也可以。

3. 现在，在没有时间按规定进行编制的情况下，更要利用现有的任何作战部队。在不影响意大利作战的条件下，是否能想办法弄到一些攻击舰艇？这不表示装甲的登陆舰成为输送部队登陆的唯一方式。在舰艇和海岸之间，还可以使用轻舟和舰载小艇，假若得到岸上朋友们的支援，情况就会有所改观，这样可以吗？

这一行动虽然有些冒险，但付出的代价微小，而取得的胜利巨大。我希望参谋长委员会能给予鼓励。

好几个月之前，中东司令部就已经完成夺取罗得岛的计划与准备工作。为了这次作战行动，第八印度师在8月期间，进行了训练与演习，并准备在9月1日乘船出发。他们本来可以乘坐船舶前往罗得岛。但是去年5月，我们在华盛顿会议上做了一个次要决定。为履行决定，在8月26日那天，联合参谋长委员会就下令让中东司令部将船只派往印度。而此时，第八印度师正好待命参加中地中海的军队联盟，恰好方便我们展开对缅甸海岸的作战行动。

* * *

很长一段时期以来，爱琴海的岛屿是我们希望获得的一个战略目标。当重大的意大利投降事件发生时，将我的思绪又拉回到它们那里。9月9日在华盛顿，我发电报给中东总司令威尔逊将军说："到了我们展示自己的时候了，我们应该大胆做决策，灵活变通。"威尔逊将军希望我们尽快展开行动，但是除了第二三四旅之外，他的大部分部队被派遣到其他地方。第二三四旅是由部分驻扎在马耳他岛的军队组成的，历经艰难考验。至于运输方面，除了用在当地想尽办法找来的船只外，再无其他船只。有些攻击舰艇虽然曾经受过训练，不过近期也被调到其他地方去了。它们或者调到西面去参加遥遥无期的"霸王"战役，或是调到印度去作战。尽管这些舰艇的控制权仍然在它的上级手中，但是美国人遭受巨大压力，在他们的要求下，我们不得不将这些船只分成几个方向调离。在意大利溃败前，他们制定的那些适应于各种不同情况的协议，至少在中级官员之间仍在严格执行。为在多德卡尼斯群岛尽快展开行动，威尔逊也制定下完备的计划，不过受此事影响，也被粗鲁地打乱了。此后，我们只能尽自己最大努力，用不多的兵力去占领和维护那些岛屿，因为它们具有极为重大及重要的战略与政治地位。

特殊空军防务团，是由戴维·斯特林中校（曾获三级特殊功勋章）组织的，他们最近将攻击范围扩大到沙漠以外地区。不过在此之前，他们已经在敌人后方两三百英里的地方，对敌人的机场进行了一系列大胆袭击，并取得了胜利。9月9日晚，陆军少校杰利科勋爵——冒险队领导人之一杰利科海军上将的儿子，为迫使罗得岛投降，带领一个小队用降落伞降落到那里。要想刺激意大利军队将人数比他们少很多的德军控制住，我们最好能占领一个港口和一个机场，并尽快派英军前往那里。不过德军没有那么脆弱，他们用权威将意大利制服，杰利科只得快速撤离。在这之后，兵力如果不超过中东司令部可抽调的兵力，打败六千德军，攻占他们坚守的罗得岛是很难的。我们之所以准备攻占罗得、莱罗斯和科斯三个岛屿，是因为受到9月10日，联合参谋委员会依据魁北克会议决议做出的最后总结中专门许可的。①威尔逊曾派遣两支规模不大的部队，分海空两路前往其他一些岛屿，态度果断而迅速。9月14日的报告如下：

梅特兰·威尔逊将军致帝国总参谋长　　　　1943年9月14日

在我们还没开始采取行动之前，罗得岛的形势就急剧恶化。意大利军队经历小范围的轰炸之后，就向德军交出了他们的市镇和港口。以后，我们只能进行突击登陆。但不幸的是第八印度师，他们为了这次战役不但进行了训练和演习，现在又被调到中地中海作战区域。在海军部的一声令下，他们的船只、舰艇也被分散到各地去。驻罗得岛的意大利军队曾经宣称要与德军对抗，但现在已经没有了抵抗的意思，因为他们的士气已经不再高涨。我们

---

① 加州南部的港口。——译注

已将卡斯特洛里佐岛占领，科斯、莱罗斯和萨摩斯等岛也已经有部队前往。今天，一小队"喷火"式战斗机将在科斯岛组建。驻扎与防守的步兵今晚将会用降落伞登陆。一支步兵分遣队也被派遣到莱罗斯岛。我建议，我们今后应该用变化无常的方式在爱琴海上袭击敌方的交通线。如果恰逢时机，借助希腊的兵力攻占希腊的岛屿。现在，即便第十印度师装备不完善，也成为唯一可供使用的部队，因为新西兰师也将被派遣到中地中海作战。

艾森豪威尔将军决定中东战区部队与物资的调遣与使用，因此我们对罗得岛实行突击登陆的希望落了空。不过在我看来，最好用1522年土耳其人采用的策略来占领该岛，不过时间却没有那么长。

如果我们不能占领罗得岛，我们在整个爱琴海上取得的成功就会功亏一篑。要想达到我们需要达到的目的，只有投入大量空军力量。要是我们的观点早点达成一致，实际上会为他们节约很多时间。我们曾经将我们掌握的一切重要信息上报给他们，自愿且毫无保留。但艾森豪威尔将军和他的参谋们好像并没有关注这个目标，尽管这个目标很容易达成。

现在我们知道德国人开始感到恐慌，因为他们曾认定我们会从东南两侧向他们发动致命的攻击。9月14日，德国的陆军和海军代表们，在德国元首总部举办的会议上都强烈要求，趁现在还有时间，应该从克里特岛和爱琴海的其他岛屿上撤回。他们表示，以前为了在东地中海展开进攻，才会占领这些前进基地，但是现在形势已完全不同。他们还重点提出，坚决不能让军队和物资遭受损失。

军队和物资对于防守大陆至关重要，并且是决定性的，坚决不能让它们遭受任何损失。不过希特勒批评并反驳了他们的观点，他认为为防止因政治带来不利影响，他绝不能下发撤退的命令，特别是不能撤离克里特岛和多德卡尼斯群岛。希特勒说："东南欧盟国和土耳其之所以信任我们，是因为我们的实力。如果从这些岛屿撤退，就会为我们带来不利影响。"希特勒的决定经过事实验证是对的，他们应该坚守爱琴海岛屿。只对主要的战略地位带来微小的损失，就从一个次要的战区获得了巨大的回报。希特勒在巴尔干半岛做出了错误的决定，但对于爱琴海战区，他的决定是正确的。

* * *

我们做了一个正确的决定，就是不攻占克里特岛。因为岛上已有大量德军驻扎，他们很快就将意大利军队的武器没收，并控制了他们的防御事务。不过，我们在克里特岛周围一些小岛上的作战行动，暂时没有遇到阻碍。9月15日，海空两路军队开始行动。除了小型沿海航船、帆船和汽艇等工具全部被用来运输以外，为协助作战，英国皇家海军还派遣来驱逐舰和潜水艇。到了月底，一些规模不大的分遣队将会登陆一些其他岛屿，而三个营的部队会分别攻占三个岛屿——科斯、莱罗斯和萨摩斯。他们与驻扎在那里的意大利军相遇，那里的防御工事和防空设施简单而粗陋，意大利军却向他们炫耀。除此之外，他们的态度还是很不错的。因为船只短缺，我们自己的重武器和车辆还无法运送到这里。

除罗得岛之外，科斯岛是又一具有重要战略地位的岛屿。因为这个岛上有一座飞机场，可供我们的战斗机从那里展开行动。这个机场已经维修完毕，24门"博弗斯"高射炮也被运来保护机场，现在已经启用。敌人必定锁定目标，对这个岛发动袭击，从9月18日起，空中袭击也会频繁降临这个岛。我们用侦察机查看到敌人的一个护航队正在强行靠近。10月3日，天刚亮的时候，降落在中央机场的德国降落伞部队，袭击了我们独立防守机场的一个连的部队，并取得胜利。敌人将我们驻扎在该岛北部的其余兵力切断，并从那里登陆，这些兵力有一个营那么多。很明显，我们能派出最大数量的兵力就是一个营。他们在这个长达30英里的岛上两面受袭，在这种情况下，要想让他们击退敌军确实很难。皇家海军拼尽全力防御科斯岛，阻止地方护航队的逼近，但却失败了。这原因恰巧是因为剩余舰艇、船只都被调走，仅剩下三艘驱逐舰作战。当时，海军的主要舰艇船只，都在马耳他岛集合，我们的两艘战列舰也奉命前往。其实这部分安排并非出于紧急任务，但却需要其余舰艇和船只护航。因此，科斯岛沦陷了。

* * *

威尔逊在9月22日的报告中说，他对即将在10月20日左右进攻罗得岛的行动提出几点起码的要求，这些要求我们可以承受。他只提出给他海军的护卫舰、炮击舰、三艘坦克登陆舰、几艘军事运输舰、一艘医院船，还有一架运输机，以便保证有足够的空间运输一个伞兵营。此外，他还要求使用第十印度师和一部分装甲旅。我们对支援爱琴海的军事行动无能为力，为此感到忧心忡忡。9月25日，我向艾森豪威尔将军发去电报：

> 中东总司令会致电报向你说明关于罗得岛的情况。罗得岛是东地中海和爱琴海的重要岛屿，如果德军会在那里重兵防守，这对我们来说十分不利。中东司令部提出的要求不多，我没有问华盛顿，希望你能告知具体情况，我将感激不尽。①

---

① 参见第四卷，第779页第748页及第796页。——译注

南爱琴海

我的要求不算多，只是想请求我们的美国朋友提供我们所需的微小帮助，这样我们就能成功占领罗得岛，守住莱罗斯岛，继而收复科斯岛。过去三个月中，我们不断向他们施加压力，他们也做出让步，因此我们获得了巨大的成功。不过我们也向他们付出了酬劳。我完全有权利要求援助，虽然为数不多，却可以增强英国军队的力量。现在，英国军队准备展开关于爱琴海的战略行动，也许经过联合参谋长委员会的认可，他们已经达到危险阵地。我们有信心占领罗得岛，如果能有运输一个师兵力的登陆艇，我们有信心占领罗得岛，当然在这几天中，不可或缺的是主要空军盟友的协助。不过，德国人为破坏我们一心想要达成的愿望，已经把许多飞机派遣到爱琴海上来，他们重新控制了局势。

* * *

我向罗斯福总统详细汇报了这一行动的具体情况。

前海军人员致罗斯福总统　　　　　　　　1943年10月7日

1. 我极为关注东地中海的局势发展。在意大利溃败初期，我们很快就派遣兵力不多的分遣队从埃及进攻希腊的几个岛屿。科斯岛和莱罗斯岛是我们进攻的重点，因为科斯岛有一个飞机场，而莱罗斯岛有防御工事，还有可供永久使用的强大炮台，因为那是意大利海军的驻扎基地。意大利驻防军一直对我们持欢迎态度，因此我们希望他们能加入我们的防守任务，但是现在看来，这个希望没法实现。现在，除了山区还有一些部队作战外，科斯岛已经失守。而我们攻击罗得岛的计划也已经失败，因此，莱罗斯岛很可能即将失守。

2. 意大利半岛和巴尔干半岛无论从军事还是政治上都已经结为联盟，相信我们很快就会看到，因此，我们必须对付他们这个统一战线。要是我们不重视爱琴海发生的事情，在意大利的战役就绝不可能取得胜利。显而易见，德国人对这个东战场极为重视，他们的空军力量本来就已经不足，但为了保住自己在当地的地位，便毅然决然地从中调出一大部分兵力。匈牙利和罗马尼亚可能会背叛他们，保加利亚可能出现严重的割据局面，这些都令他们忧心忡忡。土耳其也可能随时与德国站在对立面。希腊和南斯拉夫的局势对敌人来说没有一点优势，这我们完全看得出来。也许因为我们在军事上做出努力，并在意大利引起政治反响，从而为自己带来了光辉的业绩。如果想到这些，我们就不重视我提到的所有那些国家或是其中某些国家，我们的目光未免过于短浅。因为这些国家也可以发生同样的，甚至更大的溃败局面。假如这样的反应能助我们获得胜利，将会在很大程度上减轻我们在意大利的共同任务。

3. 我从没有派遣军队去巴尔干半岛的想法。当地激烈的游击战争现已遍地开花，以示鼓励，我只是希望特工人员、军需供应和突击队能够前往。这样做可能会对我们主要的军事行动造成一点损失，但却会带来无法衡量的影响。我提出的要求是，占领罗得岛和多德卡尼斯群岛上的其他岛屿；我们的中东空军继续向北部挺进，以便在这些岛屿上建立基地。我们很有可能占领土耳其海岸，也可能在此建立基地，这样敌人就会被迫分散兵力，其分散程度远远超过我们的预期。此时，敌人的空军力量日益衰退，借此机会，我们在一个新的战区与其作战，这样会大大削弱他们的战斗力。反正敌人的空军力量没有多少，我们最好是要不断地与他们交战。

4. 现在的进攻计划还有不完善的地方。以上所说的一切，罗得岛才是重点，我们需要且值得再派遣最少一个师团，并且是最优秀的师团作战。只要占领了这个岛屿，就可以替换成普通的驻防军防守。目前，我们守住了莱罗斯岛，不过它作为海军堡垒，具有重要的地位,因此情况不容乐观。如果我们能坚持在此地防守,空军和轻型的海军舰船,必定能取得极为有利的成果。要想实行这一战略,就要迅速而果断地投入优秀的军队,还需要配备充足的运输工具,否则,行动只会落空。虽然这次军事行动会与主要战场暂时脱离,但却具有重要意义,而这个意义是深刻且永久性的。

5. 我诚恳地请求您万万不要将这个问题置于不顾,一定要仔细考虑。这几个月中,我们已经四面楚歌,再不能丢掉所有取得成功的可能性。虽然能输送一师人的登陆舰和袭击舰都调去为"霸王"战役服务,但如果能将它们在不变更行动日期的前提下,从编制中调离几个星期,这么做也是值得的。我想,这次是一个大好时机,但不抓紧,就容易失去。如果你也赞同,请先将这份电报交由马歇尔看一看,之后再由联合参谋长委员会做出定夺。

罗斯福总统给我发来一封电报,电报上说拒绝一切援助(他已寄给艾森豪威尔),这令我感到十分难过。在他和美国三军参谋长的许可下,我已经做出承诺,现在即将面临当头一棒。过去消极力量主导大局,好不容易才被我们压制下去,现在又卷土重来了。

罗斯福总统致首相　　　　　　　　　　　　1943年10月8日

为了顺利取得我们预期的结果,也就是说为在罗马北面建立一条巩固的战线,我们应该让意大利的作战行动,尽快且毫无障碍地取得进步。因此,我不想强求艾森豪威尔改变计划。

如果艾森豪威尔认为,任何计划上的变动,将会对其当前在意大利地位的巩固造成不利影响,我都不会支持。地面部队与装甲师方面是艾森豪威尔对手的强项,与他们的强项相比,我们努力建立巩固地位的行动却没有多大的进展。

我认为,任何部队和装备的调遣,都应该以保障事先决定的"霸王"作战计划为前提。

以上观点经过美国三军参谋长认可。

艾森豪威尔也已经收到了我的电报副本。

这样一句话，成为我重点关注的对象。"我认为，任何部队和装备的调遣，都应该以保障事先决定的'霸王'作战计划为前提。"用这种说法做挡箭牌，实在是分不清各种工作的主次。这样说的意思就是：如果推迟六个星期归还准备参与"霸王"作战计划的500多艘登陆舰中的9艘，就会不利于1944年5月的主要战事。不管怎么说，从现在算起，还有六个月的时间才会展开"霸王"作战计划。因此，我下定决心，要再次对罗斯福总统提出诚恳的请求。今年6月，我和马歇尔将军一同前往阿尔及尔，那是一次具有深远影响的行程，我们基本没有遇到困难，此后便好运不断。想到这些，我希望用同样的做法能够奏效，我已做好立刻飞往突尼斯的准备。

前海军人员致罗斯福总统　　　　　　1943年10月8日

1. 我想起，过去我们之所以收获显著成果，并且对将来意义重大，是因为我们在行动上配合默契。因此在这个紧要的时刻，我诚恳地请求你考虑一下我的意见。

2. 我深信，假如我们在战略上造成重大失误，那主要原因一定是在现阶段放弃占领罗得岛，以及没有重视东地中海的整个局势。我也确信，如果我们大家能将此事放在会议桌上讨论一下，在不妨碍我们在意大利进军，也不干扰"霸王"作战计划的准备工作的前提下，我们一样可以将这次战役编入我们的计划。你也知道，我们对进军意大利的事情一直持拥护态度，并且，我们也忠心支持"霸王"作战计划。

3. 如果可以，请你回忆一下：我们在魁北克时，接到的通知上说，到12月1日，我们聚集在意大利的军队，能够登岸的不足12个师。当时我是多么的不安。迄今，到了10月9日，登岸的兵力比 15 个师还要多，其中有 12 个师左右的兵力已经参与到战斗中。我们明白，敌人正在一边向北撤退，一边在后方进行守卫战，以便将从敌人那缴获的武器装备运送出去。至于是在 10 月还是 11 月我们才能占领罗得岛，现在还不能确定。但是在 12 月之前，甚至再向后推一段时间，我们就无法在意大利北部同德国的主力部队进行交锋，这是我们可以确定的。不过，我们可以操控我们的进程。

4. 所以，先抽调一个师的兵力去进攻罗得岛，只要在德军设置防御战线之前，我军到达那里，就能把这个师调回到意大利战线。我们有足够的时间完成这些。

5. 我们应该想些办法来解决这些困难，还要弄明白我们应该采取什么样的策略才会避免犯错。我愿意带领英国三军参谋长们前往艾森豪威尔的总部，但前提是你能派遣马歇尔将军和你的私人代表到那里与我会面。我们能在本周日（10 月 10 日）下午到达那里，接下来，我们可以进行详细商讨，并将讨论结果交给你和你的三军参谋长们。

当日晚些时候，我又给罗斯福总统发了一份电报：

1943 年 10 月 8 日

1. 我想再说几句。我曾经说过，在我看来，推迟六个星期将 9 艘登陆舰送回原地，这是对"霸王"作战计划造成的唯一影响。霸王作战计划还有近六个月的时间才会展开，而这 9 艘登陆舰预计在本月内就会从地中海出发，目前霸王作战计划对它们并无实际需求。依我看来，我们在对待我们共同的事业时，应该懂得灵活变通，分清轻重缓急。

2. 为进行训练，派遣 4 艘装载飞机的登陆舰，从东地中海开往孟加拉湾——这是在魁北克会议上做出的决定。但是经事实证明，这个决定是不合时宜的，因为当时意大利投降为战事开创了新局面,我们却没有将此考虑在内。本来中东只需付出不多的代价，就可以收获巨大战争回报（指登陆舰），但是因为这不顺心的一点，我们就一无所获。

以上两封电报都是10月8日发出的，这一点很重要，应该引起注意。事实充分证明我的观点是正确的，就在当日，我获得的情报上说敌人在后方防守部队的掩护下，正在向罗马或它的北面撤退，他们的目的是在罗马南部建立基地与我们交锋。这一点也是我们一两天后才意识到的。这对于我们驻扎在意大利的军队来说，并未造成任何直接的不利影响，即便它已经形成了一种新局面。

罗斯福总统致首相　　　　　　　　　　1943年10月9日

　　我已收到你的电报（10月8日），对于你提出的几点意见，我已仔细阅读并亲自做了研究。我和参谋长们深入思考了这些意见后，最关心的就是，敌人除了空军力量薄弱以外，在兵力上占有优势，并且还有智勇双全的统帅。一旦他们采取行动，我们的军队很可能遭遇挫折。这一点特别适用于我们想在意大利获得那条绝不会出任何状况的战线。

　　我（上次给你发电报），是充分了解了你在东地中海的各种困难后提出的想法：为保卫盟友在意大利的安全，不应该从意大利转移任何兵力；同时，对于任何次要目标采取的行动，都以保证"霸王"作战计划的成功为提前。

　　现在，为判断进攻罗得岛可能引发的局面，我们几乎了解了所有实情。依我之见，这次战役不仅要攻占罗得岛，还意味着我们有继续进军的意图。如果停止进军，科斯和克里特两岛，会从两面夹攻罗得岛。这一点德国人也必然会看在眼里。

　　如果我们能在多德卡尼斯群岛上获得我们可能占领的任何军

事基地，并且无须承担重要义务，我会认可这个意见。但问题是，从目前局势来看，这次军事行动，仅靠坚决的态度和完备的组织还不够，而将这一行动贯彻下去，才是大势所趋。但是要贯彻这一军事行动，不需要地面部队，而是需要从其他来源抽调船只、飞机等战斗工具。而意大利、"霸王"作战计划，或者也有可能是蒙巴顿的两栖作战部队，都不可避免成为这些工具的其他来源。到时候，我们要考虑的问题就成为：我们应该从巴尔干半岛的南端开始发动进攻，还是为了收获更多回报，在保证安全、快速的条件下，继续向罗马北边我们商定好的基地挺进？因为敌人知道，我们进攻罗得岛，却没有将此行动贯彻到底的策略。我认为，后边这个想法对于盟军来说，对巴尔干半岛造成的威胁，比对罗得岛进行势必十分危险的两栖作战行动所造成的威胁要大得多。从战略角度来看，我要问问自己，如果我们占领了爱琴海的岛屿，接下来再会去哪儿？反过来说，如果德军此时仍然占领着那些岛屿，我们该何去何从呢？

实际上，你提到的周日（10日）在非洲举行的会议，将是联合参谋长委员会的另一次会议，所以只有一部分代表参加，而我却不能参加，也不必前往。说句实在话，就现在情况来看，我认为，我们完全可以通过我们的参谋长机构，将我们要讨论的问题进行调整，而无须参加会议。那样做并不见得能让问题得到充分解决。我们已经了解了大部分事实，明天准备在突尼斯召开会议，结果很快就会出来。

* * *

罗斯福先生的回复，让我最后的希望彻底覆灭。现在我提出的要求是：尽管罗斯福总统最早时候发来的电报否定了我的意见，但要允许总司令会议自由探讨这一问题。这是我唯一能做的。这个要求因理由充分得到认可。

首相致威尔逊将军　　　　　　　　　　1943年10月9日

我不相信现在分配给你的这些兵力，已经足够应对"武士爵位授予式"（罗得岛）这个作战计划。为了争取更多援助，你应该在会议上极力争取。如果随意行事，到时陷入困境就麻烦了。下个月，地中海战略的关键内容用几个字概括就是"猛烈进攻罗得岛"。因此，尽可能提出需要的支援，在行事之前，与亚历山大一同协商，千万不要鲁莽。我会竭力帮忙。

前海军人员致罗斯福总统　　　　　　　1943年10月9日

1. 承蒙您花费精力，给予考虑我唐突的意见，在下感激不尽。我已通过电话告知威尔逊，我绝不展开这次行程。一则是因为遵照你的嘱咐，缺少你的祝福；二则是因为马歇尔将军不能被派出席，所以我取消了这次行程。

2. 今天你发来电报，最后几句说到，有一场会议准备今天在突尼斯召开，等结果出来之后，对这件事情的思考和解决可以交给联合参谋长委员会进行处理。对此我表示赞同。

3. 不过我对一件事还心有疑虑，就是艾森豪威尔已经收到10月8日你给我发送电报的副本，他会认为那是你下达的命令，问题已经得到解决。如果确实如此，我恐怕不能接受。所以我希望你能明确向他说明，在会上，关于整个问题的各个方面都应进行充分自由的审查，并将相关结论交由联合参谋长委员会转交你我。我的要求是，中东代表对观点进行论述后，整个问题必须进行细致考虑，并且是自由的、耐心的、没有偏袒的考虑。

4. 威尔逊将军使用艾森豪威尔将军曾经分配给他的军队——现在成为他自己指挥的军队，正打算在23日向罗得岛发动进攻。我不确定他是否能在人力和物力的使用上做出极为精确的计算，因为他认为那些兵力足以应对。

依我看来，问题是他是只能得到这点微弱的援助呢，还是应该将这个作战行动取消？

5. 如果取消行动，即使他们能在莱罗斯岛上坚守一段时日，也很可能致使该岛沦陷，或是致使我们失去爱琴海上的所有基地。此后，我们将不能进入爱琴海，我们从世界的另一部分收获的不是巨大利益，而是政治上和心理上的极为不利的影响。

6. 我完全赞同你的说法：在意大利聚集兵力是十分重要的。事实表明，我对此事极为重视，例如为支持艾森豪威尔将军的作战计划，我减少了英国中东指挥部的各项供应，因为这件事情，关系到我们双方的利益与损失。

罗斯福总统给我发来了回复电报：

罗斯福总统致首相　　　　　　　　　　　　1943年10月9日

以下内容已送达艾森豪威尔：

"首相在致总统的电文中表示，总统于10月8日将致首相电报的副本寄送给你，他恐怕你会认为那是总统下达的命令，问题已得到解决。首相希望向你明确说明，在今天突尼斯召开的会议上，关于整个问题的各个方面，都应进行充分自由的审查，并将相关结论交由联合参谋长委员会转交你我。我的要求是，中东代表对观点进行论述后，整个问题必须进行细致考虑，并且是自由的、耐心地、没有偏袒的考虑。

首相表明的上述愿望，总统命令你接受，并作为自己的指导路线。"

我们接到情报说，希特勒为在罗马南面进行主力战，已决定增加他驻扎意大利部队的兵力。这个消息将我们正在激烈进行的会议打断，关于为攻打罗得岛提供少量兵力援助的计划也被否定。威尔逊发来电报说：

威尔逊将军致首相　　　　　　　　　　1943年10月10日

　　1. 昨天，也就是突尼斯会议开始之前，我收到了你的电报。经与坎宁安和亚历山大商讨，我确认就目前的兵力来说进攻罗得岛，失败的概率确实很大。本来在停战的时候，如果按照这个计划行事，确实现实可行。但没想到的是，当我们盼来为期不长的有利时机时，却由于航空运输工具被调走而对此无能为力。

　　2. 从那以后，局面就发生了很大变动，即先派单独一个旅的兵力进行突击，四天后再派另外一个旅的兵力去援助。如果遭遇恶劣天气，此做法很可能导致两批部队依次遭受损伤。昨天会议上我们讨论过所需的兵力，我们一致认为解决兵力的方式就是从"霸王"作战计划中调用登陆舰，还有亚历山大带领的舰艇船只、登陆舰和飞机。昨天接到的最新情报显示，意大利的局势在很大程度上已发生改变，因此，我必须同意将现有所有用来作战的援助，由亚历山大调遣。

　　3. 今天早上，我与约翰·坎宁安、林内尔三人分析，假如将罗得岛行动推迟到以后进行，爱琴海的形势会发生怎样的改变？我们得出的结论是：虽然防守莱罗斯岛和萨摩斯岛变得愈加困难，而且还要借助土耳其的援助，但是将它们守住也不是没有可能。星期二，艾登将会到达这里，到时候，我们会一同探讨这个问题。尽管我们现在最难决策的就是撤退守军这件事，但不管怎样，我还是希望它不会发生。只要我们坚守爱琴海绝不退兵，敌人要想将我们赶走，就会耗损很大一部分兵力。

　　我立即致与答复，内容如下：

首相致威尔逊将军　　　　　　　　1943年10月10日

　　为了辉煌的战绩，你要尽可能坚持下去。关于能从土耳其人那里得到哪些援助，你要与艾登细致商讨。①如果你拼尽全力换来的仍然是撤退的命令，我一定会支持你。但是现在，你最好尽全力争取成功。

　　我不敢相信，直到今日也不敢相信，进攻罗得岛的计划与其他计划竟然不能协调一致地进行。尽管我能明白我们参加意大利战役的将领们提出的意见，在局势发生改变的情形下，受到哪些影响。虽然这件事让我在战争期间再次遭受极为严重的痛心，不过我还是做出让步。在必须做出退让的时候，即便再坚持己见也不起任何作用。而且，如果因为这件事影响了我和罗斯福总统之间的关系，与他产生矛盾，那就太冒险了。因为现在还有很多严重的问题没有得到解决。凭借意大利传来的消息，我接受了这个决策，尽管我一直认为这是一个目光短浅的决策。我向罗斯福总统发去电报，其中第一段我在其他地方曾经说过，以下是电报全文：

前海军人员致罗斯福总统　　　　　　1943年10月10日

　　1. 有关艾森豪威尔将军在会议上做出的报告我已阅读。艾森豪威尔所说的"过去四十八小时内发生的巨大变化"指的就是德国人打算在意大利南部增加人力和物力，并在罗马前方发动战争。在到达罗马之前，我们不仅要击退敌人的后方防御部队，还将会经历一场极为激烈的战役，对于这一点，我不得不承认，按照事情的发展规律，我们应该预料得到。因此，我赞同回忆的结果：必须将所有现有重要兵力集中起来，用于对抗这场战争。放弃在任何平静的停战期进攻罗得岛。按照艾森豪威尔的建议，冬季战

---

① 艾登准备前往莫斯科参加外长会议，现在途中。——原注

线在罗马北面成功建立之后，再考虑罗得岛的问题。

2. 即使我们决定在23日对罗得岛发动进攻，为防止莱罗斯岛可能在此日期前沦陷，现在我们也必须严肃对待爱琴海的局面。土耳其已同意我们使用附近的登陆地点，在此基础上，我们是否还能使用仍属于中东司令部的资源，将科斯岛竭力夺回？我已要求艾登同威尔逊将军和坎宁安海军上将对这一问题仔细考虑。如果这样做不起作用，那么幸运的话，我们能做的唯有在今晚或是明晚，将运送敌人攻击部队的护航队之一消灭。否则的话，莱罗斯岛必将失陷。

3. 这也是我建议你通知威尔逊将军的原因。如果他判定形势确实对我们不利，他可以亲自下达让驻防军在夜晚撤退的命令，将所有意大利军队的官员带上，还有其他的意大利人能带多少就带多少。别忘了将那里的防御工事和大炮捣毁。我们只有1200名士兵，连设置一小部分必要的炮台人手都不够，防守外围基地更是不可能，因此我们也不需要意大利人作战。我们不能在土耳其的收容所待太长时间，因为那里不够严密。也许沿着土耳其海岸撤退也是不错的选择。

4. 做这个决定时，我心痛万分，其他多余的话就不说了。

* * *

我跟亚历山大说：

首相致亚历山大将军　　　　　　　　1943年10月10日

你应当全力以赴收拾残局……如果事情已完全没有希望，而你也无法解决，你应该与威尔逊将军一起讨论：究竟是让守卫莱罗斯的部队撤到土耳其去，还是让他们把炮台炸毁后，想办法沿着海岸线撤离。另外，还有其他岛屿上的远程沙漠部队，最好不要让他们沦为战俘或被意大利军官枪杀，还是想办法让他们撤离比较好。

我又给威尔逊将军发去电报：

首相致威尔逊将军　　　　　　　　　　　1943年10月14日
　　在手中的兵力不足的情况下，你却能合理利用，这令我感到很欣慰。你一定要振作。

* * *

这些处理方式细致谨慎，最后却没有获得任何成效。实际上，占领罗马是八个月之后的事情了。在整个秋冬两季，把位于非洲的英美重轰炸机阵地迁往意大利，要用到比原定在两周内用来协助占领罗得岛所需船舶多20倍的船舶。罗得岛仍然是我们急于攻克的岛屿，但我们迟迟没有在海岸附近采取行动。土耳其方面见他们的盟军是这种状态，更不想听我们派遣，连飞机场都不愿让我们使用。

现在英国人为美国参谋人员的固执己见付出了代价。事实上，我们在莱罗斯岛驻有一支小型部队，尽管我们想保住我们在莱罗斯岛的地位，但是这支部队的命运已经无法改变。我们曾自愿将所有陆地和空中最好的作战部队（大大超越了5月在华盛顿和8月在魁北克预定的数量），交由艾森豪威尔自由调遣。并且我们用比最高统帅部还要周密的计划和更高的期望，竭力增强驻扎在意大利的部队。但是现在，我们却不知道手头剩余的兵力能做些什么，对此，我们必须要进行仔细研究。德军刚一展开攻势，就对莱罗斯岛和萨摩斯岛进行了猛烈轰炸。三个优秀的英国步兵营加入了莱罗斯岛防守的行列中，现在那里有一个旅的兵力。此时,这三个营①的士兵仍在处于体力与战斗力的复原期,因为他们刚从马耳他岛遭受的包围攻击和粮食断绝中挺了过来。

科斯岛沦陷当日,海军部曾派遣势力雄厚的海军部队,从马耳他岛开往爱琴海进行援助,这个海军部队还包括五艘巡洋舰。艾森豪威尔也临时决定,派遣两大队远程战斗机前往中东。它们到达那里没多久,就起了极大作用。10月7日,敌人的一个护航队,在运送援兵前往科斯岛的途中,在海空两军的夹攻下被捣毁。几天后,敌人的两艘运输舰也被海军击中,沉落海底。不过,11日之后,远程战斗机撤离了,此后,控制权又掌握在敌人手中。我们的舰船为避免更加严重的损失,只有夜间才敢出来活动,也种局面与两年前海军在克里特岛作战时遭遇的局势一样。两年前,海军在克里特岛战役就经历了这样的局势,如今,这种局面再次出现。

* * *

莱罗斯岛的命运因为战斗机的撤退而改变。敌人利用分在各处的小规模船队,在战斗不够激烈的时候,继续聚集兵力。现在我们知道,敌人面临的危机在船只运输方面。敌人之所以暂时没有攻打莱罗斯岛,主要是因为他们怕盟军在亚得里亚海展开战斗。10月27日,我们听说由4000名士兵组成的德国阿尔卑斯山部队和许多登陆舰已到达雷埃夫斯。很明显,他们是冲着莱罗斯岛来的。11月初,有迹象表明敌人准备进攻,因为我们收到他们调动登陆艇的报告。德国的军队和飞机,白天在它们强大战斗机的掩护下,以小队形式悄悄向前逼近,然后聚集在一起。我们自己的空军和海军对于这种方式的移动,居然没有制止的办法。晚上他们为躲避我们的驱逐舰,则隐藏在群岛中间。

驻防军的作用是保持戒备,但人数毕竟有限。莱罗斯岛有三个高

---

① 爱尔兰皇家明火枪第二营、禁卫军第一营和步兵第三团第四营。——原注

低不平的山区，由两个不算宽阔的地峡分割。每个山区我们都安排了士兵防守。11月12日清早，德国军队同时在两个地方登陆，这两个地方是莱罗斯岛的东北顶端和莱罗斯城东南的海湾。在莱罗斯城登陆的敌军虽然被击退了，但是当日下午在阿林达湾和格纳湾之间的地峡降落的600名伞兵，把我们的防线切成两段。这次，我们完全没料到敌人会用空降的方式着陆，因为以前收到的报告上说，伞兵降落并不适用该岛。为夺得这个地峡，我们付出了巨大努力。在最后关头，驻扎并保卫萨摩斯岛的皇家西肯特第二团，也被派往莱罗斯岛。但是，局势不但毫无更改，他们自己也遭遇失败。由于缺少空军的支援，岛上三个营的防守部队遭受了敌人的猛烈袭击。这支优秀的部队苦苦坚持到11月16日的晚上，终于筋疲力尽。他们因无力作战，已被敌人的威力压倒。

威尔逊将军报告如下：

威尔逊将军致首相　　　　　　　　　　1943年11月17日

　　敌人在空袭莱罗斯岛方面，占有绝对性优势。我们尽管进行了勇敢的抗战，但莱罗斯岛最终沦陷了。我们与敌人之间的成败只差分毫。原本，我们可以取得圆满的成功，因为我们可以不费吹灰之力，就能将局势扭转到对我们有利的一面。但相反的是，我们竟遭受失败。很显然，我们已预料到后果。因为我们在9月的时候明明预见了危险，现在却冒这个风险，这都是我们自愿的。如果我们能将罗得岛攻下，事情就不一样了。我相信总有一天，我们会有机会进行一次从一开始我们就占有利形势的战斗。

　　每天我都收到电文，读它们时，我正在前往开罗途中。我怀着沉痛的心情作了以下答复[①]：

[①] 我准备参加德黑兰会议，现在开往开罗的途中。后边的章节中，我会详细讲述与会议有关的情况。——原注

首相致威尔逊将军　　　　　　　　　　1943年11月18日

　　感谢你来电告知关于莱罗斯岛的情况。我对你在指挥该岛战斗中的表现，表示赞赏。我的心情和你一样，认为这次斗争的失败，为我们造成了巨大损失。而且我与你一样，对这场战斗深感无能为力。我希望在下次会议后，我们对此能有更完善的计划。

* * *

　　莱罗斯岛的失陷，终止了我们在爱琴海的一切希望。我们将莱罗斯岛上残余的部队救出，并想办法让驻扎在萨摩斯和其他岛屿上的部队撤退。撤出的兵力中，除了包含1000多名英国和希腊的部队外，还有很多态度友好的意大利人和德国战俘。但是这次，敌军将我们海军的六艘驱逐舰和两艘潜艇击沉，还有四艘巡洋舰和四艘驱逐舰遭受破坏，可见我这次损失不可小觑。希腊海军从开战到结束，一直英勇战斗，从而为我们减少了一些损失。

* * *

　　此时，安东尼·艾登从莫斯科返回国内，我给他发送了一封电报：

首相（在海上）致外交大臣　　　　　　1943年11月21日

　　莱罗斯岛的失陷令我深受打击。如果议会要讨论这个问题，我希望以下列内容为导向进行阐述：

　　空中作战既然不具备优势，是否应该采取这种作战方式呢？人们对此表示质疑。我们是否从克里特岛和其他战役中吸取了经验教训？我们是否再次使用"斯图卡"小型俯冲轰炸机，让它们像过去那样克制敌人，建立丰功，并且节约大部分时间？我们能说的是，你们提出的质疑都在情理之中，但是我们无法一一详细作答。现在能说明的是，我们在打算占领这些岛屿前，就已经预料到了那些观点。如果我们忽视了这些观点，没有将它们放在重点考虑的范围之内，也是因为我们还有其他原因和其他希望。如果没有十成的把握，我们就不敢轻易尝试，在很长一段时间内，我们都难以分出胜负。

本来，要想占领多德卡尼斯群岛，我们只需付出一点点代价，这对我们来说很容易。但现在我们付出了极大的代价，却没有把它保住。虽然我们遭遇挫败，但不必掩盖它带来的痛苦。另外，德国人也做出了巨大努力。为了这次战役，他们从本来局势已经堪忧的意大利境内调出了几乎一半的空军，使我们驻扎在意大利的军队相对轻松了一些。对于这一点，你应该强调。

还要说明的是，在航行途中，德军2000名士兵的大多数已经溺水而亡，加上在战役中死亡的，不管怎样，总数目也可以抵消我们的3000名战俘。在这次战斗中，如果遵循一命换一命的原则，那么德国人付出的代价（包括战俘在内）说不定比我们损失得还要多。话虽如此，但我们可以毫不夸张地说，自1942年托卜鲁克战役以来，我们还未真正遭受过如此之大的战败。不过，我们没必要把这看成一个灾难性事件。

* * *

这就是全部关于罗得岛和莱罗斯岛的惨痛经历。此后，我和艾森豪威尔将军之间有了极为严重的分歧。但幸运的是，这些分歧涉及的范围不大。好几个月以来，为艾森豪威尔将军在意大利的战争扫清障碍，我一直身负重重压力。在意大利本土，我们除了占领撒丁岛以外，还聚集了大批兵力。不过令人意外的是，科西嘉岛也被我们成功占领。我们从其他战场上召集来一大批德国士兵充当后备军。墨索里尼在外

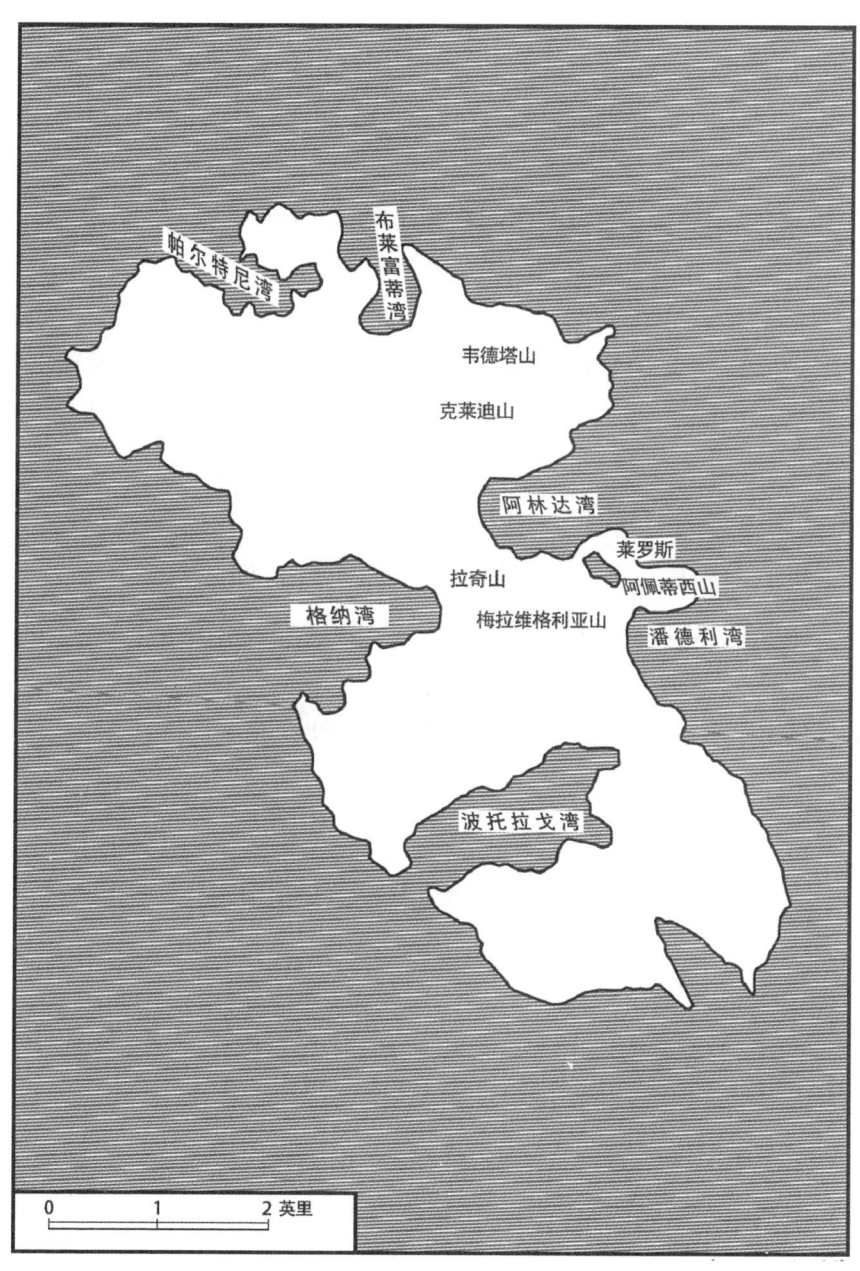

莱罗斯

逃亡，意大利政府和人们已经投靠到我们这边，他们的舰队也加入了我们自己的舰队里边，意大利已经对德国宣战了。解放罗马指日可待。德国的19个师毫无组织和秩序，他们在整个巴尔干半岛都有分布，因为他们已经被他们意大利的盟友遗弃，而我们驻扎在那里的士兵还不到1000人。"霸王"作战计划的日期并未因此而做出巨大变动。

  我调遣了西北非最高统帅部认为可能调遣的师团，此外，还调遣了四个最优秀的师团。这四个师团来自驻扎在埃及的英军和英帝国军队——根据怀特利将军的报告。我们不仅对艾森豪威尔将军领导的英美参谋人员提供援助，助他们在事业上取得胜利，而且还向他们提供了意想不到的重要资源，这些资源为他们避免了灾难性事件。但我难过的是，为了获得与我们已经获得的同样重要的战略地位，我仅提出了一点小小的要求，竟然也遭到了坚决的反抗与拒绝。当然，人们处于战争即将获胜的阶段时，可能认为周围发生的一切，都是正确且合理的。但是，要不是那些非重要人员一成不变地反对，我们不但可以在意大利战役中获得战利品，还会将爱琴海控制在我们手中，并激励土耳其参战。

第十三章　希特勒的"神秘武器"

伊斯梅将军写于1943年4月15日的备忘录——桑兹先生委以重任——有关佩内明德的情报——国防委员会关于袭击佩内明德的决定——希特勒的积极愿望——对火箭和无人驾驶飞机的戒备——关于它们相对重要性的不同意见——8月17日，佩内明德被成功袭击——德国人遭遇袭击后，无限期将计划推迟——具有重要影响的结果——敌人准备使用无人机——琼斯博士的报告——所说的"滑雪场"——10月25日我向罗斯福总统发送的电报——他的答复——斯塔福德·克里普斯爵士的报告——我们及时实行了防御措施

几年前，战争还没爆发，德国人在波罗的海海边的佩内明德建立了一座实验站，用来开展火箭和无人机的研究。尽管这项活动是秘密进行的，但还是走漏了风声。1939年秋季，我们收到来自情报机关的报告，上边已经涉及各种类型远程武器。战争打响后的头几年中，针对这一情况，我们从各方面收集到传言和为数不多的情报，但是这些传言和情报总是无法相互一致。1943年春季，三军参谋长对此种情况做出研究。4月15日，伊斯梅将军将研究结果通过备忘录的方式递交给我，内容如下：

首相：

三军参谋长们认为，关于德国人实验远程火箭的报告应该引

起你的关注。从1942年年末开始，我们收到了五份报告。这些报告虽说没有详细阐述细节，但也说明根本情况。

　　三军参谋长们建议：我们一定要抓住当前机遇弄清事实。如果证据确凿，应立即想办法解决。在他们看来，这个问题如果能在一个人的领导下进行调查，而这个人能够将本领域相关的科学家与情报顾问召集在一起，就能更快更好地解决问题。他们建议你任命一位负责人，立即展开任务。他们还说邓肯·桑兹先生是个不错的人选。如果能任命桑兹先生负责此事，那是再合适不过的。

　　三军参谋长们还建议，将此事告知国内安全大臣，以便他们密切关注远程火箭袭击的可能。他们认为，从目前来讲，在此事还没确切的证据之前，最好是向公众保守秘密。

　　以上是三军参谋长们的建议，请你核准。

　　战争刚展开的时候，桑兹先生曾是驻挪威防空部队中的一员，后来在指挥第一火箭试验团时遭遇车祸而失去双脚。1941年7月，他被调到政府部门，担任陆军部财务处长一职，后来又任军需部次官。他在担任政府工作期间，对指导武器发展事业做出很大贡献。由于他们与三军参谋委员会在工作上来往密切，又因为他是我的女婿，尽管我个人没有提出过任何建议，但我仍对三军参谋长委员会推荐他来负责这项重要的工作感到欣喜。

　　一个月之后，桑兹先生提出的第一个报告开始在战时内阁中相传阅读。以下是报告要点的概括性总结：

　　我已调查了德国远程火箭研究的各种证据。通过以往的报告，我们可以判断火箭的发展计划很可能正在开展。为了进一步补充资料，我已提出对德国波罗的海沿岸的佩内明德周围地区进行空中调查。现在航空侦察已经完成，拍摄出的照片为我们提供了更深一层的重要情报。

看来德国人在过去的一段时间内，一直试图研究一种重型火箭。这种火箭能从很远的地方对某一地区进行轰炸。这项研究很可能是与喷气飞机和空投火箭鱼雷的发展计划同时展开的。就现在我们掌握的情报来看，能解释它们研究进度的不多。不过，根据现有情报提供的少量证据来看，它可能有了很大进展。而伦敦因为面积适当，很可能成为它们的攻击目标。

我们应该做更充分的准备，这样才能从大陆的特工人员那里，从战俘口中，或通过空中侦察的办法获得更多关于这项工作的情报。

看来最有可能开展这种武器的实验设备和生产工厂分布在德国境内和德军占领的地区。我们怀疑在法国西北部的沿海地区，这种工厂也可能存在。对于这些工厂和设备，我们都应进行轰炸。建议进行轰炸的目标名单，我们已初步制定，并尽快送到空军参谋部。

6月4日，经空军副参谋长埃维尔中将的同意，桑兹能直接与相关情报机构进行联系，从中得到特工人员和战俘的进一步情报。他还可以为空中侦察提供建议，并将侦察结果告知空军参谋部。相关部门研究了一切关于导弹的弹道追踪以及发射地点探测的方法，并在民间采取防空和安全处理办法。

6月11日，桑兹先生向空军参谋部呈上一份备忘录，请求在佩内明德地区上空定期进行航空侦察；对于距伦敦130英里以内的法国北部地区，也要进行空中摄影。将位于佩内明德的实验基地炸毁，也是他提出的建议。他还特别说明应立刻展开袭击，此工作的重要性体现在以下报告中。

从近期空中拍摄的照片中可以看出，德国人的远程火箭项目正在佩内明德实验站快速而紧急地开展，并且经常进行发射。另外，还有证据表明，德军在佩内明德的防空工事正在进一步巩固，以解决设备短缺的情况。

基于这种情况,我们应该尽快实施轰炸实验站的计划。

6月28日,桑兹呈上报告说,从佩内明德传来的空中影像表明,在发射地点附近有大量射程在90~130英里的火箭。

德国人在我们采取了一系列预防处理办法的基础上,仍有可能躲避我们的侦察,在法国北部成功安置一定数目的发射器并做好向伦敦发射火箭袭击的准备。面对这种情形,我们的确需要尽快找到发射火箭的位置,并立即轰炸,将它们捣毁。

根据当前雷达站具备的条件,在10英里范围内精确侦察飞行中的火箭,并判断它们的发射地点不成问题。如果用某种仪器进行辅助,将大大提高雷达的性能。目前,这种辅助仪器已处于制造阶段。如今,第一套设备已经在拉伊安装,两三个月后,剩余设备也得以完成。有五个雷达站已经接到特别指示(斯温加特、拉伊、皮文赛、波林和文特诺尔),操作者正在进行必要的训练。

4月份以来,国防委员会不断收到情报,材料充足。6月29日,它的决定如下:

应该组织人,对伦敦附近130英里内的法国北部地区进行最彻底和最严格的调查,并且将此工作坚持到底。只要是能让这项工作有效而彻底地进行,任何步骤都应该采纳。

尽可能采取最猛烈的夜间攻击形式,组织佩内明德实验站的袭击。一旦时机成熟,轰炸机队应尽快实施。

只要探明法国北部的火箭发射地点,我们就应尽全力做足准备,立即对它们采取空中袭击。

* * *

希特勒对这一计划十分感兴趣。在1943年6月初左右,他跟随一些担任阁员的党内重要人士,对佩内明德进行视察。此时,相比无人机,我们对火箭发射的导弹有更深的了解。佩内明德是全部研究与实验的中心,火箭与无人机都在大规模地准备之中。德国人在研究原子弹方面不在行,重氢氧的化合物也没有产生激励性作用,但是希特勒和他的顾问们认为,英美图谋大规模横渡海峡并重新返回陆地,而无人机和火箭可能为英国带来一次新的,致命性的打击,并干扰英美的计划。希特勒在佩内明德了解了全部情况,他为此感到高兴。为了实现这个新的,也可能是他最后的希望,他投入了德国的最大力量。

在6月10日左右,希特勒将德国军事领袖召集在一起,并告诉他们只要坚持下去,到了1943年年底,伦敦必定会被摧毁,英国不得不投降。火箭发射的日期定为10月20日,为供当天使用,一共制造了30000发火箭。据说这是希特勒亲自下达的命令。如果传言属实,证明希特勒是个想法荒谬,生活脱离实际的人。德国军需部长施佩尔博士说,制造一恶搞V2①所耗费的时间,与制造六架战斗机消耗的时间不相上下。也就是说,希特勒要求他们在四个月内制造出18万架战斗机,这真是荒诞离奇。不过,生产这两种武器,始终是最首要的任务,因此,有1500名技术娴熟的工人从高射炮和大炮工厂调到这个项目上来。

7月9日,桑兹先生汇报了情况。他说,有证据显示,德国人除了准备启用火箭计划,还试图用无人机和远程大炮对伦敦进行袭击。因为他们在靠近圣奥梅尔的瓦当,和费康周围的布伦埃瓦,发现两条形迹可疑的坑道。所以,位于英国东南部被选定的雷达站收到指

---

① 我们为火箭命名为V2,无人机被称为V1。——原注

令，准备预防火箭发射。内政部也制定了计划——在紧急情况下，迁出十万名拥有优先权的居民，如上学的儿童和孕妇等。每天只能迁出一万人，而非将伦敦人口大规模地撤出。30000个莫里森桌形防空壕[①]已经运送到伦敦，加上以前储备的，城内现有这种设备约50000个。

7月19日，我们呈上报告，内容为：

> 我们在法国西北部看到一些建筑物，包括铁路侧线、转车台、房屋以及钢筋水泥等，但却无法明确判断这些建筑的用途。上边提到的大部分地区，都在加速进行紧张的建筑工作，特别是在瓦当，情况更为紧迫。他们还将高射炮运送到现场，好为当前的工程进行掩护。

当各种实际情况与报告都涉及国防委员会时，科学家和技术人员开始众说纷纭。他们的分歧在于，对英伦三岛采取的新的袭击方式，到底是用火箭炸弹还是用无人机？他们的争论尖锐而深刻，开始，火箭支持者占优势，但是，这些人在弄明白他们夸大估算了导弹的体积以及破坏力之后，就改变了自己的观点。在这种情况下，国内安全负责人切不可忽视这种可能性——在保证儿童和孕妇以及其他特定人员撤离的前提下，最好实行整个首都的撤离。

国内安全大臣深感不安，因为他发现报告将危险描述得极为严重，而他的专门职责就是确保对危险性的合理评估。不过，彻韦尔勋爵不信这种危险。他认为德国人可能有制造巨型火箭的能力，但是却承担不起它的高额消费。他的态度还像开始时一样，他坚决认为使用无人机对于德国人来说才是最好的选择，因为无人机付出的代价小，却收获良多。他还认为，即使德国人使用的是人们之前预言中所说的弹头就有10吨或20吨重的火箭，英国遭受的破坏程度也不会达到之前提

[①] 英国内政大臣莫里森提议制作的，桌形钢制室内防空设备。——译注

到的数字。况且他认为这种情况不可能发生。这几个月以来，他与赫伯特·莫里森先生时常进行探讨，听到他们所说，让人感觉这两位重要人物的意见差异在于，究竟这些自动武器的袭击具有彻底性的破坏，还是危言耸听。其实，这种争执与以往情形毫无差异，这是"多与少"的争论，而不是"是与不是"的争论。

彻韦尔勋爵的记事簿上写得非常清楚，他对袭击规模的大小所表达的观点几乎不会有误。那些令人惊诧的传言则不正确。

＊　＊　＊

上述讨论并没有让我们对袭击佩内明德的行动产生怀疑，或是推迟行动。不管有多少困难，我们都必须采取行动。8月17日夜里，轰炸机司令部司令哈里斯空军中将调遣了571架重型轰炸机对所有建筑物进行轰炸。但是，这些建筑物都分布在沿海边的一条狭小地带，笼罩在烟雾之中。我们在飞机上携带的仪器不能完全对它们进行定位，而英国发射来的无线电导航电波也无法送达那里，因此，我们必须在夜间采取行动。但是，德国的夜间战斗机就停在附近，而派我们的夜间战斗机过来，还有很远一段距离。我们的飞行员需要从8000英尺的高空进行袭击，这比平时的高度要低很多。哈里斯将军告诉飞行员们，如果第一天夜晚轰炸失败，就要在第二天晚上再袭击一次。只要以后的夜晚条件具备，不管付出多少代价，也不管敌人遭遇一次轰炸是否增强防御措施，也要一直袭击下去。同时，我们还会尽一切努力，引导我们的飞行员摆脱敌人的追踪。领航飞机在前面飞行，指挥航线和分散标志，一架主轰炸机锁定目标飞行，评测出结果后，用无线电话对我们的飞机进行指导。这次飞行的航线，与上次袭击柏林时采用的是同一条线路，一小队蚊式飞机也被派遣到柏林去迷惑敌人。

我们没有预料到当晚的天气不好，地面上的标志很难找到。不过飞机快要到达吕根岛时，天气转晴。很多飞行员开始按照自己的时间和距离飞行,没有延误分秒。目标上空云雾密集,且又笼罩在烟雾之中。不过,哈里斯说:"这次袭击部署周密,而且炸弹量大,因此所有目标都能保证被击中。"开始时,我们假装袭击柏林,不过很快就被敌人察觉。在月光明亮的夜晚,我们大多数的飞机在返航途中,被德国的战斗机截住,其中 40 架轰炸机被击落。

* * *

尽管敌人在物质上的损失没有我们预料中的大,但这次轰炸结果对我们最为重要。因为这次袭击,对局势造成的影响是长远的。所有刚刚绘制完成,并准备发给车间制造的构造图被烧毁,这将他们预计开始大规模制造的时间大幅度地推迟。我们炸中了敌人佩内明德的总厂,他们将制造火箭的工作转移到哈尔茨山脉的地下工厂内,以免其他地方的工厂遭受轰炸。这些局势的改变,都大大推迟了这些武器的生产和改进。我们的轰炸机航线没有涉及波兰,因此,德国人决定将实验活动转移到波兰境内的一个机构。我们驻扎在波兰的特工人员会对那个地方进行小心谨慎的监视。1944 年 1 月,敌人的新武器进入到试验阶段,关于新武器的射程和发射路线,他们能探测到,但是火箭坠落的地方,则有很多英里远。德国的巡逻队为收集碎片,时常要赶到火箭坠落地点。不过有一天,一枚没有爆炸的火箭在布格河岸边坠落,被先到达的波兰人推进河里。这个波兰人在德国放弃寻找之后,趁夜间将它打捞出来,开始了危险的拆卸工作。等他完成任务之后,皇家空军于 1944 年 7 月 25 日,用一架"达科他"式飞机将他与他携带的大量技术资料和重达 100 多磅的新武器的重要组件一起接到英国。不过这个勇敢的人回到波兰后被德国警察秘密逮捕,并于 1944 年 8 月 13 日因枪杀死于华沙。

* * *

虽然我们在对佩内明德的轰炸中做出了很大的牺牲,但这些牺牲却大大推动了战争的进程。要不是这次空中轰炸以及后边对法国境内发射地采取的袭击,希特勒没准儿在1944年就已经开始对伦敦发动火箭袭击。现在袭击行动被推迟到九月,到那时,蒙哥马利将军的部队已经将法国北部准备完毕的发射点占领。这就致使敌人要在荷兰搭建临时基地,用来发射炸弹,不过发射的准确性就会大幅度降低。因为从荷兰到发射的目标伦敦之间的路程,相比之前增加了一倍。到了秋季,由于战争所需增加,德国的交通路线会非常繁忙。这就导致敌人运输火箭到发射地点失去了优先权。

《欧洲十字军》一书,是艾森豪威尔将军所著。他在该书中畅谈了自己对于"V"武器的看法。他认为,佩内明德实验基地和其他武器制造基地遭遇轰炸,会大大延误这种武器的发展与使用。他还说:

> 如果德国人能提前六个月制成新武器,并投入使用,我们进攻欧洲的计划则困难重重,甚至不可能实现。这种情况不是不可能出现。我相信,如果他们已使用武器长达六个月,并进展顺利,特别是,如果他们将攻击目标之一锁定为朴次茅斯的索斯安普敦地区,"霸王"作战计划则有可能不会开展。

这个说法有些夸大实际。这两种武器的误差平均在10英里以上,即便德国人能够坚持每天发射120枚炸弹,并且每一枚都安全到达,其造成的破坏程度与每周在一平方英里以内,落下三枚一吨重的炸弹不相上下。不过,军事指挥官认为,为了使人民免受生命财产损失,也为了避免我们的攻击行动受到干扰,必须将"V"武器的威胁扼杀。

*　*　*

德国人的计划在初秋时期显现出来。他们不但要用火箭轰炸,还要使用无人机袭击我们。1943年9月13日,桑兹先生汇报说:

> 相关现象表明,敌人正考虑将轰炸伦敦的方式改为无人机投弹。不过,在飞机大小正常,飞行高度和速度没有特别变化的基础上,我国的战斗机和防空工事完全能应付得了。如果这些无人机的飞行高度和速度,超出我们空军可以防御的范围,那它们与发射弹也没什么差别。

我们的应对方法就是将它和远程火箭一样对待,也就是说,将它的制造基地、发射基地或是起飞地点炸毁。

9月25日,空军部科学情报司司长琼斯博士,将我们打探到的情况总结在一份报告中:

> 我们收集了许多信息,这些信息就像一幅完整的图画。尽管有人在记录中错记漏记,使情报失实,尽管敌人想借宣传迷惑人心。但是这些情报足以说明,德国人一直在佩内明德地区大规模地研究远程火箭。当然,他们的实验曾经遭遇过种种磨难,可能对生产造成干扰。尽管希特勒坚持要求将火箭尽早投入战争,但最快的速度,也要几个月之后。
>
> 为了与火箭竞赛,德国空军也可能正在研发一种用于远程轰炸的无人机,而且这种飞机很可能会更早出现。
>
> 在同一时期内,我们发现,法国北部有许多样式奇特的建筑群。每一个建筑群中都有一座或多座建筑物,外形酷似雪橇。它们的外形没有差异,并且大多数建筑的朝向都冲着伦敦。后来我

们查看空中摄影，结果发现，佩内明德周围的建筑也是这样。有一张照片上有一架微型飞机，它与一个斜坡离得很近。根据这一点，我们推测，这些被称为"滑雪场"的法国北部建筑群，也许是用来储存、安装与发射小型无人机和炸弹的。

* * *

我们经常将技术方面的情报告知美国的三军参谋长们。直到晚秋的时候，也就是10月底，我们才麻烦罗斯福总统倾听我们长期以来的重大心事。我们私底下关系特殊，因此我写了这样一份电报：

前海军人员致罗斯福总统　　　　　　　　　1943年10月25日

1. 从过去六个月中，通过多方面逐渐收集到的情报说明，德国人准备以远程火箭的方式轰炸英国，特别是伦敦。关于这点，我应该让你知道。通过估算，这种火箭的重量可能在60吨左右，上边能够装载10吨到20吨的炸药。基于这个原因，我们不得不向他们的实验基地——佩内明德发动袭击。靠近圣奥梅尔的瓦当，也在进行工程建造，虽然我们不能确定那里的袭击目标，但还是将那里炸毁。还有多于七处这样的地方，分布在加来海峡和瑟堡半岛一带。另外，可能还有许多其他的地点，有待我们发现。

2. 科学家对于这种火箭制成后的实际情况，没有达成一致看法。不过我个人认为制造这种火箭完全有可能。我们和你们那边的人一直密切联系着。敌人想用火箭推动力的研究来制造超越飞机的东西，因为他们在这方面的研究比我们先进。现在他们将一切可能的工作付诸实施。关注火箭问题的专家委员会认为，尽管火箭的条件还不够完善，但它很可能在11月中旬展开一次短暂而猛烈的轰炸。到了新年的时候，就会进行主要袭击。德国人为鼓舞军心，安抚卫星国和中立国家，散步了关于新武器的言论。

虽然这些言论让他们尝到甜头，但他们的行动可能会逊色得多。

3. 对于加来海峡地区那些不明用途的建筑工程，直到今天我们都没有放弃监视。之所以没有对它进行轰炸，主要是为了获取更多资料。不过目前，我们已经决定将已知的建筑工程全部摧毁。我们的战斗机具有难以抵挡的优势，用它来保护轰炸机，将那些建筑工程摧毁则易如反掌。你们的空军也可以对我们实行多方面的援助。但是，这种袭击方式难以抑制敌人的威胁，因为那个地方以森林和石矿居多，有利于在山边修建倾斜的隧道。

4. 瓦当的事情很有意思。因为我们把那个地方破坏得太严重，德国人在两天之后举行的会议上决定，不再在那里建造工程。当地被迫从事劳动的6000名法国工人，对空中袭击惊恐不已，因此德国派来一群穿制服的年轻法国人，监视他们的工作。这些年轻的法国人行为极为残忍，他们开枪射杀自己的同胞。一个德国军官看不惯这些年轻人的恶行，当场将他们中的一个击毙。一周之后，德国人似乎完全颠覆了他们上次的决定，又开始建造工程。我们之所以能明确我们的看法，是因为3000多名工人又回到这里，其他人则被送到另外一些不明确的地方去了。我们有一个非常优秀的情报系统，就在法国北部这个地区。我们能获取上述全部情报，也是依靠上述方式，以及空中拍摄的照片和战俘提供的口供。

5. 我想，你很希望获知这个情况的最新进展，因此，我派一名空中信使为你呈上这封电报。

几天之后，他的回复如下：

罗斯福总统致首相　　　　　　　　　　　　　　1943年11月9日

我也接到很多关于德国制造火箭的情报。最近，我接到关于火箭制造工厂所在地的消息，这对你来说，可能是唯一有价值的资料。据说这些地点有卡尼阿弗里德、里希斯哈芬、米次根内特、柏林、库格拉格佛克、施魏因富特、维也纳新城，以及位于维也纳南面，由维也纳通往巴登的公路左边的一个孤立的工厂。有消息称，沙米尔格姆班斯基中将在轰炸中死亡，由于他是佩内明德实验基地的负责人，所以火箭的生产工作遭遇延误。这是一个情报人员通过土耳其转来的消息。

* * *

科学家和我所在国防委员会的官员们持有的证据杂乱无章，他们之间意见冲突，而又互不相让，因此我希望让知识丰富、见解公平的飞机生产大臣斯塔福德·克里普斯爵士，来客观评价德国远程武器的情况，并给出定论。11月17日，斯塔福德·克里普斯爵士提交了报告。

> 单从实验的角度来看，生产顺序有可能是：(1) 大型滑翔炸弹；(2) 无人机；(3) 小型远程火箭；(4) 大型远程火箭。
>
> 皇家空军对佩内明德的袭击，使敌人各种远程袭击武器的研发均遭受打击。这对皇家空军来说具有重要意义。
>
> 德国人正在极力制造某种远程武器，对此我们可以完全肯定。对于法国北部那些新建造的、目的不清晰的建筑工程，确实值得人特别怀疑，因为我们也不知道它有什么其他作用。基于这种情况，我建议将一切工作准备就绪，如果敌人使用这种方式袭击，我们可以应对产生的一切后果。不过，还没有现象指出新年以前可发动袭击。
>
> 同时，我们还应继续获取空中影像，只要有机会，我们就应将相关地点全部摧毁。

报告中，有些问题说得不够确切。12月14日，空军副参谋长博顿利空军中将发来报告说：

我们怀疑法国北部一块"面积较大的发射地"（包括已经被袭击过的三处），与远程火箭的袭击有关。现场有很多高射炮，包括重型的56门，轻型的多于76门，都是用来保护这块发射地的。

从收集的证据来看，"滑雪场"的作用主要是发射无人机。从空中拍摄的照片可以看出，目前的滑雪场数量已有69处，预计，最终总数会达到约100处。如果按照目前的建筑速度进行，预计到1944年1月初，大约20处工程可以完工。剩余工程完成时间在2月。塞纳地区的发射地加来海峡和松姆河，确切的目标的是伦敦，瑟堡地区几处发射点的目标则是布里斯托尔。

12月18日，我收到与琼斯博士联系紧密的彻韦尔勋爵发来的一份报告。他在报告中表明了自己对飞弹袭击的预计时间，以及破坏力度的一些观点。他认为4月之后，袭击行动才会开启。袭击一两天之后，每天发射飞弹的数量会少于100枚。在这之中，只有大约25枚可以送达距目标十英里以内的地方。这个数量每天只能致50～100人伤亡。因此，为避免恐慌，他不建议实行大规模的撤退计划。他还认为敌人不可能使用大型火箭，因为这种火箭在生产上消耗的时间，比飞弹多二三十倍，而且用他的话说，效果还不见得出众。就算这样的火箭能制造出来，以现有的任何技术来看也很难实现。

我们应对飞弹轰炸的计划是1944年的头几个月内制定的。我们决定，将防御工事分为三个区域，即将一个气球阻塞网安置在伦敦郊区；在其周边安置一个高射炮阵营；战斗机活动区域则在高射炮阵营以外的地方。我们又按照程序，促使美国迅速为我们提供电子高射瞄准器和无线电控制的近接信管[①]。一旦袭击开始，高射炮兵借助这些仪器，能将大多数飞弹击落。

---

① 一种依据与目标距离决定引爆的雷管。——译注

与此同时，英美两国空军继续对法国北部100处左右的"滑雪场"展开攻势。到了4月末期，通过空中侦察，我们看出敌人已经弃那几个地方的工程于不顾，可见这种轰炸起到了良好作用。但是，我们还没有高兴多久就发现，敌人正在建造一些发射地，只不过改变了以往的样式。这些场地虽说地形简单，布置得也不算周密，但是却很难发现，也不容易击中，因为它们经过了细致的装扮。只要我们发现这种新场地，不管它在什么地方，我们都要轰炸。除了大约40处场所没有被损坏或是被发现之外，我们已经毁坏了许多场地。不过，6月期间，敌人还是利用那约40处的发射地，展开火箭袭击。

* * *

1943年4月，三军参谋长们为我们提供了备忘录，经过近15个月的时间，也就是到1944年6月，真实的袭击开始启动。在此期间，我们没有一天敢疏忽大意，每天都过得很充实。本来这些准备工作需要花费好几个月的时间，我们能及时全面地开展工作，是用巨额开支换来的。当灾难来临的时候，尽管我们的生命财产损失巨大，不过我们的作战能力没有问题，对法国采取的军事行动也没有遭遇任何阻碍，因此，我们能够将它击退。我在下卷中会将这些事情的前后讲明白。有关这件事情的详细经过，可以作为案例证明我们统治机器的高效，同时也可以证明所有跟这件事情有关的人士眼光高远，思维敏锐。

第十四章　相持不下的第三战场

关于希特勒在罗马南部作战的决定——德军的冬季战线——亚历山大的部队兵力变弱——10月24日，我致亚历山大的电报及其答复——艾森豪威尔将军召开的战区司令会议——关于亚历山大对意大利局势的分析，他表示赞同——登陆艇的撤离导致我军失去机动性——汇集军队的速度减缓——观察局势变化——我向马歇尔将军和罗斯福总统致电——马歇尔将军的答复——我请求将更多登陆艇留在地中海地区——艾森豪威尔授权，将多出的68艘登陆艇延迟到12月15日撤离——我于11月9日致我国驻莫斯科大使的电报——我向布鲁克将军说明我们需要波兰军——联合战略空军提出的要求很过分——第八集团军横渡桑格罗河——美国第五集团军向卡西诺的德军重地挺进——空战——德国驻意大利的空军人数被精简——第三战场在控制敌人方面的作用——总结

10月之前，希特勒本来准备把他的军队撤退到罗马后边，保卫好意大利北部即可。到了10月初期，他听从了凯塞林的建议，对原先的意大利战略做出调整。现在，他下令让军队尽可能向西南面开战。他将选定的战线命名为"冬季战线"。这条战线的起点是亚得里亚海沿岸的桑格罗河后边，中间经过意大利蜿蜒曲折的山脊地带，最后到达西海岸的加里利亚诺河河口。意大利山势险要，河流湍急，这种自然特点令这个纵深几英里的阵地非常坚固。一年以来，德军几乎未曾间断

地从非洲、西西里岛和意大利撤退，现在它又兴奋地掉过头来，给追击者来个突然袭击。

德国人已完全置身于意大利战场，基于这一点，魁北克会议做出了对我们十分有利的决策，我们已不在乎冬季来临对我们行动的严重妨碍。我们首先要做的就是横渡海峡，然后发动进攻，这样，意大利从此以后就不再是我们的主要战场。希特勒迫于无奈，只得发动大规模兵力来抵抗我们的追击。这种做法不但不能令我们在意大利战败，而且还对我们进攻主要目标有利。

10月12日，第五集团军发动了新一轮的进攻。它所属的英国第十军和美国第六军也在十天抗战之后，渡过沃尔土诺河，建立起坚固的阵地。接下来，他们准备向敌人的下一个阵地——加里利亚诺河南部的一系列高地发起进攻，以便清除我军前进的障碍。再有一个星期的时间，我军才能将敌人从这些阵地中逼退。但是在11月的前两周，第五集团军与"冬季战线"前哨防地①的敌军展开争斗。我们尝试着对德军战线展开第一次袭击，但效果就不太理想。因为德军在这条战线上安置的兵力与第五集团军六个师的兵力相当，并且他们的战斗力十分强大。我们的军队已经艰苦奋战了两个月，现在气候恶劣，是时候让军队休息，顺便进行整顿与改编。但是现在，地中海战区的大部分登陆舰被调离，这是因为魁北克会议上制定的应付不同局势的计划被强制执行。

意大利局势的变化，并未让我们占领先机。德军借助人力和物力上的强大援助，不但没有后退，反而奉命顽强作战。我们的盟军中有八个优秀的部队，从意大利和地中海战区中撤出并返回英国，他们准备加入1944年横渡海峡的战斗中。这对我们来说是一种损失，即使我正在聚集兵力，加上已经调来的另外四个师的兵力也无法弥补。紧接着，我们陷入了相持不下的局面，经过八个月的激烈斗争，仍然没

---

① 军队驻扎时，向敌军方向派出的防御部队安置地。——译注

能摆脱这种局面。很快，我会在后边谈论这些情况。

* * *

10月24日，我在思考这些情况的同时，还向亚历山大将军发去电报：

1. 我的内心忐忑不安，因为为了执行魁北克会议决议，你们的战斗还没停止，就将我们两个优秀的师团——第五十师和第五十一师调走。眼前的任务需要你的军队去担负，我希望你能告知你军的实力。你曾提过，第八集团军在24日之前会集合完毕，现在情况如何？

2. 我正在请求在11月15日左右，于非洲举办一次联合参谋长会议。到时候，不管怎么样，我都要到你那儿去，因为我有很多话想跟你说说。祝你万事如意。

亚历山大回复说，他对德军驻意大利的师团数量感到十分担忧。敌人能在罗马南部多远的地方保持强大的战斗力，完全取决于这些师团带来的影响。现在，我们正在尽一切努力，利用空军行动破坏德军的交通路线，使其陷于瘫痪。他还迫切希望加强我们的空军在意大利的力量。但要想完成这一切，没有时间、人力和物力是不行的。第八集团军已经完成集结，并已参与战斗。他们的进攻在起初几个阶段中，效果令人满意。他说："我的建议是，细致入微地关注当前局势。听说你很快要来看我，令我感到高兴。我将会怀着愉悦的心情迎接你的到来。"

* * *

艾森豪威尔将军也在当天，将各战区司令聚在一起召开了一次会议。亚历山大受邀在会上综合描述了当前局势。他的报告十分重要，以至于艾森豪威尔将报告全文转交罗斯福总统与我手中。艾森豪威尔认为亚历山大在报告中确切而真实地分析了当前局势，他的全部观点都得到艾森豪威尔的认可。

第一部分

一、（1）9月9日是发动"雪崩"战役以及意大利宣布停战协议的日子。我们对敌方进行了总体评估，情况如下：在卡拉布里亚有两个师抵御第八集团军的逼近；在意大利踵形地区有一个师驻扎；镇守罗马南部基地的有三个师，当盟军从萨莱诺湾登陆时，就会投入战争；罗马周围地区的兵力有两个师之多；意大利北部有九个师。这意味着，意大利本土可供德国人调遣的总兵力，几乎达到 18 个师。在我们看来，其中一些师是用来对抗意大利北部的内部局势的。据我方推测，这种局势，会令他们陷入困境。

（2）当然，我们也能意识到，德军正在与我军对抗，因此我们在萨莱诺周边发动突然袭击可能会导致失败。不过我们分析了意大利的局势，考虑到为数不多的兵力被派遣到踵形地区登陆的机会，以及我们空军的绝对化优势，我们感觉到整体形势对我们是非常有帮助的。由此可见我们选择冒险行动是非常正确的。另外，可供我们使用的登陆舰数量众多，因此，我们有充分的自由来推进军队的海路会合机动，并灵活多变地补充军队。这些登陆艇，还能帮助我们支援陆地上的军队攻势，实行深入的两栖作战。事实证明，这种灵活机动性，是极为重要的。在第八集团军在卡拉布里亚沿岸作战的最初危急时刻，第七集团军将西西里岛一个师的兵力调遣来，支援萨莱诺地区，这些都显示出对灵活机动性的充分利用。

（3）当时我们就知道，到了冬季登陆艇就要撤回，不过，我们却

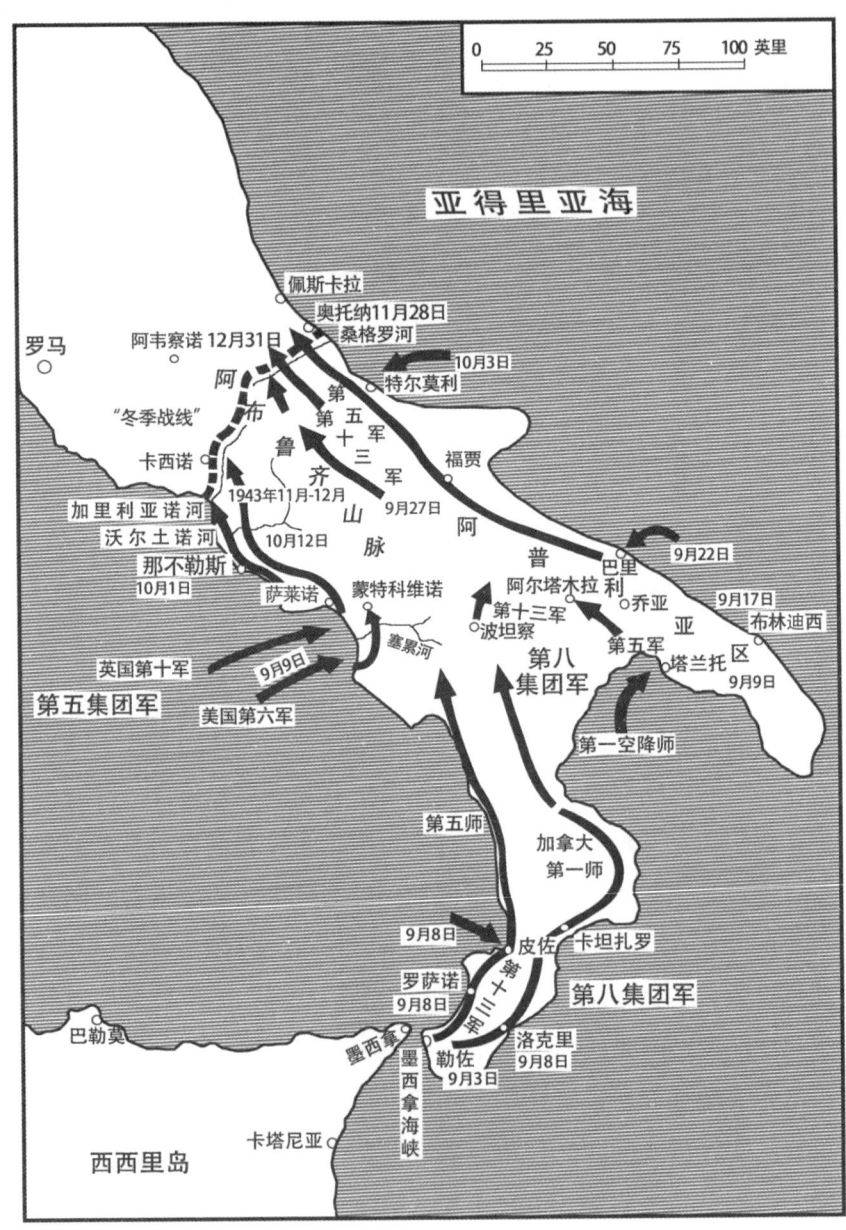

1943年9月至12月，意大利南部战役

不明确撤回的具体时间和数目。照原计划，我们准备每天从地中海各港口聚集大约1300辆车辆，只要在装备充足、物资供应得到保障的前提下，这些车辆实际到年底之前，可将盟军的20个师以及战术空军运送到意大利。与此同时，我们还对日后使用的登陆艇数目做了估算，这样就有充分的机动性对军队实行增援。而且，从陆地向罗马进军的两栖作战行动正在开展，一旦有需要，也可为其提供物质帮助。

第二部分

二、（1）当今局势已经发生了显著的变化。盟军的11个师在南边与德军的9个师对抗。在更北部的地区，敌人还安置了大约15个师，已知师团的总共数量已经达到24个，甚至多达28个。假如排除不可预见的因素，使汇集军队的速度保持不变的话，我们在意大利本土可供调遣的总兵力数量为：11月底13个师；12月底14到15个师；1月底，16到17个师。以前我们每天汇集1300辆车辆的兵力，现在集结兵力的速度减少到每周2000辆左右，延误了空军和陆军的编制工作。以下决策是导致陆上军队聚集数量减少的原因：战术空军没等占领罗马地区的阵地，就被调遣到福贾地区。空军提出的要求，应该在年底得到解决。

（2）本来我们利用敌人的一贯弱点，借助海上迂回战术，很容易就能从两边向敌人发动进攻。但是登陆艇的数量本来就在耗损中减少，现在又遭遇大幅度的缩减，我们能使用的只剩下为数不多的兵力。由于公路和铁路设施遭到破坏，现有的大部分登陆艇，都要用来汇集兵力，援助沿海地区。另外，由于驳船和拖轮数量不足，停泊设备被敌人破坏后又很难复原，因此，为保持港内交通运输畅通，也要用到登陆艇。

三、（1）我们研究了敌人的现状，结果表明，如果敌人真有60个师的兵力，他们的交通线也足以保证他们在意大利，特别是在北部区域汇集到这么多的兵力。就算空中作战是我们的强项，我们的空军也要在冬季与敌人对抗几个月。显而易见,德国人想缩减他们在欧洲堡垒战线上的兵力,以便组成一种后备军,用来深入支援他们驻扎在意大利的军队。

(2) 相比之下,盟军处于劣势地位。要想提高汇集兵力的速度,以现有的人力与物力是办不到的。相对于罗马的战略地位,它的城市意义更为重要,因此想在罗马南部建立一条稳定的战线,也是行不通的。要想保证福贾机场和那不勒斯港的安全,我们必须要获取面积充足的纵深地带。如此看来,我们急切需要将罗马北部一个坚固的防御阵地据为己有。并且,我们不能只防不攻,这样德国人就会将主动权霸占。

第三部分

四、很明显,德国人现在正试图在罗马南部开通一条战线,因为那里的地形有利于防守,却不利于我们的装甲部队和炮兵发挥优势。气候很快就会变得恶劣,而实际上,现在就已经很不好,这将会妨碍我们空军的行动。敌人的军队可能已经劳累不堪,但是从北方派来的军队可以代替他们作战。已有现象显示,他们现在正在进行交换防守。我们当前所处的形势是,向罗马逼近,不但要耗费时日,还需付出巨大的代价,这一切都要归因于我们缺少可替换的军队,也没有运输船舶帮助我们采取这种行动。这是一场"凶猛的棒球对抗赛",我们虽然在战场上占有稍许优势,但也被敌人特有的轮班机会抵消。由于缺少一定数量的登陆艇,我们也就不可能加快前进速度,采取大规模的从两边进行袭击的两栖作战行动。现在我们面临一种危机,也就是说,我们即使在这场"凶猛的棒球对抗赛"中取得胜利,也可能在罗马北部就变得虚弱无力,筋疲力尽。假若德国人从北部调来新的军队进行反攻,我们已经占领的阵地恐怕就会失去。敌人给我带来的这种性质的打击,恐怕不是我们空军在冬季的几个月行动可以弥补的,这是我唯一担忧的事情。看来，德国在意大利战场上增加的人力和物力，已经超越了他们内部形势所需，以及单纯防御的许可程度。一旦出现能够获胜的机会，德国人为在1944年战争爆发前提升军队士气，必定会紧紧利用这个机会，来弥补一年以来，在各条战线上的失败所带来的影响。在巴尔干半岛和法国将要发生的事情，可能会对我们造成非常不利的影响。

五、（1）总之，如果在萨莱诺袭击的初始阶段就取得胜利，就象征着9月的乐观前景。北部的一些德军部队，将会陷入关于内部安全问题的困境。在我们看来，南部聚集兵力的速度是这样的：如果德军缺乏后备部队的支援，而我们在意大利本土又有足够的兵力，到了12月底，我们会有20个师与敌人可能拥有的18个师对抗。以我们的观点来看，我们可能必须拥有充足的登陆艇，这样才能从敌人背面和两侧对敌人发动攻击，并维持我们在滩头①的军事力量。

（2）总而言之，当今的局面是，盟军的11个师所处地势有利于防守，他们正在与德军进行正面作战，而德军现有9个师的兵力，还可能随时获得增援。到了1月底，敌人所拥有的兵力增加到大约24个师，而我们聚集兵力的速度减退，最多拥有16或17个师。我们要与敌军对抗，但又缺少可用的增援来开展超越局部性的两栖作战行动，我们就会长期被困罗马南部，陷入进退两难的境地。借此机会，德国人能够肃清意大利北部的混乱局面，继而向他们的南部战线实施人力与物力上的援助。如果情况真是这样，我们占有的主动权就会移交到他们手中。

这份报告话语精练，却包含了我们在战略上出现的一切最危急的情形。

* * *

---

① 海（河）头连接海（河）岸的地区，是进攻登陆作战中首先抢占的基地。——译注

我已经就某些问题向马歇尔将军提出说明。

首相致马歇尔将军（华盛顿）　　　　　　1943年10月24日

　　我曾经用很长篇幅向罗斯福总统请求在非洲举行一次会议，因为这是我们迫切需要的。我希望他能把电报给你看一看。罗马战争形势十分紧迫，这时为了遥遥无期的"霸王"作战计划，将我们两个最优秀的师团——第五十师和第五十一师调走，我不得不感到担忧。虽然这样做是在履行我们的承诺，但是我还是要祈求上天，不要让我们为了这次行动损失惨重。

　　现在我致电罗斯福总统：

前海军人员致罗斯福总统　　　　　　　　1943年10月26日

　　艾森豪威尔在发来的报告中向你说明了我们在目前意大利遭遇的困境，想必你已阅读完毕。为避免敌我双方相持不下，我们绝对要保证这场伟大的意大利战役的良好局面。

　　只要能成功占领罗马和其北面的飞机场，付出任何代价都在所不惜。事实证明，我们采取的策略正确无误，因为敌人已经把他们那雄厚的军事力量转移到这个战场上来。毫无疑问，我们目前能够给予苏联人唯一的援助就是，在意大利取得胜利，帮助苏联人向前行进。依我之见，艾森豪威尔和亚历山大必须获得他们所需的援助，而不要对其日后在军事行动上造成的影响顾虑重重，这样才会在意大利战役中获胜。

　　你感冒还未痊愈，我很抱歉这个时候用这些事情来打扰你。

　　10月27日，马歇尔将军回复说，他相信艾森豪威尔将军在意大利战役中不致面临风险，因为他有充足的兵力。而他自己当前面临的问题，并且也是需要研究的问题是缺乏登陆艇。在他看来，我们在预测意大利局势时，没有将我们空军的显著优势，也可以说是一大便利条件考虑在内。尽管天气恶劣，我们对敌人交通路线采取的密集轰炸行动造成的必然结果，不会因为恶劣的天气受到阻碍，或是受到长期的阻碍。

* * *

现在，我向罗斯福总统说明关于地中海的登陆艇问题。

前海军人员致罗斯福总统　　　　　　　1943年11月4日

1. 英国陛下政府为登陆舰在紧要时刻从地中海调走一事，感到忧心忡忡。很抱歉，对于这一点，我必须提醒你注意。我们当前面临的局势，正如艾森豪威尔将军预测的那样：如果现有的登陆艇撤走计划必须严格执行，他为保护罗马机场而必须占领那条战线的时间，很可能要推迟到1月底，甚至是2月底。他还深入说明，这样做，不但不会取得令人满意的结果，而且还会在正面进攻上消耗巨大的人力、物力和时间。况且在意大利对抗敌人的英国兵力，为数众多，因此伤亡人数也会增多。另外，美国总司令提出了明确建议，而我们听命于他，因此，对于我们提出的真诚建议，我们有权要求美国盟军认真研究。

2. 为此，在战时内阁的正式请求下，我要求美国参谋长联席会议必须考虑英国参谋长委员会提出的请求。可惜的是，事情十分紧迫，我们没时间等下次参谋会议召开时再提，因为那还需要三个星期的时间。在此期间，登陆艇就会被撤走或停用，到时将大大影响到意大利战役。

3. 顺便，我还想说明，我们完全可以相信，在多方努力的作用下，联合王国在"霸王"作战计划开展之前，必能在预定范围内多生产出 75 艘坦克登陆艇。

收到他的回复后，我松了一口气。

罗斯福总统致首相　　　　　　　　　　　1943 年 11 月 6 日

今日，联合三军参谋长委员会授予权利，批准艾森豪威尔将原计划立即调回联合王国的 68 艘坦克登陆艇，一直沿用到 12 月 15 日。

在我看来，这次授权，应该使他的基本要求得到满足。

我立即将此情况告知亚历山大，并受到他的答复：

亚历山大将军致首相　　　　　　　　　　1943 年 11 月 9 日

我非常感激他们能推迟执行坦克登陆舰的撤走计划，这将会大大有利于我们的计划。不过，到 12 月 15 日前，我恐怕无法将我的全部计划付诸实施。关于这点，我在致帝国总参谋长的电报中已经表明。

首相致亚历山大将军　　　　　　　　　　1943 年 11 月 9 日

你应该指定一份坦克登陆艇沿用到 1 月 15 日的作战计划。我认为，这个时间应该会在会议上得到认可。

我又向我们的驻莫斯科大使发去了电报，内容如下：

首相致阿奇博尔德·克拉克·克尔爵士　　1943 年 11 月 9 日

……苏联战场天气晴朗，而我们的意大利战区却下着暴雨。虽然我们的兵力不如敌人强大，我们仍需要一些军队与敌人展开正面交锋。这些军队一直积极奋战，但这种正面交锋的速度却受到恶劣的影响……

继续坚持并大力推动意大利战役，尽量将更多的德国师团吸引到那个战区中来，并将他们控制在那里，是我们长久以来的愿望。联合参谋长委员会已经达成一致意见，那就是将撤走登陆艇的日期推迟到 12 月 15 日，这让我很欣慰。这样一来，我们就可能将更多力量用于我们在意大利的全部作战计划中。我希望，国内能做出改变，为制造更多登陆艇付出努力，这样一来，就可以弥补延迟撤离其他登陆艇造成的影响。

德军有二分之一的兵力，安置在距我军前线约 300 英里远的意大利北部和伊斯特拉半岛，其中一些兵力已经撤回到苏联的南部，这是因为意大利北部的意大利人一直默默顺从，对德军的内部安全没有造成太大威胁，而不是因为我们战线上有不利于作战的情况，才让敌军的兵力撤走的。毫无疑问，伊斯梅将军对德军实力的评估是正确的。他说那里有六个德国装甲师，在我们战区作战的占了一半。现已证明，德国安置了 10 个师的兵力在罗马南部作战，与之对抗的是我们略胜一筹的兵力——12 或是 13 个师。但是这些兵力并没占太多优势，因为他们需要在多山地带与敌人进行连续正面交锋。

我向布鲁克将军致信，内容为：

首相致帝国总参谋长　　　　　　　　　1943 年 11 月 16 日

我们迫切需要波兰人参与前线作战，因为这些年来，波兰人消耗了大量物力，也做足了准备工作，却没有参与任何战争。加之，意大利战区又急需他们的支援，可能他们在等新西兰人离开战区后，就会被派送过去。目前，他们还不需要改变编制，他们仍被称作波兰军。先将兵力不足的两个师调过去试一试，我们再从其他方面努力招募士兵……

在我看来，先将在英国的波兰装甲师派过去参战，因为这个师在未来一段时间内没有作战计划，这样我们就不用改变在波斯挖空心思集结起来的军队。不过我相信，波兰军一旦走到前线与德军作战，并且获得所有人的见证，就有可能从斯大林那里获得更多的波兰兵力。关于这个问题，我准备与你当面说明。苏联政府有可能不太信任这支波兰部队，并且怀疑他们只养兵而不参与战争的原因，是为了将来保护自己国家的利益，与苏联人抗争。不过，如果这支波兰部队上前线参与抵抗德军的战斗，苏联政府就会消除对他们的偏见。另外，对现行编制进行改变，这种做法我不能同意。

* * *

此时，盟友正在贾福机场建立重型轰炸机部队，他们的目的是轰炸德国东部的工业目标，这个目标超出了我们以本土为阵地的空军中队航程以外。我们的航运力量有限，而这个重型轰炸机队提出的需求过多，这让我们感到压力倍增，令我们越发不安。依我看来，对于当前总体形势，这些要求不太现实，甚至毫无关联。

首相致伊斯梅将军，转三军参谋长委员会　　1943年11月17日

你们不惜放弃罗马战役带来的收获，只是为了在意大利组建战略空军，这个决定是完全不正确的。我们应当在思想上，将这次战役看作为最重要的战役，只有关于这次战役的问题才能优先处理，即便对德国实行战略轰炸十分重要，也应该退居次要地位。战略政策相比，应优先对待的始终是重要战术。我最近了解到，陆军的汇集之所以降低了速度，是因为与这场战役毫无关联的一大批战略空军部队被调遣到前方。实际上，这种做法不但与常规的军事原则背道而驰，而且还犯了常识性错误。

一周过后，我又报告道：

陆军的行动，确实被空军操之过急地优先前进带来的巨大障碍所影响。

*　　*　　*

第八集团军经过一连串的斗争后向前逼近，现已靠近驻扎着德军四个师的桑格罗河。亚历山大将军建议，第八集团军应该过河，将这条战线上的"冬季战线"攻破，接着尽可能向前逼近到佩斯卡拉－阿韦察诺公路，在那里用武力使罗马屈服，然后破坏敌人在西海岸的交通线，这样才能保持我们的主动地位。我们的军队已经在桑格罗河两岸相对的地方建造了桥头碉堡，但是敌人却在对面的高地上修建了防御工事。由于天气极坏，雨下不停，将道路弄得全是污泥，令人举步艰难，而河水也涨高了不少，因此导致进攻时间推迟到11月28日。进攻当天，第七十八师、第八印度师和刚刚到达不久的新西兰师发起攻势，经过一周的激烈抗战，他们获得了阶段性的胜利，在桑格罗河对岸十英里的地方巩固了阵地。加拿大军队在12月20日，已经到达奥托纳的近郊，但是直到圣诞节后的三天，他们才通过异常猛烈的斗争，将敌人清除出奥托纳城。这是第一次规模较大的城市战，凭借这次战争，我们收获不少经验教训。敌人从意大利北部调来更多援军进行顽强抵抗，虽然第八集团军在12月份获得了一些胜利，却没能占领任何重要的基地。接下来，军队的猛烈行动被冬季的气候延缓。

美国第五集团军在克拉克将军的领导下，沿着公路吃力地向卡西诺前进，还偷偷攻击了德军在重要基地上，面朝我军攻击方向建造的防御工事。敌人在两侧的山上建立了坚固的阵地，从上边能看到下方的公路。12月2日，英国第十军与美国第二军向公路西侧，高耸的卡西诺山岭进军，他们与敌军顽强作战，终于在一周后将这里的敌人清扫干净。美国第二军与包括摩洛哥第二师在内的第六军,在公路南侧也进行了猛烈的战争。到了新的一年,敌人终于被击退,第五集团军才得以完全顺着加里利亚诺河和它的支流拉皮多河布下战线。从这里向前眺望,就是卡西诺高地和著名的修道院。

在所有的陆地抗战中,我们的战术空军为陆军提供了充足的支援,而我们的战略空军在敌人战线背面,实施了多次袭击,且获得成效。特别是在袭击都灵的时候,美国空中堡垒将一座重要的滚珠轴承厂毁坏。另外,德国空军白天很少出动战斗机和战斗轰炸机,他们的远程轰炸机袭击了六七次那不勒斯后,也没有造成严重后果,可见他们的空军作战力量薄弱。但是12月12日那天,德国空军对我们的巴里港口进行了一次突然袭击。那里停靠了众多船只,一只放有军火的船只正好被击中,造成了极大的破坏。另外,还有16艘船只,被炸毁沉入海底,损失货物达30000吨。

到了冬天,德国人对争夺意大利的制空权没有兴趣,他们将空军力量大大减少,如下表所示:

德国空军的实力(在中地中海)

1943年	1943年	1944年
7月1日	10月1日	1月1日
975	430	370

我们从英国派遣来的空军向敌人发起攻势,将他们所有能撤出的飞机从地中海和苏联驱逐出去。为了报复英国的袭击,以及对来年春天的"小型闪电战"做准备,敌人在意大利的远程轰炸机已经全部调离。

我曾经将意大利战役叫作第三战场,之所以如此命名,我已将理由阐述清楚。德国20个优秀的师团被派遣到这个战场,再加上留在巴尔干半岛防守的驻防军,德国人用来抵抗地中海战役盟军的师团已经有近40个了。我们位于西北欧的第二战场,虽然还未开战,但是它是真实存在的。为对抗这次战争,敌人准备了30个师以上的兵力。当接近开战日期的时候，敌人预备的兵力就增加到60个师。敌人为保卫他们本国领土免受我们从英国发动的战略轰炸，被迫调回大量的人力和物力，所有这一切为我们在苏联的第一战场（他们绝对有权这样称呼它）做出了不小的贡献。

* * *

在本章结束之前，我应该做一个结束性陈词。

在这段时间内，由于没有足够的坦克登陆艇将各种车辆而非坦克运输到这里，导致战争中，西方国家在所有战略上的配合受到限制或是失误。"坦克登陆艇"对这段时间处理军事事务的人来说，已经成为再熟悉不过的东西。为进攻意大利，我们已经消耗了大量兵力，如果我们在那里的陆军得不到支援，就会导致前功尽弃，从而让希特勒获得继法国沦陷以来的最大胜利。另外，1944年的"霸王"作战计划一定会开展，这是毫无疑问的。我的要求只不过是在迫不得已的时候延缓两个月，也就是从1944年5月的一天，延缓到7月的一天，这样登陆艇的问题就能得到解决。本来，这些登陆艇可以到1944年春季再返回英国，这样就可以避免在1943年晚秋的时候，经历冬季飓风。但是如果一定要顽固地认为进攻日期为5月，而且还是5月1日，那么驻扎在意大利的盟军所面临的危难局面则无法扭转。如果批准将为"霸王"作战计划准备的登陆艇，调到地中海过冬，那么意大利战役就能轻而易举地获胜。地中海战区还有很多部队，如三四个法国师团，两三个美国师团，三四个英国师或是英国统率的师（内有波兰军），这些都是没有参战的部队。这些部队为何在意大利参与实际作战时受到阻碍，就是因为缺少登陆艇。为何我们没有成功获得登陆艇，是因为有人坚持认为登陆舰要尽早调回英国。

读者看到本章引用的各种电报后，不要因为对某些字句的一知半解，就理解为（1）我不愿坚持"霸王"作战计划；（2）我要霸占"霸王"作战计划的决定性力量；或者是（3）我企图用驻扎在巴尔干半岛上的作战部队发动一次战争。我从未有过这种想法，这些说法毫无根据。按照"霸王"作战计划规定日期，也就是5月1日算起，只要给我一个半月到两个月的周转时间，我就能让登陆艇在地中海运行好几个月。只要将优秀的兵力运送到意大利作战，我们不但能攻克罗马，还能使苏联战场或诺曼底战场中的德国人将许多兵力撤离。我曾经在华盛顿就所有这些问题给予说明，但是由于我坚持的这些问题性质不同，所以没能给予足够关注。

很快，我们就会看到，为了保证地中海的运输，登陆艇不但不用撤离，甚至为了一月的安齐奥战役做准备，还可以延期使用。我提出的一切要求，最后都成为现实。而6月6日的"霸王"作战计划，并未因此受到任何阻碍，而且还会以充足的兵力成功开展。不过，实际上，所发生的情况却是，为了尝试争取为期不长的运转时间，并预防只为严格把守时间开辟另一个战场，而置广大战场于不顾所进行的长期战争，我们进行了长期的斗争。终于，这场长期的斗争致使意大利战争消耗了很多时间，而且无法达到令人满意的效果。

第十五章　北极运输船队恢复航行

1943年3月运输船队暂停航行——东线的斗争很激烈——苏联在夏季发动的进攻——库尔斯克、奥廖尔和哈尔科夫的会战——德军被击退——11月6日占领基辅——莫洛托夫要求恢复运输船队的工作——我催促海军部办理——"提尔皮茨号"无法参与战斗——驻苏联北部的我方人员受到不公平待遇——一些恰当的要求——艾登先生前往莫斯科——斯大林对我的信函的复电——我将复电内容通知艾登先生和罗斯福总统——我退回苏联大使交来的斯大林的电报——战时内阁对我的行动表示认可——艾登先生报告他同斯大林和莫洛托夫在10月21日的会谈情况——运输船队复航——"沙恩霍斯特号"在1943年12月25日被弗雷泽海军上将乘坐的"约克公爵号"击沉——"提尔皮茨号"被摧毁

1942年年底，英国驱逐舰护卫运输船队通过北极水域开往苏联北部，行动十分频繁。因为这一行动，正如上一卷中所描述的，为德军最高统帅部带来危难，致使负责海军事务的雷德尔海军上校遭到撤换。在白天和黑夜几乎一样黑暗的1月到3月期间，又有两批运输船队在这条危难重重的线路上航行。这两批船队一批是42艘，另一批是6艘，每一艘都独立向前行驶，共有40艘到达目的地。在同一时期，还有36艘船舶从苏联各港口平安返回国内，5艘遭受破坏。白天恢复光明后，敌人对运输船队的袭击活动变得更为简单。现在，德国剩余的船只力量都集中在挪威水域，"提尔皮茨号"也不例外。它们在大多数航线上，

造成一种时间更长、更为可怕的威胁。大西洋的局势一直没有任何变化，因为它作为海战战场，起到了决定性的作用。与此同时，1943年3月期间，我们与德国潜艇的斗争形势非常紧迫。因为我们的驱逐舰能够承受的压力，已经超出我们可承受的范围，所以我们的运输船队在3月间只得延误航行时间。4月的时候，海军部提议，在秋季黑暗期到来之前，暂停使用这条航线向苏联运输供给物资。对此我表示赞同。

* * *

在苏联战场上，一场重大的会战正在展开。这次会战对1943年的战役来说，具有代表性作用，因此我们为做的这个决定深感惋惜。双方待春雪融化之后集结力量，预计会展开一次大战。在陆军和空军方面，苏联人占有优势，德国人虽说很难在最后关头获得胜利，不过他们已经先采取了行动。德国人准备展开南北两面夹攻，将苏联人消灭，因为苏联人在库尔斯克高起的基地上，潜入德军的战线内，让他们遭遇重大危机。而苏联人也有很强的警惕性，他们早就料到德国人会使这一招，因此早已为战斗做好充分的准备。德国人在7月5日发动进攻，结果他们看到的是防卫森严的工事，以及坚守阵地的敌人。北部的进攻虽有一些突破，但过了两周又被击退。开始的时候，德军在南部取得较大的胜利，他们打入苏军战线15英里以内，接着遭遇巨大的反击。7月23日，德军的进攻彻底遭受失败，他们损失惨重，却没有获得任何可以弥补的机会。而苏军的战线已经彻底恢复到之前的状态。德军的新型"虎"式坦克，已经被苏军的炮火摧毁，而这种坦克曾经承载了他们对成功的寄托。

现在，德军遭遇苏军的穷追猛打，已经抵挡不住，这是因为，德军在苏联经历多次战役，精力即将消耗殆尽。而盟军水平较低，他们的加入使德国军队力量大大削弱。又因为德军置上千英里战线上，其他地区的安全于不顾，将大部分兵力聚集在库尔斯克。而德军后备部队被限制自由时,正是库尔斯克战争猛烈开展的时候。7月12日,苏军在奥廖尔附近,对德军高起的基地发动了第一次袭击。在进攻初始阶段,苏军用大炮发动激烈的轰炸,随后,他们从北部向高起的基地发动主要进攻,为协助此次进攻,他们同时在东部发动了袭击。尽管德军为守护阵地顽强抵抗,但他们坚固的阵地还是不断遭遇夹攻,围攻,甚至被铲除,令苏联在很短的时间内取得了突破性进展。德军进行反击,但苏军兵力充沛,武器强大,让他们深感压力。德军被击退了,他们完全失去抵抗力。8月5日,奥廖尔被占领,到了18日,德军长达50英里的高起基地全部被铲平。

8月3日,当奥廖尔的攻击战正打得如火如荼的时候,苏军展开了二次重大进攻。这次,他们在哈尔科夫四周的高起基地上,对德军进行了袭击。哈尔科夫是连接通往乌克兰和顿涅茨工业盆地的要塞,是重要的交通中心,因此那里设置的防御工事,比其他地方的更为坚固。这次的攻击要点是从北部对高起基地进行袭击,一批兵力从正南方向攻打哈尔科夫本地,另一批兵力潜入西南部阵地,从整个德军后方发动袭击。苏军发动的两处进攻,在48小时内已经打入敌人基地内,最长达30英里,别尔哥罗德也被攻克。到了8月11日,苏军从东南部对哈尔科夫展开进攻,哈尔科夫三面遇敌。同一时间,苏军正在西北方向50英里的地区迅速挺进。当天,希特勒下令,不管付出多大牺牲都必须将哈尔科夫牢牢守住。德国的驻防军一直坚守阵地,不到最后不认输。直到23日,这座城市才被苏军占领。

库尔斯克、奥廖尔和哈尔科夫,这历时两个月的三大战役,象征了德军在东部战线上的溃败。不管在任何地方,他们都彻底失败了。苏军的计划之所以强大,因为他们是按照现有资源来制定的。在陆地上,苏军显示出他们的最新优势;在空中,苏联飞机的效率也已经有了很大提高,他们用超出德军两倍之多的力量与德军的近2500架飞机对抗。在这一战争时期,德军的空军力量已经达到最高水准,拥有飞机总数达6000架左右。尽管这次战役起到决定性作用,但德军用来支援战役的飞机却不到总数的一半。这足以说明，苏联非常重视我们在地中海的作战行动，以及在以英国为基地的基础上，联盟国家每日剧增的轰炸机为战争付出的努力。德军特别是在战斗机方面，遭遇重重阻碍。尽管他们在东线没有占据有利地形，但是到了9月，他们为了保卫自己在西线上的安全，被迫削弱了东线的实力。到了冬天，德军在西线安置了战斗机总数的四分之三，但却没有展现这些空军力量的机会，因为苏军对他们发动了迅猛且多次的袭击。德军的空军部队为应对新的局势，总是从一个战区调到另一个战区。但是不管他们调到哪里，总会在身后留下一个突破口，这样苏联的飞机就显示出其压倒性的力量。

9月期间，德国从与莫斯科正对的地区，沿着整个南方战线一直向黑海撤退。苏军迅速向前推进，乘胜追击。9月25日，苏军在北部的中心地段，从维亚兹马向前挺进，用武力将斯摩棱斯克收复。第聂伯河是第二条巨大的河流，毫无疑问，德军希望守住这条战线。但是，苏军在10月初期，同时从基辅北部、南部的佩列亚斯拉夫以及克列缅丘格三地渡过第聂伯河。到了10月25日，他们在更远的南部地区，将第聂伯罗彼得罗夫斯克攻克。德军只能在靠近河口的地方，坚守该河的西海岸，剩余的沿河地区全部失守。苏军将彼列科普——由陆地通向克里米亚的通道攻克，切断了驻防在克里米亚强大德军的退路。基辅因受两侧袭击，于11月6日被占领，导致大量德军成为战俘。苏军迅猛前进，到达了科罗斯坚和日托米尔。不过强大的德军后来又重新占领了上述两个城镇，这是因为他们用装甲部队从侧方对苏军发动进攻，将他们击退。这里的战线暂时处于平静状态。11月底，苏军从北面收复了戈梅利，并从第聂伯河上游的莫吉廖夫两边渡过了河。

历经三个月的追击后，到了12月份，德军在俄国中部和南部的战线已经被推回200英里远。德军面前已经无路可走，他们难以应对冬季战役的袭击，这是因为他们失守第聂伯河战线造成的。以往的惨痛经历表明，他们的对手善于此种攻击方式，这他们是知道的。这就是1943年，苏军创造的赫赫战功。

* * *

对于船队暂停运输一事，苏联政府自然而然表现出责备的态度，这是因为苏联军队急切盼望船队运送物资过来。9月21日晚，莫洛托夫先生为运输船队恢复通行一事，召见了我们驻莫斯科大使。他表示，意大利舰队已经被摧毁，德国的潜艇已经向南部航行，早已放弃了北大西洋。波斯铁路难以维持供应物资的充足运输。三个月以来，苏联投入所有精力，发动了一场范围广泛的进攻，但是，他们在1943年收到的军需补给还没有去年的三分之一多。基于上述原因，苏联政府坚持认为，运输船队恢复航行刻不容缓，并希望在未来几天内，英国女王陛下的政府能开展一切必要行动。

要想回答这些问题，我能长篇大论，不过在9月25日，我向海军部和其他部门提出了这个问题。

首相致外交大臣、生产大臣、战时运输大臣、伊斯梅将军转三军参谋长委员会以及代理第一海务大臣　1943年9月25日

如果重新开放北极运输线路属于我们能力范围之内的事，我们则有责任开放。根据月亮的盈亏状态，可以在11月后半月启动。我们应该在航线上试行五次，这五次分别在11月、12月、1月、2月和3月。我认为这项计划可以实施，因为它是由海军部和战时运输部制定的。

既然恢复运输船队的重新运行是苏联人的要求，我们则可以明确地要求他们，用更高标准对待我们驻苏联北部工作人员。

起初，海军部对运输船队一事做出的回答，令我感到沮丧。

首相致外交大臣、海军大臣、伊斯梅将军转三军参谋长委员会以及其他相关人员　　　　　　　　　　　　1943年9月27日

驶往苏联北部的运输船队

我对此回答表示不满。为什么11月份运输船队的船只数量会不足？12月8日启程的运输船队中船只也只有那么多。在"霸王"作战计划开展之前，我们必须想办法调遣足够数量的运输船队，而且不得少于5次。对于你的意见，即我们以前派遣船队时的情况很紧迫，而大西洋与地中海的情况同样紧迫，我不能赞同。当然我没预备与斯大林元帅签署庄严的约定，因为很多事情无法预测，我们应该提前防范。不过，我认为，我们应该在11月、12月、1月、2月和3月这几个月中，每月令一次足够数量的船队航行。

我会就这件事情召开一次参谋会议，时间为星期二晚上十点。

会议在29日晚上召开，当我们探讨这件事情时，发现了一件令人兴奋的新事件，即我们小型潜艇发动了勇敢无畏的袭击，将"提尔皮茨号"战列舰摧毁。我们派六艘潜艇参加战斗，其中两艘成功袭击敌人严密的防御设施。德国人将这些潜艇的指挥官——卡梅伦上尉（皇家海军后备役）和普莱斯上尉（皇家海军现役）从水中解救出来做了战俘，这两位指挥官后来还获得了维多利亚十字勋章。空军在事后侦察时发现，这艘战列舰损伤严重，要想重新参与作战，必须要到船只修理厂维修。我们在北冰洋水域内有机会喘口气，时间也许能长达几个月，因为德国舰艇"卢佐夫号"已经向波罗的海驶去。于是，我给外交大臣递上一份书面说明：

我准备致电斯大林，向他说明运输船队重新航行一事已经成功解决。在提及此事前，希望你能将我们的人员在苏联北部受到

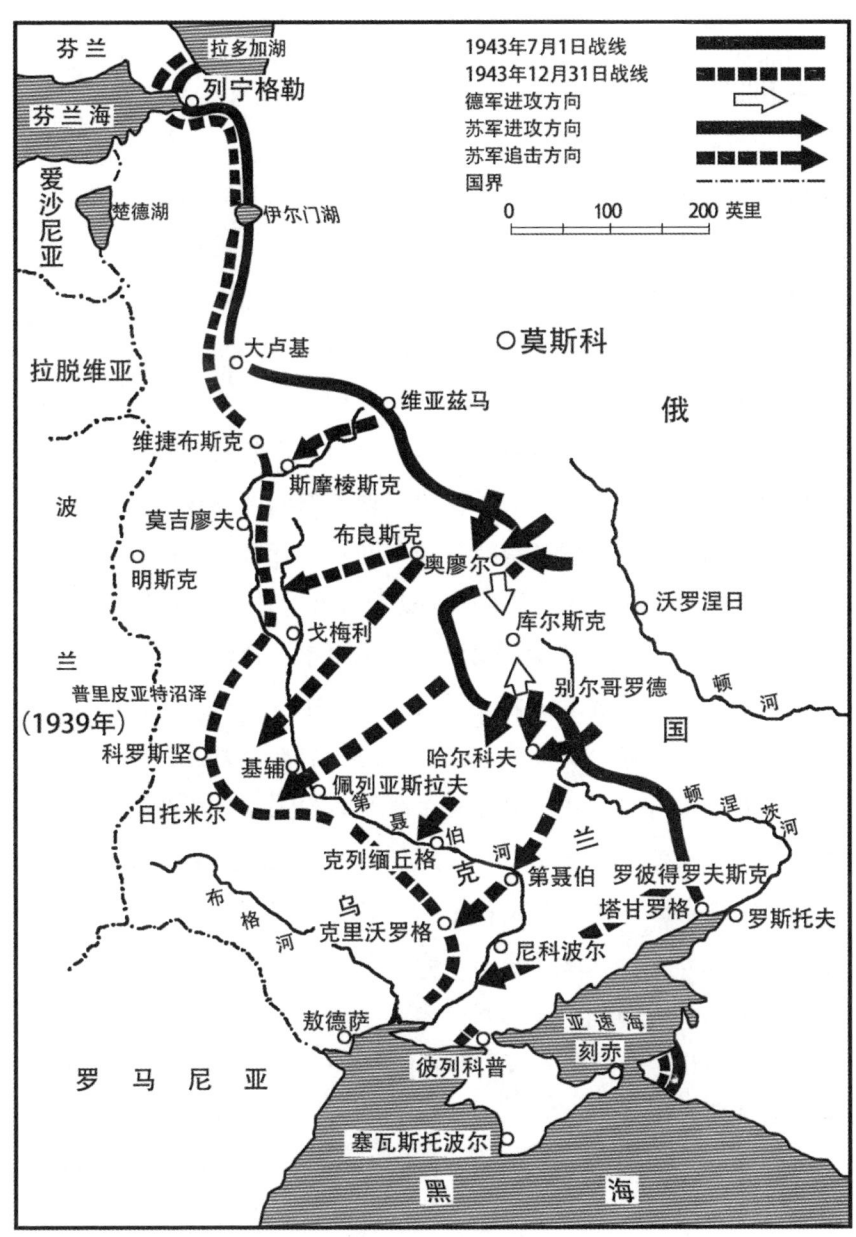

1943年7—12月苏联战场形势

的不公正对待——一列出，这样我能用最有效的方式，将两个问题联系在一起向他说明，希望在今晚拟定出电报的初稿。

鉴于艾登先生列举的情况十分危急，我们向斯大林发去了电报：

首相致斯大林总理　　　　　　　　　　　　1943年10月1日

1．你提出的有关重新派遣运输船队前往苏联北部的请求，我已经收到。你领导的军队英勇无畏，我和我的全体同事，都希望尽全力助你一臂之力。对于莫洛托夫先生来电提出的各点要求，为避免争论，我不准备回答。自1941年6月22日以来，希特勒带领的军队像土匪一样残酷，为保卫你们自己的国家，我们不顾自己背负的沉重负担，一直尽全力帮助你们抵御侵略。并且，你们所获得辉煌战绩，以及给德军带来的致命打击，也给我们带来了巨大好处，对这一点我们从未否认，并且对外也是如此宣称。

2．我和海军部在这四天内，一起拟定了一份计划，准备将一批运输船队重新派遣到苏联北部去。实施这份计划，可谓困难重重。首先，大西洋水域又开战了。为向我们发动袭击，德国潜艇已经运用了一种新式音响引爆鱼雷对抗我们正在搜寻潜艇的护航舰船。这种鱼雷效果出众。第二，在11月底之前，我们要在意大利汇集一支军队，这支军队需要60万人，可见地中海的形势极为紧迫。意大利军队在爱琴海岛屿和巴尔干半岛彻底溃败，我们也要想办法将这一局势合理利用起来。第三，美国在对日作战中付出了很大热情，我们也必须尽到我们的责任。如果我们态度冷漠，会引起美国人愤怒。

3．虽然我们的困难不少，但我还是要告诉你一件高兴的事情，我们准备派遣四批各包含35艘英美船只的运输船队前往俄国北部，每批出发时间依次为今年的11月、12月，明年的1月和2月。根据航行要求，每批运输船队可能会分两次出发。大约在11月12

日，第一批运输船队会离开英国，10天后到达苏联北部，剩下的运输船队，每隔28天左右出发一批。我们准备将现留在苏联北部的商务船只在10月底之前撤回，剩余的船只可在护送舰船返航时，一同返回。

如果我们为帮助苏联所付出的努力没有收获任何效果，为了避免苏联方面对我们发出没有履行诺言的责备，我加入一段话，以此澄清我们的态度。

4. 上述举动不属于条约或是合同，只是如同一份严肃认真的宣言，表达了我们的心声，因此我们必须将这些记录下来。基于以上原因，为了派遣四批各包含35艘船只的运输船队，我已经下令采取必要的行动。

接下来，我将我们的人员在苏联北部受到的不公平对待列举了出来。

5. 我受外交部和海军部委托，希望引起你的关注，并且是亲自关注我们在苏联北部遭遇的以下困境。

6. 今年3月以来，我们在苏联北部的机关已经减少了不少。要想让运输船队恢复航行，就必须保证这些机关的数量。根据目前的需求判断，现有的海军人员数量难以满足实际需要，这是由于人员遣送回国后无人替换造成的。我国人员被派遣到苏联北部，或是接替那些期限已到人员的工作，你们的政府当局却拒绝对他们发放签证。莫洛托夫先生曾向英王陛下政府大力请求，希望他们同意，前往苏联北部的英国军事人员数量，要与驻英国的苏联军事人员和贸易代表团人员的数量保持一致。基于双方工作性质完全不同，而且按照此规定来限制军事行动需要的人数，又不符合实际，因此我不能赞同这个建议。另外，我们必须自己决定执行我方负责的军事行动所需要的人员，这一点我已经向苏联政府告知。我们会特别注意，将人员数量严格控制在最低限度内，艾登先生对此已经做了保证。

7. 因此我必须请你同意，立即给现在所需增加的人员派发签证。今后我们还会向苏联输送援助，请你保证他们到了需要申请的时候，不会遭遇拒签。我要重点说明，当前有170名海军人员驻扎在苏联北部，其中有150多名在几个月前就到了需要替换的期限。我们之所以急需将他们调回，而不能再度延迟，是因为他们的身体状况不佳，难以适应那里的各方面条件和气候。但是这些人却遭到苏联方面的长久拒签。

8. 我们还希望将一只小型的医疗团队派往阿尔汉格尔斯克，因为那儿可能有很多伤员。这件事已经得到你方负责当局的批准，但是签证还未发放下来。

9. 我还需要你帮助我们提高我方军事人员和海军人员目前在苏联北部的待遇。这些与敌人抗战的人员，主要任务是将盟国的供应物资运送到你们国家，这无疑便于大家获取共同利益。我相信你会承认这些人员在苏联所处的地位与到那里的普通人有本质上的区别。但是贵国当局却限制了他们的行动。这些人员是盟国派去执行军事行动的，而这军事行动与苏联的利益有很大关系，因此，我认为，这些限制对于这些人员来说不符合常理。限制的情况具体为：

（1）英国军舰和英国商船上的任何人员要想登陆，必须由苏联的小船运送，现场有苏联的官员监督，而且每次必须检查文件。

（2）英国军舰上的任何人员，要想接近英国商船，必须要经过苏联当局的许可。英国海军的负责将领也适用于该条。

（3）英国军官和士兵，要想离船上岸，或是在两处英国驻扎基地之间来往，就必须持有特别通行证，而这种特别通行证总是长期拖着不肯发放，导致很多工作延误。

（4）相关作战部队的行李、邮件或是军需物资，必须在苏联官员的现场监督下才能上岸。而且，一切军需物资和邮件，都必须办理各种手续后才能运送。

（5）作战部队的私人信件必须经过检查。不过我们认为，这件事应该交由英国军事当局处理。

10.我方官兵认为，这些设定好的限制，会为英苏两国关系带来负面影响。如果英国议会了解到这些情况，更会严重伤害到英苏关系。我方人员本可以有效完成任务，但因为手续的积累，造成巨大障碍。而且这些手续更多次严重妨碍了紧急且重要的工作。我们却未对驻英的苏联人员实施此种限制。

11.我国军事人员和运输船队船员触犯苏联法律的案件，应该交给我国军事当局处理，关于这个问题，我已经向莫洛托夫先生提出。毫无疑问，我不排除这样的案件发生，但其中的原因与苏联北部艰苦的工作条件脱不了干系。

12.斯大林先生，我相信你有办法以友好的方式解决这些问题，这样我们才能尽全力为促进双方的共同利益相互协助。

凭借我们现在付出的努力，我们提出的要求不算过分。但是两个星期过去，我们都没有收到回复。

* * *

经过很长一段时间的准备，三个主要联盟国家的外长会议，即将在莫斯科拉开帷幕。关于会议的情况会在下一章中介绍。10月9日，艾登先生乘飞机前往出席。途中，他会经过开罗和德黑兰，并在这两个地方处理许多事情，直到10月8日清晨，才能到达莫斯科。在他离开期间，外交部的工作由我接手。

首相致阿奇博尔德·克拉克·克尔爵士（莫斯科）　1943年10月12日

我在10月1日，曾就北极运输队重新航行一事发出一份篇幅很长的电报，但至今没有收到回复。关于我方对人员问题提出的要求，必须尽快得到答复，这样我们的运输船队才能在11月12日开始往返。负责运输船队安全工作的几十名无线电报务员和通讯人员，以及前往替换应当回国人员的150名接班人，计划于10月21日从英国乘坐驱逐舰出发。希望催促他们尽早答复。与此同时，如果苏联方面仍然需要运输船队，我们也做好派出的准备。

次日，我们收到斯大林的回复电报。

斯大林总理致首相　　　　　　　　　　　1943年10月13日

1. 你10月1日发来的电报我已收到。得知你准备通过北方航线，在11月、12月、明年的1月和2月派四批运输船队前往苏联，但是因为你提出的要求，让这份电报失去它的积极作用。你公开表示你们派遣北方运输船队前往苏联，目的既不是出于义务，也不是履行协议，而只是一个宣言。我们认为英国方面随时可以推翻宣言，甚至不管推翻宣言后对前线的苏联军队产生的各种影响。我声明，你方对问题采取此种态度，我必须反对。英国政府为苏联提供的军需准备和物资，不能出于其他目的，只能是义务。我们两国之间在制定的专门协议中表明，这项义务应该由英国政府对苏联承担。盟国的敌人是德国希特勒，而苏联已经连续三年承担着与我们共同敌人作战的重大任务。

我们必须重视一个事实，即盟国能够在最短的时间内将供应的军火运送到苏德战场，北方路线无疑是最便捷的。要想按照计划，向苏联供应足够数量的物资，就要充分利用这一路线。早些时候，我曾写信告诉过你，而且经验也证明了，不管怎样，用波斯港口向苏联运送军火和军需物资，在数量上远远达不到从北方路线运输军火和物资的数量。

顺便提一下，今年，由北方线路运送过来的军需物资，因为某些原因，与去年相比有了很大程度的减少，因此导致苏联设定的向军队提供军需供应的计划遭遇延误。这种情况同样也违反了英苏关于军火供应的协议书。当前，我们应尽全力来满足苏联军队在前线的需求，因为他们是战胜我们共同敌人的主要力量，如果苏联军队的供应，要取决于英国方面的任何决定，我是不能同意的。如果用此态度对待这些问题，我们会认为英国政府不愿履行它肩负的义务，而且是在某种程度上威胁苏联。

2. 你提到莫洛托夫先生的声明中有些引人争论的问题，对此我不得不说，我无法看出与这种评论相关的任何证据。在我看来，苏联方面提出的平等互利政策，在解决军事代表团人员的签证问题上正确无误，甚至是公平的。我认为，你的一些说法，我不能认同，即英国军事代表团和苏联军事使团的工作性质不同，并且只有英国政府才能决定英国军事代表团工作人员的数量。关于这个问题，苏联人民外交委员会已经在以往的书面声明中做了具体说明。

3. 在我看来，没有必要在苏联北部增加英国军事人员。关于这个问题，苏联方面已经多次提及，大部分驻扎在那里的英国军事人员，好几个月以来，没有什么事情可做，可见使用率并不高。我还可以举出一个例子：英国在阿尔汉格尔斯克港口建立的基地，没有多大用处，因此我们几次提议让他们撤离，但直到近日，才得到英国方面的许可。除此之外，还有一些例子令人深感痛心：英国个别的军事人员，有多次收买苏联公民为他们传递情报的行为。这种行为，对苏联公民来说是一种侮辱，让我们无法容忍。这件事情必然会引发其他事情，导致令人难过的纠纷。

4. 提及通过北方港口，必须办理某些手续，以及不得超越某种限制的问题，你应该考虑到苏联目前的战争局势。在前线和靠近前线的地方，这些手续和限制必须执行。我还想补充一句，这种规定不但适用于英国人和其他外国人，也适用于苏联人民。其实，苏联当局在相关方面，已经为英国军事人员和海员下放了许多特权，而且，早在今天三月，我们就关于特权的问题，向英国大使馆做出说明。由此可见，你提出的很多关于手续和限制的消息，是没有任何确切根据的。

至于检查和举报英国军事人员的事情，根据互惠条例，我认为英国当局有权承担检查从北方港口登陆的英国人员私人信函的责任。如果英国军事人员在做事过程中违法程度较轻，只要没有上升到法院起诉的程度，就可交给军事当局研究后做决定。

* * *

此时，艾登先生已经从开罗启程去德黑兰，他还未到达莫斯科。因此，我给他去了一份电报：

首相致外交大臣（德黑兰） 1943年10月15日

我将运输船队的电报发送出去后，现在接到了这样的答复，言辞缺乏基本的礼貌。我将我拟定的答复初稿寄来给你，到了那里后，你可以见机行事。在我看来，我们不应该在海军替换人员和通讯人员的问题上退让。如果在不考虑船队问题的基础上，能将我们的人员从苏联北部撤回，我才真是松了口气。如果他们心里也是这么想的，那么我们应该满足他们的愿望。

以下是我的回复初稿：

首相致斯大林总理　　　　　　　1943年10月15日

　　1.要确保英王陛下政府派出我们提到的四批运输船队,就必须将海上军事局面考虑清楚。如果苏联政府能够积极接收船队运送过去的物资,我们就会在不计较损失轻重,不怕牺牲的情况下,尽全力做出行动。但是,我不能答应超出能力范围之外的事情,况且英王陛下政府派遣他的军队去执行特殊的抗战任务,我们有权利对这件事的可行性做出判断。

　　2.四批运输船队的往返行程,将会给皇家海军带来重大压力。他们必定需要将急需的驱逐舰队从反潜艇战中调离,还会用到护送军队和其他重要运输船队的军舰。这样舰队中的主要舰艇难免会遭遇严重的袭击。苏联政府对于派遣运输船队一事应该给予重视,否则英王陛下政府将会为卸下这个沉重的负担而感到高兴。

　　3.需要着重提出的是,苏联北部有几百名英国军事人员驻扎,英国政府希望派遣人员过去进行轮换,并在人数上略有增加。英国政府还要求派遣通讯人员过去,因为他们在一定程度上能保护运输船队的安全。但这些要求却没有被接受,因此使我们之间出现了无法逾越的鸿沟。苏联北部的英国军事人员数量不多,因此英王陛下政府非常希望将他们撤回。英国政府认为这些条件是恰当且合理的,如果他们一旦了解到苏联政府不愿在此条件下接收运输船队,就会立即付出行动,

就这个问题,我向罗斯福总统做了说明:

前海军人员致罗斯福总统　　　　1943年10月16日

　　1.关于派遣船队到俄国一事,我已收到了约大叔的电报。从这位先生那里收到这样一封电报,我想你一定会感到意外。因为我们排除万难,付出一切努力,都是为了他。我拟定了一份复电

初稿，寄去给安东尼，希望他能视情况而定。

2. 复电花费的时间长达12天，因此我判定，并且我也希望，这封电报不是斯大林，而是苏共领导机构发来的。苏共领导机构对他们使用恐吓手段所达到的效果深信不疑。但我也绝对相信，让他们意识到情况并非永远像他们想象的那样，一定是有好处的。

此时，艾登先生已经到达莫斯科。

首相致外交大臣　　　　　　　　　　　　1943年10月18日

你当面去解决运输船队的事情，这是非常合理的。苏联大使会在今天下午三点到访，我见到他时，准备把斯大林那封不尊重人的电报退给他，并且还要告诉他，我之所以不接受电报，是因为已经将这件事情交给你在莫斯科解决。我拟定的复电，你不需要送出，只要它对你有指导作用就够了。

另外，定于11月12日启程的第一批运输船队正在集合。在我看来，船队的工作不该受到干扰，因为他们正在装货。况且这样做，也会将美国牵扯在内，因为他们派船加入运输队是我们给出的建议。不过我希望，你在与斯大林进行单独会面时，可以表明：第一，这包含140艘船的四批运输船队，以及他们装载的物资都是十分重要的。我方愿意尽最大努力保证必要的护航。第二，我们要求略微改善我方驻苏联北部人员的待遇。第三，当然我们也希望解除这些运输船队的压力，并将我方人员从苏联北部撤回。第四，他误会我不愿与他们达成绝对性的条约或是合同，是为了对他起到威胁的作用。对于他的想法，你可以纠正。我需要做的，只是保留权利进行最终判断，也就是说，从军事上判断运输船队的行动是否在现实可行，或是视察了大西洋的总体局势后，在免除被人指责不守信用的基础上，判断这种做法是否值得一试。我必须坚持保留这种权利……

这次会议了无生趣，我对你的参与表示同情，希望我能与你并肩作战。你在一切问题上，要充分相信英国所持有的坚定立场。我迫切希望，你能立即将我们与他们保持友谊的意愿传达出去，让他们感受到我们在一些基本问题上的决心。希望你一切顺利。

* * *

当天，苏联大使在我的邀请下，登门拜访。这是我第一次与古塞夫先生（继麦斯基后为驻英大使）会面。在他向我表达了斯大林元帅与莫洛托夫先生的问候后，我也向他在加拿大期间建立的良好声誉表示赞扬。寒暄过后，我们将话题引到莫斯科会议和第二战场上，语言简练。我向他指出，我早就打算召开一次英苏军事专家会议，因为这次军事行动性质不同，不能肆意妄为。只有以军事专家深入研究的事实和数字为依据，我们才能行动。如果没有这些依据，任何探讨都是没有意义的。我诚恳地向他说道，与苏联进行合作并与它保持友好关系是我们的伟大心愿。而且我们对他在战后的前景有很好的展望，欢迎他在世界上占有一个崇高的地位。同时，我们也会尽全力促进他与美国的良好发展。我还谈到，如果可以的话，我希望同斯大林元帅会面。为了世界的前景作出贡献，我还希望召集英美苏三国政府首脑召开会议。

接下来，我就把话题引入到斯大林对运输船队的复电上。我言简意赅地说：在我看来，这封令我困惑的电报，对改善局面没有一点作用。我不敢给出任何答复，是因为我怕将事情搞得愈发严重。现在外交大臣已经到达莫斯科，我将这个问题交由他处理，因此将这封电报退回。接着，我将一个信封交到苏联大使手中。古塞夫打开信封，看到里边是那封电报，就说，他将这封电报交给我，是奉了上级的指示。接着，我边说"我不打算接受它"，边站起身来用友好的态度告知他谈话结束。我向大门走去，将门打开，继而又在门口聊了些关于近期邀请他中午前来就餐的事。当时我还告诉他，丘吉尔夫人募捐到的苏联基金总数已有400万磅，希望到时请他与丘吉尔夫人探讨一下有关基金的一些问题。接着我鞠躬将古塞夫先生送出门外，没有给他任何重新提出运输船队问题以及退回电报的机会。

对于我退回斯大林的电报，战时内阁表示赞同。这件外交事件非比寻常，它正像我们后来了解到的那样，给苏联政府带来了很大的影响。实际上，莫洛托夫在多次谈话中，都提及这件事，而且苏联方面在这件事还没报告给莫斯科之前，就产生疑心。艾登先生于10月19日发来电报说，莫洛托夫曾到英国大使馆登门拜访，并称将供应物资送往前线，唯北方路线最为快捷便利，因此苏联政府对运输船队一事极为重视，并急切盼望船队的到来。此时，对于前线上的苏军来说，正是一个困难时期。德军的冬季防线势必要攻克。莫洛托夫同意将具体情况向斯大林说明，并会安排一次会晤。

艾登先生接着说：

> 有两名英国商船水手，近期被判处重大徒刑，因为他们在苏联北部将当地一名共产党领导人打伤。我们不得不关注他们的命运。如果让我极为情愿地同意恢复运输船队的航行，除非苏联方面将这两名不幸的英国水手释放，并交由我方海军处理，并将他们遣送回国。对于我的意见，我们的大使都很赞同……我相信，如果我们对在苏联监狱中忍受煎熬的两名水手放任不管，此外，还欣然接受英国海员在日后参加运输船队所遭遇的危机，你必定会与我一样，产生抵触情绪。我想亲自，并用真诚的态度向斯大林或莫洛托夫提出请求，不知结果如何。

21日，这次重要的会议召开了。为了让艾登占主动地位，我让英国驱逐舰暂时停止启程，这也是艾登自己提议的。因为只有先派出驱逐舰，运输船队才能恢复航行。

外交大臣致首相　　　　　　　　　1943年10月22日

 1. 昨日晚上，我在英王陛下大使的陪同下，会见了斯大林和莫洛托夫。我们双方就各种问题展开会谈，时间持续了两小时一刻钟。

 2. 简单问候之后，我将话题引到运输船队的问题上来。我说，我必须指出，这些运输船队每一次航行，不亚于一次重大的海上军事战争，它需要大约4艘巡洋舰和12艘驱逐舰给予的直接保护，还需要本土所有舰队进行掩护，这对皇家海军来说，要承受多么重大的压力。我不得不减少我们在大西洋上的海军兵力，以此来增加必要的护送舰船数量。虽然我们在反潜艇战中面临的局势相比以往有所转变，但斗争仍然十分猛烈，双方难分胜负。说到这里，我让斯大林看了一张上边列有过去三年参加战斗的德军潜艇数量的图表。这张图表说明目前的潜艇数量只增不减。我们不希望在战斗时，发生一些突发事件，导致我们无法派出四批运输船队，从而受到你们的指责，所以我们没有做出一定要派出四批运输船队的承诺。但是我们的愿望是发自内心的，就是令这几批运输船队能按时航行。我还对斯大林说，现在你发电报来说，你预期我们能运输来的供应物资有一百三四十艘船那么多，总量大约为86吨。可见你个人为了将事情安排妥当，耗费了不少心血。而我们也急切希望运输船队立即就能恢复航行。为了这次复航，我们已将我方海军力量进行了部署，在德国舰艇"提尔皮茨号"不能活动期间，我们希望开始行动。关于我方海军人员数量问题，我们已经精简到了最低限度，我们一定要保持这个数字，绝对不能再减少。另外，我们还有一些不太重要的要求，希望大致达成协议后，再向莫洛托夫说明。

 3. 对于我说的潜艇战的形势，斯大林表示赞同。他说，他与你意见上的差异，在于我们这样做究竟是不是出于义务，而不在于船队复航困难与否。你曾暗暗示意,我们每派出一批运输船队,就是一次馈赠。而对于这种说法,斯大林认为它并不能反映真实情况。据他了解,尽一切办法交付这些物资,属于我们的义务。你收到他的答复后非常生气,并且将他的复电退回。我回答说,我们派出这些运输船队的行为,并不表示这是对你们的照顾或是善举。为了将这些物资交给我们的盟军,你自始至终都坚决全力以赴。对于一些超出你能力范围的军事行动,根据我所说明的理由,你确实无法做出承诺。斯大林本人应该相信他的同盟者的诚意,你看到他的答复感到气愤,这也属人之常情。斯大林说,他不是故意让你气愤的。

4. 经过深入探讨之后,斯大林说,苏联北部驻扎了很多我方海军,他们因为没有事做,就与苏联海员发生冲突,因此他不同意我方人员的数量有所增加,这些运输船队的任务,可以交由苏联人自己负责。我回答说,这种做法不可行。他说,今天之所以会产生这些纠纷,就是因为我们驻扎在苏联北部的人员当初粗鲁地对待了他的公民。要想随意增加人员数量,我们的人员就要用平等的态度对待他的人民。一阵争论过后,双方做出了决定,即明天,我与莫洛托夫进行会谈,那时,我会把我的各种要求提出,不知我们能否达成一致意见。

* * *

就这样,运输船队复航一事确定下来。11月,第一批出发,接着12月,第二批启程,两批船队共72艘船只都顺利到达了目的地。与此同时,运输船队带领的空船也平安返航归来。

12月出发的运输船队,引发了一次海战,结果令人满意。"沙恩霍斯特号"是继德舰"提尔皮茨号"失去战斗力后,敌人在挪威北部海面安置的唯一重型战舰。1943年圣诞节的夜晚,"沙恩霍斯特号"

与5艘驱逐舰猛然间从阿尔滕峡冲了出来,在熊岛南部距运输船队50英里的海面上进行袭击。运输船队的护送舰船数量增加以后,拥有14艘驱逐舰和3艘掩护用的巡洋舰,实力有所增强。此时,在西南海面上航行的,是本土舰队总司令弗雷泽海军上将乘坐的旗舰"约克公爵号",以及巡洋舰"牙买加号"和四艘驱逐舰。

"沙恩霍斯特号"在两次准备攻击运输舰队期间,均受到护送舰船巡洋舰和驱逐舰的拦截攻击和对抗。这次战斗没有分出胜负,因为"沙恩霍斯特号"和英国巡洋舰"诺福克号"都被炮弹击中。随后德方舰船猛然间停止进攻,向南部逃离。我方巡洋舰紧紧尾随,汇报它的踪迹。我们始终没有发现德国几艘巡洋舰的位置,他们也没有参加作战。在此期间,本土舰队总司令乘坐旗舰,用最快的速度横渡波涛滚滚的大海,并向前挺进。下午四时十七分,北极的夜幕降临,"约克公爵号"用雷达侦测到敌人的行踪,他们在相距约23英里的海面上。但是,直到下午四时五十分,"约克公爵号"才用照明弹在距离12000码的海面上发动攻击,而"沙恩霍斯特号"对它要即将遭受的毁灭全然不知。此时,弗雷泽海军上将将他的4艘驱逐舰派去,趁机发动攻击,其中"斯托德号"是由挪威皇家海军人员驾驶的。"沙恩霍斯特号"迅速转头向东逃离,我们在追赶途中向它发射了好几发炮弹。但是它还是凭借自己的速度,与我们逐渐拉开了距离。不过,到了下午六时二十分,它的速度显然下降了不少,致使我们的驱逐舰能从两侧向它靠近。到了下午七时左右,我们的驱逐舰发动猛烈进攻,用四发鱼雷击中了敌人的舰船,而我方只有一艘驱逐舰遭受炮弹攻击。

"沙恩霍斯特号"准备将我军的驱逐舰击退,因此调转过来。"约克公爵号"立即前进到与它距离约10000码的海面上,对它发起又一轮攻击,并将它摧毁。我方战列舰和敌人伤势惨重的战斗巡洋舰之间的实力相差巨大,但只用了半个小时,我们就完结了战斗任务。剩余任务,"约克公爵号"交由巡洋舰和驱逐舰去完成。"沙恩霍斯特号"连同它上边的1970名官兵,包括海军少将在内,全部沉入海底,只有

36人获救。

虽然敌方的"提皮尔茨号"遭遇重大创伤，一年都不能活动，但我们却将我们北极运输船队面临的最大威胁——"沙恩霍斯特号"消除，这样，我们的本土舰队，便能恢复自由航行。敌人的重型军舰不会在它们设定的时间内，猛然驶入大西洋，我们也不用随时准备作战，这是我们获得的重大战绩，令人深感安慰。

* * *

1944年4月，有关现象显示"提尔皮茨号"修理完毕，准备前进到波罗的海的一个港口重新进行设备安装。不过后来它又不能活动了，是因为我方航空母舰"胜利号"和飞机"狂暴号"用重弹向它发动了轰炸。这时，从苏联北部一个阵地上起飞的皇家空军，继续向它发动袭击，致使它受到重大损坏。因此，"提尔皮茨号"被转移到特罗姆瑟海峡，这个地方比起以往停放的地方，距离英国近了200英里，不过仍然属于我们从本土阵地出发的重型轰炸机的最远行程范围内。德国人对这艘战舰回本国维修已经不抱希望，而且也不再把它当作一艘远洋作战军舰了。11月12日，"提尔皮茨号"遭受了致命性的打击，那是由皇家空军特别制造的29架"兰开斯特"轰炸机，发动了总重量达12000磅的炸弹造成的。这些轰炸机包含空军的第六一七中队的轰炸机，它们以炸毁默纳水坝而闻名。当日天气晴好，虽然这些轰炸机需要从它们的苏格兰基地飞越2000英里，但它们只发了三枚炸弹就将目标击中。我们的一架轰炸机被摧毁，但飞行人员没有死亡。而"提尔皮茨号"停在那个地方就被炸翻了，连同它的船员共1900名，一多半已经身亡。

现在，英国的重型军舰彻底获得自由，他们可以调去远东了。

第十六章　莫斯科举行的外长会议

回想魁北克会议——对召开三国政府首脑会议的期盼——我和斯大林的电文来往——三国外长会议的铺垫作用——10月11日，我为艾登先生参加这次会议拟定的备忘录——10月19日，莫斯科会议召开——苏联的意见——斯大林特别关注横渡海峡的进攻——10月20日，我给艾登先生的私人备忘录——关于土耳其和瑞典加入战斗的问题——艾森豪威尔和亚历山大关于意大利战局的重要情报——在克里姆林宫深入探讨——苏联人着重指出"霸王"作战计划问题——友好的氛围——艾登先生的意见——他建议将一部分意大利舰船分给苏联——10月29日，我就这一问题发去电报——我起草的关于德国战犯的三国宣言已被认可——这次会议的重要收获

为了将外交事件的进展情况与故事的叙述联系在一起，我现在必须将往事重提。自从魁北克会议召开以来，我们一直建议斯大林举行三国首脑会议。最初在魁北克的时候，我就接到了他的答复电报，内容为：

斯大林总理致首相（在魁北克）　　　　　　1943年8月10日
　　我刚从前线返回，已阅读了英国政府8月7日发来的电报。
　　1. 我赞同举办三国政府首脑会议，因为这是绝对需要的。在与美国总统商量之后，定下时间和地点，一旦时机成熟，会议会

立即召开。

与此同时，我不得不告诉你，目前我不能离开我的工作岗位和前线，因为我要监视苏德战线的局势，即使离开一个星期也不可以，真是十分抱歉。近日，我必须付出比平时更多的时间，前往各个战线视察军情，因为我们在前线虽然获得了一些进展，但是苏联军队和苏联统帅部还须大力增强兵力，并对敌军可能采取的新行动给予高度警惕。在此情况下，我不能到斯卡帕湾或是其他遥远的地方访问，也不能与你和美国总统会谈。

当然，我们最好组织一次由三国派出的代表召开的会议，这样也不至于耽误我们三国共同关心的问题。我们可以尽快在会议的时间和地点问题上达成一致。

另外，在会议开始之前，我们必须就我们要讨论的问题以及需要通过的提案的草案取得一致意见。要想在会议上获得具体结果，我们就应该做到这一点。

2. 借此机会，我想恭祝英国政府和英美部队在西西里岛战役中将墨索里尼打垮，并瓦解了他的土匪帮，这真是一种巨大的胜利。

这是苏联首次表示，同意三个联盟国家召开任何级别的会议。我把下述电报转发给艾登，并让他转给莫斯科。我说："熊先生再次直接致电给我，令我十分高兴。这是我的答复，内容遵循了你的意见，请将它转交给熊先生。"

经过与罗斯福总统的探讨，我们联名起草了一份电报致斯大林。

首相和罗斯福总统（在魁北克）致斯大林总理

1943 年 8 月 19 日

1. 我们在此地可能会召开为期十天的会议，我们二人与参谋人员已经达到。对于你留在前线，我们表示非常理解，因为你确实应该那样做。如果你没有亲自到战场视察，战争怎会取得那么大的胜利。但是，我还是想再重点指出，我们三人共同参加一次会议是十分重要的。在我们看来，阿尔汉格尔斯克或阿斯特拉罕不是合适的地点，但是为了与你一起对形势做一次彻底的分析，我们打算带领相关官员到费尔班克斯（属阿拉斯加）。目前是战争的分水岭，是召开会议最恰当的时机。我们诚挚希望你再考虑下这个问题。英国首相在大西洋这里停留的时日，会根据需要来决定。

2. 假如我们真不能举办这个重要的三国首脑会议，我们同意你的提议，在未来一段时间，派各国外长参加会议。这次会议将只能以商讨为目的，因为最终结果还要留给各国政府来确定。

斯大林答复道：

1943年8月25日

你们的联名电报，我已于8月19日收到。

你和罗斯福先生提到的三国举行会议的重要性，我完全认同。但是，我目前所处的境况是，我军正在与希特勒的主力部队进行十分激烈的斗争，希特勒不但没有从我们的前线撤退一个师团，反而向苏德战场上增派了新的师团，而且还在继续增援。我真诚地希望你们能够理解。在这样的情况下，我不能离开战场到遥远的费尔班克斯去，这也是我们全体同仁的意见。如果要去那里，将会对我们的作战情况不利。虽然我以前曾说过费尔班克斯确实是我们举行会议的最佳地点，但前提是我们前线的形势不像现在这样。

我赞成你们的提议，让三国代表，尤其是外交代表召开会议，最好尽快召开。但是，这次会议不应该以单纯探讨为目的，还应该有实际性的准备，这样在会议结束之后，我们的政府才能在紧迫的事情上给予明确答复。

首相致斯大林总理　　　　　　　　1943年9月5日

1. 接到你8月25日关于外长会议的答复，我十分高兴。你在电报中赞同苏联、美国和英国派外交代表参加会议。如果莫洛托夫先生能来参加会议，我们就会将艾登先生派去。

2. 诚然，上述人员即便能参与会议，也无法代替相关政府做决定，所以我希望你将对未来的期待告知我们，同时我们也会将我们已有的打算告知与你。到时候，我希望我们能在某个地方亲自会谈，以便各自政府做出决定。假若需要的话，我可以前往莫斯科。

3. 军事顾问可能需要协助政治代表的工作。黑斯廷斯·伊斯梅爵士，是一位将级军官，负责国防秘书厅的工作，也是我在参谋长委员会中的私人代表。我准备派他在会上就谈论的军事问题提供证据、事实和数字。我想美国也会派同等级别的军官参加会议。对于外长会议，我想从目前情况来看，具备这些应该是可以了。

4. 不过，如果你想了解一些问题的技术环节，例如为什么我们还没有渡过海峡向法国进军，为什么不能尽早使用比当前所建议的更多的军事力量进攻法国等。你可以派一个由陆军和海军首领组成的特别代表团，我将欢迎他们到伦敦或是华盛顿，或是到这两个地方。到时候，我们会尽全力将我们的人力物力状况和目的向他们详细说明，再与他们一起进行探讨。你绝对有权利知道这些情况，我也十分愿意将这些情况告诉你。

5. 我们往往认为，英国是会谈的好地点，因为它的地理位置适中。当然最好在除伦敦外的其他地方举行。我已经将这个建议告知美国总统，不过他还没有给我最终回复。我希望得到你对这个建议的支持，假若你也同意在英国会谈的话。

6. 我希望，我们的外长会议可以定在10月初召开。

斯大林总理致首相　　　　　　　　　1943年9月8日

　　我赞同你的建议，即将三国政府代表会议的时间定于10月初期。我建议在莫斯科举行会议。在我看来，重要的是，为了便于对会议中我们三国政府共同关心的问题做出决策，我们之间应该在会议召开之前商定议程，并就各项提案达成一致意见。以前我认为要想在会议上获得进展，这个环节不可或缺，现在我也同样这么认为。这次会议目的是促使三个国家以后能达成一致意见。我不认为会议组织方面的有关问题，会对我们达成一致意见造成阻碍。

　　我已经写信给总统，向他说明三国政府首脑亲自会谈一事。这说明我正在尽全力使这次会谈尽快举行。他建议会谈时间定为（11月-12月），我持赞同态度，不过会谈的地点，最好设定在波斯这样一个驻有三国代表机构的国家里。我还有一个不同意见，那就是在苏德战场上，两个国家共有500多个师正在作战，在此情况下，苏联最高统帅必须每天进行视察，因此会议召开的具体日期，应根据苏德战场上的情况再做确定。

我于9月10日就斯大林总理的意见进行答复：

首相致斯大林总理

　　你提议外交部代表的会议在莫斯科召开，对此我尊重你的意见。艾登先生，我国的外交官准备于10月初前往莫斯科，相关的参谋人员将会随他一同前往。

　　英王陛下政府表明，我们愿意与苏联和美国就任何议程展开探讨。近日，我们会向你提出我们的提案，但我们也很想知道你们想要探讨的主要问题。

　　我认为，这次外长会议有其必要性，也有其重要性，因为它为召开三国政府首脑会议起到铺垫作用。我觉得首脑会议也许在11月15日到12月15日之间就会举行，为此我感到非常高兴。几个月以来，我一直向你表明，无论去何处，在何时，为了参与这个会议，我愿意冒任何风险。如果波斯没有更适合的地方，我准备前往德黑兰。我认为塞浦路斯或是喀土穆更为适合，但我认为你的意见更重要。我希望你知道，斯大林元帅，所有联合国家都对我们三人的会议表示期盼，因为这个会议不仅可以找到结束战争最有效而又最快捷的办法，还能制定良好举措来促进世界前景，那就是使英、美和俄罗斯民族为人类作出永久的贡献。

* * *

之后，我从魁北克回到伦敦，为我的同仁拟定了一份备忘录，其中列举了需要在已经安排妥当、并召开在即的外长会议上探讨的问题。

首相为外交大臣参加即将召开的会议所拟定的备忘录

1943年10月11日

1. 英国参加这次战争的目的，并非出自为自己霸占任何领土或是获取特别利益。我们是为了履行义务以及维护公法，才参与到这次战争中的。

2. 国际联盟制度包括一个欧洲委员会，一个国际法庭以及一支武装部队用来执行判决，对此我极力支持将它保留。为使停战条件得以实现，并在全世界建立永久性的和平机构，在停战期间（时间上可能会延长），我们请求三大国，包括英联邦和英帝国、美国和苏联，应该结成联盟，保持一致意见，并保证足够的武装力量，这也包括中国在内。

3. 我们认为，有权利出席和平会议的，还应包括战争中曾被纳粹或法西斯暴力侵略的国家和民族。所有关于最终领土占领的问题，都应该在和平会议上解决。与此同时，还应该将各国人民的利益考虑在内。

4. 大西洋宪章的原则需要重新确定。我们注意到苏联是根据1941年6月22日的边疆情况加入了大西洋宪章的，而且我们还注意到德国于1914年和1939年发动两次侵略战争以前，苏联的边界历史问题。

5. 对于波兰和苏联达成的任何一致意见，我们都应该欣然接受。这些意见对建立一个强大和独立的波兰具有保障作用，并且，还会使苏联的西部边界获得必要的安全保证。

6. 我们坚决认为，应该在侵略国家内部，即战争的发源地，将纳粹主义和法西斯主义彻底清除出去，我们还坚持我们的意见，还应在这些侵略国家建立能够让公民在合理、稳定的环境下，自由表达意愿的民主政府。当然，这些意见还包括，为实现我们的重要目标，将屠杀，特别是针对盟军的屠杀降到最低级别，应该在外交与军事上采取行动，或者与可能建立的临时政府保持关联。

7. 对于德国或意大利在纳粹或法西斯执政时期占领的一切领土，我们都不给予认同。并且，在我们看来，根据德国的未来体制，以及普鲁士作为德意志国家的一部分，所具有的作用，应该听从西方三大国家达成的一致意见。

8. 为防止违法国家用武力干扰欧洲秩序 我们一定要采取所有必要的方式。我们不但要缴获他们的武器，还要将他们国内各种形式的战争场所或机构长期控制住。

9. 除了为满足世界的普遍需求和安全，否则我们不会奴役欧洲国家大家庭中的任意一名成员，也不会让他们受到约束。

10. 我们公开表明，我们为了促进世界的共同利益以及人类的进步，我们会将三大国从胜利中获得的权威，毫不动摇地运用起来。

* * *

如今，在莫斯科举行的三国外长会议，为我们形势多变的局面带来了巨大的正面影响。罗斯福总统曾提议在伦敦召开会议，目的是避免年岁已高的赫尔先生忍受飞往莫斯科的旅途劳累，但是斯大林不接受地点变更。不过，赫尔先生作为一位经验丰富的外交官，没有露出畏惧的神色。虽然他身体虚弱，但还是登上了飞机，尽管这是他人生中的第一次。这不愧是一次勇敢的行动。

会议在莫斯科召开之前，三国外长就会议提案一事通过电报交换了多次意见。美国政府提出了四项提议，其中包含一个有关停战期间如何看待德国和欧洲其他侵略国家问题的四大国宣言。我方提出的意见包括对土耳其的共同政策、在波斯实行的共同政策、苏联与波兰之间的关系还有波兰的普遍政策，至少有12项。苏联方面提出了一项建议——如果将德国以及其他欧洲联盟国家的作战时间缩减，他们只有这一项提议。显而易见，这个问题属于军事，而非政治上的问题，我们开始就明白，如果不将这个问题彻底解决，他们是不打算讨论其他任何问题的。由此，我认为，应该让伊斯梅将军成为我们代表团中的一员。

* * *

10月19日下午，首次会议正式召开。莫洛托夫先生推辞一番之后，被选为主席，他那故意做作的样子，与下议院议长被众人推上主席台时的样子不相上下。他和他的代表团对这样的结果显然感到兴奋。接着，议程得到认可。经过一些准备环节，莫洛托夫将苏联提议交给大家轮流阅读，以下为内容：

1. 为保证英美军队进军法国北部，英国和美国政府应在1943年实施紧急举措。将这一行动与苏联军队在苏德战线上对德军主要部队给予的沉重打击结合在一起，德国在军事上的战略地位，将很快被破坏，这定会将战争所用的时间缩短。

关于这个问题，苏联政府的意见是，必须将丘吉尔先生和罗斯福先生在1943年6月伊始，发表的英美部队将在1944年春季攻打法国北部的声明弄明白，看看它有没有失去效力。

2. 三大国家应该建议土耳其政府，立即加入战争的行列。

3. 为了方便对抗德国，三大国家应向瑞典提议，为联盟国家提供空军基地。

莫洛托夫征求赫尔先生和艾登先生的意见，问他们研究了这些建议之后，如果时间允许，是否会将它们放在受限严格的会议中进行讨论。他们立即表示赞同。

我在阅读了艾登先生发来的会议详细报告后，给出了我的意见。

首相致艾登先生（在莫斯科）　　　　　　　1943年10月20日

关于我们1944年制定的计划，从目前情况来看，容易产生极为严重的问题。5月期间，我们将会派遣15个美国师和12个英国师前往法国，还会派遣6个美国师和16个英国师驻扎在意大利前线。世界上最方便的交通中心，控制在希特勒手中，如果德军不能溃败，他起码能聚集四五十个师来抵挡上述任何一支部队，并且将另一支军队的力量控制住。他可以得到所有需要的部队，前提是趁着巴尔干半岛没受多大损失时，立即向萨瓦河和多瑙河撤退，这样也不用调遣他在苏联战线上的兵力了。这是战争中最起码的一种判断。我们在意大利和英吉利海峡这两个战场上各自安排多少兵力，这要根据局势的变化、航运可能出现的情况以及英美之间意识上的让步而定，而非战略需求。我决定要重新研究兵力部署问题，因为在意大利汇集的部队与实际需求不符，而准备在5月横渡英吉利海峡的部队，也不能满足实际要求，因此，两个战场上能够调动的兵力，实际上只有七八个师。

2. 如果让我来做决定，我不但不会从地中海将任何部队撤离，而且也不会通过意大利狭窄的像靴子一样的地形上，向波河流域前进。我会一边让巴尔干半岛和法国南部的局面变得混乱不堪，一边在狭窄的地域上，与敌人激烈对战。在我看来，只要德军没有完全溃败，而我们那时在意大利的战场上也没有与敌军爆发激烈的战争，我们至少需要在60天内聚集40个师的兵力，这样才能保证横渡英吉利海峡。美国方面认为，用我们本土的空军就能将战区内或战区通道上的所有东西摧毁，对此我表示反对。因为我们还不具备这样的经验。以上情况现在还不适合对外宣布，只要你心中有数就行。通过这些情况，你能看到，我们对5月开展的"霸王"作战计划所承担的责任是十分危险的，就如同我们要履行一个律师制定的合约一样。如果那样做，我们很可能会与意大利战场以及巴尔干半岛上收获的种种胜利无缘。另外，横渡海峡30天或40天后，我们用来保护自己的军队数量也不足。

3. 你要想办法将苏联方面对巴尔干半岛的真正意图弄明白。我们打算在爱琴海开战，让土耳其参与战争，接着在达达尼尔海峡和博斯普鲁斯海峡之间打开通路，让英国的海军舰船和商船为苏军的挺进护航，最后在多瑙河海岸，给予他们足够的援助。他们是否对这些行动感兴趣？我们在黑海建立通道，为盟军的战舰提供物资，为盟国军队包括土耳其军队在内开道护航等，他们对这些事情到底有多大的兴趣？他们是否对我们从右侧进行的回旋作战行动感兴趣？或者，他们坚持希望我们向法国发动进攻？他们的观点是，只要我们在英国不停汇聚兵力，一定会将大部分德军控制在西线。德国人拒绝我们大规模开展巴尔干计划，可能是出于政治因素。另外，他们愿意将土耳其卷入战争，表明他们对东南战线没有失去兴趣。

4. 我坚持认为，将罗得岛攻克，重新占领科斯岛，稳定莱罗斯岛，并在这些水域形成对海空军有利的形势，这样才能在爱琴海建立基地，这是非常重要的。俄国人对于我们巩固勒罗斯岛所付出的努力，以及占领罗得岛的心愿，是否持相同态度？他们是否知道这样的行动会对土耳其造成何种影响？这样做能否为海军将进入黑海提供可能？以上问题只供你个人思考。

* * *

一次讨论苏联提议的会议于10月21日在莫斯科召开，英方代表有艾登先生、英国大使阿奇博尔德·克拉克·克尔爵士、斯特朗先生和伊斯梅将军；美方代表为赫尔先生、哈里曼大使以及迪恩少将；苏联代表为莫洛托夫先生、伏罗希洛夫元帅、维辛斯基先生和李维诺夫先生。伊斯梅在会议刚一开始的时候，就代表英美代表团，就魁北克会议的结果发表了意见。他着重指出，在横渡英吉利海峡展开的战斗中受到的规定限制。

我方代表在接下来的讨论工作中，表明了自己的态度，即计划对我们一方而言，事实上没有任何更改，除非我们不具备已经确定好的条件，否则我们将会坚持实施下去。莫洛托夫指出，苏联政府要对伊斯梅将军的发言做出细致研究，以便在日后的会议中进行深入探讨。这说明在当时，苏联方面对这种观点很可能是满意的。

接下来，艾登先生说到了土耳其问题。他指出，从目前来说，我们无法给予必须且有效的帮助。关于共同与土耳其进行协商的问题，应该留到以后再做决定。另外，还探讨了苏联就瑞典给出的提案。苏联人不愿提及这个问题，因为瑞典会要求苏联对芬兰做出保证，这是显而易见的。

* * *

当晚,艾登拜访斯大林,并与他就多种问题进行了探讨,时间共用两个多小时。读者已经猜测到,北极运输船队问题是首要问题。接着,谈话转到正准备召开的盟国政府三方首脑会议,斯大林仍然认为德黑兰应作为会议举办地点。

总之,谈话进行得还算顺利。

* * *

艾登先生向我说明了他的意见,因为他已经阅读了我在10月20日发送的电报。他说,苏联人最希望通过会议决定我们向法国北部进军的事情,因为他们将所有注意力都集中到这件事情上,并且一再盲目地坚持。他们不断询问:自从5月,华盛顿会议召开以来,罗斯福总统和我曾与斯大林协议在1944年向法国发动袭击,不知现在这个协议是否还有效,还有这次军事行动的起始日期是何时。

关于第一个问题,艾登先生确保协议没有失去效力,但是他还重点指出只有三个条件都具备,这次远征才有获胜的可能。对于第二个问题,我们的观点是,最好不对具体日期做出规定,但艾登先生向他们确定地说,所有准备工作正在开展,待春季天气变好之后,就开始进攻。

我给他的复电内容为:

首相致外交大臣(在莫斯科)　　　　　　1943年10月23日

1. 假如我们迫切希望土耳其加入战争,土耳其就一定会向我们提出空中援助的问题。如果我们不想令我们在意大利的重要战役受到不利影响,就无法提供这种援助。假若土耳其经历了一段停战时期，自愿加入战争，我们不但不用承担这方面的责任，还能获得重大利益。显而易见，我们应该抓住机遇，而这份机遇要由驻保加利亚和色雷斯的敌军战斗力来决定。我们给苏联的物资援助、我们的战舰以及让其他部队进入黑海，都是我们将会收获的利益，这些正像我所说的"极力为苏联提供援助"。土耳其很可能采取这样一种行动，特别是当德军发现在巴尔干半岛上没有什么损失，然后立即向多瑙河和萨瓦河那边撤退的话，这种可能性更大。

2．关于芬兰和瑞典的建议。瑞典如果能参战，则会为我们带来很大好处。我们认为，德军的力量不足以对瑞典造成大范围的侵犯，我们应该争取到一个新的国家以及一支十分优秀的陆军，尽管它的人数不多。我们在挪威的收获，能为我们带来极大的好处。对于苏联空军来说，能获得各种重要的设施；对于我们自己来说，东英吉利具有大量设施，我们从这里起飞对德国进行轰炸，其效果要比从瑞典起飞好得多。从英国飞往德国各地的距离，与瑞典飞往德国各地的距离相当，但是在瑞典，所有东西都必须依靠空运，而且还必须按照原先简陋的条件办事。实际上，当前英国具有十分便捷的条件，加上罗马北部的便利条件——这是我们希望获得的，凭借这些，我们能派重型轰炸机去轰炸德国任何一个地区。

3．就我个人而言，土耳其自愿参战是我期望看到的，我也希望瑞典能自动参战。我认为，这两个国家都不会遭到掠夺，而且，每增加一个新敌人，希特勒全线溃败的速度就会加快。不过，我提议，首先我们要弄明白，我们和苏联人各自需要什么，以及对我们双方最有利的是什么？其次，我们应立即思考未来需要的策略。尝试后将情况转达给我。

我于两日后又发去一封电报。

首相致外交大臣　　　　　　　　　　　1943年10月25日

　　经过深入思考，我坚持认为，苏联希望土耳其和瑞典主动成为共同交战国，或者真实意义上的联盟国，对于这一意愿，我们应该支持。这样，我们就不会让苏联人为争论此事有机可乘，也不会令我们自己成为制造难处的一方。我们应该从原则上表示赞同，然后让难处自动出现，因为只要我们讨论策略，必然会将难处体现出来。虽然难处可能会被解决，或做出适当的安排，或是分清轻重，但不管怎样，开始时，就对任何问题诸多挑剔的行为是不可取的。

* * *

　　艾森豪威尔将军发来一封重要的电报，我在前边一章曾经提到过。他向我报告了亚历山大将军对意大利战役做出的分析。我接到电报后，将它转交给艾登，让他代交给斯大林查阅。以下几点是我对电文的补充：

　　　　　　　　　　　　　　　　　　　1943年10月26日

　　1. 当前，导致我们陷入危险境况的原因，是因为我们为给7个月之后的"霸王"战争聚集兵力，将我们最优秀的几个师以及大量重要的登陆艇调离地中海。因为这次战争受到具有法律效力的协议的约束，因此会产生这样的后果。虽然这份协议是几个月之前经过认真考虑签署的，但是现在不考虑局势多变的情况下，却仍然坚持履行。如果你觉得恰当，就应该让他们知道：在我负责期间，我绝不同意对意大利战场不管不顾，只为了5月横渡英吉利海峡进攻做准备，这将会带来一场严重的伤害。因为意大利战役非常重要，并且容易获得成功，再者，它将大部分德军预备军吸引到这里参与作战。我们必须支持这场战役，并且在获得胜利之前，一定要坚持作战。为了"霸王"战役，我们将会付出巨大的努力，但是准备到战场上遭受失败，是为了在政治上暂时获得安慰，那是没有好处的。①

2．由此看来，你务必要说明，"霸王"战役在5月期间就要展开，你对其做出的保证，因为条件受限，如果发生变化，那说明意大利战役形势紧急。我正在与罗斯福总统讨论这个问题，在这个紧急时刻，对于英国军队来说，坚决不能置意大利战场于不顾。无论发生什么事，我都不可能改变立场。为了帮助艾森豪威尔和亚历山大赢取胜利，不管为以后的军事行动带来什么样的影响，我们应该给予他们所需的一切。实际上，"霸王"战役的日期，也许真的会因这件事而延误。

对于这个问题，我在三天之后又发表了我的最终意见：

首相致艾登先生（在莫斯科）　　　　　　1943年10月29日

"霸王"作战计划是我们在1944年最重要的军事行动，我肯定不会放弃。我们之所以要将登陆艇留在地中海，是为了保证罗马作战行动的胜利。由于小型登陆艇必须要等到春季才能启程，它们无法利用冬天的几个月时间通过比斯开湾，因此可能会将进攻日期略微延误一些，还可能推迟到7月。但是这种延误将会说明，只要战争开展，就会拥有猛烈的战斗力，同时也会对德国进行长时间的全力轰炸。我们也准备随时推进德军的全面溃败，并将这个机会充分利用起来。以上要点，也许会为你的发言带来帮助。

* * *

---

① 参阅第五卷216页及其之后的几页。——原注

当天晚上，艾登先生在我国大使和伊斯梅的陪同下，前往克里姆林宫。莫洛托夫与斯大林在一起。会晤刚一开始，艾登就将艾森豪威尔发来的意大利战争局势的电报交给了斯大林。这份电文是用俄文翻译过来的，斯大林大声将它读给莫洛托夫听。读完之后，斯大林没有露出不满的神色。他说，依据苏联提供的消息，英美有12个师在罗马南部与德国的6个师对抗；沿着波河流域，德国还有6个师在那里。他相信亚历山大的情报可能会更加准确。艾登说，我急切希望斯大林了解到意大利局势的最新进展，还希望他知道，我们不但十分担心这件事，还坚持认为对意大利战役要加强支援的力度，不管它为"霸王"作战计划带来什么样的影响，也要助它取得胜利。他还表示，当前，联盟国需要做出十分重要的决策，因此三国政府首脑会议更需要尽快召开。

斯大林笑着说，除非有充足的兵力，否则三国政府首脑会议也制造不出兵力来。接着他又直接问到，刚才读过的电文是否代表"霸王"作战行动会延迟。艾登答复到，要等到英美联合参谋长委员会深入研究，并做出局势更改的决定之后，他才能确定，不过这种事情也是有可能发生的。他又引用了我电报中的一段话说，"为了'霸王'战役，我们将会付出巨大的努力"，但是，"准备到战场上遭受失败，是为了在政治上暂时获得安慰，那是没有好处的。"这次战役有两个难点，第一是登陆艇，第二是要在11月初运送7个有战斗经验的师，作为先遣队到联合王国参与"霸王"战役。可能运送上边提到的几个师团或全部师团的时间必须延迟，但目前我们还不知道这对"霸王"作战计划的开展日期是否会有影响，而且也不知道这种影响会到达哪种程度。

紧接着，斯大林就将论题转移到总战略问题上来。他建议我们采用两种策略，即将我们所有其余优秀的部队派遣到"霸王"战役上去，只在罗马北部采取防御措施。另外，还可以通过意大利向德国境内进军。

艾登先生说，他比较中意于第一种策略。据他所知，我们没想过要穿越比萨到里米尼这条路线。这条路线绝对能让我们占领罗马北部的纵深地带，向欧洲南部的空军阵地发动袭击。很明显，斯大林认同我们的决策，他还说穿越阿尔卑斯山正好与德军的心愿相符，因为这条线路很难穿越，他们正好想在那里与我们抗战。罗马被攻克后，必定会大大提升英国的声望，为我们在意大利进行防守提供保障。

随后，论题又转移到其他进攻地点。艾登先生说，我们可以一边开展"霸王"战役，一边对法国南部进行可能的控制性袭击。我们很可能将在北非训练和装备的几个法国师为我所用，前提是我们能用两个师的兵力将一个桥头堡攻下。因为我的建议能使希特勒的兵力得到分散，而这种战术也是斯大林经常在苏联战线上使用的，所以受到他的称赞。不过登陆舰的数量是个问题。

接下来，斯大林又提到这个问题，即"霸王"战役会推迟一个月还是两个月？艾登先生说，对于这个问题，他无法作答。他能表明的是，只要"霸王"战役有希望获得胜利，并且理由充沛，我们会竭尽全力，尽早发动攻击。而且，我们还特别希望三国政府首脑会议尽快召开。斯大林表示完全赞同，但是他说罗斯福还没有同意去德黑兰。当艾登建议到哈巴尼亚会晤时，他与莫洛托夫都坚决反对。斯大林说，他本人不能出远门，目的是找机会继续削弱希特勒的势力。德军最近在缺少物资和装备的情况下，就从法国和比利时调遣了一定数量的坦克师到苏联前线。斯大林主动说，让希特勒没有喘息的机会，这才是重点。德军不敢调派他驻扎在西线的 40 个师，目的是防止我们发动袭击。如果它能将这些兵力调动过来，苏联军队就不会获得以往的胜利。对于我们为共同事业做出的有利行为，苏联已经有了深刻的了解。

艾登先生说，斯大林元帅深深得知英国首相与他一样，希望让希特勒垮台。斯大林对这一点完全认同。但是他突然间又笑着说，我们将难题交给苏联人解决，而自己常常走捷径。艾登不认同这种说法，并列举了我们海军在工作中遇到的种种困难，以及当今，我们的驱逐舰遭受的巨大损失。斯大林又用严肃的语气说，他的人员很少提及我方的作战行动，但是他能感觉得到他们的困难。

艾登先生致电告诉我说："所有会谈进行得毫无阻碍，这是意料之外的事情。斯大林情绪非常好，当天晚上不管提及什么问题，他丝毫没有责备过往的事情，而且极为关注我们真正面临的困难。可能，他刚开始有这样的反应，他后边的想法就说不准了。不过重要的是，对于我们在西线将40个德国师紧紧拖住一事，他竟然主动赞扬我们做出了贡献。而且谈到我方海军作战行动中遇到的各种困难，以及登陆艇的问题时，他还表达了自己的同情，这些很可能说明他承认渡海作战是一件非常艰巨的任务。不过，显而易见，他希望我们尽全力将'霸王'作战计划提上日程，并且，我认为，他对我们的话已经有了很大程度上的信任。"

会议期间的相关现象说明，苏联政府真挚希望永远与英美两国保持友好关系。我们设想了可能会发生的一切大小问题，大家达成了共识。斯大林对于我方的情况表达了理解之情。到目前为止，我们回想过往，所有事情基本是令人满意的。艾登先生说："莫洛托夫在多个场合，特别是今天我们就军事问题召开了最后一次会议，他在担任主席时，就表示了他的友好。昨晚我与他和斯大林进行了谈话，虽然他对结果不算满意，并且我们对支持苏联关于土耳其和瑞典问题一事的态度，令他也很不满意。但是很明显，他在处理我们之前的事情时，不希望我们任何一方感到尴尬。今晚，他通知我说我方两个被囚禁的水手已经获得释放，这是他友好的体现。"

"苏联代表们愿意为英苏关系开创一种新局面，他们为此做出了各种表示。他们对你争取运输船队的态度印象深刻。今晚，莫洛托夫和他的政府同事们会首次参加我国使馆举办的宴请。米高扬的职责是向这些人汇报消息。他今晚说个不停，尤其对你本人在恢复运输船队通行方面做出的贡献表示赞扬。

"借着这种氛围，我急切希望用某种方式，在会议结束之际坚定不移地表达我们的友情。他们希望分到意大利舰队中一少部分舰船，我相信，如果我能向他们透露一些情报，让他们感觉到有希望，那么，即便这些舰船的价值巨大，它也比不上为其心理带来的影响。对于这个建议，我国大使和哈里曼完全认同。假如我能告诉莫洛托夫先生，对于苏联政府要求合理分得一部分舰船，我们从原则上讲，同意将从意大利收缴的舰船分出一部分给他们，即使我们在离开苏联之前，无法明确地答复他们，我们也能从中收获益处。随后我们制定具体的办法，其中包括移交日期。我相信，如果你能照这种方式做，我们所收获的将比证明了你的态度的正确性还要多。我诚恳地希望你给我帮助。"

我立即将战时内阁对意大利舰队做出的意见转达给他。

首相致外交大臣　　　　　　　　　　　1943年10月29日

　　……我们愿意在原则上认同苏联有分得意大利舰队一部分舰船的权利。不过，我们认为这支舰队能为对日战争带来影响。为了将舰队用于战争最后的阶段，我们正打算为"利特里奥"式和其他舰船配备热带装备。如果苏联有在太平洋安置一支分舰队的愿望，我们会给予重视。我们希望通过会晤探讨这个问题……

　　5. 目前，阿尔汉格尔斯克和摩尔曼斯克是仅有的，能向苏联转交意大利舰船的地方。意大利军舰首先需要用几个月时间进船坞维修，而且它们不适合在北冰洋活动。我们也应该注意，为避免对意大利的合作带来不利影响，不要直接向苏联转交舰船，因为意大利在海上与德军对抗，这对我们至关重要。意大利人正在塔兰托的船坞中，为我们做着重要的工作，我们不希望意大利人因为我们向苏联转交舰船一事，与我们的合作出现裂痕。如果意大利人想到自己的舰船刚从德军轰炸中逃脱，又要交给外国海军人员时，他们可能会将几艘船捣毁，这点我们很难保证。当前，意大利潜艇正在向莱罗斯岛运输军需物资；意大利的七艘没有损坏的驱逐舰正在为地方运输船队护航，他们的巡洋舰正在运输兵力与军需物资，他们为我们承担了很多任务。因此，无论遇到什么情况，我们在没有任何举措之前，为避免不良影响，坚决不能将这件事泄露出去。一旦法国人、南斯拉夫人和希腊人看到意大利舰船被分配,都会提出要求,并且都是理由充足的要求。

6. 介于上述原因,在"尤里卡"(德黑兰)会议召开之前,最好暂时回避这个问题。

7. 虽然意大利的一部分商船已经归我们所有,但它们还需要分配给所占领的地区和意大利地区,因此实际数量远远达不到对它们的最低需求量。实际上,经过测量,我们船舶重量并不大,因为大部分意大利舰船只适用于小范围的运输。

8. 对于这个要求,赫尔先生是否已经报告给他的政府?首要的是,我们应该达成一致意见。如果"尤里卡"会议真的能够举行,我希望将所有问题放在会上探讨。

当天,我又给外交大臣发去电报。

1. 你可以告诉莫洛托夫,如果美国人对苏联政府分得一部分从意大利俘获的舰船一事表示认可,并判定他们要求的数量合乎常规,我们在原则上可以同意。我猜想他们需要的不会是一艘"利特里奥"样式的战列舰。最为重要的一点是,为了让意大利人继续对我们提供支援,不要轻易将消息泄露出去。与此同时,先将军事行动考虑到位,然后再确定移交的具体日期和方式。当然,我们不应该影响了对日战役。我们希望在对日战役中采用这支舰队中最新式的舰船,这应该会被苏联人理解的。我们同时还认为,在战争过后,英国方面应该获得两艘"利特里奥"样式的军舰,那是因为:第一,我们在对意大利的所有战争中,肩负的重任最多;第二,我们的海军在主力舰艇方面遭遇了严重的损失;第三,议会已经批准我们长期建造战斗舰的计划,但为了聚集兵力,为当前战争需求提供最大保障,我们已经停止了这个计划。

2. 这些只供你个人思考,必须要专门严格保密。或许你可以试探性地提及:假若希特勒全线溃败,苏联下定决心要承担对日战役的职责，可能会制定一个重要的计划。而以下情况，则可能作为计划中的一部分出现：有一支强大的海军部队，它由苏联水手组成，代表了苏联方面，却在属我们控制的某个太平洋领域完成装备。这些海面舰船，只在战争的最后阶段参与作战。我在这封电报中的前几行字，已经表达了我的认可，希望会对你解决难题提供帮助。

* * *

为了给即将召开的三国政府首脑会议铺设探讨的道路，我草拟了一份德国战争罪犯宣言。

首相致罗斯福总统和斯大林总理　　　　　　1943年10月12日

以下文件是否能经过我们三人签名后再发表，请你考虑：

"英国、美国和苏联（我们也愿意将其他更好的排列方式列在后边），已经将希特勒军队在多个国家犯罪的种种证据掌握在手中。这些国家曾经被他们践踏，遭到他们的暴行、屠杀以及集体被他们冷酷无情地枪毙，现如今已将他们一步一步击退。纳粹统治的残酷，屡见不鲜。他们通过恐怖手段，施展极为残暴的统治，让受侵略的人民或地区深感痛苦。新的进展为：向前逼近的军队，为国家解放，拯救了很多地区。溃败的希特勒暴徒和德国鬼子们深感绝望，更加重了他们残忍冷漠的恶行。

"综上所述，代表32个联合国家利益的三个联盟国严肃宣告，以下列宣言作为强烈警告：

"所有德国官兵和纳粹党员，但凡负责或自愿参与上述恶行、屠杀或执行集体枪毙，在德国建立的任何政府实行停战被许可后，都应当押回他们犯下滔天大罪的、已经被解放的国家，并按照这些国家或是这些国家中建立的自由政府的法律，严厉惩罚。这些犯人的名单将会按照所有被侵犯国家收到的详细资料来制定，尤其是苏联被占领的区域、波兰、捷克斯洛伐克、南斯拉夫、希腊（包括克里特岛和其他岛屿）、挪威、丹麦、荷兰、比利时、卢森堡、法国和意大利。所以，德国人只要参与暴行，例如大面积枪杀意大利军官，处死法国、荷兰、比利时或挪威人质或是克里特岛的农民、屠杀波兰人民、屠杀正在将敌人驱赶出去的苏联领地内的人民等，都应该清楚，无论付出多大代价，他们都会被带回到犯罪国家，由曾经受到他们侵害的人民来判决。趁现在有些人还没有伤害过无辜的人民，就应该让他们知道，只要犯下罪行，三个联盟国即使追到天边，也要将他们找到并交给起诉他们的人，以便伸张正义。

"上述宣言不会对主要犯罪人的案情造成影响，他们犯下的罪行不受特定地方的限制。"

罗斯福

斯大林

丘吉尔

假若这一宣言或是相关文件（我不注重措辞）签上我们三人的名字，我相信施暴者会惊恐万分，从而不敢参与屠杀行为，因为他们担心自己会遭受惩罚。以前，德国人对波兰实施暴行，我们曾对外宣扬要对他们进行报复，致使波兰人民遭受的残暴行为，因德国人感受到危机而减少。这是我们知道的这样一例。我军的负担会因敌人使用恐怖武器而加重。要想让敌人在心理上有所顾忌，就要让他们知道他们将会被押送到侵犯过的国家或是犯罪地点那里接受审判。就地审判原则能对敌人的残暴行为起到抑制作用，因此我极力向你们推荐。英国内阁对这个原则和政策表示赞同。

这份宣言经过文字上的略微调整后，被认可，并被署名。

* * *

三国外长每天准时在会上就各种问题展开讨论，他们在 11 月 3 日拟定了一份秘密协议书，将统一意见记录在里边。这些意见因增加了一个当前就要成立的合作机构而显得重要。按照协议，为了在希特勒即将完全溃败时，解决德国和欧洲大陆面临的问题，我们决定在伦敦成立一个欧洲咨询委员会。而将德国划分成一些占领区的计划，就是这个机构初步制定的，这份计划随后引发了严重的问题。有关这件事的情况，我会以后找机会详细说明。我们还会成立另外一个包括一名苏联代表的咨询委员会，用来处理意大利事务。对于强国下属的小国家发出的任何和平的试探情况，我们可以相互交换消息。美国期盼这次在莫斯科召开的会议上，签订一份四大国宣言，其中包括中国。这份宣言主张确保"对他们分别对抗的那些大国"采取行动联合抵抗。10 月 30 日，该宣言生效。艾登先生随后拟定了一份关于苏联和英国联合对土耳其采取行动一事的协议书，该协议于 11 月 2 日生效。

我们对所有结果都感到很满意。这次会议，解决了很多冲突，为深入合作确定了具体方式，为三个主要盟国的首脑会议尽快开展奠定了基础，也缓解了以往我们与苏联共事时，相持不下的局面。我们对所有结果都感到十分满意。

这次与会代表们，不论在会上还是私底下，相比以前，更能友好相处。苏联政府还邀请本国一位著名画家，将这次会议的真实讨论场景绘制成一幅图画。这位画家已经初步将英美代表团的各个代表描绘了出来。直到今天，我们还没有见到这幅画，也不知道该画是否绘制完成。

第十七章　三国会议的实现　最高统帅的抉择

迫切需要为"霸王"作战计划任命最高统帅——我们同意任命马歇尔——我与罗斯福信件来往——总统犹豫不决——他希望一个最高统帅能兼并指挥西线两个战场——我不赞同这个建议——三国会议所需的准备工作——我于 9 月 25 日致斯大林的电报和他的回复——就开会的合适地点很难达成一致——罗斯福的提议——斯大林坚持去德黑兰——罗斯福的希望落空——他以不能违背宪法条例为托词——我企图让英美举行预备会议——我在 10 月 23 日给总统的电报——他提议邀请蒋介石——他提议让苏联也加入预备会议——我不同意这个建议——就召开会议达成一致意见——现阶段苏联不同意与中国政府一起开会

  1944 年，我们即将横渡英吉利海峡进军欧洲，即"霸王"作战计划。我们急需为此计划寻找一位最高统帅。无疑，这件事情会对战争中的军事行动有最直接的影响，并且还会对人事问题造成严重且复杂的影响。起初，我想请布鲁克将军担当此职责，但在魁北克会议上，我与罗斯福总统达成一致意见，即由一名美国统帅指导"霸王"作战计划，后来我又将这个决定告诉了布鲁克将军。罗斯福总统打算选马歇尔将军，这事我后来从他嘴里得知。我们都觉得马歇尔是最佳人选，不过，在召开魁北克会议和开罗会议中间的那段时间，我感觉罗斯福总统对马歇尔将军的任命还在犹豫不决。我们一切其他安排，都要等这个主要问题得到解决后才能进行。同时，谣言在美国新闻界广泛传播，我想伦敦的议会也会有所反应。海军上将莱希曾经将美国人相互对立的意见写入他的著作①中。他写到:"所有人都认为罗斯福总统会将最高统帅的头衔授予马歇尔。但这种安排却遭到报界强烈反对。这些反对者们为马歇尔的'明升暗降'打抱不平,他们认为罗斯福将他从一个高级别调到低的级别,是在陷害马歇尔。还有人从另一个极端发布消息,称美国参谋长联席会议认为马歇尔担当最高统帅是对他的提升,有人在妒忌马歇尔。"

我们双方对这一问题进行了极为细致的探讨。在不影响美国参谋长联席会议以及英美联合参谋长委员会职权的条件下,我迫切希望通过各种渠道突出马歇尔将军的地位。九月底,我将这番意思通过电报告知霍普金斯。

首相致哈里·霍普金斯先生　　　　　　　　　　1943年9月26日

  对于马歇尔将担任西线全部军队最高统帅的问题,报界议论纷纷。据我所知,会议想任命他来指挥"霸王"战役,他的职责不仅仅是指挥一个战区。他除了专门的指挥范围以外,还能和我们一样,获悉对德作战的全部情况,就像迪尔在华盛顿的联合三军参谋长委员会中能够获悉整个战争局势一样。我们非常愿意为他提供战争的整个图景,也非常欢迎他时常与我们的参谋长探讨战况。不过,我曾清楚地指出,我们的参谋长需要根据英国的所处的地位来考虑我们的局势,所以他们不能被分开,这就如同你们的参谋长在华盛顿表现出的行为一样。马歇尔将军只需参与"霸王"战役以内的决定。我们的一切联合作战行动和全球部署,需交由华盛顿联合参谋长委员会掌控,而各国政府首脑有权给联合参谋长委员会下达指令。请告知我的观点是否妥当。

---

① 莱希的著作《我曾在场》(高兰兹出版公司),第227页。——原注

几日后，我直接给罗斯福总统去信。

1943年10月1日

1. 当前，用这种方式让大众得知我们最高指挥部的重要任命，让我深感不安。在美国，每天都有关于马歇尔的新闻发表，但我们至今还未走漏任何风声。星期二，也就是12日，肯定会有人在议会上向我发问。并且，任命马歇尔为英国总指挥，需要与继续任命亚历山大为地中海战区指挥官的命令一同宣布，否则我会左右为难。如今，谣言四处传播，今天报纸上刊登的文章，谈话方式如同史汀生那样稳妥而小心，让人感觉神秘莫测，好像要揭露什么事情。这更是火上浇油，成为让心怀不轨的人找到挑起事端的大好时机。不过，我们一旦将确切决定对外公布，一定会制止谣言。不管怎么样，我希望我们两方能在同一时间内发布任命指令，希望你想办法解决。并且，在适合的军事形势下，要立即采取行动。

2. 除此之外，此任命一旦下发，就会为我带来其他任命上的困扰，例如马歇尔推荐蒙哥马利做他的副指挥，也就是说，"霸王"作战计划中的英国远征军要处于他的领导之下，而现任本土指挥将领的人是佩吉特将军，我则需要将他调走。希望你能对这些情况给予考虑。现在，原任伊拉克及波斯战区总将领的波纳尔将军要随蒙巴顿到印度任参谋长一职。这些将领的职位长期空缺，又难选择，也不利于局势，借此机会，我正好将佩吉特安插进去。

3. 有些美国报纸发表了对蒙巴顿的刻薄言论，说他是"英国的富家子弟，纨绔公子"，还说"这个职责由沙场老将麦克阿瑟担任最合乎情理，却被他挤对走了"，诸如此类的话，都来自美国电讯，对蒙巴顿造成很大影响。这些言论的重要性指向印度战区的指挥权，我们已经收到情报称日本已经增强了那里的军事力量。我们听说，许多记者猜测战争即将爆发，他们正想方设法从美国前往德里，有些人已经在路上。事实上，在第二年到来之前，因为雨水多，会发生洪涝，任何决定性的行动都是无法进行的。我们不想对外公布，就是怕减轻日本人的压力，不过想到很多记者都聚集在德里胡说八道，我们仍感到难以忍受。因此，假若能转移他们的兴趣，尽可能免除他们对这个地区的言论，我们在战争中就更容易获取胜利。

4. 基于这种情况，我认为应将我们对各个战场所做的决定，包括任命、他们的参谋长以及一两位重要的将领，直接公布并做出说明，这对我们有好处。待你认同之后，我将起草一份声明交给你。

罗斯福总统回复说：

罗斯福总统致首相　　　　　　　　　　　1943年10月5日

　　这里的报界对马歇尔职位一事发表了诸多言论，其中赫斯特—麦考密克系统的报纸为领头羊，其他报纸也紧跟着造势了好几天，不过现在都已经安静下来。我认为，在时机还未成熟的时候，我们应该保持沉默，如果我们耐不住，对外宣布了我们的军事任命，就如同我们受控于报界一样。可能日后的形势（绝不是指我们的政敌在报纸上发表的言论），会令我们比原计划更早宣布联合声明，但现在，我迫切希望我们保持沉默。待到时机合适，我们要发表一份关于指挥官问题的详细声明，对于这个想法，我表示赞同。你在国内的困境，我完全理解。不过在我看来，关于马歇尔任命的重大决定，决不能因世界其他战区的副指挥难以指定而公布。

　　我知道我们有些报刊，让蒙巴顿受到侮辱，对于他的事，我一定全力解决。不过，总体看来，他并没有受到严重影响。当然，美国人对他的任命完全认可。你说无论在国内还是国外，我们都不该让人们对这次（缅甸）战役持乐观态度，我对此表示赞同。不过，大家对蒙巴顿的看法还是十分中肯的，他们认为，无论派他做什么事,他都能竭尽全力。

当前,我们不要公布任何关于马歇尔职务的事情,希望你能同意。

10月17日,我向罗斯福总统发去电报,因为他们迟迟不做决定,影响了我的工作。我说:"我认为,就当前形势来看,我们不得不就最高统帅问题做出定论。如果德国还没有全线溃败,迄今为止,1944年的战役对我们来说将会是最危险的一次。从个人立场来看,比起1941年、1942年或1943年的战役,我更加担心这次战役是否能成功。"

我收到回复差不多是两个星期之后的事了,而这件事仍然没有定论。

罗斯福总统致首相　　　　　　　　　　　　1943年10月30日

看来,只有确定了将领人选,"霸王"战役的筹备工作才能继续进行。想必你也清楚,我无法立即帮马歇尔排除干扰,但我仍迫切希望,筹备工作能按照"四分仪"会议商量好的时间进行,也就是5月1日。我的意见是,你先考虑"霸王"战役英国方面副总指挥官任命的事,等他受到的正当支持与将来要给予马歇尔的一样多的时候,就能更好地投入工作了。要是允许我来提名,我会推荐迪尔、波特尔或是布鲁克。

* * *

直到11月初,我们才了解到,罗斯福总统的顾问们希望"霸王"战役的最高统帅应该兼顾地中海的指挥权,而罗斯福本人也这么认为。罗斯福总统的意见是,让马歇尔在一个战场亲自指挥,并兼顾另一个战场,也就是说指挥两个战场。据我猜测,指挥地点应该是直布罗陀司令部。我认为我现在就应该表明英国的立场，不过就目前来看，我应该将这件事告知陆军元帅约翰·迪尔爵士，由他与美国参谋长联席会议主席莱希海军上将谈论，而不适合直接告知罗斯福总统。

首相致迪尔陆军元帅（华盛顿）　　　　　1943年11月8日

我坚决不赞同美国总司令既指挥"霸王"战役，又兼顾地中海战场的提议，对于这一点，你要让莱希海军上将清楚地知道。伟大的盟国之间在地位上应该保持平等，而这种安排已违反了这一原则。如果让一名统领兼指挥两个战场，那他的职位就比联合参谋长委员会还高，而且，根据宪法规定，总统兼美国总司令，以及首相兼战时内阁代表，均享有军队调动方面的控制权，由于这一点，这种权利也会受到影响，因此我不能同意。当然，我更不愿对这样的安排承担责任，因为我们虽然听从美国将军的指挥，在突尼斯、西西里岛和意大利专心致志地作战，但我们双方用于战争的兵力比值一直是二点五比一，我军遭遇伤亡。以前，只要国内对这件事有任何非议，我都能成功制止，但现在，如果我再提出上述建议，必然会引发重大矛盾。不过，只要我在位一天，就会制止这样的事情发生。等你找到适当机会，让霍普金斯先生了解这些情况。

第二天，迪尔当面向莱希传达了我对合并"霸王"战役与地中海战区指挥权的态度，清楚表明了我的观点。莱希说："如果首相真这么认为，我也认同他的想法。"可见他虽深感失望，但也并无他法。据迪尔说，他还见到了霍普金斯，也看到了霍普金斯失望的神情。迪尔说："无论如何，霍普金斯和莱希都已经清楚，不可能再让你改变观点，而我也希望他们的想法到此为止。"

       *   *   *

借着在魁北克开会的机会，我参观了城塞、白宫和海德公园，这些我在前面有所提及。参观完毕，我回到国内立刻想到了继英美会谈之后还要举行的三国首脑会议。所有人从原则上都认为，这次会议急需召开，但是谁也不知道，对于在这方面没有经验的人来说，需要付出多少心血，面对多么复杂的情况，才能将三大巨头首次会晤的时间、地点和条件确定下来。一段经历可谓外交史上的一大奇闻，我将全部经过记录了下来。

据我所知，斯大林对在德黑兰开会表示赞同，因此我先给斯大林写了封信。

首相致斯大林总理　　　　　　　　　　　　1943年9月25日

    1. 我一直在思考，我们的政府首脑在德黑兰聚首的问题。这个地方的治安管理不算严格，我们必须加强安全防范措施。我提议，在开罗的住宿及安全方面的工作，由我来进行安排，请你给予考虑。尽管我们对这次会议采取严格的保密措施，但还是会被人察觉。在会议召开的前两三天，我们从英、苏两军中各调一组兵力安置到德黑兰某个适当区域（不排除飞机场）的周边，形成警戒圈，以此确保安全。这样我们就能有效转移别人的视线，在会议召开期间，抵挡各国新闻记者，或是在现实中与我们唱反调的那些可恶的人。

    2. 此外，我提议我们用"开罗三"来代替德黑兰这几个字（地点必须保密）；同时，我建议用出自古希腊文的"尤里卡"作为此次会议的暗号。直到现在，我还没有向罗斯福总统谈论这方面的情况，如果你有其他意见请告知，我好向罗斯福总统说明。

斯大林的回复干脆利落。

斯大林总理致丘吉尔首相　　　　　　　　1943年10月3日

　　为了迷惑敌人，你想在开罗佯装筹备，我赞同你的这种想法。但是，你提到在开会几天前，各派英、苏部队中的一旅兵力安插在"开罗三"地区，对此我表示异议，因为这会导致不必要的轰动，从而暴露我们的行踪。我认为，为了保证我们的安全，每人只需由若干警卫员跟随其后就可以了……

　　实际上，在开会的时候，我们在周围进行了精密部署，并且出动了军队和警察部队，特别是苏联政府，带来的警卫人员数量都以千为单位。

* * *

　　我还提及了另外几个地方，是因为我担心罗斯福总统的安全顾问不同意他到德黑兰去。这些地方包括哈巴尼亚的一个沙漠露营地，它靠近空军教练学校。这里绝不会受到任何干扰，且安全性高，1941年，一次光荣的保卫战就是在这里进行的。罗斯福总统只需花费几个小时，就能从开罗顺利到达这里。因此我在向他发送的电报中提及了这条建议。

前海军人员致罗斯福总统　　　　　　　　1943年10月14日

　　对于"尤里卡"，我有一个新的提议。我已经让艾登（他正准备前往莫斯科）去征求约大叔的意见。如果约大叔同意，我就立刻通知你。在沙漠里有个地方真名为哈巴尼亚，现在我称它为"塞浦路斯"。你从开罗出发到"开罗三"，远没有到那里方便。而对于约大叔来说，路程也就远了一点点。这个地方环境隐秘，我们可以搭建三个帐篷，这样既舒适又安全。如果能达成三位一体①协议，我会根据预想的情景，展开关于会议细节的探讨。请看圣经马太福音，第11章，第4节②。

罗斯福总统致首相　　　　　　　　　　1943年10月15日

我觉得你的建议很不错，我把以下电文也发给了约大叔。有时候，圣彼得真的会受到神灵庇佑。你那三个帐篷的想法，让我感到欣喜，以后，你还可以再为你的老朋友蒋添置一个帐篷。

"我想，我应该直截了当地告诉你，对于我去德黑兰的问题，已经令人感到不安。基于宪法规定，我不能冒此风险。美国国会即将召开，我必须签署新的法案和决议，并且需要在十天内将法案和决议文本送回国会。德黑兰的距离太遥远，而我也不能通过无线电或电报处理这些事务，这样就很难确保履行宪法规定的责任。飞机去时向东飞，返回时向西飞，需要飞过重重高山，这就会造成延误，而我们却无能为力。据我的经验判断，飞机在往返过程中无论如何会延误三到四天……

"开罗从多个方面来看，都是很不错的地方。据我所知，在靠近金字塔的地方有一个完全远离外界的地方，那有一家旅馆，还有几座别墅。

"听说阿斯马拉的建筑不错，那是意大利殖民地厄立特里亚的首都，那里还有可供全天使用的飞机场。

"另外，我们还可以每人占用一条船，在地中海东部的某个港

---

① 引用《新约全书》三位一体的说法，即圣父、圣子、圣灵三位一体。——译注

② 借用《新约全书》马太福音，第17章，第4节："六天之后，耶稣带着彼得、雅各和雅各的兄弟约翰，悄悄上了高山后，在他们面前变了形象。他的脸如太阳一般明亮，衣裳像光一样洁白。忽然摩西和以利亚出现在他们面前，与耶稣对话。彼得对耶稣说，主啊，我们在这里真好，如果你愿意，我就在这里搭建三座棚，一座为你，一座为摩西，一座为以利亚……"——译注

口开会……另一个提议是在靠近巴格达的地方……

"这次会议在很大程度上能为今后世界带来希望,我认为,我们无论如何都不能让新闻记者进入会场。

"我们大家都感到十分兴奋,因为整个前线的主动权,日益掌握在我们手中。"

首相致罗斯福总统　　　　　　　　　　　　1943年10月16日

你给约大叔发去的电文中,谈论"尤里卡"的内容我完全赞同。请告知他的答复。

不过,斯大林认定德黑兰为开会地点。

罗斯福总统致首相　　　　　　　　　　　　1943年10月21日

我在昨晚收到约大叔的复电,内容如下:

"……对于你推荐的几个代替德黑兰的地方,对我来说都不方便,这令我感到惋惜。通过苏联军队在今年夏秋两季的作战情况明显可以看出,夏季的作战将延长到冬季,而我们的部队能持续向德军发动进攻。我需要亲自与指挥部保持联系,还需要最高指挥部每天发送指令,而我的同僚们也一致认为我需要这样做。德黑兰的条件比较好,因为除了那里有直通莫斯科的无线电和电话外,其他地方都没有。基于这个原因,我的同僚们坚定德黑兰为会址。

"你建议会议在11月20日或25日召开,我赞同这个日期。我也赞同禁止报界代表进入会场的决定。有了赫尔先生(已经到达莫斯科)的亲自参与,我预祝莫斯科会议能取得巨大的成功。"

罗斯福总统很快就做出了答复。

看到你今天发来的电文中，谈到了关于会议的问题，令我的希望落了空。你提到最高指挥部每天必须发送指令，你必须亲自与指挥部保持联系，对于这个理由，我完全理解，这种做法确实效果显著……

但我希望你能明白，我们美国政府受宪法管制，政府内部有很多事关重大的事务，而处理这些事务，是我的职责所在，这点无法改变。我们的宪法规定，总统必须在十天内将通过的法案处理完毕，这就意味着在十天之内，总统不但要将他收到的法案交回国会，还要将书面批准或否决意见书一同交回，而这些法案，无法用电报或是无线电来处理，这我之前对你说过。我觉得去德黑兰不方便，理由并不复杂，因为飞往德黑兰的航线，要经过重重高山，可能会造成几天的延误。这会给我带来双重风险：第一是飞机从华盛顿运送公文到这里的路上有风险；第二是把飞机将公文送回国会的路途中也可能遭遇飞行中断。作为国家最高领导，我很遗憾地说，我必须要履行宪法规定的职责，因此不能前往那个地方。要想让我冒着飞行的风险承担职责，除非用飞机接力续航的方式，将公文运送到波斯湾东部的平原地带。但是如果让飞机带着文件翻山越岭，从位于盆地的德黑兰进出而导致延误，我可担负不起这个责任。因此，我遗憾地通知你，我与我的政府同僚以及立法机构领导人达成一致意见，不能到德黑兰去。

罗斯福总统建议在巴士拉开会。

为了参加会议，我从美国本土出发，需要飞行6000英里，而你从苏联领土出发，却只需飞行600英里，我决不赞同这种情况。为与你会谈，我也可以愉快地将十倍时间花费在路上，但问题是我还要领导一个成立了150年的立宪政府……请你想一想，我也需要对美国政府，以及保持美国的所有战斗力，担负巨大责任。

以前，我曾对你说过，在我看来，我们三人的会晤，对于我们当代人民以及后辈子孙是否能生活在和平世界中，都是具有极其重要的意义，且事关重大。如果你、我、丘吉尔因为距离相差几百英里，就无法会面，这在我们的后代的眼中，将会成为一场悲剧。

艾登先生仍在莫斯科想尽办法说服斯大林，让斯大林认可一个能让罗斯福总统满意的会址和时间，他正在全力以赴。显而易见，斯大林不愿改变德黑兰这个地点。此时，我开始思考在德黑兰开会的计划，尽管我还不能确定罗斯福总统会被说服同意到这里开会。

* * *

我重点思考了召开在即的会议中将会涉及的几个重大问题。我的意见是，英国参谋长委员会以及美国参谋长联席会议之间，应该就"霸王"作战计划的战略以及它对地中海战区带来的影响基本达成一致意见，而他们的上级罗斯福总统和我之间也应达成一致意见。我们两国所有的海外武装力量，都要运用于作战行动。而英国的部队，在"霸王"作战计划展开伊始，其兵力是驻意大利美军的两倍，更是驻地中海其他地区美军的三倍。我们相互之间应先有个实实在在的了解，然后再邀请苏联政治或军事代表来参加会议。

于是，我向罗斯福总统提出了如下计划。

罗斯福总统致首相　　　　　　　　　　　　1943 年 10 月 22 日

1.……我认为，当前，我们应利用足够多的时间来考虑莫斯科会议的定论，而且还要考虑我们计划中的下一次会议。如果我们召开会议的时间要先于莫斯科会议结束的时间，或是我们还没有仔细探讨莫斯科会议的结果，恐怕会在俄国造成负面影响。

2. 联合计划工作人员现正在制定一份全面计划，用来战胜日本。为便于两国参谋长有时间深入探讨，这项计划必须在三国会议召开之前完成，这一点很重要。

3.11月1日，艾森豪威尔和太平洋战区的指挥官，要递交他们为魁北克会议批准的战役制定的计划要领。我们在参加联合会议之前，应该思考一番……

由此可见，罗斯福总统赞同我的建议，只是对我安排的程序还有异议。这时，一股强烈的议论风潮正从美国政府内部涌出。我之所以再次重申我的观点，是因为有些人为了获得俄国的信任，竟然挑拨英美在战争中的配合。我认为，我们在与苏联人商谈之前，必须就"霸王"战役中尚未解决的问题，以及最高统帅的任命，达成明确而一致的共识，这是最重要的。

前海军人员致罗斯福总统　　　　　　1943年10月23日

1. 如果没有苏联人参战，美、英两国之间也能在1944年准备展开的大规模作战行动中密切合作，那么我们就不用麻烦苏联人上战场了。况且，我认为，如果我们无法商定英美在作战行动中的协作事宜，即使会议已经准备就绪，我们也没必要与斯大林会谈了。

2. 如果你的参谋人员能在11月15日参加会议，这正好与我的想法不谋而合。我认为，在你我到达之前（在18日或19日左右），参谋人员可以先会谈几天，接着，我们再一起去参加"尤里卡"。开会日期是11月20日，还是25日，我还不是很明确。我想"尤里卡"最多开三四天，参会的技术人员应该不多。

3. 从魁北克会议召开到11月15日，应该有90天了。在这90天中，发生了一些至关重要的大事，而且是刚刚发生：墨索里尼垮台了；意大利已经投降，它的舰队也已经诚心归顺；我们顺利攻克意大利，现正向罗马挺进，胜利在向我们招手；德国人在意大利及波河流域聚集了25个或更多师。

4.……以往，美国和英国各退一步，最终用对两方都有利的方式敲定了"霸王"战役的开展日期。为给5月进行的"霸王"战役做准备，我们正在意大利聚集部队。这些部队的力量还很薄弱，无法承担重任，要想弄清这种说法是否属实，我们可进行讨论。

5.英国参谋长委员会和我的同事们都认为，应该重新对这些情况进行讨论，而我自己也这么认为：我们应确定好两个战场上的指挥官人选，让他们也参与讨论。根据魁北克会议结果，我们已经准备将正在西西里岛的第五十师和第五十一师——我们两个优秀的师团，派遣回英国。但是，意大利战场就在前方，如果这样做，它们则与意大利战役无缘，而且它们在七个月内都不能参加，要想重新加入战争，除非具备某些假设的条件。用于地中海的登陆艇，在11月初期必须调回为"霸王"战役服务，但是，这些登陆艇有好几个月时间不能用于其他战区。我认为，我们应该遵守魁北克会议协议，但却不应该对其进行刻板阐释，目前战局变化多端，我们应该重新进行思考。

6.在我看来，为避免给希特勒制造突然回击的机会，我们应避免在1944年的战役中犯严重性错误。德国战俘冯·托马将军说："他们在我们安置陆军的地方进攻，是我们仅有的希望。"据说这是别人偷听来的，但这说明，我们需要在军事上做细致而长远的安排，要准确地协调两个战场的作战行动，还需为两个作战计划聚集最强悍的兵力，尤其是"霸王"作战计划。毫无疑问，就目前条件来说，我们在登陆与开展行动上不成问题，但我最担心的是军队聚集，以及从第十三天到第十六天之前的形势发展问题。我深深认为，"霸王"战役的指挥官，应该仔细研究美国人员进入英国，以及组织战斗团队的问题。

我希望，正副两名统帅，都能在我们两国满意的人选中诞生，接着我们就可以任命次要的指挥官了。我再说一次，我对马歇尔将军非常信任，如果由他来领导"霸王"作战计划，我们英国必将支持他，并且不惜花费一切代价。亲爱的朋友，我们现在要做的大事可谓前所未有，但我想，我们无法保证这次战役的胜利，因为我们还未采取必要的措施。现在，我觉得自己无论在思考问题还是采取行动上，都没有信心，缺少大无畏精神。因此，我期盼会议能尽快召开。

7.11月1日，艾森豪威尔和太平洋战场的指挥官，已经将他们制定的计划递交上来。从你对这项计划提出的所有意见来看，会议最晚在11月15日召开是合适的。我不清楚，在你看来，联合计划人员制定对日战争的长远而完善的计划需要多长时间，我们两国参谋长探讨这项计划，又需要多长时间。在我看来，我在前边提到的问题，不该因探讨长期对日战争计划而拖延，它更需我们尽快定论。当然，我们也会积极推进对日战争的进程。

8. 对于召开英美会议，我希望得到你的赞同。但在没有收到约大叔的复电之前，我们不能做最后定论。如果德黑兰会议无法召开，我们就更需要就我们从莫斯科外长会议获悉的情况，进行会晤。预计艾登在这个月底之前，会动身回国，过了11月第一个星期，我自己会随时做好出发的准备。

9. 迄今为止，莱罗斯仍在我们手中。"狗也会吃主人桌子上掉下来的碎末儿。"①我想你也会像我一样没有负担。

* * *

对于我的上述建议，罗斯福总统并没有作答，而是发来一封电报。

---

① 出自《新约全书》，意思是有信心就能取得胜利。——译注

从电文中看，他还没有对前往德黑兰做出决定。

罗斯福总统致首相　　　　　　　　　1943年10月25日

　　我得了流行性感冒，实在令人烦恼。麦金太尔建议我来一次海上之旅。

　　还未收到约大叔的消息。

　　如果他不肯改变意见，你我就各自携带少量随行人员，到北非会见，在金字塔附近也可以。会谈快结束时，再邀请蒋介石来和我们谈论两三天，你意下如何？我建议会议在11月20日召开，同时，可以要求莫洛托夫代表约大叔参加我们二人的会议。

关于我对联合参谋长委员会提前召开会议的建议，两天之后收到了他的意见。

罗斯福总统致首相　　　　　　　　　1943年10月27日

　　为使希特勒早日溃败，当前的莫斯科会议看来确实能为英、苏、美的合作铺设道路。

他建议将下列电报交给斯大林：

　　迄今为止，你已经知晓英美联合军事参谋长会议的结果。可能你认为，派一名苏联军事代表出席并听取会议上关于英美联合作战的研究，并将结果记录下来更为合适。他可以根据你的意思发表言论或建议，这样，你和你的参谋部就能与会议保持紧密联系，并及时获得消息……

我感到很惊讶，因为苏联人被提议参加这种会议。

前海军人员致罗斯福总统　　　　　　1943年10月27日

1. 对于莫斯科会议的顺利推进，我与你一样感到兴奋，希望我们能为"尤里卡"做充分的准备。

2. 对于苏联军事代表出席我们的联合参谋长会议，我表示反对，因为他们不懂英语，会耽误很多时间，这让人无法忍受。我所知道的是，在这些高级苏联军官中，没有一个人会说英语，这样的代表本身是没有发言权的，他只能按照上级指示发表意见。而他们的观点只针对早日开辟第二战场，这会干扰到其他问题的讨论。我想我们不应该为他们提供便利，因为他们从未把自己部队的变动告诉我们。况且，如果这样做，我们今后的所有会议都会有他们派来的观察员列席，这会让我们之间的所有讨论无法进行。过不了多长时间，我们就会调六七十万英美部队和空军兵力到意大利去，而且，我们还在为庞大的"霸王"作战计划做着准备。这些战争计划中，从另一个角度来说，对我们的整个命运起到决定性作用，它不涉及一名苏联士兵。

依我之见，我们两国聚在一起讨论我们自己的军事调动问题，是我们的基本权利，而且对我们很重要。到目前为止，我感觉我们一直合作得很顺利，但是到了1944年，情况则不容乐观。我们之间也许会出现矛盾，使我们走上错误的道路。另外，我们可能会再次妥协，但结果却是两方都没有收获好的结果，我们只能依靠你我之间早已建立起来的亲密友谊，以及我们的高级参谋人员之间的亲密友情。如果连友谊都遭到破坏，我对将来就彻底不抱希望了……我不妨告诉你，英国参谋长们也持我这样的想法。我还要再说一句，比起任何一次我参与的战役，1944年的战役更让我忧心忡忡。

* * *

由于美国政界向罗斯福总统施加了巨大压力,并以美国宪法所规定的他的作用为依据,致使他仍然没对到德黑兰开会的事做出定论。对于他的处境,我完全理解。

首相致罗斯福总统　　　　　　　　　　1943年10月30日

  按照你的建议,我将于20日在开罗与你会面。如果你同意,我将会尽地主之谊,负责安排与你相关的各方面事宜,确保你的安全与舒适。那儿有一所漂亮的别墅,是别人借给凯西的,我曾去过那里。它离金字塔有一两英里,四周被树木环绕,与外界完全隔离。从飞机场到那里,途中不用经过城镇,二十分钟就可到达,我保证这儿的各方面条件对你来说都很合适。我们还可以一起来几次有趣的短途沙漠之旅。我相信凯西一定会非常乐意让你住进这座别墅,而我自己可能住在距别墅二十分钟路程的英国驻开罗大使馆里。当然,我们俩也可以都住在金字塔区域内,据说你们的柯克先生有所房子也很别致。开罗的各方面条件,适合所有参谋人员在这里食宿及办公,而且他们到你的别墅去也很方便。由于我掌握的情况比较全面,我认为这样安排再好不过。如果你对此没有异议,我就立即展开筹备工作。如果你担心安排得不符合你的心意,你也可以派一名官员前来……

这时,我的计划有了一些进展。

罗斯福总统致首相　　　　　　　　　　1943年10月31日

  赫尔要经过两天时间,才能从莫斯科返回本国。我在离开之前,有必要见他一面,我想你也会赞同我的想法。本来我想先到北非待三天，然后再前往开罗，不过，将一些关于北非和意大利的问题放到返回的时候再处理也可以，因此我一到港口，就立刻登上前往开罗的飞机，希望能在 20 日到达。但是如果天气状况不好，遭遇大风，我想我需要直接乘船到奥兰，预计 22 日才能到达开罗。

你提议为我们在开罗提供周密的安排，对此我表示十分感谢并很乐意接受。如果在那里遇到什么困难，我们还可将地点转移到亚历山大港口。我们使用自己的军舰，参谋人员住在岸上。

现在，我正准备发电报给蒋介石，让他准备一下，在 11 月 25 日于开罗附近与我们见面。

首相致罗斯福总统　　　　　　　　　　　1943 年 10 月 31 日

"六分仪"行动①的全部准备工作会在 20 日以后完成，沃登上校会在约定地点等候 Q 海军上将和天国之人。②参谋人员的食宿已经安排妥当。

艾登跟我说，我们根本不可能改变斯大林以德黑兰为会址的想法，于是，为给会议举办奠定基础，我需要全力以赴。

首相致伊斯梅将军（莫斯科）　　　　　　1943 年 11 月 1 日

三个国家之所以不能在"开罗三"开会，原因是从开罗飞往"开罗三"的飞机，飞跃山峰时会导致中断，使公文无法在宪法规定的日期前，传送到 Q 海军上将（罗斯福总统）手中。调查一下当地的天气情况，确定从德黑兰到叙利亚之间是否通了公路，汽车在这两个地方运送文件，需要花费多长时间（公文到了山地南部，就可以换飞机运送）。也许我们可以实施之前的计划，但前提是让 Q 海军上将打消文件运送发生中断的顾虑。

---

① 英、美、中三国会议的暗号。——原注
② 丘吉尔、罗斯福和蒋介石。——译注

这时，我用变通之道做了最后的尝试:我与罗斯福总统在奥兰会谈，到时我们乘坐各自的军舰，两方的参谋人员可以在马耳他岛展开四天的准备性会谈。不过这个计划也落了空。罗斯福总统已经决定乘坐他的军舰上路，他建议在联合参谋长委员会开会之前，最好不与苏联人和中国人接触（他对他们参加开罗会议表示热情欢迎），但是该委员会最早只能在11月22日开会。美国方面建议中国代表团的到达日期也是这一天，但他们一旦到达，就肯定会参与到我们的讨论当中。此外，我从别人那里得知，罗斯福总统还同时邀请了莫洛托夫到开罗开会，于是我给罗斯福总统发送了电报：

首相致罗斯福总统　　　　　　　　　　1943年11月11日

　　1. 我们之间看来已经产生了误会，这是非常不幸的事情。我以为，你会在发来的电文上说在苏联人和中国人参加会议之前，英美参谋人员需要进行"多次协商"，但是现在，克拉克·克尔大使说，在莫斯科的美国大使于11月9日，把你的一封邀请莫洛托夫先生携带一名军事代表于11月22日到达开罗的信转交给斯大林。但是11月22日，是参谋人员预备开会的头一天，因此，我请求将莫洛托夫和他的军事代表们抵达开罗的日期，推迟到不得早于11月25日。

　　2. 另一方面，我还听克拉克·克尔大使说了一个令人兴奋的消息——你准备11月26日前往德黑兰。我觉得，如果让我第一个知道就更好了。

　　我希望事情分三个步骤完成：第一，英美在开罗基本达成一致；第二，在德黑兰举行三国政府首脑会议；第三，印度战场和印度洋战争的形势确实紧迫，而这又纯粹属于英美范围之内的事务，因此我们到达开罗后，需要就此进行探讨。我们需要做出决定，哪怕是暂时性的，因为这些问题关系到整个战局。况且时间很仓促，我不希望在相对来说不算重要的问题上浪费时间。此外，在苏联还未向日本宣战之前，可能不应该受邀与中国政府一同参会。

我于11日致信给斯大林说："三个国家之间以通信的方式来讨论问题多有不便，尤其是在乘船或乘坐飞机的时候。"不过幸运的是，有些困难已相互消除。

罗斯福总统致首相　　　　　　　　　　　　1943年11月12日

我刚才听说约大叔要到德黑兰去……就立即致电告诉他，我可以前往德黑兰与他开个短期的会议，因为我已经把在此期间涉及宪法的公务安排妥当。我还告诉他，我为此感到高兴。不过，即使我已经这样说，但我还是不敢确定他是否能履行之前一定去德黑兰的承诺。他在刚才的来电中敲定了此事，因此我认为，现在你我可以相信在27日到30日之间能与他会面。我想我们现在都满意了，因为这个难题就这样解决了。

我一直认为——我想你也会有这样的想法，关于开罗会议，我不想让约大叔觉得我们是在军事行动上合伙对付他。你也清楚，英美参谋长在开罗预备会议期间，会讨论一些筹备工作，仅此而已。莫洛托夫带领一名苏联军事代表参加开罗会议，不会影响到你我，也不会感觉到我们是在躲避他们。他们参会的人员既无参谋人员也没有计划人员，我们就让他们正式加入好了。

我从收到约大叔要到德黑兰去的电报声明到现在，仅过了五个小时。毫无疑问，莫洛托夫和军事代表会在27日和30日之间，随我们一同到德黑兰。等我们和约大叔完成会晤后，他们再与我们一同返回开罗，除了首次陪同莫洛托夫前往开罗的代表外，在返回途中，还会增加一名其他军事代表。

在我看来，我们必须按照这个步骤进行。我向你保证一切都会顺利。

很快我就要启程了，希望你我二人一路顺风。

首相致罗斯福总统　　　　　　　　　　1943 年 11 月 12 日

1. 我很高兴你能妥善处理宪法事务，使我们的会议能够召开。这样事情就有了很大进展。

2. 不过，你为军事会谈做出的安排，让三军参谋长和我都感到惶恐不安。我原以为，上次的电文意思是在苏联人和中国人参会之前，英美参谋人员要进行"多次探讨"。我坚持认为我们非常有必要进行多次探讨，以便解决重要的问题。我赞同你我先同莫洛托夫会面，然后再与约大叔举行会谈，但是，如果会谈刚开始，就让苏联的军事代表列席，局面会非常尴尬。英王陛下政府认为，英国有权利就双方混合军队的重要事宜，与你们的将领展开详细而真诚的讨论，对此我们不会放弃。我们不让苏联代表参加这些会谈，是因为我们两方的参谋长需要进行一些紧密的洽谈，但不让他们参加，又容易得罪他们。不过他们要是参加我所建议的、在一定时候举行的三国参谋长会议，我则表示欢迎。

后来，因为总统邀请了蒋介石，才得以消除了这场危机。斯大林为了维护与日本之间的关系，不管怎样也不肯与日本的三个敌国举行四国会议，因此，他不同意苏联派代表参加开罗会议，这样一来，我们就松了一口气。不过后来，我们也为此带来的严重不便付出了代价。

斯大林致丘吉尔首相　　　　　　　　　1943 年 11 月 12 日

我曾在给罗斯福总统的信上说，莫洛托夫先生将会在 11 月 22 日到达开罗。但是现在我不得不抱歉地说，莫洛托夫因为一些其他重要原因，所以不能前往开罗了。也许，他会在11月底，与我一同到达德黑兰，随我一同前往的，还有几位军事人员。

根据以前签订的协议，三国政府首脑会议，应该在德黑兰召开，并且任何其他国家代表参加这次会议都是不被允许的。

你正与中国就远东问题展开探讨，我预祝会议取得成功。

最终，我们的安排就这样确定下来，随后，我们便起程了。

附 录

一

略语表

A.A.guns	Antiaircraftguns, or ack-ack guns	高射炮
A.D.G.B.	Air Defence of Great Britain	英国防空委员会
A.F.V.s.	Armoured fighting vehicles	装甲战车
A.T.rifles	Antitank rifles	反坦克步枪
A.T.S.	(Women's) Auxiliary Territorial Service	（女子）地方辅助服务队
C.A.S.	Chief of the Air Staff	空军参谋长
C.I.G.S.	Chief of the Imperial General Staff	帝国总参谋长
C.-in-C.	Commander-in-Chief	总司令
C.O.S.	Chiefs of Staff	参谋长
F.O.	Foreign Office	外交部
G.H.Q.	General Headquarters	总部
G.O.C.	General Officer Commanding	总指挥官
H.M.G.	His Majesty's Government	英王陛下政府
M.A.P.	Ministry of Aircraft Production	飞机生产部

M.E.W.	Ministry of Economic Warfare	经济作战部
M.O.I.	Ministry of Information	新闻部
M.OF L.	Ministry of Labour	劳工部
M.OF S.	Ministry of Supply	军需部
P.M.	Prime Minister	首相
V.C.A.S.	Vice-Chief of the Air Staff	空军副参谋长
V.C.I.G.S.	Vice-Chief of the Imperial General Staff	帝国副总参谋长
V.C.N.S.	Vice-Chief of the Naval Staff	海军副参谋长
W.A.A.F.	Women's Auxiliary Air Force	空军女子辅助工作队
W.R.N.S.	Women's Royal Naval Service ("Wrens")	皇家女子海军服务队

二

密码代号表

Accolade（"武士爵位授予式"）：爱琴海作战计划。

Admiral Q（"Q海军上将"）：罗斯福总统。

Anakim（"安纳吉姆"）：夺回缅甸的作战计划。

Anvil（"铁砧"）：盟军于1944年在法国南部登陆的作战计划。

Avalanche（"雪崩"）：用两栖作战方式攻克那不勒斯（萨莱诺）的作战计划。

Baytown（"湾城"）：横跨墨西拿海峡进攻的作战计划。

Bombardon（"喇叭"）：用于人工港的钢制外部防波堤。

Buccaneer（"海盗"）：侵袭安达曼群岛的作战计划。

CairoThree（"开罗三"）：1943年德黑兰会议。

Caliph（"哈利发"）：为配合"霸王"作战计划向法国南部和中部展开的进攻。

ColonelWarden（"沃登上校"）：丘吉尔首相。

Culverin（"长炮"）：向苏门答腊北部进攻的作战计划。

Eureka（"尤里卡"）：1943年德黑兰会议。

Gee（"前进"）：为轰炸机提供目标方位的探测仪。

Gooseberry（"醋栗"）：用于人工港的防波堤。

Habbakkuk（"哈巴库克"）：用冰建造的漂浮机场。

Hercules（"赫尔克里士"）：占领罗得岛的作战计划。

Husky（"哈斯基"）：攻占西西里的作战计划。

Jupiter（"朱庇特"）：在挪威北部展开的作战计划。

Lilo（"利洛"）：用于人工港的防波堤。

Mulberry（"桑葚"）：人工港。

Oboe（"欧波"）：盲目轰炸。

Overlord（"霸王"）：1944年解放法国的作战计划。

Penitent（"忏悔"）：袭击达尔马提亚海岸的作战计划。

Phoenix（"不死鸟"）：用于人工港的混凝土潜水箱。

Pigstick（"猎野猪"）：从位于缅甸阿拉干沿岸梅宇半岛南部的日军阵地后方登陆的作战计划。

PloughForce（"耕作部队"）：特种联合作战部队。

Pluto（"冥王星"）：穿越英吉利海峡的海底石油管。

Point-blank（"直指其害"）：联合参谋长委员会发出的关于修改卡萨布兰卡会议决议的指示。

Quadrant（"四分仪"）：1943年魁北克会议。

Round-up（"围歼"）：1943年解放法国计划。

Saturn：（"土星"）：1943年于土耳其聚集的一支盟国军队。

Sextant（"六分仪"）：1943年开罗会议。

Shingle（"海滩沙石"）：在罗马南部安齐奥的两栖作战计划。

Sledgehammer（"痛击"）：1942年进攻布雷斯特或瑟堡的作战计划。

Strangle（"绞杀"）：对意大利北部的铁路运输线进行空袭。

Tentacle（"触角"）：主要由混凝土制成的漂浮机场。

Torch（"火炬"）：1942年盟军进攻法属北非的作战计划。

Trident（"三叉戟"）：1943年华盛顿会议。

TubeAlloys（"合金管"）：原子弹研究工作。

Whale（"鲸鱼"）：用于人工港中的浮动码头。

Window（"窗户"）：用散发锡箔片的行动扰乱德国雷达。

Zip（"齐普"）：总司令发布的信号，代表战役开始。

三

首相以个人名义发出的备忘录和电报
1943年6月—1944年5月

6月

首相致军事运输大臣和第一海务大臣   1943年6月6日

请向我汇报经过地中海的运输船队的船只和货运种类,还有为英国红十字会运输到苏联的货物列表,谢谢。

以后的计划,也请告知。

首相致空军大臣和国内安全大臣   1943年6月8日

我们正在用哪种方式避免水库遭受袭击(正如我们近期对德国〔莫内水坝〕所做的行动),请向我汇报。

首相致彻韦尔勋爵   1943年6月10日

战后民航问题的初步意见

1.关于战后民航的问题,我的想法是遵循"不偏不倚"的原则。航空港属于世界性的,应该对所有国家(除了犯罪国家)开放。只要这些国家支付一定的保养费和服务费,就可以开通到这里的直达航线。任何国家在他国领土上经营航空公司,无论性质属国营还是私营,都是不被允许的。任何政府在可能的情况下,无须向航空港提供额外资助。但如果航运经营没有获取利益，政府应按照相关国家认可的规定，给予所需的资助，其中一部分资助可根据航空邮政合同而定。只要遵守上述原则，不论公司属国营还是私营，都可对全世界开放经营。

2.按照建议，战后应成立一个世界性的组织，起维护和平的作用，并控制民航所需的空中力量。世界委员会的小组委员会或各洲的小组委员会（假如有这种组织的话）可以调解争执，监督与控制准军事力量的发展和关于此类的问题。这个组织在各国都能遵守原则的基础上，受到激励，他们所能做到的是，为民航提供一切便利条件，让它达到安全、舒适、快速而完善的服务标准。

3.当前阶段，虽然与各自治领之间达成一致意见不太容易，但这种困难经过协商后，不会阻碍我们制定英国政策。与此同时，我们迫切需要弄清美国的真正意见和愿望，假若能与美国达成协议，所有事情办起来就容易多了……

首相致莫顿少校　　　　　　　　　　　　　　　　　1943年6月11日

　　据说，有些组织建议让那些成为战俘的敌方高级将领参观我们某些教育中心，并且带他们到全国各地去访问，例如，有人请求让（意大利的）杰西将军参观伊顿学院，这究竟是不是真事？这些建议太荒唐，我不能同意。没有我的批准，不能把这些将领带离他们的拘留所，也不许任何人离开。

首相致爱德华·布里奇斯爵士　　　　　　　　　　　　1943年6月13日

　　1.请替我拟定一份通知，让所有大臣、高级官员、议会私人秘书等明确知道，与驻英国的外国（中立国）外交代表交流时，开口一定要慎重，千万不要多说。这些人十分友好，也真心希望我们在战争中获胜。不过，他们只要听到一点风吹草动，就会以提高自己在政府中的地位为目的，立即报告给他们的政府。而他们的政府为换取其他情报，会将我们的消息出卖给我们的敌人。我们只能与那些有责任和权利发布消息（不管是一般还是专门消息）的人谈论战争问题。

　　2.为防止外国人在与熟悉内部情况的人接触后，弄清报纸上刊登消息的虚实，即使讨论报纸上的普通战争问题和战争消息，也是不被允许的。应该避免和这种外交人员共进午餐和晚餐，但官方场合例外。我将权力下放给你，他们如果遇到特殊情况，要向你请示，并获得你的指令。与外国人不得有过于亲密的私人关系。

首相致海军大臣　　　　　　　　　　　　　　　　　　1943年6月13日

我听坎宁安海军上将说，在他看来，我们轻型海军船艇在地中海能做出更大的贡献，但前提是摩托鱼雷艇的引擎质量过关。对于这个问题，我想知道，到底属于局部性问题，与这些船艇保养有关，还是在设计上存在着基本缺点，请你向我提交报告。

首相致外交大臣和新闻大臣　　　　　　　　　　　　　1943年6月13日

我读过一份报告，是关于德军在突尼斯的士气的。报告中将德军的战斗力吹捧到最高程度，虽然使用了诸如"野蛮"之类的词汇，但德军给人留下的令人畏惧的印象，一点没有因此而减少。报告中还说他们"非常不灵活"，当然，这不是说他们在使用武器或控制作战方面不够灵活。

首相致伊斯梅将军和爱德华·布里奇斯爵士　　　　　　1943年6月15日

所有英国官方文件应使用下列术语：

用"aircraft"取代"aeroplane"一词，用"airfield"或"airport"取代"aerodrome"一词，"airdrome"这个字我们不该使用。

应该为语言制定规范，并严格遵守规范，这样做是有好处的。

首相致飞机生产大臣（斯塔福德·克里普斯爵士）　　　1943年6月15日

我为你能实实在在地贯彻你的计划而感到高兴。对于不切实际的危害，你的看法十分正确。如果说过的话不能实现，就会使空军部在训练和建筑等方面浪费过多的人力和物力，更会影响到你们自己的工厂。

对于你们的劳动力的情况，我不算了解。你们在制定计划时，是不是把需要的劳动力算少了？因为据我观察，相比原来给你们分配的劳动力，你们现在的劳动力要少得多。或者你们之所以能完成计划，是因为你们的效率突然间得到提高吗？因为劳动力只有增加没有减少，对此，你们要仔细思考所有问题。不过截止到当前，你们的劳动力确实比任何其他部门都要少。

你建议飞机名单应具有特殊的优先权限，我对此表示赞同。你说的没错，只要有办法能促进计划提前完成，对这些类型飞机的生产就具有特殊价值。

我感到高兴的是听说你还极力推进新型战斗机的制造。那天，你给我看了喷气推进飞机的模型，我对它非常感兴趣。请随时向我汇报这些飞机的进展，让我得知它们的应用时间。

首相致军事情报局局长   1943年6月15日

当前，你对西西里兵力的估算数值，最确切的是多少？第一，我们知道德军方面正在编制的那个师部队的具体人数是不到7000人。那里是否还有零散部队（包括空军地勤人员）？有多少增援部队已经出发，或是到达那里？第二，据说过去在西西里海岸驻扎防守的意大利军队有八十四个营，还有估计是七八个师，请就它们的分配情况给我一份分析报告。潘泰莱里亚岛上的15000人和兰佩杜萨岛上的四五千人，那么容易就投降了，这些意大利人的性格脾气是什么样，我们应该清楚了。

首相致空军参谋长   1943年6月16日

驻埃及等地的空军规模非常庞大，它们现在看似无事可做，我想知道，在未来几个月中，它们准备如何采取行动。支援土耳其的计划进展如何？从埃及调去支援西西里战役的空军人数，所占比例是多少？空军任何部分都应该被利用起来。

首相致伊斯梅将军   1943年6月17日

我的想法是，我们应该向上次大战学习，颁发负伤袖章。希望三军方面能关注这个问题。毫无疑问，陆军部是主要部门。过去，我已经考虑过这件事，我想在周一的时候向国王请示。这个问题万万不能再拖下去，因为美军正在为他们自己的士兵发放"紫心勋章"，他们还因没有给我们的士兵颁发，而感到不舒服。

请为我准备相关材料。

第二，在海外服役，每满一年，就授予臂章，我想这也是士兵们的期盼。

首相致伊斯梅将军，转参谋长委员会   1943年6月17日

1.昨晚，我之所以需要一份专门报告，是因为我十分关注西西里战役中的诈敌计划。西西里成为所有报纸关注的目标，而且根据这期间（我认为美国也一样）的许多机关刊物上刊登的地图和漫画来看，我们的战斗目标就像公布了一样，人人皆知。

2.令目标增加到难辨真假的程度，是最安全的策略。今天早晨，有些报纸说我们的兵力多到能同时攻击几个目标，他们的观点是正确的。今天下午，布拉肯先生将会受记者采访，这一点应该重点提出。此外，希腊的局势是不是也应该强调一下？

首相致伊斯梅将军，转参谋长委员会   1943年6月18日

我们不如从斐济岛的突击队中，调出一部分到缅甸或其他地方去配合战斗，这样可不可以？

首相致空军参谋长   1943年6月19日

我知道，目前确实是时候考虑塔科拉迪①航线裁员的问题了，因为经过卡萨布兰卡的新航线的开通以及地中海航线的开通，会为塔科拉迪航线减轻负担。我期盼你对此问题的建议。

首相致印度事务大臣   1943年6月20日

副首相提议增加印度部队的军饷，我对此完全赞同。总体说来，我认为可以先减少部队总人数的25%，剩余人员的军饷，用节约出的军饷来补充。

---

① 加纳南部的港口。——译注

首相致枢密院议长   1943年6月20日

请向工程与建筑大臣下达指令，（为农业工人）建造3000座住房征用土地时，可用强制权力。将这项工程作为修建飞机场或战时工厂一样来进行，尽全力将它们和必备的战争需求相协调，并适当地给予它们一定的优先权，你看这样可不可行？全国各地方相关部门因为没有必要的强制权力，如果让他们去跟进这件事，他们为了这一小部分房子，免不了和所有战时事业部门走公文程序，白白将大量精力耗费掉。现在我感觉大家都知道了这件事，而且我们的信誉也因为这点小事受到影响。总之，我认为，我们要么就行动，要么就别干。

首相致雅各布旅长   1943年6月22日

将的黎波里的海岸防卫设施情况用列表的方式说明，并将战前估计的设施与目前实际设施做个比较。在战争向前推进的过程中，因为我们接触频繁，所以对的黎波里防卫装备的情况有更确切的了解。不过现在，我们正准备向一些我们没有接触过的新地方进攻，为防止战前过分估算会带来不利影响，我们要将这主要的一点盘问清楚。

首相致帝国总参谋长   1943年6月25日

大家对增加各个步兵营枪支数量问题，有没有什么意见？对于增加36支的意见，以前已经达成共识，但我希望能增加72支。

首相致陆军大臣   1943年6月26日

我很高兴，因为据说大量0.300英寸口径的子弹，有望在7月底交货。基于此种情况以及现有的储备情况，我们可以再给国民自卫军额外发些弹药，让他们利用今年夏天剩下的几个时间，即刻投入训练。

首相致参谋长委员会   1943年6月30日

我观察到，于5月运送到北非之外战场上的陆军和皇家空军的车辆，95%已经打包完毕。这种情况为努力作战做出了贡献，并且令人感到欣慰。

我毫不怀疑，你们在其他战场上，也力争达到这种高的标准。让装配场每月工作一定时间，才是真正的节约。①

首相致生产大臣和贸易大臣　　　　　　　　　　1943年6月30日

皮革供应仍然是我担心的问题。如果商店将新配送的货物投入供应，不再有抢购的情况，你是不是能感到欣慰？皮鞋修理情况，有什么方法可以缓解？

民用供应缺乏严重，而我发现，1400万平民的存货皮鞋数量还没有250万陆军人员的多，可否调拨军用皮鞋或皮革来缓解供应紧张的民用？

从长远角度来看，你有什么解决方案？是否可以与美国方面一同研究以后（如12个月）的世界供求情况？

首相致帝国总参谋长　　　　　　　　　　　　　1943年6月30日

据我所知，我们需要75艘货轮才能装载今年冬季从北非运回的英军装备。这大体说明，他们将运回大部分车辆。

如果将师团调回，把它们的大部分车辆留在非洲，让他们在英国获得新的车辆，这样我们就不用再运送大批车辆到北非去，也就省下往返转运的时间了。

7月

首相致伊斯梅将军，转参谋长委员会　　　　　　1943年7月2日

1.相比过去，北非各司令部的情绪似乎更加忧郁低落。计划参谋处就各种可能出现的情况，进行心理方面的研究。不过人事方面的情况相对来说没那么复杂。

2.首先，我们应该让亚历山大和蒙哥马利领导的战争爆发。如果战争进展良好（或是完全溃败），我们就能清楚知道下一步行动了。如果不这样做，我们就无法攻克西西里，更无法涉及下一步的问题了。

3.美国的参谋人员好像正企图从这个计划中撤退，准备进行撒丁岛（计

---

① 参阅第四卷，第779页、第784页及第796页。——原注

划），而我们要充分利用我们的强大部队，决不能被他们干扰。我们必须激励他们，不让他们表现出任何胆怯。三军参谋长也应该再次要求联合参谋长委员会告诫他们，不要抱有逃避心态，不能表现懦弱。

4.总而言之，只要我们将西西里的情况搞明白，就能确保自己具有所有能力来判断局势以及发动进攻。

5.今天下午三点，我希望与你一起讨论这个问题。我对现在人们抱有的态度感到很不满。我们必须给予必要的指导。

首相致彻韦尔勋爵　　　　　　　　　　　　　　　1943年7月3日

人力问题

根据需要人力的主要部门，请将这个主题分为七八栏，如陆军、海军、空军、飞机生产部等。它们最初有多少人力？在1月份上交的报告中，需要多少人力？它们已经得到多少，目前总数是多少？还需要多少？

看到这张表格，我才能对此提出工作建议。

请今晚将表格交给我。

首相致枢密院议长和爱德华·布里奇斯爵士　　　　1943年7月3日

当前为农业工人建造房屋的事情，有什么进展？建造负责人是谁，开工时间是什么时候？听工程与建筑大臣说，这件事现在已完全由他负责，是这样吗？

首相致枢密院议长　　　　　　　　　　　　　　　1943年7月5日

去年12月，我有一份关于短期患病人数增加的备忘录，你可能还有印象。这个数字来源于政府保险统计人员制作的统计表。令我焦虑的是去年冬天这个数字一直在增长，并无回落。该统计表说明，我们所有劳动力中，除了正常因病缺席的人数外，新增加的缺勤人数占有很大一部分比重。如果增加的人数中，大多数是因为厌倦战争，而不是真的生病，他们对战争都能带来不利。

首相致空军大臣和空军参谋长　　　　　　　　　1943年7月5日

我认为，为了工厂的夜间工作，现在是时候考虑灯火管制的问题了，因为敌人的轰炸能力确实已经变弱。我们需要从各方面节约劳动力，以便加速推进飞机生产计划。因此，夜间作业的工人绝对有必要摆脱灯火管制的束缚。

我希望空军部保证，停止任何妨碍生产的举措。

首相致陆军大臣　　　　　　　　　　　　　　　1943年7月5日

今年，陆军对车辆的需求量增多。获悉与1942年相比，你们对生橡胶的需求量没有增加，而且，陆军有效节约了主要原料的使用，因此你们获得了令人满意的成绩，这让我深感安慰。

首相致经济作战大臣　　　　　　　　　　　　　1943年7月5日

对于法国形势，我的观点与你不同，因此对于你从不够长远的角度出发，做出的概括性总结，我表示异议。假若（法国）解放委员会能够通过行动换取英美政府的信任，我们必定能授权该委员会为法国抵抗运动提供费用上的支持。我们该打交道的不是戴高乐将军，而是委员会。现在，我们正尽全力培养的不是个人力量，而是委员会的集体力量，并竭尽全力提高文职人员的作用。

首相致爱德华·布里奇斯爵士　　　　　　　　　1943年7月11日

1.我对基础英语一事很关注。我们能通过基础英语的广泛应用收获益处，而这种益处的持久性和深远性胜过占领几个大省。我们的想法是与美国建立更为亲密的关系，而推广基础英语，使之成为英语国家的重要工具则符合这一想法。

2.为便于成立一个由大臣们组成的委员会进行研究，明天，我准备向战时内阁提及此问题。如果得到赞许，我打算提出关于工作方式方法的建议。新闻大臣、殖民地事务大臣、教育大臣或代表外交部的劳先生似乎都是合适人选。

3.我想，英国广播电台可以每天教授基础英语，这样也是一种宣传。而且这种交流思想的方法，还要得到广泛而大力的推广。

4.对这个委员会有什么意见,请你告知。请将这个问题列入明天的议程。

首相致外交大臣   1943年7月11日

1.我们应重新回忆那些最早的原则,以便解决彼得国王结婚的问题。欧洲人崇尚武力,他们的整个传统推崇"战争的婚礼",意思就是,最好的方式是让年轻的国王与一位配得上他的公主在出征前一夜结婚。这样,他就有机会令他的王朝代代相传。并且,不管怎样,那些地位最卑微的人有权实现的原始本能,他也有机会实现。

2.还有一种说法,我想一定不是源自崇尚武力的民族,因为它与这原则相反。据说,塞尔维亚人认为,任何人都不应该在战争时期结婚。乍一看,这句话好像是为男女私通脱罪。还有一些大臣,被逐出南斯拉夫,他们之间相互排挤,只是为了争夺流亡政府中没有实际权力的官职。有些大臣对结婚持赞成态度,有些则不赞成,而国王和公主坚决赞成结婚。依我看来,在这场争执中,我们更应该尊重他们两人的意见。

3.外交部发表了最直接的意见,他们早已弃18世纪的政治于不顾。我们要告诉国王和他的大臣们,在我们看来,应该举行婚礼。国王的王位动荡不安,如果他能坚守阵地,我们可向他交出剩余的所有权力。

4.我还有句话要说:基于上述原则,我打算在下院,大不列颠或美国的任意一个民主讲坛上做出行动。我想,战时内阁应有机会发表自己的意见。我们要避免陷入20世纪放纵私欲的下流生活中。我们不正是为了自由和民主而战吗?如果你希望我去拜见国王,我就劝他到最便捷的登记处去做登记。那没什么不行的。

首相致空军大臣和空军参谋长   1943年7月12日

拨给澳大利亚的飞机

1.我们应该做些事情,来保卫澳大利亚和太平洋战争,因为这对于英国自治领和英帝国的未来起到极其重要的作用。基于此观点,我们派去了皇家空军的一个中队，它做出的成绩远远超越了它作为战斗单位的规模。澳大利亚派到我们这边来的飞行人员，包括他们最优秀的飞行员在内，共有8100名，他们在帝国训练计划中造成了很大的影响。根据上述事实，在空军方面，我们是欠了他们一份大礼。

2.我想今天调遣三个喷火式战斗机中队到澳大利亚去，并说服美国将他们本打算送往澳大利亚的战斗机拨给我们，因为这个问题不关乎于飞机是喷火式的或其他战斗机，而是英国空军中队是否能充分展示皇家空军的精神。我确信我可以对罗斯福总统清晰说明，并将这些问题圆满解决。但是你要注意，不要让澳大利亚飞行员驾驶英国飞机，而要派去全部由英国人组成的空军战斗团队。根据你们上次的报表我看出，与适用于服役的战斗机相比，你们的战斗机驾驶员的实际数量多出了945人，所以我想应该可以从这些驾驶员中拨出四五十人来吧。我有责任维护英国和澳大利亚大陆之间的友好关系，因为澳大利亚居住了600万与我们属同一种族、说同样语言的人民。

3.期盼你的意见和建议。

（即日办理）

首相致伊斯梅将军，转参谋长委员会　　　　　　　　　　1943年7月13日

1.现在是时候将波兰军队从波斯派遣到地中海战场上去了。这些人希望作战，只要加入战争，他们就不会过多思考他们自己的伤心事，因此从政治意义来讲，他们是适合走上战场的。我们的目的是想让他们到意大利参战，因此应将整个军团从波斯调到塞得港和亚历山大港。

2.我们可用长达五个月的时间，调动所有力量来对抗意大利。请将英国所管辖的（盟国）可调动的军队，列一份名单。这些军队必须是能进行实际作战的军队，且没有被用于西西里作战计划。

首相致第一海务大臣　　　　　　　　　　　　　　　　　1943年7月13日

1.听到"约克公爵夫人"运输船队毁灭的消息，我感到十分震惊。大约十天前，地中海总司令发来一份警报，这份警报说靠近西班牙海岸航道上的空袭，危

险到让人"难以承受"（我记得他用的是这个词），他让我们提高警惕。请将这份警报给我。这些大型舰船的覆灭令我们本已写满战争伤亡人数的月报表，又增加了一些内容，这些内容令人胆战心惊。日后我们该怎样避免这样的空袭，请你告知。当然，我们有必要避免让舰队进入"福克乌尔夫"式轰炸机航程所涉及的范围。

2.我收到消息称"费里港号"在圣文森特角以西方向受伤。飞机从哪儿飞出来的？这艘船驶出后，距港口有多远？为什么驻直布罗陀的空军没有保护它，使它逃过敌人的追击？

首相致爱德华·布里奇斯爵士　　　　　　　　　　　　1943年7月14日

近期，公共关系官员们弄出很多丑闻，整个组织要彻底检查，并立即进行整顿。对于此事如何进行，请提出意见。我认为，成立一个小范围的内阁小组委员会，并授权让他们处理这件事是很有必要的。

（即日办理）
首相致陆军大臣和帝国总参谋长　　　　　　　　　　1943年7月16日

1.我们有一支素质过硬，经过多年训练且经验丰富的第一装甲师，现在用于看管战俘。从帝国总参谋长处得知此事，我感到十分担忧。如果是作为紧急调遣（例如为期一个月），我还可以理解，但是现在，必须制止这种情况。到北非看管战俘的工作应该由本国或尼罗河三角洲派遣来的一些步枪部队（至少一万人）负责，并且他们不在师的编制内。莱瑟斯勋爵应该把运送此部队出国，看作享有最高优先等级的任务。

2.为使第一装甲师具备充分的战斗力，一定要尽快将这支部队以及它们的车辆组装完毕。为让它们的作战效率得到恢复，要进行及时而必要的训练。请为此制定计划，并将时间表交给我。我知道帝国总参谋长已经向艾森豪威尔将军提出抗议，你将事情经过、答复的结果告诉我。

3.请给我列一份在西北非和中东各师以及独立旅情况的清单，说明还有没有部队有相同的情况？每个部队的现状和承担的任务是什么？南非师是什么情况？

第二〇一警卫旅什么情况？第七装甲师在什么地方？第四印度师所处的位置？新西兰师是否正在进行整编，并且是按原计划进行的？波兰师向叙利亚转移，进展如何？这些师完不完整？装备是什么情况？

首相致空军参谋长　　　　　　　　　　　　　　1943年7月16日

我仍然不理解，为什么（战斗司令部）1732架战斗飞机，或者说是总数为1966架初步组编飞机，需要配备2946名战斗人员。看看轰炸机司令部，它为初步组编的1072架飞机，只配备了1353名飞行员，而对1039架作战飞机只配备了1095名战斗人员。它肩负的任务比战斗机司令部重得多，但数字却是那么的不同。轰炸机司令部遭受的损失要比战斗机司令部大得多，但后者的剩余飞行员人数却那么多。地勤人员中有没有多余人员的情况？

首相致枢密院议长　　　　　　　　　　　　　　1943年7月17日

我已经跟温特顿勋爵说好，会就建造农业工人住房问题再给他去一封信。不过，现在我感觉一封信可能说不明白，为了能让温特顿勋爵详细了解这件事，你最好能亲自去和他谈一谈。①

（即日办理）

首相致帝国总参谋长　　　　　　　　　　　　　1943年7月19日

1.星期六，我对多佛的驻防部队进行了视察，对他们的实力感到担忧。多佛驻有一个营，圣玛格丽特驻着另一个营，只需几个小时，这两个营就可以得到一个旅的援助。不过，在他们后方更远一点的地方，还有许多军队驻扎。

2.当然，德国入侵事件还不至于发生，但是我曾问斯韦恩将军，假如有一天三四千个与我们突击队类似的纳粹冲锋队员横渡海峡，向我们进攻，我们怎么办？他说，他们虽然能够登陆，但很快就被会驱赶出去，他还着重提出能在很短的时间内收到警报。我认为他当时的答复不够完美，这让我放心不下。多佛与敌人离得很近，我们最快接到雷达信号最早是敌人开始行动的半小时前。我想德

---

① 参阅7月3日，致枢密院议长的备忘录。——原注

国人不敢轻易尝试，但是如果他们真的将多佛尔的一部分占有，哪怕是三四个小时，对他们来说也收获巨大。这在公众舆论方面造成的恶劣影响，比"沙恩霍斯特号"和"格奈森诺号"事件严重十倍。

3.我绝不赞同让过多部队驻扎在像多佛那样的海岸要塞上。不过我想我们已经走向另一个极端，使自己处于容易遭到侮辱的难堪境地。在我看来，最起码应再调一旅兵力驻扎在多佛，防守沿海防御工事或要塞。当德军准备登陆时，我们就立刻攻击。我们得多派些部队，总不能让人觉得我们无能到连那些贵重的大炮都被敌人炸毁几门。

请对此事进行新的研究。

首相致陆军大臣及新闻大臣　　　　　　　　　　　　　　1943年7月19日

1.千万记住，在解决军人转业的疑难问题时，一定要维护并严守规章。不过，相关大臣可以根据实际情况行使权力，让那些对公务有利的军人转业。如果有些高级人员当文官发挥的作用，或许比当军官发挥的作用更大，就按照特殊情况来办理。当相关大臣根据实际情况行使权力时，自然而然他就会考虑：陆军中只有一小部分人参与实际作战，在多数情况下，从文官换为陆军职位，只是象征着用一个非战斗职位来取代另一个非战斗职位罢了。

2.每个相关大臣要通过个人安排来解决诸如此类的问题，不要因为一点小事，造成部门与部门之间的纠纷，或者到达非由我出面才能解决的程度。

首相致新闻大臣　　　　　　　　　　　　　　　　　　　1943年7月19日

1.昨天，我又将《分化与征服》和《不列颠战役》这两部描写美国陆军的电影重新看了一遍。在我看来，这是我国目前看到的最好的宣传片。另外，这两部电影向人们讲述了很少人能完全知道的，在人们脑海中已日益淡忘的，1940年发生的那些事情。我的意见是尽可能多地放映这两部电影。在我们的影院放映这些电影有没有什么困难？你大概打算和他们签订何种条件？如果有人想垄断电影市场，拒绝放映这些电影，你要立即向我报告。必要时我将申请法律诉讼。

2.还有四部电影，现在在什么地方？我要看这些影片，四部中的两部，我已经提到过片名。为什么这么长时间不放映？电影公司是不是在秘密抵制？请向我汇报后两部影片的情况。它们的发行为何受到阻碍？

3.你也许清楚，如果让我再发表一篇简明的讲话，介绍一下这几部电影，再赞扬一下美国人的态度，我也愿意这样做。不过我希望先欣赏一下另外两部影片，我对这件事很上心，望你尽快处理。

首相致空军参谋长　　　　　　　　　　　　　　　　　1943年7月21日

你明白，我十分重视建设宽敞的、专门用于雾天的机场，因此对于石油大臣提出的这项议案，我打算批准。我希望此事能尽全力实现。

首相致海军大臣　　　　　　　　　　　　　　　　　　1943年7月23日

我们需要深入思考一个事实，那就是在4月30日之前的三个月中，（海军航空兵部队中的）45000名官兵里（4000多名军官），只有30人战死、失踪或是成为战俘。当然，我很庆幸他们遭受的损失不大，但是这个事情明显说明引发海军航空兵部队的整个规模问题的原因是他们与敌人交战的次数过少。我们之所以不顾个人影响，也要详细询问海军航空兵部队在对敌作战中发挥的实际作用，是因为它向我们要求的人员和飞机数量是如此庞大。我明白，海军航空兵部队官兵没能参与更多的战斗，并不关他们的事。而且上面提到的那一段时间可能有特殊情况，不过，从与敌人交锋这方面来看，他们这一大批优秀官兵拥有很强的战斗力，我们不能让他们无所事事。

不久，我还要过问此事，对于上述问题，希望你仔细思考。

首相致伊斯梅将军，转参谋长委员会　　　　　　　　　1943年7月24日

1.看看（缅甸战场上的）困难为何会越来越多？为了获取那些毫无作用的战利品，又是消耗了多么大的精力吧。这个战场上的司令官们，对于他们的需求和应该克服的困难，似乎说得有些言过其实。

2.这一切的情况表明，我们急需选定一位司令官。我坚持认为，这个司令官要是敢作敢为、精明能干、精力旺盛、经验丰富的军人，而奥利维尔·利斯将

363

军正好符合这些特点。西西里战争结束后，让他立即回国商量此事。我认为温盖特勇敢，有才干，是被大家公认的出色的人物，因此应由他担任缅甸战役的指挥官。印度前线以松散和无能为特点，局面十分混乱，而这个有"缅甸的克莱夫"之称的人一定会因他的魄力与贡献崭露锋芒。一个真正的人物在战争中所具有的地位，决不能被资历的问题左右。他也需要尽快回国商量此事。

首相致伊斯梅将军，转参谋长委员会 1943年7月23日

请参考我国人员在苏联北部遭受不公正待遇的几份电报。我们不需向苏联当局谈论是非，只需做出准备将我国所有人员撤离的样子，并且故意造成较大声势，这是我们应对这种事情仅有的方式。当地的苏联人一旦看见我们撤退，就会立即向莫斯科汇报，而莫斯科的人也清楚，我们的人员一撤离，北极运输船队的工作就到头了，这样他们就清醒了。如果他们还不清醒，我们就得尽早解决，因为这件事肯定会引发争端。我们不值得跟苏联人争论，只要让他们面临新情况，观察他们的反应，这是我的经验之谈。

首相致帝国总参谋长 1943年7月25日

感谢你重新审查了驻多佛军队的实力。对于你提及的重要兵力，起初我并未考虑在内。你是否确定这些兵力，尤其是皇家海军和空军，已经组织完毕，并且只要一接到通知，就能在短时间内采取行动？不过，敌人通常是在夜间袭击，我想象的是，也许有两千名乘坐摩托快艇的冲锋队员横渡海峡，悄悄向我们发动袭击，而且又打又抢。如果你认为悬崖难以攀越，而可登陆的地方和防御重地都有重军防守，我就安心了。①

首相致伊斯梅将军，转参谋长委员会 1943年7月26日

1.最重要而又最紧急的事情就是任命一名（缅甸战场的）高级指挥官，这个军人要年轻有为，经过战争的历练，为了给战斗增加活力和勇气，还要对这条战线上的全部作战问题重新进行检查。

---

① 参考7月19日致帝国总参谋长的备忘录。——原注

2．阿恰布港口正被敌人打造成像直布罗陀一样重要的关口，有整整一个师的日军能过来援助。对于目前这种情况，我知道参谋长委员会已经充分意识到，为攻打只占整个缅甸战区区区一点的港口，就到地中海战区聚集宝贵的人力和物力，采取这种做法是多么愚笨。他们起初还打算接着向仰光进攻，这目标简直不值得一提，现在总算放弃了。到了1944年，我们必须整年将我们在孟加拉湾可以利用的所有两栖部队充分利用起来。等过了1944年的雨季之后，再提向兰里岛进攻的事情。一个具有绝对实力的海空军国家，绝不能愚蠢到利用这种既耗费精力，又浪费时间的方法参与作战。如果用这种做法，我绝不会承担责任。

3．正确的1944年作战步骤应该是：

（1）为中国提供最高级别的空军援助：保护机场并改善航空线路。

（2）为给日军施以最大的压力，展开像温盖特将军在阿萨姆那样进行的战斗，一切（其他）在陆上能与日军对战的地方，都可用来作战。

（3）两栖作战——至今被称为"第二安纳吉姆"作战计划，如果要大范围开展，就要选择战斗不被雨季妨碍，我们的海军又能充分展示其实力的地区。当前，参谋人员应集中精力，深入而仔细地研究这个问题，并且一刻也不能耽搁。

4．为在魁北克会议举办之前弄清他们的基本观点是什么，务必现在就将这件事汇报给国防委员会。

首相致贸易大臣　　　　　　　　　　　　　　　　1943年7月26日

我听说，现阶段，为保证部队及产业工人的扑克牌的供应，虽然已从民用中抽出了一部分，但数量仍然不足。军人们在空闲的时候，或长期驻扎在偏远的地方待命，感到孤独的时候，水手们连续几个月不能下军舰的时候，最重要的是有些娱乐用品可供消遣。而扑克牌则是所有娱乐用品中最方便、携带最容易，最耐用的。

对于扑克牌供不应求的情况，你打算如何解决，请向我汇报。在我们人力物力的消耗中，只制造十几万副扑克牌实在是不值得一提。

首相致陆军大臣（已阅）及帝国总参谋长　　　　　　　　1943年7月26日

　　为了不让艾森豪威尔误会这件事是你们的意思，我认为我还是不要以我个人名义给他发送电报，向他提及第一装甲师的事了。我坚决要让这支精锐的部队达到最高的作战效力，配备最精良的装备，如果你们能即刻展开措施，并毫不犹豫，我则愿意以个人名义发电报。假若我们想用最快的速度攻占意大利大部分地区，特别是假若我们的前线要拓展至意大利北部和波河流域的话，这支部队对我们来说更是不可或缺。

　　2.我对这件事极为关注，希望你们告知艾森豪威尔将军，并与他尽快商量出令人满意的结果。

　　3.还有，请你向我汇报对该师重新装备的方案，接着，向我说明这个师在各方面适应战斗的工作进展状况，每两个星期向我汇报一次。①

首相致农业大臣　　　　　　　　　　　　　　　　　　1943年7月30日

　　草料和谷物的丰收情况怎么样?请向我提交简短的报告说明。

首相致普赖斯上校　　　　　　　　　　　　　　　　　1943年7月31日

　　在我看来，现在我们不应该将对日作战结束的日期假设为1948年。我们可以在魁北克会议中和前往魁北克途中讨论这个问题。显然，我们在没有看到海军部的长期作战计划之前，不能做出此类论断。

首相致飞机生产大臣　　　　　　　　　　　　　　　　1943年7月31日

　　最近我们在制造喷气飞机，而你对此基本没抱多大希望，这令我感到不安。据说最严重的情况就是力量的分散，就算是本应很容易制造的飞机外壳也无法按期完成。

　　先检查一下正在研究阶段的各种形式引擎的情况，将所有精力消耗在那些有望提早投入生产的两三种（型式），是不是更好？目前，关于德国喷气机的情况报告有很多，我们一定要追赶上来。

---

　　①　参阅7月16日给陆军大臣的备忘录。——原注

8 月

首相致贸易大臣　　　　　　　　　　　　　　　　　　1943年8月1日

1.很感谢你对缺乏扑克牌问题向我发来的报告。过去的一年里，130万副用于销售，还剩190万副在哪里？

2.今后一年中，需求量还远远不足200万副，而你建议在此需求量上制造225万副。这需要增加20名工人和100万吨纸张，才能多制造出100万副扑克，我很愿意帮你这个忙，但前提是我必须弄清楚去年一年中的剩余的195万副扑克牌的去向。另外，你认为应储备一些"以备不时之需"，在量的方面应该如何把握？最重要的是让人们在需要的时候就能买到，虽然士兵应享受优先供应，但普通工人也同样需求。

首相致第一海务大臣　　　　　　　　　　　　　　　　1943年8月1日

1.我已向罗斯福总统提议，在魁北克会议期间，我们的反潜艇战月报可以从海德公园发布。这说明发布日期不是10日，而是13日～14日。

2.这次，我想给德国人致命性的打击，让他们的希望破灭。我准备说服总统同意下列各项：

（1）1942年上半年，船舶损失率为1.6；1942年下半年为0.8；1943年上半年为0.4。

（2）据说，德国潜艇在5、6、7三个月共92天中，刨去许多被击坏的，有87艘（或其他数字）被击沉。

（3）盟军的商船在全世界的损失中，7月比6月要大，创下了最高纪录。但是损失数量不及1942年1月到1943年6月末的平均数字，或是与1943年1月到1943年6月末的平均数字（用其中哪一个都可以）那么多。在攻占西西里岛的战役中，损失大概少于7万吨。

（4）在今年（到7月末为止），美国、英国和加拿大新制造的船舶，要比联合国家船舶损失的总数多。在多出的真实数字之下，取最小的那个百万数字，也意味着要多出（假如是）300万吨以上。

为了便于我就整个问题与罗斯福总统展开探讨，务必在我们起程之前考虑这几点。此外，英国击沉了多少艘德国潜艇？

首相致伊斯梅将军   1943年8月2日

一切密码暗号，必须经我审查后才能批准。

首相致帝国总参谋长   1943年8月2日

艾森豪威尔将军就解除第一装甲师驻防工作一事向我发来电报。

1.你打算怎样解决对看管战俘人员的进一步需求（关于船舶事宜，请与莱瑟斯勋爵讨论），请告知。①

2.我搞不懂，为何为供应参与"哈斯基"作战计划中，为数不多的装甲部队，却要让中东地区所有其他装甲部队卸下他们的装备。请将驻非洲各个部队实际拥有的坦克数量汇报给我。此外，上一次的坦克报告明确记载，中东司令部拥有近3000辆坦克，这我没忘记。

3.为尽快重新装备第一装甲师，我们应当机立断地从本国的装甲师中调出"谢尔曼"式坦克，立刻派专用船运输。

4.请就英国现有坦克的数量、美国可能会支援的坦克数量，以及未来三个月从供应中获得的坦克数量，制造一份统计表交给我。

首相致帝国总参谋长   1943年8月2日

我们陆军中有几支最优秀的部队，它们是我们历经磨难才组建起来的。我希望你能保证，如果有些不知内情的人调遣了这些部队，绝不能降低了它们的价值。

以前，中东地区有组织完备、经验丰富的装甲师和装甲旅驻扎在那里，但现在我们搜集到的坦克种类不一不说，就连配备的人员也是东拼西凑得来的。务必排除一切干扰，重新组建这些部队。

---

① 参阅7月16日和7月26日的备忘录。——原注

首相致枢密院议长　　　　　　　　　　　　　　　1943 年 8 月 2 日

感谢你做出的全部努力，并欢迎你对陆军时事报道局进行深入研究。

当然，这种活动本身有其好处，但却不能因为它们为整个军事机器的运行带来不合时宜的干扰，也不能因为它们增加非战斗军事人员的人数，因为这些人的比重已经过重。因此，应想尽所有办法，不要让这种活动占用过多的时间、金钱和军事人员。所有用于作战的人员都禁止进入此机构，而且要将警惕性设定为最高级别，还要让这些机构打消自行扩大和增加人员的念头，这些是最重要的。①

首相致飞机生产大臣　　　　　　　　　　　　　　1943 年 8 月 3 日

我很清楚，发动机产量之所以下降，是因为现在正好是放假的季节。不过我仍为这件事感到不安，因为今年新产品的产量相比去年，有了大幅度的下降。

首相致副首相　　　　　　　　　　　　　　　　　1943 年 8 月 6 日

1.战斗机中队的飞行人员数量已比战斗机数量超出了很多，你负责的空军编制委员会应该检查这一问题。战斗机中队以飞行员经常需要随时待命、准备起飞为理由，因此需要用3038名飞行员来配备1725架飞机。但是，这个理由只有在某些地区和某种情况下才能成立。自从不列颠战役过后，战斗机就没经历过严重的损失，我感觉从这地方就富余出不少人力。人们可能会问，是不是哪个方面都像这样浪费。轰炸机司令部虽然经历了更多场更加激烈紧迫的战斗，但他们却没有保留过多的富余人员。虽然空军海防总队拥有很多富余的飞行员，但是他们的巡逻线很长，确实需要很多飞行员，甚至为满足需求还要用到两倍数量的飞行员。我再次声明，战斗机不适用于此情形。

2.此外，"旋风"式和"喷火"式飞机存放于塔科拉迪的问题，也值得研究一下。近期的统计表表明，7月30日，该地拥有飞机数量，包括43架"喷火"式在内，共计183架。目前，有一条通过地中海的较便利的航线已经开通，它很可能会暂停使用。基于这些情况，我们应该对这条航线的人员配备情况，以及将价值巨大的飞机保存在中东全部坦克存放地塔科拉迪这种习惯性做法，进行细致检查。

---

① 参阅 7 月 16 日给空军参谋长的备忘录。——原注

首相致外交大臣　　　　　　　　　　　　　　　　　　1943年8月6日

1. 目前土耳其正重整军队装备，而我认为，苏联人对他们的规模并没有感到任何担忧。我们在土耳其军队中进行的改编，与苏联如此之大的实力相比起来，简直不值得一提，因此不足以（我想也不会）让他们担心。

2. 巴尔干局势因土耳其而变得更加复杂。而土耳其又没有采取任何举措帮助苏联打败德国，毫无疑问，这是最让苏联人困惑的事。

3. 很明显，达达尼尔海峡和博斯普鲁斯海峡的现状不会令苏联人满意。并且，上次大战初期，我们提出将君士坦丁堡让给他们，我想他们一定还记得。你应该清楚，我们为了轰炸普洛耶什蒂，并一点一点地将达达尼尔海峡、博斯普鲁斯海峡和黑海控制在自己手中，也许很快就会要求我们的空军中队和某些其他部队对土耳其进行保护，因此，土耳其为得到最安全可靠的保护，就要积极地联络联合国家。我们在不知道土耳其采用什么政策之前，还不能与苏联认真探讨土耳其问题，因为前提条件不具备。

首相致伊斯梅将军　　　　　　　　　　　　　　　　　1943年8月8日

1. 我将附件中许多不合适的代号划去。对于一些可能会令很多人丧命的作战计划，不应该用"凯旋"这类代号来命名，因为这会显得声势浩大，言过其实。而故意使用诸如"降灾"、"屠杀"、"杂乱"、"苦难"、"不宁"、"脆弱"、"悲惨"及"黄疸病"等等，这些相反字眼的也不应该，因为它们为作战计划赋予的色彩是消极沮丧的。还有一些代号如"拥抱舞"、"下流话"、"开胃药"和"大吹大擂"等，也不该用，因为这显得太轻浮。还有一些字眼如"洪水"、"平坦"、"突然"、"最高"、"全力"、"全速"等也不能采用，因为它们在常用于其他方面，显得太普通。还要避免用健在的大臣或司令官的名字命名，如"布拉肯"。

2. 代号应该既不暗含作战计划的性质，又不含有一点贬低之意，而且也不要让某些寡妇和母亲说自己的丈夫或儿子是在一个叫"拥抱舞"或"大吹大擂"的战役中丧生的。总而言之，世界那么大，聪明的人可以想出非常多响当当的名称。

3. 密码代号适合用专有名词命名。只要符合上述原则，都可以采用，例如古代英雄、希腊和罗马神话中的人物、星座及星名、闻名的赛马、英国和美国战斗英雄的名字等。当然，还能列举出很多其他题目来。

4. 自始至终都要细致认真地处理这件事。除了重大事情之外，细小的事情也是一个政府办事效率和成功概率的体现。①

首相致伊斯梅将军，转参谋长委员会   1943年8月10日

请参考这封电文②。突击队实际上是最精锐的正规部队，并且是我们今年唯一能调遣到巴尔干半岛的部队，因此我们赞同使用突击队。遇到敌军要求投降时，授命前往的英国军官和外交官可随突击队进行谈判。对于中东战区各司令官不思求变的态度，应该及时制止。

首相致生产大臣及军需大臣   1943年8月11日

在7月31日前的一周内，只生产出39辆坦克，这数量真是少得令人震惊。我想，暑假不是用来辩解的最佳理由，希望你向我详细说明情况。同预定数字做比较，这个数字处于哪种程度，尤其是新型坦克，是否达到了你们的预计数字了？这件事与我们接受美国坦克的决定关系重大，因此我必须追究到底。

首相致外交大臣   1943年8月14日

宾特洛甫被巴本之取代是具有重大意义的事件，也许会致使纳粹体系进一步分裂。虽然这些都是确定的事情，但我们最好不要有所反应。我要不要总是喊"无条件投降"，这会妨碍了这种演变。我们要想占据有利形势，就不要确定到底要和哪个新人物或新政府来往。我们肯定不想让他们都结合在一起，组成一个强硬的、坚持到底的集团，但问题是我们想不出办法。当然有这样一个集团也不起什么作用。我认为，德国人日益分裂，证明他们的反抗能力降低，这样也能保

---

① 参阅8月2日致伊斯梅将军的备忘录。——原注
② 中东防务委员会在电文中说，反对在多德卡尼斯群岛等地使用突击队，因为德、意军队不可能向他们投降。——原注

证数10万英国人和美国人的生命安全。对此你一定会认同吧。

首相致第一海务大臣   1943年8月15日

为阻止好望角周边海域的海上往来，在反潜艇支援舰船（正在路上）开到之前，你是否可以把你的舰船先移到靠近西蒙斯敦和基林迪尼的海面？希望你考虑一下。我已经请莱瑟斯勋爵将沉没舰船和出航的全部舰船数量告诉我。这条航线经过严格控制，通过的船舶也不多，有19艘船沉没，无论如何也实在不是个小的损失。

9月

首相（在华盛顿）致罗纳德·坎贝尔爵士   1943年9月13日

以下致我国驻中东各领事的电报，都是我遵循你的意愿拟定的。

你可以先与哈里·霍普金斯先生商量，看他是否赞同由我出面解决这件事，然后我再将电报发送出去。

"中东这些国家为战争做出了巨大贡献，我们英国人对他们表示敬佩。中东的每一个人都应该从英国驻中东领事那里获悉我们的态度。这些国家虽处于内陆，与海隔着很远，但却为我们在各条战线上付出了努力，正义事业的胜利，正因为它们而加速实现。

"我真心希望能到中东的某些大城市去，代表我们英国人亲自感谢人们正在做出的巨大贡献。"

首相致罗斯福总统   1943年9月13日

民航问题

1.我已经向我们的政府汇报说，我们准备在伦敦或加拿大召开联邦预备会议，并且也跟你提过此事。我们之所以开这个会议，是因为我们以后要与美国政府协商，就要总结出我们英联邦自己的意见，希望你能赞同。

2.我向你提议召开国际会议，你的意见是英、美、苏三国会议即将召开，等在这个会议上讨论后，再做决定。

3.我提到，你在初始阶段的提议包括以下几项：

（1）应具备私人所有权。

（2）重要的地点以互惠为条件，可供国际使用。

（3）内地公司应拥有经营内地航线的权利。

（4）政府可根据国际协议，对某些零利润航线给予所需的资助。

首相致枢密院议长 　　　　　　　　　　　　　　　　　　**1943年9月16日**

1.7月29日，艾森豪威尔在广播中列举了一些条件，然而意大利人并没有按照这些条件办事，我认为，我们应该感到自在。关于进一步运送意大利战俘的计划，我们应该继续实施。我们曾俘虏了大量战俘，仅韦维尔将军就俘获了25万多人，现在他们在什么地方？很多停战之后俘获的战俘在许多场合都尽全力帮助我们，并且他们完全没有抗争就投降了，因此想把他们运到英国，应该不容易办到。不过，联合王国内的工作比印度或南非的工作更加重要，现在我们能调遣到更多人手。现在，应该有一些船只准备从印度返航。我们想知道属于我们的所有意大利战俘具体被安置在什么地方（不管他们在哪里），请陆军部告诉我们。

2.无疑，我们在很多方面都能为巴多格利奥政府提供帮助，因此我们可以与它们进一步就向我方提供意大利劳工一事做出妥善安排。我们可以彻底改变当前意大利战俘在英国的地位，授予他们类似"民间工兵队中的拘留人员"的身份，但前提是意大利政府同意为我们提供更多劳工。我确实希望到1944年，再为英国运送10万意大利劳工。

首相致海军大臣及海军副参谋长 　　　　　　　　　　　　**1943年9月26日**

为便于我们的潜艇在遭遇敌人反潜艇船只攻击时，进行自卫，我们正在为它们安装音响引炸鱼雷。这件事的进展如何？

首相致粮食大臣及军事运输大臣　　　　　　　　　　1943年9月27日

从北非返回的船只会有空置船舱,我想我们的确应该将地中海地区的柑橘和柠檬运回我国。请你们商讨目前进行状况和未来进行的可能性,并以便函的方式向我汇报。

首相致海军大臣　　　　　　　　　　　　　　　　　1943年9月27日

德国滑翔炸弹和蒙骗装置的进展情况如何?请想办法随时让彻韦尔勋爵获悉,这样我就能通过他及时掌握方面的紧张情况。

首相致军事运输大臣　　　　　　　　　　　　　　　1943年9月29日

排队等候公交车的概率一定要降低,特别是在伦敦地区,以便让工人回家时能享受更便利的交通服务。由于供油情况已经大大改善,做到这一点不难。在冬季到来之前,应该采取哪些应急举措,请你务必提出你的意见。为了保证战时效率,应确保人们在回到家之前不至于太过疲惫。你要尽全力让晚间车辆增加25%。

首相致帝国总参谋长　　　　　　　　　　　　　　　1943年9月30日

请简单制作驻塞浦路斯岛现有军人数量的表格,并提交给我。如果我们有机会重新进入希腊,并且没有进行任何战斗,应该能为该岛凑够七八千人的驻军。我们的目的不是占领希腊,而只是为了从政治上支持复位的合法政府。

首相致贸易大臣及粮食大臣　　　　　　　　　　　　1943年9月30日

欧洲解放后,许多重要食物在世界范围内,明显会短缺。我想内阁应及时对整个问题进行探讨,这样我也避免承担估算救济数量的责任,因为为外国提供救助,我们本国的供应就会不足。

关于此事,请尽快向我汇报。

10月

首相致蒙巴顿海军上将及伊斯梅将军，转参谋长委员会　　1943年10月2日

　　蒙巴顿海军上将在视察他的部队各支队时用这篇草拟的特别指令作为发言内容，在我看来是十分恰当的。不过，在现阶段，为避免招致更多日军进入这一战场，我认为还不适宜公开这份文件。我认为，凭借这一点的重要性，我应该反复强调，至少在未来三个月内，禁止传播任何关于这个战场的消息。为防止该指令在印度报纸或在其他世界任何报纸上刊登，必须通过最严格的新闻审查，才能向部队的任何一部分传达。待下次，我在下议院发言时，就要用这些话来描述东南亚战场：

　　"这个战场上的所有可能性，已经被气候、饥荒和水灾阻止。新任总司令到现场察看整个局势，还要到他负责的辽阔区域的多个地方进行调查。部队还需接受长时间的训练。如果认为现在可以开展大规模的行动是因为新总司令的上任和指挥部的彻底改组，那就蠢到家了。"

　　用这个办法的确能更好度过未来三四个月。而蒙巴顿海军上将想通过慰问分散在各地的各指挥部根据地来振奋军心，或用很快来临的伟大日子来鼓舞官兵的做法，我们也绝没有阻止的意思。不过，我们应该给世界大众和敌人造成假象。

> 庄稼人，忙播种，
> 种子静静藏土中，
> 艰难困苦几个月，
> 新苗叶儿长又长。

首相致印度事务大臣　　　　　　　　　　　　　　　　　1943年10月3日

基础英语

　　我回国后非常惊讶地发现，内阁委员会自1943年7月12日成立以来，从未举

办过一次会议。这项工作是你主动提出要负责的，而我也感觉你确实是非常适合的人选。到目前为止，工作进展程度如何，请向我提交报告。

奥格登先生在信函上向我提议，派遣一位专门研究员，与他在一周时间内掌握所有基础英语的相关知识。我认为，为给你们的委员会及时提供全面掌握基础英语的顾问，我们应该接受这个提议。因为斯大林总理也喜欢上基础英语，所以它已成为非常重要的事情。如果你感觉自己在其他方面的任务非常多，我可以亲自承担主持委员会的工作，不过，我还是希望由你来负责。①

首相致海军大臣　　　　　　　　　　　　　　　　　　　　　　1943年10月4日

我相信彻韦尔勋爵能简明扼要地向我说明感音自动跟踪鱼雷的问题，请你叮嘱他向我提交简短报告。

首相致军事运输大臣　　　　　　　　　　　　　　　　　　　　1943年10月4日

为便于"霸王"作战计划聚集人力和物力，我们应该将这艘24000吨的船只（意大利商船"萨图尼亚号"）扣留，让它尽快在大西洋航线上行驶。

首相致劳工与兵役大臣　　　　　　　　　　　　　　　　　　　1943年10月6日

在你的指挥下，8月份其他工厂为飞机生产部门创造的额外产量不仅有所提高，而且还为这个部门增加了17800名新劳动力。你创造了优秀记录，如果能继续保持，到了年底，我们就能完成7月23日制定的目标了。

首相致空军参谋长　　　　　　　　　　　　　　　　　　　　　1943年10月6日

我们感觉有必要为推动我们在喷气推进飞机方面的发展施加更大压力，因为最近有现象表明，德国人也在就这一方面进行积极研究。

首相致外交大臣　　　　　　　　　　　　　　　　　　　　　　1943年10月6日

我们为什么宁愿使用二十年的条约，也不愿就苏联西部边界问题签订这项

---

① 参阅7月11日致爱德华·布里奇斯爵士的备忘录。——原注

协议，我们应该没忘，原因就是对于这个问题，我们非常清楚下议院的意见一定会引发严重矛盾。依我看来，他们还会再次提出反对意见，甚至用更加激烈的方式提出。反对者们为了使自己占据有利地位，还会引用一些重要原则来与我们对抗。

1. 如果在和会上，可以对形势做出全面衡量。并且，如果有一方面做出了调整，可与另一边方面的变动持平。因此，我们很有必要保留领土问题，等待全面解决。美国的态度，特别是在选举年中，与我们一样。在我们打算换另一种立场来签订二十年条约之前，最好先让美国明确自己的立场。

2. 我认为，我们应尽全力就东部边境问题说服波兰，让它同意苏联的要求，作为交换条件，它可以从东普鲁士和西里西亚方面获得一定好处。当然，我们可以答应苏联在这方面会为他们提供帮助。

首相致空军参谋长　　　　　　　　　　　　　　1943年10月7日

驱　雾

我听彻韦尔勋爵说，他曾到格拉夫利，当时没有起雾，但却看到了驱雾设备在格拉夫利的应用情况，这引起了他的极大关注。这种设备每分钟虽然要消耗汽油数吨，但还有改进的空间。我们的飞机以前受雾天阻碍，不敢在夜间行动，如果运用这种设备，连喷燃器都不用打开，就可以在夜间出动，这对我们大有好处。如果我们的轰炸机，在大雾中免于遭受损失，也值得我们消耗若干吨汽油（幸好现在我们储存了大量汽油）。

我希望这种设备能照原计划继续生产，到12月份，八架驱雾机都能投入使用。

首相致外交大臣及军事运输大臣　　　　　　　　1943年10月7日

自从华盛顿报道了盟国航运情况，今天的大部分报纸就开始引述，说进攻欧洲大陆的计划至少能提前六个月，因为不少于250万美国人在圣诞节之前可以运送到英国。听说这种毫无根据的说法是从美国参议院战争动员小组委员会传播出来的,到底什么情况?

我到下院开会时,一定会被人质问此事。

首相致陆军大臣及帝国总参谋长　　　　　　　　　　1943年10月11日

1.以"师"为单位计算盟国和敌军的兵力,会引发混乱,因为"师"的标准都不一样。譬如一个标准的德国师拥有两万兵力;而到了苏联前线,一个德国师的平均人数就成了不到七八千。几天前,我曾看到由1800名步兵和18门大炮组成的德国师,与他们对峙的苏联师,他们的兵力和战斗力如何呢?请制作一份罗马南部德国师的一览表,列出它们实际参与战斗的人数,提交给我。据你们估算,驻意大利和北非的所有英国师拥有多少兵力,大炮(包括反坦克炮及高射炮在内)的攻击力如何?在意大利和非洲的美国师,实力一般怎么样?英国远征军每个师的实力,也就是实际派遣到海外的一个战斗团队有多少兵力?

一个英国师,包含特种兵和交通线在内,据说共计42000人,不过被派到海外就成了大约不到15000人。我听说,为了"霸王"作战计划,美国为一个师编制的所有人数为51000人,但派到海外后,每个师的真实数量又是多少呢?

2.应该制止西方各国为师团的作战实力制定报告,我希望这种统计报告,依据最真实的情报,经过预算后,反映每个月的情况。

3.我需要一份英国驻意大利军队的分析报告,请你尽全力为我提供,一定要精确说明师的数量以及实际参战人数。另外,当前在意大利登陆的英国部队给养人数是多少,请单独说明。

首相致军事运输大臣　　　　　　　　　　　　　　　1943年10月11日

伦敦和其他大城市排队等候公车的情况如何?你准备利用哪些措施来减少这种现象?①请在报告中说明。

---

① 参阅9月29日和10月16日的备忘录。——原注

首相致生产大臣　　　　　　　　　　　　　　　1943年10月12日

　　关于英国和德国部队使用的高级炸药性能一事，近期我请彻韦尔勋爵展开调查，并做出比较。我将他的初步报告一同附上。

　　参谋长委员会坚决认为在深入调查的结果没出来之前，应即刻改用铝化炸药。我对此表示赞同。这一变动会不会引发其他问题？请在下周内向我报告。

　　国防大臣应运用自身职权，对我们的炸药发展到目前情况的原因进行调查。鉴于整个情况需要严格保密，请推荐三名委员，将他们的资历写清。

首相致外交部、枢密院议长及财政大臣　　　　　　1943年10月13日

　　我听史末资元帅说，他在南非俘获了8万名意大利战俘，并且很愿意拨一部分给我们，让他们为联合王国服务。他说可以给我们拨4万名。

　　在我看来，这是很重要的一件事，应该给予考虑。①

首相致雅各布准将　　　　　　　　　　　　　　　1943年10月16日

　　（在埃及的）241000名基地部队情况如何？请为我作一份分析报告，要及时且详尽。目前，战事已经从中东转向其他地区，但大部分部队仍然驻扎在西北非，那么上边说到的部队，到底是谁的基地部队呢？我建议，成立一个专门委员会，对这241000人（其中包括116000英国人）进行最细致的检查。不过，我需要立即了解当前掌握到的实际情况。

首相致军事运输大臣　　　　　　　　　　　　　　1943年10月16日

排队等候公共汽车问题

　　我为你能想办法改变现状感到十分高兴。伦敦的每一路公共汽车每天在旅客运输管辖区内行驶次数共计550万次。就拿一个辖区来说，公共汽车每天每次行车

---

① 参阅9月13日给枢密院议长的备忘录。——原注

耽搁一分钟，就相当于一万人每天工作9个小时的时间。②

过渡时期的计划   1943年10月23日

1. 我之所以准备发布另一份备忘录，提议应遵循一些程序以便制定出过渡时期的各项计划，是因为10月21日，战时内阁在会议上已经大致认可了我在10月19日的备忘录中提到的发展方向。

2. 我们会采取哪些行动，制定哪些方案，在行动之前政府在筹备与组织上会有怎样的安排？这是第一个阶段的工作，需依次列出，这样我们终止了对德国采取的敌对行动后，会让全国人民看到，我们已经料到会出现新的紧急情况，并且已经初步付出了必要的行动。

3. 为了这目标，到11月10日之前，各部门应向战时内阁秘书提交报告，内容包括：①与德国之间的敌对行动停止后的一段时间内，我们打算采取的行动和必要举措；②按照我们预想到的情况，在过渡时期的其他时间里，应该采取的，很可能为我们打败德国后两年内所进行的工作奠定基础的各种行动和必要举措。

4. 各部门承担主要责任的各项事务，也应在报告中表明。不过，还有很多事务属多个部门负责，并且已经交给专门组织或委员会进行核查。对于这类事务，可由各相关组织的负责人或委员会的主席向战时内阁提交报告。

5. 以下各项应在报告中说明：

（1）各项方案的制定进展，包括：方案是否已经拟定完成，或是到拟定出来还需多久。

（2）在深入开展工作之前，需要确立的原则。

（3）引用法令、枢密院批准的法令或国防法令是否需要，这些法令是否准备就绪，德国战败以前，是否需要颁发这种法令。

6. 为对过渡时期内必须保留的战时权力以及停止使用的权力做出定论，要将细致审查一切法令作为本计划中重要的一部分。现在，这项审查工作已经在克劳德·舒斯特爵士领导的紧急法令委员会中展开。

7. 将过渡时期准备工作的整个轮廓构思出一个大致的状况，这是第二个阶段

---

② 参阅9月29和10月11日的备忘录。——原注

的工作。我会亲自指导这个阶段的工作,确保计划的各部分之间能相互衔接,相互协调。

8.战时办事条例对于和平到战争的过渡以及战争到和平的过渡不能完全适合,因为这两种过渡在多个方面都有不同情况。因此,为了帮助各部门了解各自的预备工作是否符合总的计划,它们都应得知上述提到的大致状况,这样就方便了不少。

为了各部时常能顺应局势的发展,应任命一名高级官员,由他亲自监督该部主要负责的工作计划的准备工作。

9.保证整个方案制定完成,或保持制定完成的标准,这是第三个阶段的任务。开始可能会发现,有些事情的准备工作一直无法开展,是因为有些原则还没有确立。待我将总的计划制定好后,会亲自主持一连串会议,以便对总计划的各个部分进行审查。有些问题会阻碍预备工作的进展状况,我会请战时内阁对此做出定论。①

首相致内政大臣　　　　　　　　　　　　　　　　　1943年10月24日

希特勒全线溃败后,只要我们确实制定出一套关于粮食、工作和住房的计划,对于计划的改进就容易多了。

首相致霍利斯准将,转参谋长委员会　　　　　　　　1943年10月24日

这份看起来清晰易懂,又与美国人逻辑相同的文件,是政府给各位最高统帅下达的指令。不过,只向一位将军下达指令,让他攻打敌军,接着就看他打得怎么样,这样做是远远不够的。事情远没有这么简单,我们看到更多的情况是,该将军也许无法完成这项任务。在英国人看来,必要的监督和指导还是很有必要的,因此参谋人员和政府最高当局,在一定程度上应该给予监督和指导。

首相致海军大臣　　　　　　　　　　　　　　　　　1943年10月24日

我认为,没有权力将这40艘军舰从护航队和舰队驱逐舰中消除。如果你同

---

① 见第九章。——原注

意,这40艘军舰只被看作储备物资,暂不配备人员,遇到紧急情况才可以使用。

如果想把国家大部分战时力量用来实现如此庞大的新舰船制造计划,却不对自己的物资进行充分使用,那是行不通的。既然意大利舰队和德国海军已经全部被消灭,而且还有两年时间驱逐舰才能建造完成,因此,我们为何不考虑修理这些老的舰船,让它们为我所用呢。现在你们想要大量的航空母舰,却不把老的舰船进行修理,我为此感到担忧。未来的海军计划,不但由战时内阁进行严格审查,我也要严格把关。

首相致霍利斯准将 1943年10月27日

我想看看十字形防波堤的照片,弄明白它是如何达到预期效果的。为什么不使用橡皮防波堤呢?我感觉计划已完全改变。钢筋混凝土的防波堤与普通防波堤的不同之处在哪里?安装需要多长时间?需要多少船只运输?等等。一项有很大希望的计划没有实现,就是因为对人力和物力提出的需求太多导致,这样就太可惜了。

首相致兰开斯特公爵郡大臣 1943年10月27日

委任文官或准文官属非军事人员,对于授予他们高级军衔,或让他们穿着军装一事,我表示反对。除了便于执行公务,否则这么做显然没有必要。请就上述问题,询问安全事务处需依据哪些原则可以公布官员职务以及穿戴军装等方面的问题。请制定成简短的报告提交给我。

首相致霍利斯准将 1943年10月31日

为"霸王"作战计划聚集的英国部队目前有什么进展?请向我提交报告说明。除上述部队外,留在本国的部队情况如何?请另附一份报告。

11月

首相致帝国总参谋长 1943年11月1日

1.虽然我对其中的一些问题仍一知半解,但还是感谢你将情况告诉我。我一直在寻求一个标准，因此对于你提出我们应有一个"标准"的建议，我完全认同。有了"标准"，我们就有了一致的准则。不过"师"这个字完全不能使用，因为它没有共同标准可言。"师"可以指20000人的德国师，也可以指15000人的苏联师，又可以指42000人的英国师和美国师。

2.情报局对一个完整的英国师和一个完整的德国师做了最精确的分析，请将报告交给我，并说明一个英国师比一个德国师多出22000人，这些人的兵种是什么……①

3.就拿最近抵达意大利的英国第五步兵师来说，这个师只有18480人，还有23000多人去了什么地方？他们准备什么时候前往意大利？在这23000人中，肯定会参与作战的战斗部队的人数是多少？

4.关于意大利军和集团军的组成，能否再向我单独提交一份表格，并将大致给养人数附加在内。的确，这些大致人数不够确切，无法明确说明最近的情况，这我是非常了解的。

5.据说，波兰装甲师拥有至少400辆坦克，它既不属于第二十一集团军，也不属于本土野战军。它在英国远征军中，主要负责哪些任务？是否还有诸如此类的部队？所有的陆军坦克旅都安置到什么地方（据我最近收到的统计表显示，应有8个旅）？对于这些事情，我绝对有必要表明自己的观点。

6.我记得，一个德国师总共有20000人，而真正参与作战的有12000人。我们的一个师有42000人，参与战斗的有15000人或16000人。如果情况真是这样，则很容易让人悲观。因为德军的作战实力与我军不相上下，而且他们在远程行军时速度很快。不过，从另一方面来说，英国军和集团军可根据形势需要，给他们所指挥的部队以强有力的支持，这是因为他们拥有的炮兵、工兵和信号兵，比德军多得多。

7.面对我们不断增加的内勤和非战队人员的附属部队，我感觉形势紧迫。请将给养人数、营的数量、坦克数量还有大炮数量为我在报告中列出。为了开展"霸王"作战计划，就需要对后勤工作进行仔细分析，尤其是初始阶段。因为这种作战计划，船只要为每个人预留位置，还需在海滩给予给养。我希望这个问题能在国防

---

① 参阅10月11日致陆军大臣的备忘录——原注

委员会或参谋长会议中得到仔细研究，因此希望近期能安排好开会日期。

首相致海军大臣　　　　　　　　　　　　　　　　　1943年11月1日

　　1.在初始阶段，我的意见是，对你关于轻型输送舰的建议完全没有异议。我还希望在本周内找个机会和你、第一海务大臣还有军需署长对此进行探讨。我发现1945年和1946年不需要这么大量的输送舰。

　　2.但是，海军部提出，1944年总共需增加人数约36万，其中舰队增加288000人，造舰厂增加71000人。因为海军部提出这个要求时，我们正好缺少人力，又不得不大幅度减少全国各种作战活动，所以现在我们必须请求解决我们海军的整体人力问题。既然下令情况在近期已经出现，海军部到了1944年怎么可能需要的人力比1943年还多：

　　（1）在空军的大力协助下，我们已完全击败了德国潜艇；

　　（2）意大利舰队已投降；

　　（3）"黎歇留号"以及很多比它小一些的法国舰队已参加作战；

　　（4）美国在太平洋上安置的兵力是日本的两倍；

　　（5）今后多个月内，"提尔皮茨号"——敌人在西方的唯一主力舰，无法航行（除非德国的新航空母舰竣工）。

　　3.基于上述这些新的重大情况，今后会大大削减现有海军人员的数量，新的舰船建造完毕后，旧的舰船应立即退出战斗，并进行保养。内阁应该考虑，为让老舰船从现有战役中退出，推后或暂时停建已经投入建造但近期内无法完工的舰船，是否应该制定一项重大计划。所有这些情况可以说明，敌人的实力已经大大下降，盟国的实力已经大大提高，而你为何还要增加那么多的人力呢？当前情况紧急，有些舰船在对敌作战中不起作用，如果海军部仍然让它们参与作战，它就不能为国家更好地贡献自己的力量。

　　4.我想，要想让这40多艘驱逐舰退出战斗，最好的办法是将它们进行改装，然后全部进行保养，以推迟或暂停建造两年后就能完工的远航程驱逐舰。

　　5.你会留下哪些军舰参与1944年的作战，请列一张清单交给我。当我们与意德两国还处于敌对状态而这些军舰还属于敌国的时候（例如1941年1月1日），请将它们与我们现役军舰还有舰上人员数量做个比较。驱逐舰和小型舰艇分类列出，舰上人员只需列出总数。请列出1941年1月1日的数字、目前估算的数字，以及你提出的1945年1月1日的预测数字。请将出海的和未出海的分别列出，别忘了把海军航空兵部队计算在内。

6.我观察到，美国减少建造反潜艇舰船，是为了登陆舰的发展。到目前为止，只要造舰厂有一个船台空出来，我就督促他们毫不间断地制造反潜艇舰船。但是很多现象表明，敌人的生产下降，海军士气低落，反潜艇舰的数量越来越多，所以我们需要对这些情况进行全新的调查。

首相致飞机生产大臣   1943年11月6日

看到了你10月27日发来的备忘录，其中令我印象深刻的是耗费大量时间对大量作战飞机进行改进。我希望，飞机要优先改进最能提高其战斗价值的那些方面。

你在备忘录附表中提到一个事实——我们并没有研发真正的重型轰炸机，这让我感到不安。卫克氏"温莎"式轰炸机，虽然性能不错，但比起经过改进的"兰开斯特"式轰炸机（将于明年年底投入生产），规模上相差不了多少。同时，美国的"波音B29"式飞机，总重量为12万磅，据说可承载9吨炸弹，航程达3000英里，现在也已经投入生产。据我所知，他们还设计了一种"B36"式六引擎飞机，总重量大于25万磅，承重量超过30多吨，航程达4600英里。对于这种性能的飞机，我们是否也应该想办法制造？

首相致陆军大臣及帝国总参谋长   1943年11月6日

1.据我所知，在"霸王"作战计划爆发之前，按照计划美国会提供15个师，我们提供12个师。我对我们不能与美国提供同样多的师，或比他们多一个师表示遗憾，但这要归咎于我们对"师"字的理解不同。[①]我非常希望他们（美国人）知道，"你们有一个人上前线，我们就有一个人上前线，你们有一门炮，我们也有一门炮"，还要让他们知道，我们为此付出了更多的努力。这样，我们才能在一

[①] 参阅10月11日以及11月1日备忘录。——原注

些事关重大的作战行动中，保证我们的权利。

2.也许，我需要在本国的防守上冒些重大风险，才能达到上述目的。如果所有正规部队都被派到海外，我们在迫不得已的时候会对国民自卫军进行动员。至于因此导致军火产量下降，也只好随他去了。

3.因为我们的兵力在意大利战场上占有优势——我们曾提过这一点——所以能彻底解决近期意大利战役的争端。我们要派遣与美国相等的兵力，参与另一场至关重要的战斗任务才行。另外，如果我们宣称我们在派遣兵力方面有所增加（增多），我们就能毫无障碍地进行一切商谈，并且如果有任何需要，对方或许会同意将作战行动开展日期进行必要的推后。请你思考这一点后与我面谈。

首相致枢密院议长　　　　　　　　　　　　　　　　1943年11月11日

我认为，你应想办法从现有剩余粮食中再分配一些给养鸡户，因为他们的粮食不够，就用零碎的食物来代替。养鸡户和养鸡场分配到相同数量粮食的情况下，前者能生产出更多鸡蛋。养鸡比较轻松，而多生产的鸡蛋，也是养鸡户经营料理后应得的奖励。另外，还可以为他们的日常谈话增加话题，以便增加他们的兴趣。当前，每张配给证只能领取一份饲料，实在是微不足道。小家庭饲养的家禽不多，连他们搭建鸡窝的费用都挣不回来。在我看来，要想让更多人养鸡下蛋，供自己食用，就应该提高饲料供应量，这样，就节省了运输量和劳动力。

首相致教育大臣

1.9月16日，你在报告中提议利用电影开展教学，我对此表示感谢，因为我对此十分感兴趣。听说你亲自负责此事，我感到很欣慰。

2.如果教师只教授读书写字，而不辅以这种直观的教学方法，大多数儿童都无法得到发展，或得不到充分的发展。另外，能让所有儿童都受益的影片才是真正好的影片。摄制影片有这两大类：

（1）影片是对正规课程的协助和说明；

（2）现在的儿童是历史遗产的继承者，未来会成为历史遗产的守护者，因此影片应向儿童介绍我们辉煌的历史遗产。

3.关于这份教育提案,你在施政报告中提出的附加费用不是一笔小数目,因此,我无法在经济方面为你提供帮助。你应该将放映电影的费用与你计划中的其他各部分结合起来一起预算。据我所知,在德国,儿童家长会为租用影片和放映机承担费用。我不知道,你在提案中如何应用这种方法,如果不将电影作为正规课程的一部分,或是不需每个儿童观看的话,可能还好办些。但是如果儿童自愿观看某部电影,或许会同意以某种形式支付费用。请你研究解决此问题的具体办法。

首相致伊斯梅将军,转参谋长委员会　　　　　　　　1943年11月16日

基于某些情况比较严峻,因此我们在福克兰群岛上驻扎了强大兵力进行防守。在没得到上级批准之前,就削减了驻军的数量,我想知道这其中经过了怎样的事态变化。如果日本一艘巡洋舰驶来,将我们的岛屿和连人员都没有配备的新的防御工事都霸占了,这是多么可惜的事情。这种意外不一定会发生,但也不排除这种可能。那1500人属于哪个团的?你打算如何使用他们?

首相致第一海务大臣及伊斯梅将军,转参谋长委员会　　　1943年11月21日

1.现在,我将1月初进攻罗马,1月底进攻罗得岛视为重点思考的问题。前者已经准备妥当,后者还缺少两个必备条件,这两个条件是:第一,让土耳其加入战争,以便利用它的基地;第二,需要能运送一个师的登陆舰艇,这样可以使一个优秀的英国师率先登陆,接着第十印度师继续登陆以提供援助。这些师的行军路程不长,还需在主要据点上将8000名德军牢牢守住,因此只需配备部分车辆即可。所需登陆艇的数量是多少?这些登陆艇的来源在哪里?第一海务大臣的想法是,现在东南亚指挥部手中有一些登陆舰,可以先让他们到地中海去执行这个任务,然后再立即返回东南亚,加入(进攻苏门答腊的)"长炮"作战计划或这个地区的其他作战计划。

2.如果蒙巴顿海军上将的确不再参与"长炮"作战计划,就不用这么紧张了。与攻占罗得岛相比,攻占安达曼群岛显得不值得一提,到年底的任何时间去攻占它都可以。除了攻占罗得岛和其他任何岛屿外,我们还可以消灭八九千德军,或是令他们投降。到目前为止,这八九千人是我们在意大利战争中俘获(德

国）战俘的三倍。

12 月

首相致陆军大臣   1943 年 12 月 13 日

1.军事参议院于9月26日公布了关于不按规定戴军帽问题的第1408号指令，是我在中东时，经第四轻骑兵团提醒注意到的。该指令规定，皇家装甲部队各战斗单位"在穿着作战服和军装时均要佩戴黑色贝雷帽"，这种软帽是（第十一轻骑兵团除外）正式军帽，但是，军官如有军便帽的话，在需要更换其他型式的军帽之前，也可以佩戴。

2.第四轻骑兵团担心的是，如果战后的规定仍然未变，那他们就和坦克部队一样，只能佩戴黑色的贝雷帽。

3.如果我是第四轻骑兵团的团长，就会提出要求，向这个团保证这只是一种战时举措，等到供应充足，他们可以继续购买并使用军便帽。

4.我希望你能对此保证，请你提出想法。

1944 年 1 月

首相（在马拉喀什）致陆军大臣   1944 年 1 月 7 日

国民自卫军所承担的任务比任何其他民防组织的任务更加繁重，因此我们应想办法减轻他们的负担。他们每个月虽然有48小时的操练任务，但由于大部分人员都已经熟练，所以不该为了凑够任务，而强行让他们操练。国民防空自卫队只要值勤一晚，都按12小时计算，不管有没有警报。但是普通国民自卫军，被强制参加操练，而且三年以来，他们中的很多人都没有自己的私人时间，因为他们的操练时间都安排在晚上和周末。如果不参加，就要罚款或是被监禁，这种强制性手段常常为厂矿企业带来困扰。在战争的这段时间，关于减少国民自卫军值勤时间的规定，不应由一个单位的负责人员随意发布，而应该由官方宣布。应最大限度减少防守工作和紧张的操练。对于已经获得熟练队员勋章的人，只对武器的保养进行操练就可以了。

首相致海军大臣及第一海务大臣   1944年1月10日

无线电控制的近炸引信

1.到了今年春季，美国海军就可以得到大量的引信管，即使是4英寸口径的大炮也可以使用。这种装置使用方便，但是我们在整个战争时期都没有，你能满足我们的需求吗？我认为，这是个严重的问题，海军部应该想办法解决。

2.有没有可能请求美国分给我们一批信管？或者你认为我们还有更好的办法？

首相致伊斯梅将军，转参谋长委员会   1944年1月17日

1.这篇报告（联合情报参谋处关于日本在东南亚地区的企图的报告）上说，日本已经不准备向印度进攻。在未来几个月内，东方舰队即将成立，随着它的实力日益增长，任何一支日本所谓的值得派遣的分遣队都不是它的对手，因为日本海军已经将所有力量集中到太平洋，已经无暇顾及其他方面了。此外，印度的防空力量也不容小觑。

2.基于上述情况，我得出的结论是，大量印度的实力较弱的武装部队必须持续精简。排除驻印度及其边境的英国部队，领我们的军饷和物资供应的人员大约有200万名。应该为印度总督和奥金莱克将军下达指令，让他们在今年内至少精简50万人。削减工作主要以减少粮饷消耗为目的，但要特别注意的是，对于没有削减的部队要提高他们的质量，同时还要尽可能得到当地尚武部队的帮助。印度军队应尽力恢复到他们战前的高效和水准。各被解散营的军官和技术人员，应集中到这些营中充当军官骨干，尤其是白人军官骨干。各地招募新兵，即真正能用于战斗的新兵，应遵守严格的标准。

3.同时，我想知道开战以来印度军队（不包括英国军队）每年的开销，以及每年在人力方面的平均消费情况。请印度事务部向我提交一份财务报告。

首相致伊斯梅将军　　　　　　　　　　　　　　　　1944年1月19日

　　现在看来，我又该将以前曾向将领和高级司令官公布过的关于发表演说的通令，重新公布一次了。近期，将领们发表演说和接见到访者的次数好像很多，请将那份通令拿出来阅读一下。

首相致伊斯梅将军，转参谋长委员会　　　　　　　　1944年1月19日

　　我们驻意大利的空军拥有制空权，可以毫不费力地飞往达尔马提亚海岸，将它完全控制在自己的手中。我们在海军方面也很具优势，待安齐奥战役结束后，我们应该很容易就组建一支包括近2000名突击队员和十二三辆轻坦克在内的搜索队，搜索和肃清德军占领过的各个岛屿，将岛上的守军俘虏或消灭。我们应该考虑为此制定一项计划，然后再交给最高司令官审查。

　　请务必即刻开展这项工作。敌军既无制空权，也无制海权，却能随意阻隔我们与达尔马提亚海岸的联系。如果我们集中火力进攻，他们是否还能守住这些岛屿？

首相致自治领事务大臣　　　　　　　　　　　　　　1944年1月23日

　　一直以来，我之所以希望新西兰师参与罗马战役，不是因为我们缺少其他部队，主要因为我们想将他们作为一种象征。他们现在很可能会参加战斗吧，如果退出欧洲战场，那就太可惜了。

　　即便这个师的人数减少到一个旅般大小，我也无所谓。即便如此，它可以称作师，或者将其他旅并到其中也可以。我希望他们参加这次作战，以后，他们也会为自己参战感到荣耀。

　　弗雷泽先生无须为了个别人回国感到为难，这是我不愿看到的。

首相致伊斯梅将军　　　　　　　　　　　　　　　　1944年1月25日

　　蒙哥马利将军说，现在七个突击队可供他用于"霸王"作战计划，但他需要的是十个。请告诉我，他的要求能否得到满足？我不准备将第二特别空军团调回，但同意调回某些专门人员担任教练，对于这件事，你们做了哪些工作？

首相致伊斯梅将军，转参谋长委员会　　　　　　　　1944年1月25日

刚才，我阅读了《英国在中东各国的战略需求》这篇文章。可能参谋长委员会认为，分治（巴基斯坦）将会激起犹太人的愤怒，但与实际情况相反的是，政府报告中的政策才是激起犹太人愤怒的真凶。阿拉伯人反对分治，于是犹太人开始对他们的一切暴力行动进行反抗。如果随其自然，阿拉伯人会被犹太人打败——这是韦维尔勋爵说过的话，我们应该记住。因此，不管怎样，对于表格中列出的关于保持内部安全的必要条件，我不能认同，因为这些条件，是在假设了犹太人和阿拉伯人联合起来对付我们的情形后，制定出来的。如果我们与犹太人联合起来，按照内阁报告中关于分治的提案，采取一致行动，应该不会冒太大的风险。当然，犹太人如果对任何分治计划表示不满，我们是不会执行的。

首相致自治领事务大臣　　　　　　　　　　　　　　1944年1月25日

在我看来，希特勒虽然有可能在法国获得成功，但是他在1944年以溃败为假设来制定计划，是非常愚蠢的。敌人的预备部队可以在很短的时间内从一个根据地调到另一个根据地，因此战争有很大风险。我收到一份情报，来自德国内地，上边表明，整个德国仍然控制在希特勒和他的政府手中，德国在遭受轰炸后，仍然没有兵变的迹象。通过与德国部队的接触，我们可以清楚地了解他们的实力、纪律与战斗力。[①]

首相致陆军大臣及帝国总参谋长　　　　　　　　　　1944年1月25日

1.对于"盟军中地中海军事力量"这个名称，我不同意使用。在未与我商量之前，你们不应该公布这个名称。

2.这个军队由20个师组成，不该被称作"军事力量"，而且它活动的区域也不完全算作中地中海。打个比方，马耳他岛和突尼斯属于地中海区域，科西嘉岛和撒丁岛包含在这个区域内。另外，南斯拉夫是专门为最高统帅保留的地方，它并没有被划分到亚历山大将军（除非以纯粹作战为目的）管辖范围。因此，种种

---

① 参阅519—520页。——原注

原因证明这个名称不可用。

3.根据上次大战的先例，亚历山大将军被任命并接受了"驻意大利盟军司令"的头衔。那时"英国远征军"因人数增加被命名为"驻法国和佛兰德的英国军队"，因此亚历山大的头衔也被更改。这次，待到时机合适，也就是罗马战役已成定局，并获得令人满意的结果后，也应该为他更换头衔。

首相致蒙哥马利将军　　　　　　　　　　　　　　　　　1944年1月27日

1.生产大臣对双层甲板坦克的暂时性答复是什么，请向我提交。这种坦克看起来还不错。

2.我还希望很快看到一份关于防水材料的报告。一个军队包含30个师，而这30个师以每师两万人来算，一共才60万人，其中参与实际作战的不到四分之三，却要配备20万辆车辆，好像过于庞大了。一辆车最少需要一个半的人力来驾驶和看管，这就需要30万人，还有人担心车辆被敌人霸占，还希望配备充足的步兵，携带步枪和刺刀来保护这些庞大的车辆。

首相致霍利斯少将　　　　　　　　　　　　　　　　　　1944年1月28日

将地中海区域的重要司令部设在意大利并不合适。不该将威尔逊将军限定在某个特定区域内，因为整个北非战线都在他的管辖之内。亚历山大将军也不应该因最高统帅的司令部设在意大利而受影响，因为意大利战场的指挥权在他手中。我认为，人们并没有必须将（这些司令部）迁到突尼斯地区的想法。适不适合迁往马耳他岛？如果其他地方都不合适，就将驻扎在阿尔及尔的过多的军官精简一部分，然后就继续以该地为司令部。

首相致内政大臣　　　　　　　　　　　　　　　　　　　1944年1月30日

你在1月24日的备忘录中记录的在政府机密工作中任用了共产党员的问题，我已查阅。

对设立陪审团一事采取保密措施，我赞同这么做，而且还要对所有陪审员进行嘱咐。是否对任用共产党的人有所行动，要由他所在的部做决定，而这个部的部长又负责议会工作。

就这件事情来说，责任分为三种不同的程度。

陪审团收到的证据，应由提交证据的军事情报局第五处负责；审查证据并决定是否联系相关部门由陪审团负责；而在必要时，采取何种行动，则由这个部门负责。

我同意将一名熟悉人事问题的财政部高级代表纳入陪审团中，但如果陪审团不同意接受涉事部门派出的代表，不应该强行让他们同意。在陪审团受理这一案件之前，这名犯罪嫌疑人所在部门代表，不应该去了解起诉的情况。陪审团主席在权力范围内，可允许一名相关部门的代表加入。

首相致外交大臣   1944年1月30日

欧文·奥马利爵士对调查卡廷森林有什么意见？我想应向他秘密询问。这种新的说法是否能和桦树在坟墓上的生长时间所做的辩解相吻合？有人对那些桦树进行调查吗？

首相致海军大臣及第一海务大臣   1944年1月31日

1.海军部即将制定舰艇制造计划，并将四艘经过改进的快速运输舰包括在内。我同意这个做法，但我认为，应该先提前很长时间，将两艘修建完工，另外两艘就可以更好地参考前两艘修建过程中的改动。此外，我想在战争期间还未开始建造就已获议会批准的"雄狮号"、"冲锋号"、"征服者号"及"雷神号"等四艘战列舰，也应被纳为海军舰艇制造计划中，但须说明，只进行设计工作。到1945年夏季，想办法将"先锋号"建造完成，其中有哪些困难，请告知。

2.目前，你们提出的战列舰订货量，我不确定是否比我们在战争期间的产量要多得多。1943年，你们预定的舰船总承重量为808000吨，其中只有402000吨建造完成，337000吨竣工，这样一来，仅将去年的预订量制造出来就需要两年零三个月。迄今为止，我们一年最少要完成两个造舰计划，而我们的舰船制造速度要大大超越1943年，否则你们远远无法完成，或是无法消化你们身上担负的，已经获批的大量的造舰量。如果让喜欢评头论足的人了解到这种情况，就会对海军不利。毫无疑问，以上情况还会令整个新的舰艇制造计划受到影响。我的意见是，如果有些舰船会影响订单中类似舰船的竣工，或者说在1944年还不能开工，就不必列入造舰计划中。

3. 我们经常讨论到1945年与日本作战的时候，用哪些主力舰队。我认为我们应该用到八艘战列舰，分别是四艘"英王乔治五世号"级战列舰、"声威号"、"纳尔逊号"、"伊丽莎白女王号"和"沃斯派特号"，调动所有能调动的装甲航空母舰和辅助运输舰，巡洋舰和小型舰队根据情况予以援助。你应该制定一份逐步发展辅助舰队①的计划。到了秋季，我希望"先锋号"可以成为主力舰队中的一员。此外，意大利的"利特里奥"式军舰在改装后也可用于此次战斗，请予以考虑。请将需要的时间、人力还有资金告诉我。

4. 到了1944年6月，只要美国有需要分舰队，我们就会同意将你们已经准备好的分舰队交给他们。但重要的是，我们不能给（苏门答腊的）"长炮"作战计划带来影响，因为在1944年到1945年之间，我们仅能借此机会使大部分在孟加拉湾一带的陆、空部队对敌展开有效的行动，我们必须要注意这一点。如果"长炮"作战计划没有其他困难，又不会发生意外状况，我们在孟加拉湾与太平洋之间部署舰队的时候，一定要以执行"长炮"作战计划为目标。

5. 为了满足11月或12月执行的"长炮"作战计划的需求，我们需要一定数量的登陆艇，因此还需向美国参谋长联席会议提出借调申请。他们可能不会拒绝我们，因为我们曾派舰队支援他们。不过，要等蒙巴顿海军上将派出的军官来到这里，我们再对这件事进行探讨。

6. 经过战争幸存下来的四艘"英王乔治五世号"级战列舰，一艘现代化的"纳尔逊号"、"先锋号"、四艘装有16英寸口径大炮的战列舰（这四艘战列舰将列入我们的造舰计划中，只要有机会便开始建造），此外我们还要申请两艘"利特里奥"式战舰——我们要争取用这大约12艘战列舰组建战后舰队，不过也取决于这些战列舰是否因为发明的日新月异而变得破旧。当然，目前的情况还很乐观，而潜艇对战列舰造成的危险，大多数已被排解，飞机对战列舰的威胁，也比以前任何时候都得到更好的控制。我们在地中海做出较大的贡献，并且我们

---

① 为舰队供应燃料、物资等的机构。——原注

加入紧张的战争，都牺牲了建造新的重型舰船的时间，因此我确信，我们绝对有理由获得"利特里奥"式军舰。便于我们对整个问题进行更深入的探讨，我希望你们根据上述规模，拟定出我们战后舰队的大致情况，就像1947年的大致情况那样。

7. 至于"霸王"战役中的炮轰舰队，我同意让"沃斯派特号"与"罗德尼号"加入。另外，你们还有哪些舰船可以调来加入炮轰舰队？我想，你们可能正在为提供舰上炮手、最新的训练方式以及落弹观察员想办法吧，而且我想，你们无论是对付人，还是用于轰炸混凝土防御工事，都应该有足够的军火。只要有空军掩护，炮轰舰队应该能充分发挥作用。

8. 关于你们在人力使用上的建议，日后我会提出。我认为，（当前）你们那儿的人力最少有10万，除了流动人员，剩余的人分别分布于训练机构、港口、基地。未来两年内，你们先从这些人员中抽调一批，这就需要大幅度精简训练机构和工厂人员，然后再从我们为数不多的人力储备中抽调。

2月

首相致伊斯梅将军，转参谋长委员会　　　　　　　　1944年2月2日

1. 每当一次大规模的进攻爆发时，战线上未受影响的地方就因准备不足而显得平静，这是我的经验之谈。人们只关注战争本身，有时只用不多的代价，或是毫无代价，就可以在其他地方获得非常巨大的收获。

2. 请在严格保密的情况下进行研究：

（1）以当地局势混乱为借口，在3、4、5三个月中，将英国第一、第六装甲师还有南非第六装甲师调到摩洛哥。在没其他借口的情况下，也可以以"霸王"作战计划增援为由。

（2）"进攻起始日"之后的第二十或第三十天，全部军队出动后，先用奇袭攻占波尔多，然后用不了多少登陆艇，就能将这些师送到该地。由于敌人的空军已经被引到北部，这些应该不难做到。等这样一支部队到了法国中部或南部，他们的行动会立即激起大众起义，这会为主要战斗带来不可限量的优势。

3.此外，这几个师是否能通过陆地暗中运送到摩洛哥，然后再极为秘密地登船，通过一个极大的弧形航线（海路），达到进攻地点。

4.执行"铁砧"作战计划时，不需要这些部队的参与，因此，上述行动不会对"铁砧"作战计划造成影响。

5.如果这个计划（可称为"哈利发"作战计划）取得成功，美国就可以派步兵师横渡大西洋，直接在新的基地登岸。

6.以上情况引发了几个问题：三个装甲师需要多少舰船承载？如果运送5000名突击队员到波尔多（无疑，准备让这些师团从正式码头登岸），需要登陆舰的数量是多少？所需的舰船从哪里获取，如何将他们秘密开往卡萨布兰卡？如果登船、航行都很顺利，加上登陆共需要多长时间？我们可能需要一支航空母舰舰队来保护登陆，但如果我们在北部的海岸基地已经建立起来，这件事应该很容易办到。我们让别处的大好时机白白溜走，而总是循规蹈矩地盯死一个地方，真一点也不明智。

首相致自治领事务大臣　　　　　　　　　　　　　　　1944年2月2日

1.在必要的前提下，我可以就轴心国外交使团驻在都柏林一事召开一次内阁特别会议，并将此事进行讨论。

2.英美运兵船队的行动被泄露虽然有危险，但它的危险程度却不及我们为"霸王"作战计划做的准备工作从某种渠道泄露出去。从军事上来看，如果德国和日本公使继续驻扎在都柏林，那么最近几个月内，我们也许需要阻断爱尔兰和欧洲大陆之间的所有联系。不过现在，只要有人乘坐爱尔兰开往西班牙的船只，且听说了英美最近的准备情况，都能泄露出去。即使海路完全被切断后，德国大使只能发送最后一次电报，但我们仍然无法阻止他们通过无线电，将关于我们行动日期的预测发送出去。

3.我认为有些非常严重的危险，一定要引起罗斯福的注意，因此正打算向他发送电报。此外，我还想通过他让参谋长联席会议考虑这件事。

首相致外交大臣　　　　　　　　　　　　　　1944年2月5日

关于你提议将某些公使馆升级为大使馆的备忘录，我已阅读。

古巴具有"安的列斯群岛中的明珠"之称，它广阔、富饶、美丽，又是出产烟草的岛国。如果其他地方的公使馆已经升级，却不让这个地方的公使馆升级，那就对它太不尊重了，它应该与其他地方一样，也应拥有此权利。相比委内瑞拉，古巴更具有资格，如果对它不管不问，不但会与它结下深仇大恨，而且过段时间后，在迫不得已的情况下，还是得让它享受其他国家的相同待遇。

首相致伊斯梅将军　　　　　　　　　　　　　1944年2月7日

"哈利发"作战计划报告有何进展？如果计划人员还没有写完，请你告诉他们，为配合英国装甲部队在"哈利发"的登陆①，我们打算最少在摩洛哥的集合区内，汇集三个法国师。

首相致爱德华·布里奇斯爵士　　　　　　　　1944年2月12日

我不准备从内阁作战室中迁出来，因为我们不可能遭受到与以往完全不同的闪电式轰炸。况且我认为新的轰炸没有什么不同之处。你可以给掌玺大臣安排其他住处，其他大臣还住原处。

首相致爱德华·布里奇斯爵士　　　　　　　　1944年2月19日

塞尔伯恩勋爵在来信中说明了战后过渡时期住房问题的原则，我认为是不可行的。不考虑货币价值的变化，就将土地价格制定得高于1939年的标准，这就与为某一阶级颁布的财产没收法令没什么区别。必须在颁布法令时加上一条：价值应与1939年相当，也就是说，实际价值相同。

首相致伊斯梅将军，转参谋长委员会　　　　　1944年2月19日

1.到了雪季，依靠飞机运输过来的小型坦克在挪威作战，是"耕作部队"的

---

① 参阅2月2日致伊斯梅的备忘录。——原注

任务。有了空运的坦克，士兵在作战时可以移动，从某种程度上来说还能遮风挡雪。后来，"耕作部队"就被看作为执行普通任务的突击队了。空运坦克的办法进展到哪种程度？有多少个"耕作部队"？当前，"耕作部队"在意大利的驻扎地是哪里？它在任务执行方面有何进展？

2.就我个人而言，这次战争完全放弃了"朱庇特"作战计划，是很愚蠢的行为。当然，到1943年，我们本应该解放挪威，但是那时，我们很难在战略上得到美国盟军的认同，或是很难得到国内的必要支持。假设我们在执行"霸王"作战计划中遇到困难，或是希特勒在"霸王"前线上聚集了大量兵力——我们不排除发生这些意外的可能。在1944年到1945年冬季，我们可能需要在挪威、土耳其和爱琴海从侧面发动进攻，因此我不愿意解散这支部队。另外，这支部队还可以用于巴尔干半岛，或是用来将德国驻达尔马提亚海岸以外岛屿上守军消灭。

3.请就上述观点提出你的见解。

首相致内政大臣　　　　　　　　　　　　　　　　　　1944年2月22日

为"霸王"作战计划设定一个国家祈祷日是完全错误的。我认为，目前专门规定一个祈祷或感恩的日子是没有必要的。

首相致外交大臣　　　　　　　　　　　　　　　　　　1944年2月25日

1.我们要向我们的敌对国家"进攻"（invade）。

2.我们要"进驻"（enter）并"解放"那些被敌人占领的盟国国土。

3.我们已经同诸如意大利这样的国家政府签署了停战协定，我们最早是"进攻"（invaded），但是后来由于意大利与我们有了合作关系，我们对意大利采取的进一步行动就具有"解放"（liberation）的性质了。

首相致外交大臣　　　　　　　　　　　　　　　　　　1944年2月27日

1.民间向美军索求的限额5000美元以上的赔偿金，根据宪法规定，美国方面显然无法支付，因此我们完全同意立即支付这笔赔偿金。

2.我需要同艾森豪威尔将军进行一次交流，以解决开车莽撞带来的诸多麻烦。不管怎样，我都该先向他说一说这个问题，我确信，只要向他说明，他一定会利用职权进行管制。

3.我们没必要在议会上说那么多的废话，因为这样做就会令美国人不满，况且我认为，这件事并未让你在下议院的压力剧增。你向下议院提交报告时就说，在英王陛下政府与美国政府深入协商之前，我们将支付5000美元以上的赔偿金。同时，我会让艾森豪威尔严加管制，希望有不错的效果。

首相致伊斯梅将军及派尔将军　　　　　　　　　　　1944年2月28日

毫无疑问，德国最新研制出的炸弹已经有了很强的爆炸力，在此情形下（当然在普通情形下也是如此），不用值勤的防空人员遇到敌机空袭时，是否应该有掩蔽壕，以及防爆炸气浪和弹片的掩体做保护？因为敌人有了"窗户"装置，每次空袭的时间不会很长，所以没有任务的防空人员，遇到空袭时应听从命令使用掩蔽壕。在材料充足的条件下，大部分掩蔽壕可以由高射炮队亲自修建。如果需要外部支援，就尽量在最不隐蔽的地方优先修建掩蔽壕。

3月

首相致飞机生产大臣　　　　　　　　　　　　　　　1944年3月1日

我对你在2月份超额完成任务，使飞机产量达标表示祝贺。请代我向所有完成任务或超额完成任务的人员表达我最真挚的感谢。

首相致罗斯福总统　　　　　　　　　　　　　　　　1944年3月2日

我提议将下列内容（假如关于1944年2月船舶损失报告中的数字，在今后没有大幅度增加的话，就照此办理）加入你就反潜艇战制定的月报中：

"自美国参战以来，1944年2月是成绩最突出的一个月。在2月间，盟军船只损失的总数还不及1943年2月损失数量的五分之一，不及1942年2月损失数量的九分之一。"

1944年2月，70000吨；1943年2月，378000吨；1942年2月，659500吨——

这是英国方面记录的数据。大量的德国潜艇也被我们摧毁。

首相致国内安全大臣   1944年3月2日

很感谢你对民间防毒面具进行的分析调查。我知道有约十分之九的人已经有防毒面具可用。当前，我们向德国投了相当于投向我们自己的30倍吨数的炸弹，此时，备好这些面具，才能有效保护我们在敌人发动毒气战时的安全。

首相致艾伦·拉塞尔斯爵士   1944年3月4日

内政大臣为"霸王"作战计划设定全国祈祷日的备忘录，你应该看一看。在我看来，这样做最为危险的是人们会关注即将发动的战争，因为人们都不知道到底什么时候会发动。我们要避免使我们的部队士气低落，这一点必须特别注意。①

首相致飞机生产大臣   1944年3月5日

我听说，现在美国制造的飞机不刷油漆，这种飞机不但省时省材料，而且其中一些型式的飞机一小时还能提高20英里的速度。请告知，这种方法是否适用于英国飞机。

首相致军需大臣   1944年3月7日

在阿默舍姆和阿克斯布里奇之间有一条大道，在大道旁边有个叫查尔方特圣贾尔斯的地方，那里有一个垃圾堆或废品站，三年来，一直有人在那里工作。每次我去契克斯时都经过那里。现在那些罐头瓶子或是金属物品有没有从那个堆积多年的垃圾堆中回收，或还是在垃圾堆中扔着？是正在挑选还是刚将他们找出来？我经过时看得不是很清楚。我只知道这件工作一直在做，就是进度太慢。

首相致波特尔勋爵   1944年3月7日

在外交部的楼下、圣詹姆士公园的湖对面的草地上，有一个破烂不堪的口袋，破口已漏出了沙子；还有一个过去当地国民自卫军在这儿操练时，用沙袋堆

---

① 参阅2月22日的备忘录。——原注

积的街垒和其他障碍物。这是一个练兵场，不过已经很久没人用了。这个地方很显眼，不应该弄得乱七八糟。除非这样做真有需要，否则应想办法解决。

首相致财政大臣、海军大臣、陆军大臣及空军大臣   1944年3月7日

听说你们正在想最适当的办法，为三军士兵增加一点经济补助。虽然我在基本军饷的变动上还是保留我的意见，但是现在的确应该给我们自己的军队一些补助，因为战争开展的时间已经不短了，况且很多美国军事人员来到我们这里，都享受着不错的待遇。虽然我还没有对这个问题进行仔细研究，但是我想，每年增加两千万镑的经费用于发放补助，应该还算合理。另外，已婚且收入最低的人员应该受到特别照顾。请你们在制定提案时，将以上意见考虑其中，待提案拟定出来后交由我审批。

首相致陆军大臣（请军事运输大臣一阅）   1944年3月8日

那些车辆装备齐全，我们无法用船只把它们运输出去，当然敌前登录的情况除外。

据我所知，到了12月31日，会有20万辆各种形式的军用车辆汇聚在地中海战区，到了1月份又有大约1000辆从联合王国和北美运来。据11月到12月的耗损情况看，运去的这些车辆是否能用四个月？

在今后的三四个月中，这个战区的车辆已经很多，而且舱位还要满足其他方面的紧急需求，可否先暂停向那里运送车辆？

首相致罗斯福总统   1944年3月9日

关于英国在美国的黄金和美元储备问题。

1.我们曾于12月8日在开罗讨论过美元收支情况，我还给哈里·霍普金斯一份备忘录，这你应该没忘记。在这个问题上，你认为我们受到的待遇应该和法国和苏联相当，我的确是这样理解的。法国的储备至少有20亿，而且也没有海外债务与之相抵；苏联也一样。你在电报中说，这些美元结余是我们存在美国的一份特别资产，然而实际上，它却是我们的全部储备。在账面上，与这笔储备相抵消

的是，我们为共同事业欠下的不少于100亿美元的债务。

2.1月8日，也就是我们商谈之后，哈里法克斯勋爵同赫尔先生和摩根索先生进行了会谈，他们就你在电报中第一段提到的需要的答复的问题进行了探讨。摩根先生向哈里法克斯勋爵说，当前不准备用任何其他方式减少英国的美元结余。哈里法克斯勋爵向我汇报后，因为我们相信摩根先生对哈里法克斯勋爵做出的保证，所以我们将一些在政治上难以达成的项目，从租借物资中划掉。

3.可以说，美元结余是我们仅有的流动性储存基金，你们建议将它减少到10亿，这不仅违背了盟国间的平等原则，还不符合平等承担损失或提供资源的理念。为了这场战争，我们几乎把我们在国外可以变卖的资产全部用尽，说明我们并没有逃避责任或贪图享乐。在同盟国当中，只有我们一个国家会在战争结束时欠下大笔的外债。这最后一笔流动储备金是留作应急的，如果将它花掉，我真不敢想象后果。这个时候，正是英国人和美国人共同在战场上挥洒热血的时候，只要将战争缩短一个月，就会节约下比这笔储备金还要多的军费，如果此时在议会中提出这个问题，我担心会引发大众的不满情绪。

4.我坚信你的正义感，以及美国人民的正义感，为了让你对我们的情况有所了解，因此我鲁莽地向你提出了这些观点。

5.请继续看我发来的下一封电报。

首相致罗斯福总统　　　　　　　　　　　　　　　　　1944年3月9日

1.接前电。现在你已经了解了我们美元收支的全部情况。不过我一直认为，你的意思也许是让我们寻找一些安置方法，以便我们美元收支的一部分不会引人关注。如果真是如此，那么待你同意之后，等斯退丁纽斯来了，我与他进行详细探讨。

2.我们看到你的电报后才知道，就在3月8日，克劳利先生已经同意向美国国会就我国现在和战争开始时美元的收支情况进行汇报。这是十分危险的事情，如果事情的起因经过能讲清楚，我确信能表明我们正确的立场。但是如果把事情弄得人人皆知，当然，我们就必须要当众重新声明我们自己的正确态度。如果泄露了我们对除美国之外其他国家的巨额负债，必然会大大影响英镑的地位，从而使盟国在同一时期的实力受到牵连。所以我们要求你们不要对外公布这个数字，如果一定要公布，也要严格保密，并让听到这些情况的人弄清问题的本质。

首相致军需大臣   1944年3月9日

请告诉我，我们的新杀虫剂滴滴涕的产量有多少，是否充足，因为据说它的供应很紧张，需求量日益增大。如果不够用，就想办法扩大生产量或提高速度，最重要的是尽快大幅度增加供应量，特别是对东南亚指挥部。请想办法大幅度提高滴滴涕的生产量。

首相致罗斯福总统   1944年3月10日

哈里·霍普金斯术后身体怎么样？今天我派信使送上我为他已经牺牲的儿子写下的碑文，请带我转交到他休养的地方。

首相致吉罗将军（在阿尔及尔）   1944年3月10日

你的女儿在突尼斯遭遇逮捕，并同她的四个孩子一起被俘虏到德国，我对她的离世表示最深切的慰问。

首相致达夫·库珀（在阿尔及尔）   1944年3月10日

我十分赞成勒克莱尔将军带领的师团同我们一起参与这里的主要战斗。我与艾森豪威尔进行了交流，他也在言语中表达了此观点，因此你可以私底下告诉戴高乐将军了。为了这件事，我正在想办法解决运输方面的难题，我相信这些问题可以迎刃而解。

首相致海军大臣及第一海务大臣   1944年3月11日

当前我们俘获的德国潜艇其特征和技能是什么？请将它们与战中其他重要时期俘获的德国潜艇做一个比较，并向我移交简短报告。

首相致外交大臣　　　　　　　　　　　　　　　　1944年3月11日

　　我认为，将马利特在此重要时期调离斯德哥尔摩是件可惜的事情，因为马利特在这个岗位上积累了大量的专业知识，并且又有需要执行的具体任务，如果只是按照军队一贯的升级程序，就将他从现有职务或所属司令部调离出去，我是不会同意的。在战争时期，个人事业要以国家利益为标准。一位大使要有足够的时间，才能扎根此地。第一年，他可能什么都不了解，第二年在工作上有了起色，第三年又要调走了。斯德哥尔摩的局面比较复杂，因此马利特一定要留在那儿。最后，我最希望瑞典能加入战争，我想这不是没有可能。

首相致帝国总参谋长　　　　　　　　　　　　　　　1944年3月13日

　　三十个人在激烈的军事演习中死亡①，这究竟怎么回事？这些军队从哪儿派出来的？共有多少人参加演习？这些军队应用于参加一些地方的战斗，而不是死于演习。

首相致枢密院议长、卫生大臣、工程与建筑大臣　　　1944年3月14日

　　昨天我听比德尔·史密斯将军说，美国军官在英国期间租住的平房和小型住宅，价格太贵。他说，一所中等大小的平房，每周租金为28镑，他住的一所小型住宅，每周租金要35镑，就像敲诈一样。美国人应该并且也愿意为他们的住处付出代价，但是要公平合理，如果借此敲诈或谋取暴利，在我看来这是绝不允许的。

　　我不知道此事由谁负责，但希望你们了解一下，并让我知道：第一，真实情况怎样；第二，有什么办法可以改进。

首相致空军参谋长及伊斯梅将军　　　　　　　　　　1944年3月18日

　　对于轰炸罗马火车货运聚集场一事，我十分理解，但对于低空机枪扫射意大利街道上的普通民众，这种罪行不应该是英国飞行员干的。我想知道这个命令是由驻意空军的哪一部分发出的？请就此事向我提交专门的报告。

---

　　①　在外约旦举行的一些军事演习。——原注

首相致罗斯福总统　　　　　　　　　　1944年3月19日

1.在爱尔兰，我们一直遵循格雷①的行事风格。如果一位医生给他患有神经系统疾病的病人开的药只是带颜色的水，而他又告诉了他的病人，那这个医生就是愚蠢的，因此现在还不到时候向德·瓦莱拉提出保证，我想最好还是先让他们去猜测吧。

2.我的确准备在"霸王"战役爆发之前，禁止船只从爱尔兰开往西班牙、葡萄牙和其他外国港口，但是我并不准备妨碍英国与爱尔兰之间的必要交易，也不会禁止向爱尔兰运送物资。我们知道船只离开港口时朝着某个方向行驶，但是在途中可以改变方向，但拦截船只并没有什么困难。我们要尽全力拦截飞往海外的飞机，因为这些飞机同样适用于上述措施。我们并非因为不喜欢爱尔兰人才采取这些措施，我们的目的只是想避免驻都柏林的德国公使通过海路或空路派遣密使泄露我们的计划，以便保护英国和美国士兵的生命安全。从1943年初以来，从爱尔兰港口驶出的19艘船只总共只有几次航行，因此我们的措施不会造成多大影响。此外，我们还要用切断电话线路的方式将通讯往来严格限制起来，还要禁止英国和爱尔兰之间的空运。我再申明一遍，我们的所作所为绝无恶意，只出于自我保护。

3.不过，如果爱尔兰人干出伤害别人又对自己不利的事情对我们打击报复，如停止提供福恩斯航空港的使用，那么我想作为回报，我就可以禁止他们渡过英吉利海峡的贸易。他们可能又在搞什么新花样，我们应该考虑从经济方面给予他们打击。在采取措施之前，我会告诉你的。

4.我想，我们先不要减轻德·瓦莱拉这帮人的恐慌，反而应该利用他们的恐慌心理创造有利形势。在这种形势的作用下，我们就可以在背后持续向爱尔兰施压，防止机密的泄露。到现在为止，我们的机密还没有流传出去。

5.赫尔先生曾在电文中说："不过，在我看来，至少现在还不到我们向报界发表声明，或向爱尔兰政府担保我们的目的并非实施经济制裁的时候。"根据这些我推测出，议会应该会赞同上述意见。我希望你也这样认为。

---

①　美国驻都柏林的代表。——原注

首相致伊斯梅将军，转参谋长委员会　　　　　　　1944年3月19日

　　事实上，战场上的参谋长和总司令并没有多大区别，两人都在办公室工作，都要按时到前线视察，都经常受到敌人空袭的威胁，他们只是从表面上看起来不同罢了。当然，在很多场合下，集团军群的司令官，甚至是集团军的司令官与他们两人的情况也有类似，但是在运用军事艺术方面，现在的条件与过去的条件基本上是不同的。因此，马歇尔将军接受苏联的勋章是合情合理的。①

首相致海军大臣及第一海务大臣　　　　　　　　　1944年3月19日

　　这场灾难太严重。被淹死的1055人是什么人？是派出去的军队，还是运回来的军队？英国人还是美国人？有这样的护航队护送，为什么不多救些人出来？

首相致陆军情报局局长　　　　　　　　　　　　　1944年3月19日

　　你在这里应该用"intense"（热烈的）才正确，而不该用"intensive"（强烈的）这个字。关于这两个字的用法，福勒著的《现代英语用法》一书中有讲解，你应该看一看。

首相致外交大臣　　　　　　　　　　　　　　　　1944年3月19日

　　我听说你准备调动两位大使。我认为，在战争时期，将一个工作能力出众、知识积累丰富的人调到一个陌生的环境中，让他一切从头开始，这种做法是非常不明智的。的确，我们现在所处的时期，堪称我们生平或历史上的重要时期。在这紧急时期，我们应该以为大众最大奉献自己为目的。

　　那些有所成就的伟大的大使，都是在这个岗位上任职多年的人，这样的例子数不胜数。麦斯基在美国已经待了10年左右；德·斯塔埃尔先生的名字在英国广为传颂，我在童年时期便知道；我想（葡萄牙大使）佐韦拉尔出使英国的时间，

---

　　① 在一支护航队的掩护下，英国运输舰"赫迪夫·伊斯梅尔号"从东非开往锡兰。在2月12日，一艘日本潜艇用鱼雷在阿杜岛附近将这只运输舰击中，只用两分钟就沉入大海。这艘运输舰共载客1947人，包括英国、美国和非洲的部分成员，还有女性服务员。不久，该潜艇被英国驱逐舰击沉。

大概也有15年或更长时间。

外交部不同意让一名大使长期驻一个地方，但这种"布金斯的轮流制"原则对该部门的影响实在太大。我们需要派一位能力很强的外交官驻意大利，因此同意你将诺埃尔·查尔斯从里约热内卢调走，不过听你说，巴西方面对这次变动感到很不满。当然，我不希望大使的职位因为这次变动就成为一种"普通职位"，或是让每个大使都处于完全陌生的环境中，如果是这样，我也会对这种做法深感不满的。凭经验而论，我认为大使在没有触犯相关工作原则或是违背政府政策的情况下，在一个地方的任期应为6年，绝不能提早将他们召回。

首相致下院领袖及陆军大臣   1944年3月29日

我的意见是，在制定陆军年度议案的同时，应对我们的现行办法做出修正，内容如下：

1.应明确规定，为使各种军阶的现役官兵有机会被提名为选取候选人，不管候补还是大选，都应该享有各种合理的便利条件。

2.现役官兵（议员除外），无论属于哪个党派，均有参加集会的权利，但却不得参加政治示威活动或政治运动，并且在服役期间，也不能登台演讲。

3.军人候选人如果参加补选，请假日期应从发表竞选演说当天或正式开始其他竞选活动当天开始，直到选举结果出来为止。随后，他可以行使其作为议员的权利。

4.正规军官不得作为候选人到选区竞选。今后他们的服役日期应该延长到战争结束，在此之前，正规军官与"只在战时服役"人员的待遇是相同的。

5.在部队服役的议员，不但可以在自己的选区发表演说，还可以在任何选区发表。对于此问题，请你们进行讨论，待与海军部、空军部一同商量后再下定论，这两个部也必须照此执行。

4月

首相致石油大臣杰弗里·劳埃德先生   1944年4月1日

我听说，你们于3月18日在菲斯克汤使用驱雾装置，获得了成功，使能见距离从200码增加到1500码，还使5架轰炸机安全着陆。这一切都让我有强烈的探索欲望，我对这种装置有如此良好的性能感到高兴。通过你们的辛苦付出，你和你的部门获得的最大回报就是使宝贵的生命和装备得以保全。我百分之百支持你对这个装置的深入探究。

首相致彻韦尔勋爵 1944年4月1日

我们驻意大利开展战斗以来，有多少人伤亡？请向我报告数字，同时还要分析这个数字。首先要知道这个战场上的战斗部队有多少人，然后分析死亡人数与失踪人数的比例。被俘后投降的人员也应算在"失踪"人数中，这点要注意。失踪人数越少，对我们的声誉越有利。

首相致伊斯梅将军，转三军参谋长及副参谋长 1944年4月2日

为援助"霸王"作战计划相关的各个港口，需要适当调整联合王国的防空设施，请想方设法采取措施。与此同时，你要继续适当保卫其他地方的安全，不过这些地方的防空力量要减弱一些。显然，不管我们做什么工作，背后都会有英国民众的支持。

首相致伊斯梅将军，转三军参谋长 1944年4月2日

现在我们有足够多的毒气以便供应，因此我认为，在此方面我们可以再精简30%的人员，加上已经精简的10%，也就是说，总共要精简40%。请与军需部协商，我等候你们的意见。

首相致陆军部长及空军部长 1944年4月2日

据说，新滴滴涕的杀虫效果非常不错，但它目前还没有投入生产，因此你们还可以向军需大臣要求足够数量的杀虫剂，以便满足所有战场的需求，特别是亚洲战场。请将当前情况向我报告。①

---

① 参阅3月9日致军需大臣的备忘录。——原注

首相致副首相　　　　　　　　　　　　　　　　　1944年4月2日

　　我想，比德尔·史密斯是因为租金过高，才不得已向我说出这件事。租金似乎已经变得不合乎情理，一套中型公寓房间的租金每周为28镑，一所小型住宅的租金每周为35镑。可否请波特尔勋爵亲自视察一下这种情况。无论如何，只要他能和比德尔·史密斯将军协商，我就算尽到责任了。②

首相致粮食大臣　　　　　　　　　　　　　　　　1944年4月2日

　　对于这种搬弄是非的检举（检举一个面包商），你概不接受，你还将那些吹毛求疵、絮絮叨叨以及气势逼人的官僚主义条例从规章制度中清除，这样做很好。你做的一切都会为你赢得大家的喝彩。一个大机构的威望和声誉最忌讳这种官僚主义条例的影响。

首相致工程与建筑大臣　　　　　　　　　　　　　1944年4月2日

　　你对我写的"非常时期住宅问题"所提出的建议，我完全赞同。请按照你的想法修改我的文稿，然后把校对后的样本印刷出来。

　　另外，"Prefabricated"（预制构件的）这个字不算太好，我们一定还能找到更好的，"ready-made"（做好的）这个字会不会更好一些？

首相致内政大臣　　　　　　　　　　　　　　　　1944年4月3日

　　现在法庭中还会引用1735年的《巫术法案》，原因是什么，请提交报告说明。这次审讯要从朴茨茅斯传唤证人，并且负担他在人口密集的伦敦生活两个星期的费用，这需要多少国家经费？法院顾不上处理必要工作，都将精力浪费在这种陈旧而愚蠢的事情上。

首相致蒙哥马利将军　　　　　　　　　　　　　　1944年4月4日

　　前晚听你说了第六警卫集团军坦克旅的事，我已说过，我不同意解散这个

---

① 参阅3月14日备忘录。——原注

旅，但经过对此问题的反复思考，我打算随时与你和陆军部进行讨论。

首相致陆军大臣及帝国总参谋长   1944年4月4日

1.现在有一个旅，所有人为了一个专门的目的，共同接受了两年多的训练，而且装备有最新式的"丘吉尔"坦克，这就是第六警卫集团军坦克旅。我认为，现在解散这一旅人，将他们分配到普通的军队中，不管是到某个装甲师，步兵警卫队还是正规步兵中去，都会损失巨大。先不要对此采取任何行动，待我们协商后再做决定。

2.我有一个想法供大家参考，就是让警卫装甲师的两个旅和第六警卫集团军坦克旅，共三个旅一起加入战斗。因为这个旅是从精心培养的人才中选拔出来的，而不是将辛勤培养起来的完整的部队破坏，白白浪费一部分人才组织起来的。这样我们从战斗开始就拥有一支实力较强的部队，随着人员的伤亡，车辆的损失，这支旅的实力有所精简，直到降低到为一个普通师的标准为止。我相信你一定会支持我的这种想法。

首相致陆军大臣及帝国总参谋长   1944年4月9日

（并请蒙哥马利将军一阅）

1.对于你向我提出的几个问题，我进行了细致思考。苏联人正在大规模地设置警卫师，德国人也在增强这方面的实力，例如组建近卫装甲师，而它的大部分兵力是飞机场和伞兵中抽调出来的坚强的青年，其人数没有步兵师多。而我们也可以让正规步兵来补充警卫集团军，而不必将它的规模缩小。因为，这些特殊的名称必定能激励他们为国效忠。毫无疑问，警卫军的表现确实能与他们享有的威望相匹配。

2.为了保持现有警卫集团军的力量，它自己的新兵不仅可以作为补充，必要时，正规部队的新兵也可以用来补充，因此我希望调遣正规步兵的力量来补充警卫集团军。我已经批准将意大利的两个旅合并在一起，它应该不会因此事受到影响。

3.除了以上提及从正规步兵中抽调兵力补充警卫集团军的办法外，还有几点其他问题：

（1）对于精简人数较少的师，将剩余人员改编为两个骨干师的提议，我表示赞同。

（2）解散第六警卫集团军坦克旅的提议我不赞同。①

（3）我对解散第十装甲师的司令部及军队，将该师的装甲旅保留下来表示赞同。

（4）应尽全力将大批皇家空军团人员从飞机场抽离，至少抽出25000人，将他们与陆军的步兵队伍合并在一起，并直接将其中一部分调去补充警卫集团军。

首相致国务大臣及亚历山大·卡多根爵士　　　　　　　1944年4月13日

因为我们知道共产党员并不忠实于我们或我们的事业，他们不管我们与苏联之间是不是合作关系，也要把我们的机密汇报给苏联，所以我们要将他们从我们一切机密部门中清除出去，这一点你应该没忘。我们必须细致入微地处理向法国委员会泄露机密的情况，因为它们那里有两名共产党员。

首相致空军大臣及陆军大臣　　　　　　　　　　　　1944年4月18日

1.现在，我们需要研究能节约人力的一切办法，用来应对陆军编制工作中遇到的部队人数严重减少的问题。在我看来，我们的力量不足以支持那支特殊部队，让他们继续承担专门保卫机场的职责。那个时候，我们唯恐遭受敌人的进攻，而战斗机机场的安全又关乎我们的生存，因此我们建立了皇家空军团。后来这个团的人数逐渐减少，不过现在是时候考虑是否抽调大量人员去补充陆军作战部队的问题了。我认为应将皇家空军团的人员尽可能地与陆军的正规步兵队伍合并在一起，至少要抽调25000人②用来合并。请一起探讨这个问题。

2.因为这件事十分紧急，所以我希望尽快得到你们的确切意见。

---

① 参阅4月4日的备忘录。——原注
② 参阅4月9日的备忘录。——原注

首相致陆军大臣及帝国总参谋长   1944年4月19日

我想，我们不能因为马特尔没有在苏联获得胜利，就怪罪于他，我们在苏联的地位跟狗没什么两样，所以我们应该想办法帮帮他。马特尔曾带领他的坦克部队在法国阿尔芒蒂埃尔附近打了一场胜仗。在战争爆发前两年，他访问苏联陆军时提出的报告很有远见卓识。虽然我在坦克的问题上与他的观点不同，但我认为他的确是位杰出的军官。一定能给他安排一个职位吧，请告诉我你准备如何决定。

首相致亚历山大·卡多根爵士   1944年4月19日

关于"无条件投降"

我曾向内阁指出，我们准备向德国正式提出的条件（如果能详细列出），并不代表我们要保证什么。罗斯福总统和斯大林元帅在德黑兰的时候，都希望将德国分成比我预期中还要小的几个部分。斯大林曾提到，要将德国的参谋人员和军事专家共5万多人全部处决。当时的气氛是轻松中带着严肃，因此我不敢确定他说的是真是假。不过，他确实说过，要让400万名德国男子到苏联去，进行国家重建工作，并且没有时间限制。我们曾答应波兰，从东普鲁士那里对他们进行补偿，而且如果他们愿意，还可以将奥德河看作界限。此外，为了消灭德国，无限期地防止它恢复力量再次成为军事强国，还制定了许多其他条件……

另外，他们知道，我们是用非常宽容的态度来解释意大利人提出的"无条件投降"的，如果罗马尼亚投降，我们现在就会看出他们会提怎样的条件。

首相致外交大臣及亚历山大·卡多根爵士   1944年4月23日

1.促使苏联尽快向日本宣战是我们的主要目标。你应该记得斯大林在德黑兰的声明。基于这一点，我们可以看出日苏双方签订的协议对我们不利，因为这份协议是由于苏联不敢违背1941年的苏日中立条约才签订的。为了该协议，日本准备做出最大让步。根据这个事实可以看出，他们对此协议的态度，也表明他们希望苏联继续维护中立条约。日本人自然应该这样做，但我们能得到什么"利益"呢？

2.我们能看清日本人的目的所在，但至于苏联人，我个人觉得，他们的目的令人怀疑。他们看到英国和美国将日本打得狼狈不堪，就想借此机会解决他们自己与日本之前的争端。希特勒一旦崩溃，他们就会占据有利地位，向我们提出苛刻的条件，以便自己展开对日本的进攻。也许，这只是一种欺骗政策，先将日本安抚好，让它产生安全的错觉。就我个人而言，我不赞成这种做法。

首相致外交大臣   1944年4月29日

1.你在备忘录中提及的问题（同德国谈判被侵占国家的粮食救济问题），我持赞同态度。当前还涉及不到影响"见到敌舰立即向击沉的海域行驶"的问题。海军逐步建立这种海域，是以方便作战为目的的。

2.如果有任何政策我们无法接受，我们就不能以此为依据与瑞士或其他任何政府进行协商。

3.必须强调，对欧洲进行救济时，美国已经制定出粮食分配或供应标准，我国人民要按此标准接受救济。

首相致海军大臣及第一海务大臣   1944年4月29日

詹姆士·萨默维尔海军上将趁日本的主要舰队在新加坡时，成功袭击了萨榜。这件事令我们的信心倍增。我认为，他熟悉这个战场，能正确分析这个战场，并且在行动上敢于冒险，我们为什么要将他调走呢？他是想放弃自己的指挥作战任务，到华盛顿去吗？

首相致粮食大臣   1944年4月29日

1.关于美国对肉类需求过多的问题，我在你交上来的所有报告中都没有看到。我之所以暂时拒绝向罗斯福总统提出这个问题，是因为你说这个问题由你来提。我想粮食部采取的办法是，只要美国满足我们的需求，那么它对澳大利亚和新西兰提出的要求，我们也会同意。但关键是，包括我们自己的政府在内的关联政府，无法真正解决美国提出的数量。

2.肉类供应紧张，但却遭到浪费。澳大利亚和新西兰将美国的士兵从前线撤回，受到美国人的责备，但澳大利亚人只用一句——他们之所以回来是为给美国陆军生产肉类，就轻松地反驳了他们。

我本该在几个星期前，就向罗斯福总统汇报这个问题，如果你还无法给我满意的答复，我就必须给他去电报了。

首相致彻韦尔勋爵   1944年4月30日

请你告诉我下列想法是否可行，之后我再审核海军部的这个文件（关于德国音响引炸鱼雷"蚊虫"）。

有一种装置被称为"鸣叫器"，可用深水炸弹的发射管发射。可能这种装置落在什么地方（浮在水面或沉入水中）就在什么地方发出"鸣叫"声。如果要对"蚊虫"进行拦截，或许可以令它活动。如果能正确判断敌人的袭击时间，适时发射15枚或20枚此装置，按理说是能够引起敌人的注意的。

或者，如果这种装置与舰船相撞后，不但不会造成坏的影响，还可能有效保护舰尾的话，那么当我们的舰船遭遇不测时，可以让"鸣叫器"环绕周围。

不知上述想法是否可行？

5月

首相致外交大臣及霍利斯将军，转参谋长委员会   1944年5月1日

我完全同意将巴西师尽快调往意大利。在遵守战事紧急需求的情况下，应想方设法将这个师调到那里去。对于它的象征意义，我们先不要表明。空军中队也适用于上述原则。

首相致外交大臣   1944年5月4日

我们应该为内阁或者是英帝国会议拟定一份文件，简单说明我们与苏联政府之间，在意大利、罗马尼亚、保加利亚、南斯拉夫，特别是在希腊形成的尖锐矛

盾。这很重要，将所有内容汇集在一页纸上应该可以。

今天柯廷先生谈到一件事，大体说来这件事是我们是否接受巴尔干国家，或是默认意大利的共产主义倾向？我的大概意见是：我们应该对这件事做出清晰的定论，如果我们决定抵制共产主义，阻止它们的进入和攻击，我们就应该在军事允许的情况下，找个恰当的机会向他们清楚地说明问题。不过，在行动之前，我们还要和美国商量。

首相致外交大臣   1944年5月4日

1.我很想和我国驻莫斯科大使召回国来进行商谈，但不知道这么做恰当与否，请考虑。现在这种做法，恐怕会令我们与苏联之前产生很大的隔阂。艾夫里尔·哈里曼已经动身，现在返回美国的途中。

2.我不知道该怎么处理这件事，希望得知你的意见。不过，对于苏联人在意大利、南斯拉夫和希腊的共产主义阴谋，我们已经不得不向他们表明我们的决定。曾有一段时间，莫斯科既没有英国大使，又没有美国大使，我想他们的日子一定不好过吧。我感觉他们的态度实在是越来越恶劣了。你是否已经同哈里曼商量了这件事，方便时，请告诉我具体情况。

首相致伊斯梅将军   1944年5月7日

在一场重要的战役即将爆发之际，我不愿对记者公布，即使所说内容不刊登出来，我也不想公布。因为最近，从那不勒斯发出的多篇报道中，有一篇说我们很快就展开进攻，我是从《柯里尔》杂志上看到的，内心感到十分不安。新闻记者要想置身于战斗，等到战斗打响那一刻再确定亚历山大将军所主张的原则也不晚。难道发动进攻真有必要让敌人知道吗？当然，也许他们认为我们这么做显然是在放烟雾弹，觉得我们非常愚蠢，但这种钻空子的行为无异于冒险。

首相致霍利斯将军   1944年5月7日

我在直布罗陀开会期间，听到人们议论说，派往阿尔及尔的军事代表团到达该地后，就舒舒服服地住了下来，而事实上，他们在那儿整天无所事事。我为此感到十分痛心，因此坚决不同意将这个代表团派到那里。聚集在那里的人已经显得拥挤不堪，而这个代表团里的大部分人都不是为了战争而去，他们只是为那个地方增加些人数罢了。当然，我希望你能处理好这件事，将那些拿着高薪，经验丰富，技术高超的军官召回，让他们参与一些有益的工作，例如将他们编入一支包括1000名参谋军官的"神圣军团"，分配给他们一些非常激烈的进攻任务，让他们为部队树立榜样。无论如何不该让这些军事代表团存在。

首相致军事情报局局长   1944年5月7日

请将在意大利战死、受伤和被俘的人数，按照国籍（包括德国在内）列出并制成报表送交与我。数字力求精确，并尽量在每个类别中表明：（1）战死和失踪人数的比例；（2）战死、受伤和失踪人数的比例。我军战死、失踪和被俘的人数，总共为38000人左右，而德军失踪和战死的总人数为55000名左右，其中包括被我们俘虏的35000名，还有战死的20000名。而我方战死19000名，损失的总人数为38000人。大体说来，敌军在前线上的人数比我们要少得多，而我军在前线上战死和失踪的人数不如美军的少。但是我认为，这最后一次，我们一定能统计出令人满意的数字。

首相致外交大臣   1944年5月7日

驻莫斯科大使克拉克·克尔总是亲自将电报交给莫洛托夫或斯大林，他在这两个人中见到谁就交给谁，这种办事方法让我很费解。假设这两位掌权人外出，或拒绝接见，他还要再等几天。当然有些电报应该由他本人亲自递交，但有些电报应该也能派官员递交吧。希望你告诉我这种事情该如何妥善处理。在我看来，最好不要让我们的人等着与他们面谈，如果对方威胁了我们之后，再表示对我们的歉意，我们要说的话，就失去了分量。我们派人送一封态度非常强硬的信件怎么样？

首相致掌玺大臣   1944年5月7日

战争结束后我们会欠下印度一大笔账，这样的结果非同一般，我想你一定还没有研究过。我们欠它的债比上次大战结束后欠美国的债还要多，而且我们还保护了它。这样的结果很可怕，而你在来信中似乎一点都没有想到。

首相致海军大臣 　　　　　　　　　　　　　　　1944年5月10日

我对你4月5日发来"蚊虫"的报告表示感谢。我认为，在时机合适的情况下，用深水炸弹发射管或其他发射管将15个或20个发音装置（或称为"鸣叫器"）射入水内，也许会将"蚊虫"吸引过来，或弄得它们迷失方向。

"猎狐者"装置具有使用拖托航机具等缺点，而这种装置的最大好处就是避免了这个缺点。

我很高兴你能去思考和研究这些问题。希望你能促使"鸣叫器"尽快投入战争。①

首相致波特尔勋爵 　　　　　　　　　　　　　　1944年5月14日

几个月之前，我曾请你再制造一些呈现多数构件的房屋模型来。②据说，制造一座住宅模型需要六个星期的时间，一座已经放在了塔特展览馆，另一座已经建好，正运往苏格兰去展览。另外还有两座，经过了多方面的改进，很快就可以建成。尽管建成的模型还没达到我心目中的数量，不过我听说这些情况已经很欣慰了。这些住宅模型也应该让劳动妇女和各阶层人士看一看。已经动工的房屋，请加快速度修建。

首相致空军大臣 　　　　　　　　　　　　　　　1944年5月20日

1.之所以成立皇家空军团，是因为当时的条件与现在完全不同。有一场战斗即将开展，急需一批人对陆军进行支援，因此我之前曾请你从皇家军团中调出25000人。③我本想早些跟你详细商量此事，但时间都被本周三在下院的演讲占去。此外，我还希望你能抽调2000名优秀士兵，补充到警卫队中。有些危险已经对我们失去威胁，他们没有必要待在人员众多的飞机场做着四处游荡的防守工

---

① 参阅4月30日致彻韦尔勋爵备忘录。——原注
② 参阅4月2日致工程与建筑大臣备忘录。——原注
③ 参阅4月9日备忘录。——原注

作，如果将他们调入警卫队中，他们更有用武之地。请务必办理好这件事，否则我就会在下周二召开的战时内阁特别会议上提出此事，让他们立即决定。我务必说明，专门负责抽调必要人员的委员会，向你提出的深入要求，不会因为此事受到影响。

2.陆军已经从它的防空团中将大量合适的人员抽出来充当步兵。在战争的这段时期，不该让皇家空军团中的许多最优秀的人员担任令他们毫无长进的工作。

3.去年年底时，我们缺少登陆艇上的海军人员，就从陆军和皇家空军团抽调人员，这可以清楚说明，调动人员不是件难事。这段时间以来，每个人深刻意识到，为了他们的共同任务，将人员放到能施展他们实力的岗位，才是最重要的。因此我确信，很多人会积极主动地承担新的任务。

4.现在时间有限，情况非常紧急，因此希望你能满足我的要求，帮我尽快抽调2000人。①

首相致帝国总参谋长   1944年5月21日

我听说，由于波兰第一装甲师的后勤人员数量不足，无法维持它参与战斗。事情真是这样吗？我们在欧洲大陆上的军事力量已经衰退，可以进行一些适当的调整，让这个优秀的师补充进来。后勤缺少多少人员请告诉我。

首相致生产大臣   1944年5月21日

感谢你在5月11日提交的备忘录中谈到了盘尼西林的情况。今年，我们大量生产的可能性还不大。在不妨碍我们自己增产的情况下，应想方设法从美国争取到最大数量。

首相致桑兹先生   1944年5月21日

请阅读此报告（奥康纳将军关于"克伦威尔"式坦克的装甲护板和逃脱装置的报告），并在明天向我提交你的书面意见。坦克上层隔间里有火药和汽油，我担心它们一旦着火，下面隔间里的人逃不出去，不知你是否能消除我的疑虑。

---

① 1944年6月，2000人调动完毕。——原注

首相致外交大臣　　　　　　　　　　　　　　　　　　1944年5月22日

1.有人认为，要想完全掌握外交部备忘录上记录事情的正反两面，就连续阅它的单数段落和双数段落。如果我们直接跟美国和苏联说"我们拒绝在当前时期与意大利结成联盟国"，应该也可以吧。

2.这封电报对每一种办法都清楚论述了它的认同和反对意见，我读完之后，总结出一个结论，这个结论既让人产生怀疑，又让人出乎意料——"在条件允许的情况下，立即与意大利签订部分协议"。这就相当于在说，就算所有政府都参与探讨，等希特勒垮台后，只是长期停战，而不会签订条约。

3.我想，你肯定也清楚，言简意赅地阐释我们的观点，更有力度，也更容易让最高领导知道。我想知道你有什么想法，如果你不同意我的观点，我们更需要讨论一下。

首相致外交大臣、军事运输大臣、生产大臣及粮食大臣　　　1944年5月23日

我曾提出，在未来的四个月中，我可以再削减50万吨的进口量（为了执行"霸王"作战计划而削减进口量），不过，美国必须要保证在之后的两三个月中将这些数量补足。这些事情要由莱瑟斯勋爵和艾森豪威尔将军商量决定。我们需要的最低限度的进口量是2400万吨。

首相致外交大臣　　　　　　　　　　　　　　　　　　1944年5月23日

我看到一份文件上说苏联想认可法国的临时政府。你已经给克拉克·克尔发去电报，可能斯大林还没看到。我绝不能在这个问题上与罗斯福总统背道而驰，让别人看到我们与苏联合伙来抵制他，因此这件事显得至关重要。如果我们必须说因为苏联没有跟我们商量过这件事，于是我们就和美国商量，这种做法是不可行的。不过，要让我们与苏联合伙对付美国，还不如照那种方式做。实际上，我可以完全不管这件事。苏联的两个盟国正承担着西线上所有的作战任务，苏联要想做出这种行动，必须要与两个国家协商才行。

首相致伊斯梅将军，转参谋长委员会　　　　　1944年5月25日

1.英帝国已收复的领土，必须要有军队驻扎。"师"这个字含义模糊，如果用它当作计算驻军的单位，问题就复杂了。等将敌人赶走后，我们要按照每个地区的特殊情况，适当派出营、装甲车连，或断断续续派出一些大炮和坦克，就行了。这个驻扎的任务应该可以派遣大批印度师来承担。

2.一个师是一个运动实体，它能从事最高级的军事行动，它与警察部队完全不同。警察部队是用来压制动荡国家的，它有静止的也有机动的。警察部队中有一大部分人来自当地，至于使用70门大炮的问题，完全不在他们考虑的范围之内。

首相致外交大臣　　　　　1944年5月25日

依我之见，在整个机构中，三个大国或四个大国应该负责或承担运用武器抵制战争的职责。而经济方面的问题，我想应该由较大的或是起实际作用的机构来处理。我们并不是想让三个大国或四个大国统治全世界，相反的是，他们在获胜之后，有责任为全世界承担防止战争再度爆发的崇高责任。至于（譬如）苏联或美国及其追随者中国制定的经济、财政和货币制度，我们绝不可能服从。

世界最高会议或执行委员会以防止国与国之间相互杀戮为宗旨，而不是统治世界各国。我想如果从国家主权会受到损害的观点出发，应该能对以上原则进行有效的维护。

首相致粮食大臣　　　　　1944年5月27日

很高兴听你谈到粮食分配的问题，我认为你的做法非常可取。不管在旅店、小商店还是日常生活中，都要想办法避免生活琐事带来的干扰，不管做什么事都要与人方便。我们国家在食物分配方面做出了伟大的成绩，令我们信心倍增，让人们消除了阶级观念。有些政策琐碎无用而又难以推行，这项伟大的工作不应该受到它的影响。你对此事有什么想法，请说一说。

首相致外交大臣　　　　　　　　　　　　　　　1944年5月27日

　　我们两人达成一致意见后，将这份重要的电报发给了斯大林。但斯大林还没提早收到电报，令我们很失望。因为大使等着斯大林接见，或等候他从前线归来，就将这封电报放在莫斯科长达四五天或六天之久。如果他认为这封电报写得有问题，就这个机会提醒我们注意即可，而且在情况特殊的时候，他不用请示便可自行处理，但现在这种做法确实不应该。如果派一名身着军服的军官，让他向递信一样将电报递过去，应该没什么困难吧。

　　有时，人们发出电报后要等待很长时间才能收到复电是产生误会的根本原因。信件为何不能耽搁，而要及时送到，就是因为人们在接到复电前，一直以为对方保持沉默是有什么不好的想法，但是当他们接到复电，又发现结果却是令人满意的。①

首相致帝国总参谋长　　　　　　　　　　　　　1944年5月27日

　　波兰师是一支伟大的作战部队，让很多事情有所依靠的波兰国魂之所以能保持永存，完全是因为它辉煌的战绩，因此它一定要参与实际作战。请将这个师所缺少的后勤配备列一张清单，上边标明车辆、军官和人员的数量，然后上交给我。

　　另外，比德尔·史密斯将军提出，可以帮助该师从非洲和美洲空运几支分遣队来。②

首相致飞机生产大臣　　　　　　　　　　　　　1944年5月27日

　　我衷心祝贺"德·哈维兰"喷气飞机创造了每小时飞行506英里的成绩。望向相关人员转达我的热烈祝贺。

　　你提议在政府新设置的公司内进行喷气推动飞机的发展工作，我听说后表示担忧。我们近期讨论了很多关于研究和发展方面的工作，认为这些工作不该扎堆进行，而应该分散开来。我明白，你之所以考虑为喷气推进飞机的研究开设一个

---

① 参阅5月7日致外交大臣备忘录。——原注
② 参阅5月21日致帝国总参谋长备忘录。——原注

新机构，就是因为这项工作在很多方面都停滞不前。但是，据我所知，喷气推进飞机的研究工作在法恩巴勒打下扎实的基础，而且引擎和飞机在那里能同时发展，因此我不敢肯定从那里移出的想法是否正确。①

首相致燃料及动力大臣   1944年5月27日

这种事太离谱了（据《约克郡邮报》报道，一个人因向邻居借煤被罚款1镑，另交煤费两枚金币），你一定要制止。这种官僚主义作风既混乱，又愚蠢，它最容易使一个部门失去人心。我想，低级官员或是某些委员会肯定干了很多不明智的事，这种经常出现的蠢事，只是其中的一个典型事例罢了。

你应该对相关人员进行处理，以便杀一儆百。

首相致海军大臣及第一海务大臣   1944年5月28日

1.苏联人要是再那么蛮横，我们就完全不用再让着他们了。为防止被他们写入报告，我们不要说恶劣的话，但可以通过行为和态度表达我们的立场。此外，如果他们的高级人员说出十分鲁莽的话，我们在对付他们的时候，也可以故意失礼。这样他们才能真正知道我们不怕他们。

2.另外，如果他们希望先举行个特殊仪式再移交舰船（用英国军舰代替意大利军舰），我们为在大众中造成好的影响，就要将仪式办得十分隆重。对于这件事，苏联人应该向我们表达谢意，而不是由我们向他表示敬意，因此我绝不会给斯大林元帅去信。即便我们将舰船移交给他们，也没听到他们说过一句谢谢，但我们两国的低级军官，还是要尽可能结成友好关系。他们对船舶提出的需求，主要靠我们国家满足，如果你被人侮辱，可以用各种办法表达你对他们的不满。

3.不过，如果他们的态度有所缓和，你也要尽量持鼓励态度，好让他们坚持这种缓和。

首相致盟国远征军副最高统帅   1944年5月29日

我对你5月11日记载的梅里-勒-堪普（德国坦克训练站）备忘录表示感谢。

---

① 参阅1943年7月31日和10月6日的备忘录。——原注

梅里-勒-堪普人员密集,向它发动袭击绝对是一次巨大的胜利。看来,我大力支持优先实施这种作战行动是正确的,因为它在未给法国人带来伤亡的情况下,直接促使德国军队瓦解。

(法国民众伤亡)最高限制为一万人,你们是否已经超限?

首相致海军大臣   **1944年5月29日**

这家共产党报派遣的战地通讯员,得到英国或美国的机密后,总是果断地将它们透露给共产党,再间接传达给苏联,因此我们不同意他们到战场或严格防止危险的地方去。

虽然这次,他向苏联透露的全部是不会涉及危险的消息,但我们还是应该告诉他们,苏联政府规定,只有等舰船安全到达苏联,才能透露消息。他们都是为了一个目标才泄露消息,尽忠职守的,如果他们能保证服从禁令,在此情况下,我同意让他们先知道一个事实——苏联人已经规定只要这些舰只还未抵达苏联,就必须严格保密——然后再邀请他们到场。

四

英国、盟国和中立国因遭受敌人袭击每月损失的船舶数量

月份	英国 船数	英国 总吨数	盟国 船数	盟国 总吨数	中立国 船数	中立国 总吨数	总计 船数	总计 总吨数
1943年1月	19	98 096	24	143 358	7	19 905	50	261 359
1943年2月	29	166 947	39	232 235	5	3 880	73	403 062
1943年3月	62	384 914	53	303 284	5	5 191	120	693 389
1943年4月	33	194 252	27	137 081	4	13 347	64	344 680
1943年5月	31	146 496	26	151 299	1	1 633	58	299 428
1943年6月	12	44 975	13	75 854	3	2 996	28	123 825
1943年7月	30	187 759	26	166 231	5	11 408	61	365 398
1943年8月	14	62 900	9	56 578	2	323	25	119 801
1943年9月	12	60 541	15	94 010	2	1 868	29	156 419
1943年10月	11	57 565	17	81 631	1	665	29	139 861
1943年11月	15	61 593	12	82 696	2	102	29	144 391
1943年12月	10	55 611	21	112 913	—	—	31	168 524
总 计	278	1 521 649	282	1 637 170	37	61 318	597	3 220 137
1944年1月	16	67 112	9	62 115	1	1 408	26	130 635
1944年2月	12	63 411	8	53 244	3	200	23	116 855
1944年3月	10	49 637	14	104 964	1	3 359	25	157 960
1944年4月	3	21 439	10	60 933	—	—	13	82 372
1944年5月	5	27 297	—	—	—	—	5	27 297
总 计	46	228 896	41	281 256	5	4 967	92	515 119

五

德国和意大利部队部署简况
（1943年9月8日）

（本资料引自：弗朗西斯科·罗西将军所著
《达成停战协定的经过》）

	意大利部队		德国部队	
意大利北部	步兵师	5	步兵师	$6\frac{1}{3}$
	*步兵师①	5	摩托装甲师	2
意大利中部	步兵师	3	摩托装甲师	2
	摩托装甲师	2		
	*步兵师	2		
意大利南部	步兵师	3	步兵师	2
	*步兵师	1	摩托装甲师	4
撒丁岛	步兵师	4	摩托师	1
法国南部	步兵师	4		
	（正由龙德施泰特司令部调派的德国部队接替，实力不明）			
科西嘉岛	步兵师	2	步兵师	$\frac{1}{3}$

① 标星号的是力量薄弱或低等师。

地区	部队类型	数量	部队类型	数量
斯洛文尼亚、克罗地亚、达尔马提亚	步兵师	8	步兵师 旅	9 6（克罗地亚阿尔卑斯山部队）
墨塞哥维那、门的内哥罗	步兵师	6	步兵师 摩托装甲师 旅	2 1 2（克罗地亚阿尔卑斯山部队）
阿尔巴尼亚	步兵师 摩托师	5 1	无	（但可依靠驻在塞尔维亚和马其顿的两个德国师和两个保加利亚师）
希腊	步兵师	7	步兵师 装甲师	6 1
克里特岛	步兵师	1	步兵师	1
爱琴海	步兵师	2	步兵师 步兵师	1 1（配备装甲战车）

共计

	意大利部队	德国部队
意大利本土	21 个师（其中有 8 个师力薄弱或为低等师）	$16\frac{1}{3}$
撒丁岛	4	1
"海外"	36	$21\frac{1}{3}$
总计：	61 个意大利师（其中有 8 个师力量薄弱或为低等师）	$38\frac{2}{3}$ 个德国师

德军详细部署情况

（1943 年 9 月 8 日）

集团军群——由隆美尔指挥

意大利北部	第二十四装甲师 希特勒党卫队装甲师	驻扎在巴马—博洛涅
	第四十四步兵师 一个步兵旅	上阿迪杰
	第七十一步兵师	塔尔维齐奥——皮耶迪科莱——波斯图米阿
	第六十五步兵师	塞斯特里·莱万泰——
	第七十六步兵师	瓦尔塔罗——
	第九十四步兵师	蓬特雷莫利——
	第三〇五步兵师	阿普安尼阿

德军南方指挥部——由凯塞林指挥

意大利中部	第三近卫装甲师（摩托装甲）	驻扎在博尔塞纳湖—维特尔博
	第二近卫装甲师（伞兵）	
意大利南部	第十五步兵师	福尔米阿
	戈林装甲师	那不勒斯
	第十六装甲师	萨莱诺
	第一伞兵师	普格利亚—巴西里卡塔
	第二十六装甲师	卡拉布里亚
	第二十九近卫摩托装甲师	卡拉布里亚
撒丁岛	第九十步兵师	
科西嘉岛	"德国元首"摩托装甲旅	

德军东南指挥部——由洛尔指挥

斯洛文尼亚、克罗地亚、达尔马提亚	第一一四步兵师	
	第三七三（德国——克罗地亚）步兵师	驻扎在比哈奇
	第一八七步兵师	
	第三六九（德国——克罗地亚）地步兵师	萨瓦河一带
	第一七三步兵师	

	两个（？）步兵师 一个党卫队师	萨格勒布
	一个（克罗地亚）山地师 六个（克罗地亚）山地旅	在几个地区
墨塞哥维那 门的内哥罗	欧根亲王党卫队摩托装甲师	莫斯塔尔
	第一一八（？第一〇八）步兵师	普里耶波列——普莱夫列
	第二九七步兵师	伊巴尔河谷
	两个（克罗地亚）山地旅	在几个地区
希腊	一个山地师	亚尼纳
	一个交通线师	萨洛尼卡
	一个步兵师	拉里萨
	第一〇四步兵师	阿格里尼昂
	第十一步兵师	比雷埃夫斯
	第一一七步兵师 一个装甲师	伯罗奔尼撒半岛
克里特岛	第二十二步兵师	
罗得岛	第五十五摩托装甲师	

六

各部大臣名单
1943年6月—1944年5月

（有黑点的人名为战时内阁阁员）

首相兼第一财政大臣及国防大臣	温斯顿·丘吉尔先生
海军大臣	A.V.亚历山大先生
农业及渔业大臣	R.S.赫德森先生
空军大臣	阿奇博尔德·辛克莱爵士
飞机生产大臣	斯塔福德·克利普斯爵士
缅甸事务大臣	L.S.艾默里
兰开斯特公爵郡大臣	（1）达夫·库珀先生
	（2）欧内斯特·布朗先生
	（1943年11月17日任命）
财政大臣	（1）金斯利·伍德爵士
	（2）约翰·安德森爵士
	（1943年9月28日任命）
殖民地事务大臣	奥利弗·斯坦利上校
自治领事务大臣	（1）克莱门特·艾德礼先生
	（2）克兰伯恩子爵
	（1943年9月28日任命）
经济作战大臣	塞尔伯恩伯爵

教育委员会主席	R.A.巴特勒先生
	（根据1944年教育法案，这项职务改称教育大臣）
粮食大臣	（1）伍尔顿勋爵
	（2）J.J.卢埃林上校
	（1943年11月12日任命）
外交大臣	安东尼·艾登先生
燃料及动力大臣	G.劳埃德·乔治少校
卫生大臣	（1）欧内斯特·布朗先生
	（2）H.U.威林克先生
	（1943年9月17日任命）
内政大臣	赫伯特·莫里森先生
印度事务大臣	L.S.艾默里先生
新闻大臣	布伦丹·布拉肯先生
劳工与兵役大臣	欧内斯特·贝文先生
司法官	
检察总长	唐纳德·萨默维尔爵士
苏格兰检察总长	J.S.C.里德先生
副检察总长	戴维·马克斯维尔·法伊夫爵士
苏格兰副检察总长	戴维·金·默里爵士
大法官	西蒙子爵
枢密院议长	（1）约翰·安德森爵士
	（2）克莱门特·艾德礼先生
	（1943年9月28日任命）
掌玺大臣	（1）克兰伯恩子爵
	（2）比弗布鲁克勋爵
	（1943年9月28日任命）
国务大臣	R.K.劳先生

(1943年9月25日任命)

不管部大臣	威廉·乔伊特爵士
主计大臣	彻韦尔勋爵
年金大臣	沃尔特·沃默斯利爵士
邮政大臣	H.F.C.克鲁克香克上尉
生产大臣	奥利弗·利特尔顿先生
建设大臣	伍尔顿勋爵

(1943年11月12日任命)

苏格兰事务大臣	托马斯·约翰斯顿先生
军需大臣	安德鲁·邓肯爵士
城乡计划大臣	W.S.莫里森先生

(1943年2月5日任命)

贸易大臣	休·多尔顿先生
陆军大臣	詹姆斯·格里格爵士
军事运输大臣	莱瑟斯勋爵
工程与建筑大臣	波特尔勋爵

驻海外大臣：

驻中东国务大臣　　　(1) R.G.凯西先生

(任职至1943年12月23日)

(2) 莫因勋爵

(1944年1月29日任命)

(3) 爱德华·格里格爵士

(1944年11月22日任命)

驻华盛顿供应大臣　　(1) J.J.卢埃林上校

(2) 本·史密斯先生

(1943年11月12日任命)

驻地中海盟军总部大臣	哈罗德·麦克米伦先生
驻西非大臣	斯温顿子爵
驻中东副国务大臣	莫因勋爵
	（任职至1944年1月29日该机关撤销时为止）
上院领袖	克兰伯恩子爵
下院领袖	安东尼·艾登先生

声 明

《第二次世界大战回忆录》是在第二次世界大战结束之后英国前首相温斯顿·丘吉尔花费六年时间完成的巨著。本书收录了大量的政府文件、会议记录、来往函电等资料以及多幅珍贵的史料图片，具有很高的史学价值。

在第二次世界大战期间，温斯顿·丘吉尔带领英国与苏联结盟，为第二次世界大战的最终胜利提供了坚实的保障，但是在意识形态领域他是顽固的反共代表人物。《第二次世界大战回忆录》是温斯顿·丘吉尔以战时英国首相的特殊身份对第二次世界大战全过程的系统追述。这一鸿篇巨制对第二次世界大战的分析具有很高的权威性，但也难免带有其个人主观色彩，其中不乏反共反苏言论。而且，该书对第二次世界大战史的叙述并不全面，在讲述同盟国事业的同时，不由自主地夸大了战时英国的作用。

综上所述，本书仅代表作者温斯顿·丘吉尔的个人观点。

本书编辑部

老人这宝贝

老いかたレッスン

[日] 渡边淳一 著

竺家荣 译

青岛出版集团 | 青岛出版社